초당 4부자의 조천록 연구

양천허씨초당공파총서 1

초당 4부자의 조천록 연구

허경진 · 박명숙 · 구지현 · 이호윤
최강현 · 심경호 · 박현규 · 곽미선

보고사
BOGOSA

초당 4부자의
조천록 학술대회 결과를 출판하면서

조선왕조는 500년 동안 전반기에는 명나라에 사신을 보냈고, 후반기에는 청나라에 사신을 보냈습니다. 명나라에 보내는 사신은 천자에게 조회한다는 뜻을 살려서 조천사(朝天使)라고 하였지만, 청나라에 보내는 사신은 청나라가 중화(中華)가 아니라고 하여 연행사(燕行使)라는 표현을 학자들이 썼습니다. 따라서 명나라에 사신으로 다녀온 기록을 조천록이라 하고, 청나라에 다녀온 기록을 연행록이라고 합니다.

연행록은 몇백 종이 남아 있지만, 조천록은 몇십 종 남아 있지 않습니다. 그 가운데 가장 뛰어난 기록이 바로 하곡 허봉의 『하곡선생조천기(荷谷先生朝天記)』입니다. 하곡의 아우 교산 허균은 네 차례 명나라에 다녀오면서 『정유조천록』, 『을병조천록』 등의 기록을 남겼습니다. 초당 허엽과 악록 허성도 명나라에 다녀오며 많은 글을 지었지만, 현재는 문집에 일부 남아 있을 뿐, 따로 정리된 조천록이 없습니다. 허균이 『하곡집』과 『난설헌집』은 직접 편집하고 출판했지만, 초당과 악록의 문집을 편집할 기회가 없어서 수많은 문장들이 흩어졌다가, 후손들이 일부만 수집하여 『초당집』과 『악록집』을 편집하였기 때문에, 온전한 조천록의 모습을 찾아볼 수 없어 아쉽습니다.

그러나 이번 학술대회를 준비하면서 허성도 허균 못지 않게 여러 차례 중국에 사신으로 파견되었던 사실을 확인하게 된 것은 큰 수확입니다. 1581년 남강(南岡) 최옹(崔顒)과 함께 주청사(奏請使)로 북경에 다녀올 때에 많은 한시를 지었는데, 그 가운데 최옹과 주고받은 한시 중심으로 몇십 편이 『악록집』에 실려 있습니다. 『악록집』은 후대에 다른 문집에 실린 시들을 수집하여 편집한 초고이기 때문에, 이때 최옹 집안에 전해지는 기록을 얻어온 듯합니다. 1598년 이원익과 함께 진주사로 북경에 파견되었을 때에도 많은 업적을 이루고 돌아왔습니다.

조선왕조 500년 동안 초당선생의 집안처럼 4부자가 모두 명나라에 사신으로 다녀온 문중은 없었습니다. 그 동안 잊혀졌던 초당 문중 4부자의 중국 체험과 조천록에 관한 연구를 준비하여 2019년 6월 27일 강릉에서 학술대회를 열었습니다. 이 단행본은 그날 발표된 귀한 논문들을 편집한 것입니다.

허봉·허균 두 형제의 조천록에 관한 연구는 예전부터 활발하게 진행되었기 때문에, 국내외적으로 많은 연구업적이 축적되어 있었습니다. 이 가운데 최강현(홍익대)·박현규(순천향대) 두 교수님의 논문을 얻어서 함께 편집했는데, 이분들은 허균난설헌학술상을 일찍이 수상했던 연구자들입니다.

그 외에 박명숙(소주대)·곽미선(연변대)·이호윤(하얼빈대) 교수님의 논문들은 중국에서 활동하면서 허봉·허균 형제의 중국 체험에 관해 연구하신 결과물인데, 이호윤 교수님은 서울기독대학교 교수로 오셔서 이 논문을 보내주셨습니다.

학술대회를 치르는데 도와주신 문중의 여러 어른들께 감사드립니다. 이 단행본을 시작으로 하여 앞으로 양천허씨 초당공파연구총서가 계속 간행되어, 난설헌까지 포함하는 양천 오문장가(陽川五文章家)에 관한 연구가 활발해지기를 기대합니다.

2020년 2월 20일
열상고전연구회 회장 허경진

차례

● 교산 허균

琉球使臣爲此盖以琉球簡而我國煩故也請令後公貿易至於遼東
爲之勿復輸至燕京一以除一路轉輸之獎一以洗辱國之恥領相李
俊慶從而贊之○傳于政院曰今日朝講領相所啟公貿易限五年傳
寢事捧傳旦私貿易泛濫下人不無爲之之獎一禁事書狀察而
爲之○以李鐸爲吏曹判書崔顒爲大司諫李湛爲司諫崔弘僩爲
獻納具忭宋應漑爲修撰李增申湛爲副修撰柳景深爲戶曹參判
宋應漑爲正言柳希春爲應敎○戊申○以李仲虎爲江
原監司○己酉○以朴應男爲大司憲金鸞祥爲直提學李仲虎爲司
諫李湛爲副應敎○庚戌○因夕講臺諫啟請拿推申檥以示與衆
藥之之意 答曰人非堯舜豈無過失聞過卽改亦不難矣其令禁府
拿來推鞫定罪可也○辛亥○進賀冊封太子使朴永俊許曄如京師
○以權德輿爲司諫○癸丑○有晝夕講○甲寅○有朝夕講○以洪
暹爲右議政○丙辰○上詣 康陵祭畢上陵伏哭良久從贊禮請止不
止左相視進 啟請乃止○己未○全羅監司書狀因遺逸之士薦墾
有旨訪問各言則羅州 敎使韓輅牒呈內生員羅士忱母病數月不痊
悶無醫術自斷手指和藥以進母病卽愈已在 中廟朝事聞㫌表爲

허엽이 진하책봉태자사에 임명되어 북경으로 떠나던 1568년 5월 2일의 선조실록 기사

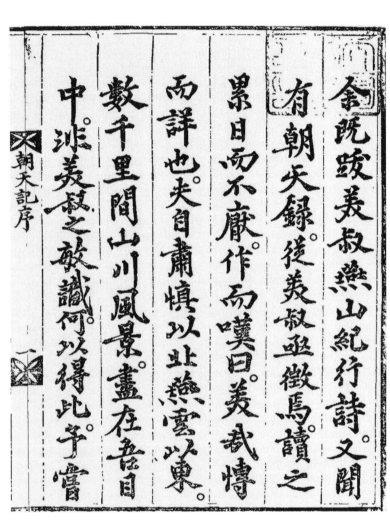

余既竣美叔燕山紀行詩文間
有朝天錄從美叔丞徵焉讀之
累日而不厭作而嘆曰美武悍
而詳也夫自肅慎以北燕雲以東
數千里間山川風景盡在吾目
中洲美叔之敏識何以得此予嘗

朝天記序

一

서애 유성룡이 허봉의 『조천기』 서문을 쓰면서
"미숙(美叔, 허봉의 자)의 연산기행시에도 발문을 썼다"고 밝혔다.

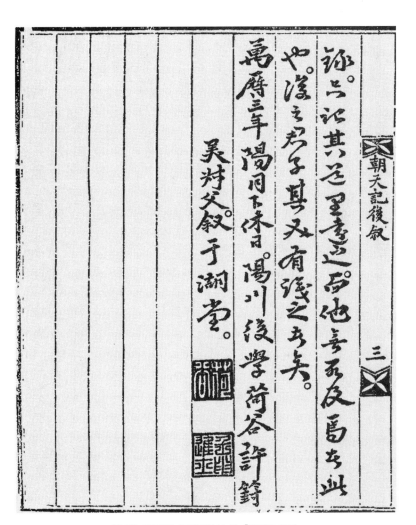

錄已記其足以垂之于世他喜乎又反胃乎世

也。後之君子其又有復之者矣。

萬曆三年陽月下休日陽川後學荷谷許篈

吳邨父叙于湖堂。

허봉이 1575년 독서당에서 쓴 「조천기 후서」

萬里勞行後寒風透客衣世紛侵短鬢物色入新

詩塞北魚仍斷天南鴈不歸羈懷今夜苦閑別上

來時。

　登觀海亭

臺前一碧浩無涯遠客超然獨立時拍岸雄風驅別

缺暮天驚浪舞憑軒神情悄悅還疑夢風景蒼茫不

入詩恐尺蓬萊如可到片帆吾欲訪安期

　次南岡

客子長亭者一涯榆關古道夕陽非天低滄溟迷三

島地絕窮荒近九夷萬里羈遊他夜夢一秋行李幾

허성이 1581년 만리장성 동쪽 끝 산해관에서 지은 시
「관해정에 올라[登觀海亭]」 뒤에 정사 남강(南岡) 최옹(崔顒)의 시에 차운한 시도 보인다.

奉贐

申書狀再赴燕山

芳郊日晚起行塵离离相催

長談新事對薦紳中妙選遠

遊關路已偏頻非周拄節窗

遺願從陵高臺問癸窖夔趙

古稱多感慨月明柴市遇伊
心

陽川後人山前許筬

萬曆乙酉端陽足院

허성이 1585년 중국에 서장관으로 하는 신식에게 지어준 시

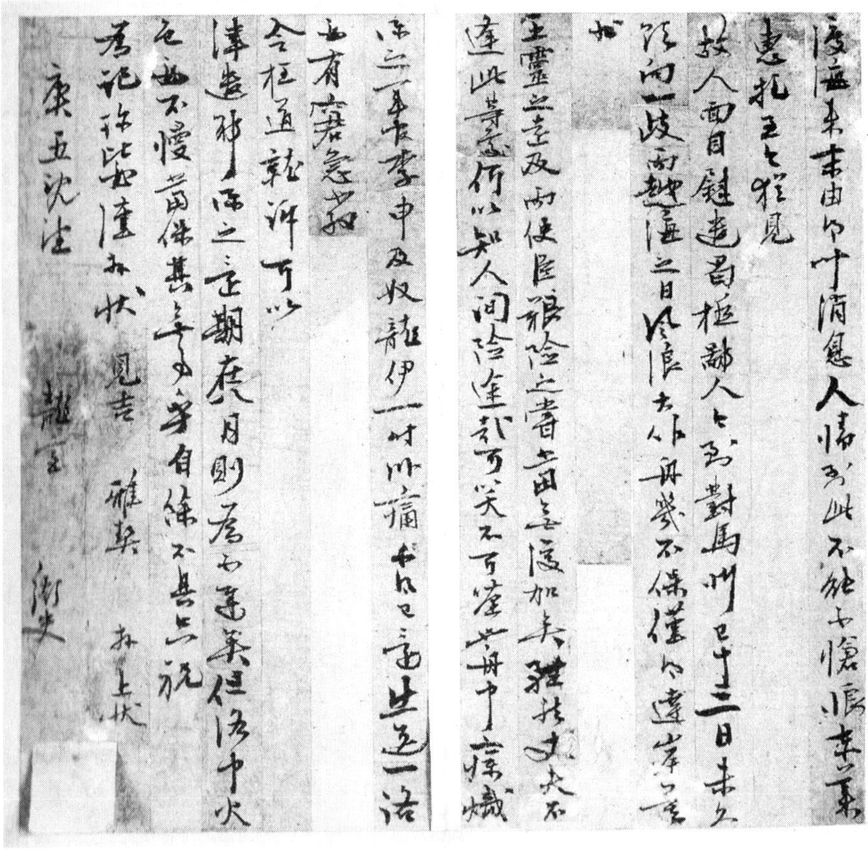

1590년 통신사로 일본에 파견되었던 허성이 쓰시마에서 용궁현감 우복룡에게 보낸 편지

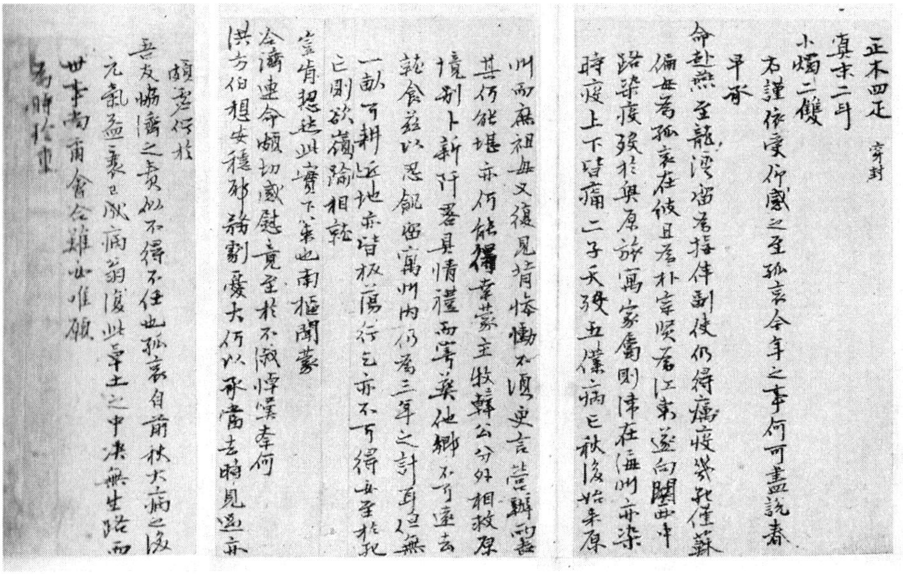

허성이 1594년 진주사로 떠났다가 중단되었던 시기의 편지

古人雖不敢並駟而馳要之用扵世者自無不匚

之恨知者印可吾言否蘭嵎朱太史問鄙集序扵

九我李阅老評曰詩有華泉清韻文似弇州晚境

驟似過獎寔不敢當雖然向人脚下作生活所深耻

也母寧作雞口乎敢聊以弁此卷以增人憪罵云

時

芩堂

皇明萬曆丙辰三乙日夕 燭齋主人書 于龍灣之伴

허균이 1616년 3월 압록강을 건너와 의주에서 쓴 『을병조천록』 서문

초당 허엽과 악록 허성

초당(草堂)과 악록(岳麓)의 중국 체험과 조천록(朝天錄) 편집의 필요성

—

허경진

1. 5문장가(文章家)와 4지제교(知製教) 집안

초당(草堂) 허엽(許曄)과 세 아들 악록(岳麓) 허성(許筬), 하곡(荷谷) 허봉(許篈), 교산(蛟山) 허균(許筠)과 딸 난설헌(蘭雪軒) 허초희(許楚姬)를 합하여 흔히 오문장가(五文章家)라고 하는데, 한 집안에서 다섯 문장가가 한꺼번에 나온 일이 없었으므로 칭찬한 말이다. 이러한 표현은 허균의 『성옹지소록(惺翁識小錄)』에서 시작되었다.

> 우리 선대부의 문장과 학문과 절행(節行)을 사림에서 높게 쳤다. 큰형(악록 허성)이 경전을 전해 받았고, 문장도 간략하면서 무게가 있었다. 작은 형(하곡 허봉)은 학문이 넓고 문장이 매우 고고하여 근래에는 견줄 사람이 드물다. 누님(난설헌 허초희)의 시는 더욱 맑으면서 장하며 높고 고와서 개원(開元:당 현종의 연호)·대력(大曆:당 대종의 연호) 시대 사람들보다 뛰어났다는 명망이 중국까지 전파되어, 천신사부(薦紳士夫)가 모두 칭찬한다 … 나도 불초하나마 또한 가문의 명성을 떨어뜨리지 않아서

문예를 담론하는 사람 중에 이름이 들어가고, 중국 사람에게도 제법 칭찬을 받는다.

　　그리고 네 부자가 함께 제고(制誥)를 맡았다. 아버님(초당 허엽)이 작고하자 형이 또 호당(湖堂)에 사가(賜暇)되었으며, 삼형제가 모두 사필(史筆)을 잡기도 하였다. 작은 형과 나는 함께 과거에 장원했으며, 나는 또 세 번이나 원접사(遠接使)의 종사관(從事官)이 되기도 했다. 그러므로 당시에 문헌하는 집으로는 반드시 우리 가문을 첫째로 꼽았다.[1]

　허균이 꼽은 5문장가 가운데 여성이어서 과거시험을 볼 수 없었던 난설헌 허초희 이외에는 모두 문과에 급제하여, 4부자가 모두 왕의 교서를 짓는 4지제교(知製敎), 3형제가 모두 왕의 옆에서 역사를 기록하는 3사관(史官)이 되었다. 성리학을 기반으로 삼았던 조선시대에는 내외 분별에 따라 사대부 부인이 집밖에 나가 활동할 수가 없었으니 여성은 벼슬을 받을 수 없었지만, 난설헌은 「궁사(宮詞)」에서 자신을 여상서(女尙書)로 설정하였다.

　　천우각 대궐 아래 아침해가 비치면
　　궁녀들이 비를 들고 층계를 쓰네.
　　한낮에 대전에서 조서를 내리신다고
　　발 너머로 글 쓰는 여상서를 부르시네.
　　千牛閣下放朝初. 擁篲宮人掃玉除.
　　日午殿頭宣詔語, 隔簾催喚女尙書.

---

1) 허경진·정정룡 역, 「성옹지소록 하」, 『성소부부고 Ⅲ』 권24, 난설헌출판사, 2018, 320쪽.

「광한전백옥루상량문」에서 광한전 주인이 백옥루를 새로 지으면서 상량문을 지을 문인이 없어 자신을 불렀다고 상황을 만든 것도 난설헌 자신이 천하 제일의 문장가라는 자부심에서 나왔다.

허균은 세 번이나 원접사(遠接使)의 종사관(從事官)이 된 것을 자랑스럽게 기록하였는데, 그가 1606년에 종사관이 되는 과정을 예로 들면 다음과 같다. 선조 39년(1606)에 명나라 장원(壯元) 주지번(朱之蕃)이 반황태손탄생조사(頒皇太孫誕生詔使)로 오게 되자 선조가 영의정 유영경, 좌의정 기자헌, 우의정 심희수, 관반(館伴) 이호민, 접반사 유근과 함께 모여서 대책회의를 열었다. 선조가 "이번의 사신은 이름이 있는 사람인가? 어떤 사람인지 모르겠다."고 묻자 한양에서 접대 책임을 맡은 관반(館伴) 이호민이 이렇게 대답했다.

　　주지번은 을미년에 장원한 사람인데, 중국의 과거는 우리나라와 달라서 장원은 반드시 가려서 뽑으므로, 이름이 있지 않고서는 할 수가 없습니다. 이것으로 본다 해도 그가 평범한 사람은 아니라는 것을 알 수 있습니다. 그리고 중조(中朝) 사람 가운데 근래 책을 새로 지은 사람이 있는데, 그에게 서문을 짓게 했다고 합니다. 신이 그저께 이덕형을 만났더니, 덕형이 "중국 사람들이 학사 문장을 꼽을 때에는 초굉(焦竑)·황휘(黃輝)·주지번 세 사람을 든다"고 하였습니다.[2]

1595년에 장원하고 한림원 수찬까지 오른 주지번은 중원(中原) 3대 명사 가운데 한 사람이었으므로, 조정에서는 대제학 유근을 접반사로 임명하고 주지번의 시격(詩格)까지 분석하였다. 이런 과정을 거쳐서

---

2) 『선조실록』 39년 1월 23일조.

주지번의 상대역으로 종사관이 된 허균이 『난설헌집』을 주지번에게 전하여 중국에서 간행하게 되었다.

허균은 세 차례 종사관이 된 것을 자랑스럽게 여겼지만, 그보다 더 자랑스러운 일은 초당(草堂)의 4부자가 모두 명나라에 사신으로 다녀온 일이다. 이들이 명나라에 사신으로 다녀온 것은 국제정세에 밝았기 때문이기도 하였지만, 문장을 잘 지었기 때문이기도 하다. 조선시대 과거시험에 사장(詞章)이 마지막까지 남아 있게 된 이유가 바로 사대문자(事大文字), 즉 중국에 보내는 문장 때문이었다.

2. 초당공(草堂公) 4부자의 조천(朝天) 활동

명나라에 국서를 가지고 가는 사행을 '조천사(朝天使)'라 하고, 청나라에 국서를 가지고 가는 사행은 '연행사(燕行使)'라고 하였다. 조천사란 '천조(天朝)인 중국에 조근(朝覲)하는 사행'이라는 뜻이고, 연행사는 '연경(燕京)인 북경(北京)에 가는 사행'이라는 뜻이다. 북경(北京)이 명대의 도성이었다면, 연경(燕京)은 그 이전부터 정복 왕조의 대중국 통치의 도성이었다는 뜻이기도 하다.

조천사는 해마다 정례사행(定例使行)과 임시사행으로 나누어 파견하였다. 정례사행으로는 네 번이 있었다. 동지를 전후해 보내던 동지사(冬至使), 정월 초하룻날 새해를 축하하러 간 정조사(正朝使), 명나라의 황제나 황후의 생일을 축하하러 간 성절사(聖節使), 황태자의 생일을 축하하러 보냈던 천추사(千秋使) 등이었다.

또 임시사행으로는 일이 있을 때마다 수시로 보냈던 사은사(謝恩使)

·주청사(奏請使)·진하사(進賀使)·진위사(陳慰使)·진향사(進香使) 등
이 있다. 이러한 사행은 대부분 명나라의 고마운 처사에 대한 인사,
임시로 통보해야 할 일이 있을 때, 경사(慶事)나 황실의 상고(喪故)에
보냈던 사행이었다. 우리나라의 요청을 전달하고 설득해야 하므로,
경우에 따라서는 임시사행이 더 중요했다.

조천사(朝天使)는 국가를 대표하여 천자에게 파견하는 사절단이므
로, 정사(正使)는 정2품, 부사는 정3품, 서장관은 정4품에서 정6품까
지의 관원 가운데 당대 최고의 문장가나 인품이 뛰어난 인물들을 선
발하였다.

왕환노정(往還路程)은 육로가 2,049리로 28일정(程)이었다. 주요 통
과 지점은 서울-평양-의주-압록강-구련성(九連城)-봉황성(鳳凰城)-
성경(盛京)-산해관(山海關)-북경이었다. 북경에는 대개 40일 동안 머
물면서 국서 전달을 비롯한 외교 의례를 치렀다.

조천사가 파견될 때마다 모두 왕조실록에 기록되는 것은 아니어서,
초당공(草堂公) 4부자의 조천(朝天) 활동을 확인하려면 여러 가지 문헌
을 참조해야 한다. 이들의 조천 활동에 대한 기록은 아래와 같다.

1) 초당(草堂) 허엽(許曄)

초당 허엽은 명나라에 사신으로 1회 다녀왔다. (이하, 왕조실록에 실
린 기록은 고딕으로 표시한다.)

* 선조1년 무진(1568) 2월 28일 : 허엽(許曄)을 황태자 책봉 진하사(進賀使)
로 삼았다.
* 선조1년 무진(1568) 5월 2일 : 책봉 태자 진하사(冊封太子進賀使) 박영준

(朴永俊)과 허엽(許曄)이 북경에 갔다.

허엽의 가장 친한 친구였던 유희춘의 『미암일기』에도 허엽이 책봉
진하사로 명나라에 갔다가 돌아오는 기록들이 실려 있다.

> * 이날 황태자를 봉하는데 보낼 진하사(進賀使)를 뽑는데, 허엽(許曄)이
> 낙점을 받았다.   -『미암일기』 1568년 2월 28일
> * 태자 책봉을 축하하는 사신으로 박영준(朴永俊)·허엽(許曄)이 연경(燕
> 京)에 갔다.
> ○ 의주목사의 편지가 오는데 … 태자를 책봉하는 조서(詔書)가 4월 16일
> 에 요동(遼東)에 도착하게 되는데, 조사(朝使)가 출발할 시기는 듣지 못하
> 였다고 했다.   -『미암일기』 1568년 5월 2일
> * 진하부사 허엽의 편지가 왔는데 말하기를, "상사(上使)인 박영준이 도중
> 에 병이 나, 평양에 머물러 치료를 하고 있고, 신(臣)은 앞서 출발합니다."
> 라고 하였다. 듣고 보니 놀랍고 염려스럽다. -『미암일기』 1568년 5월 20일
> * 진하부사(進賀副使) 허엽(許曄)이 돌아와 입궐을 하여, 나는 잔뜩 반가
> 워서 편지를 보냈다.   -『미암일기』 1568년 11월 4일

유희춘은 허엽에게서 개인적으로 들은 전후 사연들을 소개하였지
만, 정사로 임명되었던 허엽이 왜 부사로 파견되었는지에 대한 설명
은 없다.

2) 악록(岳麓) 허성(許筬)

허성은 여러 차례 중국에 사신으로 파견되었지만, 이에 관한 기록
은 왕조실록에 별로 보이지 않는다.

* 선조14년 (1581) : 최옹(崔顒)과 함께 주청사(奏請使)로 북경에 다녀온 듯하다.

* 선조27년 갑오(1594) 2월 16일 : 진주사(陳奏使) 허성(許筬)이 자문을 가지고 부경(赴京)하였다.

* 선조27년 갑오(1594) 4월 2일 : 허성(許筬)의 동지(冬至) 사행(使行) 때에 그 사유를 다 진달하여 … (선조는 허성을 동지사로 보내겠다고 했지만, 실제 동지사(冬至使)로 파견되었는지 확인되지 않는다.)

* 선조31년 무술(1598) : 우의정 이원익(李元翼)을 진주사로 삼았는데, 그 주문의 대략에 … 이원익 등이 주문을 가지고 갔다.

현재『악록집』에 가장 많이 실린 시가 명나라에 사신으로 다녀오면서 정사, 서장관과 함께 지은 시이다. 그렇다면 허성이 부사(副使)로 다녀오면서 지은 시들인데, 허성은 1594년에 진주사(陳奏使, 정사)로 파견되었으며, 이때에는 서장관도 없이 떠났다. 1598년에는 부사(副使)였지만, 정사 이원익의 호는 오리(梧里)이고 서장관 조정립(趙正立)의 호는 송호(松湖)이니『악록집』에 기록된 남강(南岡), 서촌(西村)과는 다르다.

허성이『선조실록』에 실린 갑오년(1594), 무술년(1598) 이외에 명나라에 사신으로 갔던 가능성은 몇 군데서 찾아볼 수 있다.

첫째는 동생 허봉(許篈)이「중국에 사신으로 가는 형님을 배웅하며 [送舍兄朝天]」에 그 실마리가 보인다.

요서(遼西)의 수십 고을 두루 다니다 지치면
노하(潞河) 나루의 관리가 우는 말을 살피겠지요.
사자가 흥겨운 것을 누가 알겠습니까

이 고장 사람들은 시름겨우니,
하늘 멀리 사신 행차가 두루 꿈에 들어와
밤 깊어지면 강굉의 이불도 가을을 이기지 못하겠지요.
소슬한 비바람이 동성 밖에 불어오면
돌아갈 날 손으로 꼽으며 옛이야기 하시지요.
行盡遼西數十州. 潞河津吏候鳴騶.
誰知使者堪乘興, 自是居人易作愁.
天遠漢槎偏入夢, 夜闌姜被不勝秋.
蕭蕭風雨東城外, 屈指歸期說舊遊.

허봉은 1588년에 세상을 떠났으니, 허성이 명나라에 사신으로 간
것은 당연히 1588년 이전이어야 한다. 허봉은 자신의 사행(使行) 경험
담을 바탕으로 이 시를 지었으니, 허성이 명나라에 간 것은 허봉이 서
장관으로 다녀온 1574년 이후가 된다. 둘째는 남강(南岡)이라는 호를
가진 인물이 1580년대에 명나라에 사신으로 파견된 기록이『선조실
록』에 보인다.

* 선조14년 신사(1581) 4월 21일 : 최옹(崔顒)을 주청사(奏請使)에 제수하였다.
* 선조14년 신사(1581) 4월 22일 : 사간원이 아뢰었다. "… 한 사람이 이미
  성절사와 사은사를 겸하였는데 또 주청사까지 된다면 사체가 진중하지 않으
  니 체차하소서."

파견된 사신 가운데 남강(南岡)이라는 호를 가진 문인은 최옹(崔顒)
이 유일하다. 최옹은 주청사에 제수된 이튿날 교체하라는 간언이 들어
와, '아뢴 대로 하라'는 비답을 받았다. 그러나『악록집』에 실린 남강

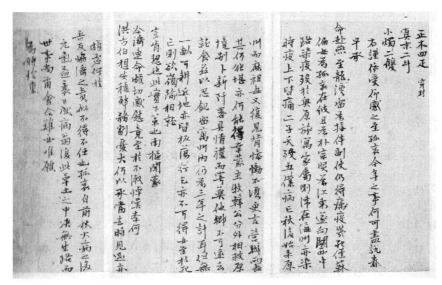

허성이 1594년 진주사로 떠났다가 중단되었던 시기의 편지

(南岡)과 악록(岳麓)의 창화(唱和) 시편들을 보면, 이때에 정사와 부사로
함께 다녀온 듯하다. 최옹은 유희춘의 제자이며 허성의 선배라서 자연
스럽게 창화할 수 있었다. 최옹의 문집은 따로 전하지 않는다.

1594년에 진주사 사명을 띠고 떠났다가 의주에서 중단되었는데, 그
이후의 상황은 친지에게 보낸 편지에 잘 드러나 있다.

정목(正木, 무명) 네 필, 천봉(穿封), 밀가루 두 말, 작은 초 두 쌍
이상의 물건을 삼가 잘 받고서 우러러 감격하는 마음 지극합니다. 고애자
(孤哀子)의 금년 일을 어찌 다 말할 수 있겠습니까? 봄에 일찍 임금의
명을 받들어 연경(燕京)에 가다가 용만(龍灣, 의주)에 이르러 그대로 머물
러서 접반부사(接伴副使)가 되었는데, 전염병에 걸려서 거의 죽을 뻔하다
가 겨우 살아났습니다. 편모께서 고애자를 위해 저기에 계셨는데, 또 박

종현(朴宗賢)이 강동(江東) 현령(縣令)이 되자 마침내 관서(關西)를 향해
가시다가 도중에 전염병에 걸려 흥원(興原)의 여관에서 돌아가셨습니다.
집안 식구들은 해주(海州)에 머물러 있다가 역시 돌림병에 걸려서 어른이
나 아이나 모두 앓다가, 두 자식이 요절하고 노복 다섯 명이 병으로 죽었
습니다. 가을이 된 뒤에 비로소 원주(原州)에 왔는데, 서조모(庶祖母)께서
또다시 돌아가시니 그 슬픔을 다시 말할 필요조차 없습니다.

두 번의 상례(喪禮)를 치르자니 그것을 어찌 견딜 수 있으며, 또한 어찌
잘 해낼 수 있었겠습니까? 다행히 목사(牧使) 한공(韓公)의 분에 넘치는
도움을 입어 원주의 경계 안에 새 무덤 자리를 택해서 정리(情理)와 예절
을 대략 갖추었습니다. 타향에서 장례를 치렀으니 멀리 나가서 생계를
도모할 수도 없으므로, 이에 굶주림을 참고 고을 안에 멀리 살면서 삼년
상을 치를 계획입니다.3)

"봄에 일찍 임금의 명을 받들어 연경(燕京)에 가다가 의주에 이르러
그대로 머물러서 접반부사(接伴副使)가 되었다[春早承命赴燕, 至龍灣留
爲接伴副使.]"는 구절을 보아, 1594년에4) 쓴 편지임을 확인할 수 있다.
이 해에 편모(偏母)가 전염병으로 세상을 떠났다고 했는데, 허균의 생
모이다. 허균의 생모가 과천(果川) 상초리(霜草里) 선영에 묻히지 않고
원주(原州)에 장사지낸 과정이 이 편지에 잘 밝혀져 있다. 박종현은
박순원의 아들, 즉 초당의 외손자이다.

1594년에는 명나라 장수 심유경(沈惟敬)이 도요토미 히데요시(豊臣
秀吉)가 명나라에 요구한 사항을 위조하여 가지고 가려 하자, 조정에
서 허성에게 자문(咨文)을 가지고 가서 상황을 설명하게 하였다. 허성

---

3) 허경, 「선대필적(先代筆蹟)」, 『陽川許氏 新浦 許穎 所藏 書畵圖錄』, 2010, 28쪽.
4) 許筬方在平安道, 許筬竝爲接伴副使, 使之不分晝夜馳去. 『선조실록』 27년 3월 2일.

이 심유경보다 빨리 북경에 가게 하려고, 심유경의 길을 지연시킬 방법까지 강구하였다. 『선조실록』에 당시 긴박하던 상황이 자세하게 실려 있다.

2월 10일
전교하였다.
"심유경(沈惟敬)의 간악한 꾀는 극히 흉측하니 왜의 표문(表文)도 그가 응당 가지고 갈 것이다. … 설사 먼저 보냈더라도 조정에서는 응당 이 적이 들어가기를 기다려 왜정(倭情)을 자세히 물어 정할 것이다. 이 적이 만약 빨리 달려간다면 허성(許筬)의 행차가 미치지 못하여 기회를 잃게 될 것이니, 이번에는 어떠한 일이든 간에 만류시켜 처처에서 지체하게 하는 것이 상책이다. 저들이 짐을 운반하지 못한다면 출발하지 못할 것이니, 핑계를 대서 수급(輸給)하지 말아야 한다. 황해·평안 등지의 감사에게도 비밀히 하유(下諭)하여 때에 맞추어 수급하지 말고 그들로 하여금 우선 머물러 있도록 의논하여 처리하게 하고, 영상과 병판(兵判)에게도 비밀히 이르라."

○ 영의정 유성룡, 병조판서 이덕형(李德馨)이 밀계(密啓)하였다.

"삼가 하교를 받들고 신들이 반복하여 생각하였습니다. 심유경(沈惟敬)의 형적이 참으로 의심할 바가 많지만, 우리나라가 이 때문에 중국의 장관(將官)을 잘못 접대할 수는 없습니다. …또 이곳에서 비록 그의 행차를 조금 지연시킨다 하더라도, 압록강을 건너서는 누가 감히 만류하겠습니까? 허성의 행차가 아무리 빠르더라도 저들과 동시에 북경에 도착할 수는 없을 것입니다. … 요컨대 함축성을 가져 그 형적을 드러내지 않으므로써 간교한 자로 하여금 우리의 천심(淺深)을 엿보지 못하게 하는 것이 유익한 계책이니, 이 또한 한 가지 방도입니다. …"

2월 16일

진주사(陳奏使) 허성(許筬)이 자문(咨文)을 가지고 북경(北京)에 갔는데, 자문의 대략은 다음과 같다. …

2월 25일

비변사가 아뢰기를,

"오늘날의 형세를 보면, 청병(請兵)을 하지 않으면 왜적을 방어할 수 없고 그렇다고 구원병이 오면 또 먹일 것이 없으니, 이것이 신들이 항상 근심하는 것인데 어떻게 할지를 모르겠습니다. …

그러나 염려되는 바는, 김수(金睟)와 허욱(許頊)이 차례로 나아가서 이미 적정을 자세히 아뢰었는데 지금 또 허성을 일시에 나아가게 한다면 비록 절박한 뜻에서 나오기는 하였지만 번거롭게 함이 너무 심하고, 혹시라도 송응창(宋應昌)·이여송(李如松)과 서로 부닥쳐 뜻밖의 환난을 만들지 않을까 합니다. …"

하니, 답하기를,

"내가 내 주장을 감히 고집하지는 않겠다. 급히 금군(禁軍)을 보내어 허성의 행차를 뒤쫓아가 머물려 두고, 다시 조정의 명을 기다리게 하라. 또 고 시랑에게는 허성을 보내는 것이 마땅할 것 같다."

하였다. 비변사가 회계하기를,

"상교(上敎)가 윤당합니다. 이 곡절(曲折)을 가지고 허성에게 하유하여 잠시 머물러 기다리게 하소서."

하였다.

3월 2일

비변사가 아뢰기를,

"총독(摠督) 고양겸(顧養謙)이 이미 봉황성(鳳凰城)에 도착하였으니, 접반사(接伴使)는 미리 강상(江上)에 가서 기다리고 있다가 분부가 있으면 달려가 듣게 함이 옳습니다. 더구나 지금 자문(咨文) 가운데 충성스럽고 용맹한 배신(陪臣) 두 사람을 먼저 오게 하라는 말이 있으니, 더욱 때를 맞추어 나아가지 않으면 안 됩니다. 심희수(沈喜壽)를 이미 접반사로 삼았거니와, 허성(許筬)이 마침 평안도에 있으니 허성을 접반 부사(接伴副使)로 삼아 밤낮을 가리지 말고 달려가게 하소서."

하니, 상이 따랐다.

4월 2일

비변사가 아뢰기를,

"… 대체로 중국 사람들은 우리 나라 일에 대하여 모두 염증을 내고 있습니다. 중국 조정에서도 봉공(封貢)의 인준 여부에 대하여 서로 다른 주장들을 하고 있어 결말이 나지 않을 것 같으므로, 우리 나라가 조용히 기다려 주기만을 바라는 것이 그들의 생각입니다. … 문안사(問安使)도 보내야겠지만, 접반사(接伴使) 심희수(沈喜壽)·허성(許筬) 등은 이미 그 일만을 위하여 떠나갔고, 근일 허균(許筠)이 또 갔습니다. 또 총독도 아직 요양(遼陽)에 있다고 하니, 아직은 심희수 등의 치계(馳啓)를 기다려 형세를 보아가며 대처하는 것이 좋겠습니다."

하니, 상이 따랐다.

7월 9일

전교하였다.

"… 그럭저럭 날짜만 보낸다면 필시 국사를 망칠 것이니 내선(內禪)의 논의를 어찌 그만둘 수 있겠는가. 사퇴하는 것은 아니할 수 없는 일이다. 허욱(許頊)의 진주(陳奏) 행차에 이 뜻을 겸하든지, 아니면 허성(許筬)의 동지(冬至) 사행(使行) 때에 그 사유를 다 진달하여 다시 사군(嗣君)을 세워 국인(國人)의 이목을 새롭게 하고 죄인을 물리쳐 밭매는 농부가 되게 해준다면 나의 소원이 비로소 이루어지는 것이다. 남은 반생에 다시 무엇을 구하겠는가."

처음에는 심유경의 간계를 명나라 황제에게 알리려고 허성을 진주
사(陳奏使)로 파견했다가, 갈등이 커질까봐 진주사 파견을 중단하고
총독(摠督) 고양겸(顧養謙)의 접반부사로 임무를 바꿔 내렸으며, 승문
원 사관이던 허균까지 자문재진관으로 요동에 파견하였다. 허균은 2
월 29일 문과에 급제하여 승문원 사관으로 배속되자마자 곧바로 자문
(咨文)을 가지고 요동에 파견된 것이다.

7월 9일의 전교는 선조가 왕위를 광해군에게 선양(禪讓)하겠다는
내용인데, 신하들이 반대하자 허성을 명나라에 동지사로 보내서 뜻을
이루겠다고 하였다. 그러나 연말에 동지사로 파견한 기록은 보이지
않는다.

허성의 외교활동이 가장 두드러진 것은 1598년 무술사행이다

* (1598년) 7월. (명나라) 찬획주사 정응태가 또 글을 올려 우리나라에서
성을 쌓은 여러 일을 무고하였는데, 극히 흉악하였으므로 조정에서 좌의
정 이원익(李元翼)과 참판 허성(許筬)을 보내어 글을 올려 변무(辨誣)하게
하고, 겸하여 양경리(楊經理)도 구원하였다.
七月贊畫主事丁應泰, 又上本誣我國築城諸事, 極其凶慘, 朝廷遣左議政李
元翼參判許筬, 賫奏辨誣, 兼救楊經理.   -『재조번방지(再造藩邦志)』

* 12일 계해. 바람이 불고 눈발이 날리는데 삼류하(三流河)에 이르렀다.
진주사 이원익, 부사 허성, 서상관 조정립 등의 사행을 만났다. [十二日癸
亥, 風且雪, 行到三流河, 値陳奏使李元翼, 副使許筬, 書狀官趙正立等行.]
    - 황여일 『은사일록(銀槎日錄)』

* 그런데 그 뒤에 정응태가 마침내 우리나라가 참람된 예(禮)를 쓰고 있다 고 무함을 하고, 심지어는 '왜적을 불러들여 중국을 범하려고 했다'는 설 을 내놓기까지 하였다. (이원익)공이 옥하관(玉河館)에 머물러 있다가 그 런 탄핵 내용이 있다는 사실을 접하고는, 부사(副使) 허성(許筬) 등과 함께 날마다 제부(諸府)의 과관(科官)을 찾아가 국가의 원통함을 씻어 달라고 청하 면서 간절하게 해명하곤 하였다. 그리고 주본(奏本)을 직접 작성하여 통정 사(通政司)에 호소하면서, 백성들이 올리는 주본의 예에 따라 천자에게 전주(轉奏)해 줄 것을 청하였다. 머리를 땅에 짓찧으며 피를 낭자하게 흘리 자, 통정사에서도 그 지극한 정성에 감동한 나머지 서로 돌아보며 탄식하곤 하였다.

−이식, 「영의정 완평부원군(完平府院君) 이공(李公)의 시장(諡狀)」 『택당선생 별집』 제8권

허성은 통신사 서장관으로 다녀오면서 적정(敵情)을 정확하게 파악 하여 보고한 공을 인정받아서 전쟁 내내 왕의 측근에서 승지로 오래 재직하며 국정에 참여하였고, 일본과 관련된 사신을 보낼 때마다 허 성이 파견되거나 거론되었다.

3) 하곡(荷谷) 허봉(許篈)

허봉의 조천 사행에 대해서는 선조실록이나 문집에 기록이 자세하다.

* 선조 7년 갑술(1574) 5월 11일 : 성절사(聖節使) 박희립(朴希立), 서장관 (書狀官) 허봉(許篈), 질정관(質正官) 조헌(趙憲)이 북경(北京)에 갔다.

허봉과 가장 가까운 관계였던 동생 허균과 스승 유희춘이 그의 조 천 사행 전후 행적을 자세하게 기록하였다.

* 갑술년(1574)에 예조좌랑에 제수되었는데, 서장관을 자청하여 명나라에 가서 중원의 선비들과 더불어 주륙지변(朱陸之辨)에 대하여 토론하니, 천신(薦紳) 선생(先生)들이 굴복시키지 못하고 모두 감탄하였다. [甲戌, 拜禮曹佐郞, 自請爲書狀官赴朝, 與中州士大夫, 論難朱陸之辨, 薦紳先生莫敢屈, 咸歎服焉.]

－허균(許筠), 「하곡선생연보(荷谷先生年譜)」

* 성절사(聖節使) 통사(通事) 백원개가 와서 조복(朝服)을 살 값으로 인삼 두 냥, 녹포(祿布) 세 필, 가는 모시베 한 필을 받아갔다. 모자라는 은(銀) 두 냥의 값은 곡산재 이봉(李鳳)과 서장관 허봉(許葑)이 각각 한 부분의 값을 보태주겠다고 약속했는데, 나중에 허봉에게는 '도와주지 말라' 하고 우리 집에서 다시 베 두 필을 더 냈다.

－유희춘 『미암일기』 1574년 4월 27일

* 허봉이 와서 '5월 초6일 성절사의 서장관으로 간다'고 고했다. 나는 술로 전별했다. 허군이 서문을 지어달라고 매우 간곡하게 청했다.
○ 허봉이 먼 길을 떠난다고 내실(內室)에 납명(納名)을 하였다.

－『미암일기』 1574년 4월 28일

* 이정을 불러다가 허봉을 북경(赴京)에 보내는 서(序)를 쓰게 했다. 또 칠선 한 자루를 (정사) 박희립 공에게 보냈다. 만리의 행로에 인사로 주는 것이다.　　　　　　　　　　　　　　－『미암일기』 1574년 5월 4일

* 서문을 허봉에게 보냈다.　　　　　　　　　　－『미암일기』 1574년 5월 5일

* 허봉 군이 서문(序文)을 보내왔기에, 내가 송충록에게 당지(唐紙)에다 고쳐 쓰게 하여 보냈다. 고친 말도 한두 군데 있었다.

－『미암일기』 1574년 5월 7일

* 성절사 박희립과 서장관 허봉과 질정관 조헌이 북경으로 떠났다.

－『미암일기』 1574년 5월 11일

* 어제 서장관 허봉이 6월 22일 요동(遼東)에 당도하여 28일에 안산(鞍山) 으로 향하면서 나에게 보낸 편지를 보았는데, "강을 건넌 뒤로 소식이

단절되어 아득히 서울의 소식을 듣지 못하니, 덕(德)에 향하는 마음이 날
로 더욱 깊습니다. 간절히 비노니 도(道)를 위해 스스로 보중하시고 많은
복을 받으소서,"라고 하였다.　　　　　　　　　－『미암일기』 1574년 7월 15일

　* 미숙(美叔, 허봉)이 중원(中原)에 있을 때에 섬서(陝西) 장안(長安)에 왕
지부(王之符)를 만났는데, 그가 우리나라 현금(現今)의 이학(理學)하는 사
람을 물어보아서 대곡(大谷) 성운(成運)과 일재(一齋) 이항(李恒), 소재(蘇
齋) 노수신(盧守愼)과 희춘(希春)을 들어 답했다고 한다.

　　　　　　　　　　　　　　　　　　　　－『미암일기』 1574년 12월 9일

　유희춘의 일기에서는 떠나기 전의 신장(贐章)부터 허봉이 명나라에
서 보낸 편지, 주륙지변(朱陸之辨) 사이에 스승을 소개한 사연까지 자
세하게 실려 있다. 허봉의 『조천록』은 동생 허균이 생전에 편집해 놓
았으므로, 비교적 원래의 모습을 지닌 채로 간행되었다.

4) 교산(蛟山) 허균(許筠)

　허균은 세 차례 명나라에 사신으로 다녀왔는데, 그 밖에도 여러 차
례 사신으로 보내자고 거론되었다. 그만큼 국제정세에 해박하였기 때
문이다.

　* 선조 30년 정유(1597) 6월 : 진주사(陳奏使) 심희수(沈喜壽)를 보냈다.
　* 광해군 2년 경술(1610) 4월 26일 : 병 때문에 천추사(千秋使)를 사퇴하였다.
　* 광해군 4년 임자(1612) 12월 5일 : 허균을 진주사(陳奏使)로 삼았다. (왜국
의 동정을 명나라에 알리는 임무를 받았는데, 12월 16일에 교체되었다.)
　* 광해군 6년 갑인(1614) 4월 21일 : 천추사(千秋使) 겸 사은사(謝恩使)가
되어 떠났다.

* 광해군 7년 을묘(1615) 윤8월 8일 : 왕이 선정전에서 동지 겸 진주사 민형남과 부사 허균을 인견(引見)하였다.

허균의 사행은 실록과 문집에 대부분 자세하게 기록되었으며, 허균이 구입한 도서 때문에 논란이 많았다. 1597년 사행만 『선조실록』에 이름이 밝혀져 있지 않은데, 『성소부부고』 권1에 이 시기에 지은 시 37편의 제목을 「정유조천록(丁酉朝天錄)」이라 하였으니, 조천 사행에 참여한 것은 분명하다. 「정유조천록(丁酉朝天錄)」에 "내가 갑오년(1594)에 자문재진관(咨文齎進官)으로 요동(遼東)에 다녀왔다"는 기록이 있는데, 조천(朝天) 사행(使行)은 아니다. 을묘(1615) 사행은 병진년(1616)에 돌아왔으므로, 이때 지은 시를 편집하여 『을병조천록』이라 하였다.

3. 국제정세에 민감했던 초당공 4부자

초당공 4부자가 다른 집안보다 더 많이 명나라에 사신으로 파견된 이유는 이들이 모두 당시 조선에서 가장 국제정세를 빨리 파악했고, 외교 업무에 관련되었던 인물들이기 때문이다. 이들이 국제정세와 관련된 기록은 다음과 같다.

1) 초당(草堂) 허엽(許曄)

허엽(許曄)을 경상감사로 삼았다. 당시에 경상감사 정지연(鄭芝衍)이 병 때문에 체직되었는데, 상이 영남은 일이 많고 왜인들이 약탈할 걱정이 있는 지역임을 감안하여 대신에게 문무의 자질을 겸비한 자를 천거하라고 명하였다. 이에 대신들이 구봉령(具鳳齡)·이이(李珥)·김첨경(金添慶)

·이산해(李山海)·허엽을 천거하여 왕명에 응하니, 상이 허엽을 나이 많은 구신이라 하여 먼저 등용하였다.

-『선조실록』 12년(1579) 5월 1일

2) 악록(岳麓) 허성(許筬)

허성이 임진왜란 내개 선조의 옆에 있으면서 병조(兵曹)와 비변사 일을 맡았던 이유는 그가 1590년 통신사로 파견되었을 때에 당색(黨色)에 매이지 않고 정확하게 적정(敵情)을 보고하였기 때문이다.

> 이에 의논하는 사람들은 어떤 이는 황윤길을 지지하고 어떤 이는 김성일을 지지하여 의논이 분분하여 결정을 내리지 못했고, 또한 동인(東人)과 서인(西人)으로 당론이 갈리어 겉과 속으로 각기 자기의 무리를 보호하는데, 서장관 허성(許筬)만은 말하기를, "왜놈이 반드시 쳐들어 올 것이다." 하였다. 그의 친구인 한준겸(韓浚謙)이 그 까닭을 물으니, 허성은,
> "우리들이 일본에 가서 보니, 곳곳의 성지(城池)에는 병들고 나약한 군사들만 있으니, 이는 평성(平城)의 옛 지략이오."
> 하였다. 당시 '허성은 당론을 두둔하지 않는다' 하여 훌륭하게 여겼다.

-『재조번방지(再造藩邦志)』

그는 통신사로 파견되어 일본에 있는 동안에도 국내에 편지를 보냈는데, 친구 우복룡(禹伏龍)에게 보낸 편지가 남아있다.

> 현길(見吉. 우복룡) 아계(雅契)에게 절하고 올리는 글
> 용궁(龍宮) 아사(衙史)에게. 성(筬)
> 바다를 건너 와서 소식을 들을 길이 없으니, 사람의 마음이 이에 이르러 슬프지 않을 수 없습니다. 동래(東萊)에서 보내준 편지가 이제 이르렀

으니, 벗님의 얼굴을 본 것 같습니다. (이 편지로) 받은 위로가 어찌 다함
이 있겠습니까.

저는 지금 대마주(對馬州, 쓰시마)에 도착한 지 이미 13일이 되었는데,
오래지 않아 일기도(一岐島, 이키노시마)로 가려 합니다. 바다를 건너 온
날 풍랑이 크게 일어 배를 거의 보존하지 못할 뻔하다가 겨우 바닷가에
이르렀으니, 이는 왕조(王朝)의 위덕(威德)이 멀리까지 미쳤기 때문이 아
닐 수 없습니다. 사신(使臣)으로서 이보다 더 험난함을 맛볼 수는 없을
겁니다. 비록 그렇긴 하지만 장부가 이런 경우를 만나지 않는다면 어떻게
인간 세상의 험난한 길을 알 수 있겠습니까. 웃을 만한 일이지, 탄식할

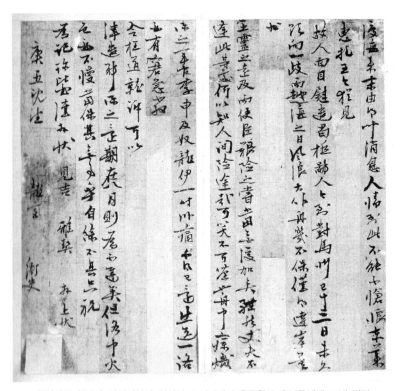

통신사로 일본에 파견되었던 허성이 쓰시마에서 용궁현감 우복룡에게 보낸 편지

일은 아닙니다.

배 안에 전염병이 심하여 저의 군관 이신(李申)과 노복 용이(龍伊)가 한꺼번에 앓아 누워 증세가 심상치 않아서 이미 돌려보냈는데, 가는 길이 틀림없이 곤궁하고 위급할 것입니다. 그대에게 도움을 청하게 하면 도와주실 수 있겠는지요?

제가 돌아갈 기일은 8월이니 늦지는 않겠습니다. 다만 서울 안에 불빛이 틀림없이 느슨하지 않을 것이니, 마땅히 무사함을 보존할 수 있겠지요. 나머지는 다 갖추어 적지 못합니다. 다만 귀하신 몸 삼가시기를 빌면서, 삼가 절하고 글월을 올립니다.

경(庚, 1590년) 5월 16일[5]

쓰시마에는 숙소가 좁아서 선원 상당수는 배 안에서 숙박했는데, 초여름이라 배 안에 전염병이 돌자 환자들을 배에 태워 조선으로 돌려보냈다. 악록은 자신이 데리고 왔던 군관 이신과 노복 용이를 『승가수창록(僧伽酬唱錄)』 시기 북한산 승가사에서 함께 공부하며 한시를 주고받았던[6] 친구 용궁현감 우복룡(禹伏龍)에게 보내면서 치료와 선처를 부탁하였다.

현길(見吉)은 우복룡(禹伏龍)의 자인데, 용궁현감으로 재임 중에 임진왜란이 일어나 용궁을 끝까지 방어하고, 그 공으로 안동부사에 올랐다. 통신사는 비선(飛船) 편에 편지를 보낼 수 있었으므로, 문안편지 뿐만 아니라 장계(狀啓)도 전달할 수 있었다.

선조가 임진왜란을 마무리하기 위해 일본에 사신을 파견하는 문제

---

5) 허경, 앞의 책, 32쪽.

6) 이에 관한 자세한 기록은 허경진, 「악록(岳麓) 허성(許筬)의 문집 재편집 시론」(『남명학연구』 32집, 2011)을 참조할 것.

로 1606년 4월 5일에 2품 이상의 관원들에게 의견을 물었다. 철천지 원수에게 복수하자는 의견도 많았지만, 허성은 이번 기회에 사신을 보내어 화친을 맺자고 건의하였다.

> "섬 오랑캐들이 감히 독기(毒氣)를 부리지 않으면 다행이지만, 그렇지 않고 훗날 독기를 부리며 날뛴 뒤에 어쩔 수 없이 강화를 허락한다면 굴복하는 치욕을 면키 어렵습니다. 이번에 그들이 와서 요구하는데 말이 패역(悖逆)하지 않고 일 또한 순리적(順理的)이니, 차라리 이번 기회에 쾌히 허락하는 것이 좋지 않겠습니까. … 지금의 사세를 옛일로 헤아려 보건대, 결국에 가서는 한 번 화친을 해야 할 것입니다. 이왕 화친을 할 수 없다면 한 번 착수해서 결말을 내야지, 어찌 재차 수고롭게 행역(行役)을 하여 번거롭게 왕래하면서 헛되이 재력(財力)만 소모할 수 있겠습니까.
>
> 옛날의 왕자(王者)들이 어찌 융적(戎狄)이 추하다는 것을 몰랐습니까마는, 문왕(文王)이 곤이(昆夷)에 대해서나 한 문제(漢文帝)가 흉노(匈奴)에 대해서나 모두 뜻을 굽혀 화친을 허락하면서도 수치로 여기지 않았던 것은 단지 생령(生靈)을 위했기 때문입니다. 성교(聖敎)에 생령들을 측은(惻隱)하게 여기시니 뭇 생령들이 모두 인덕(仁德)에 흠뻑 젖어 있습니다."

조정에서 논란 끝에 1607년에 제1차 통신사(通信使)를 회답겸쇄환사(回答兼刷還使)라는 명목으로 파견하게 되자, 허성이 종사관 정호관(丁好寬, 1567~1632)에게 신장(贐章)을 지어 주었다.

일본으로 가는 정랑 정호관을 배웅하며
送丁正郎赴日東 二首

오랑캐 막을 상책이 따로 없으니
화친과 우호도 또한 그 가운데 있네.

본래 기미의 계책을 냈으니

어찌 반드시 당공(攩工)에 견주랴.

禦戎無上策。和好亦其中。

本出羈縻計。何須較拙工。…

임난 이전에 이미 일본이 전쟁을 일으킬 것이라고 정확하게 보고했던 허성은 통신사 종사관 정호관에게 '전쟁을 막을 상책은 화친과 우호'라고 충고하였다. 통신사가 가장 염두에 두어야 할 것이 '화친과 우호'라고 하였는데, 이같이 신의(信義)를 소통(疏通)하는 통신사(通信使)가 이백년 지속되며 한동안 평화시대가 지속되었다.

신식(申湜, 1551~1623)이 1585년에 성절사 서장관으로 떠나게 되자, 허성이 신장(贐章)을 지어주었다. 이 시는 『악록집』에 실리지 못하고, 친필로만 남아 있다.

연산으로 두 번째 행차하는 신 서장관을 받들어 전별하다
奉贐申書狀再赴燕山

꽃 핀 들녘에 날은 저물고 행차에 먼지 이는데

이별 생각에 백발을 서로 재촉하네.

전대(專對)할 인물을 관원 가운데 잘 골라 뽑으니

멀리 가는 국경의 길 유달리 자주 오르네.

주나라를 꾸짖은 장한 절개는 부질없이 사당만 남겨놓았고

곽외로부터 시작했던 높은 집은 몇 해나 되었는가?

연·조에는 예부터 비장한 뜻 품은 선비가 많다고 하니

시시(柴市)에 달 밝아오면 어떤 사람을 만날까?

芳郊日晚起行塵。離思相催髮欲新。

專對薦紳中妙選、遠遊關路上偏頻。

非周壯節空遺廟、從隈高臺問幾春。

燕趙古稱多感慨、月明柴市遇何人。

양천후인 산전 허성 陽川後人 山前 許筬

만력 을유년(1585) 萬曆乙酉端陽上浣

시시(柴市)는 중국 북평시 교충방(教忠坊) 서북쪽에 있는 지명인데, 송나라의 승상 문천상이 순국한 곳이다.

3) 하곡(荷谷) 허봉(許篈)

중국에 사신으로 다녀오는 길이 멀고 힘들었으므로, 사신 가기를 피하는 사람들이 많았다. 다녀오더라도 억지로 오가며, 중국의 모습에 관심 없는 사신도 많았다. 그래서 허봉 이전에는 볼만한 조천록이 드물었다. 허봉이 명나라에 성절사 서장관으로 자원하여 다녀와『조천기』를 짓자, 친구 서애(西厓) 유성룡(柳成龍)이 서문을 쓰면서 그의 국제적인 감각을 이렇게 칭찬하였다.

나는 이미 미숙(美叔)의『연산기행시(燕山紀行詩)』에 발문(跋文)을 지었는데, 또『조천록(朝天錄)』이 있다고 들었다. 미숙으로부터 곧 가져와서 여러 날 읽었으나 싫증이 나지 않았으며, 흥기(興起)되어 찬탄(贊嘆)하였다.

아름답구나! 해박하고도 자상하도다. 숙신(肅愼) 이북에서부터 연(燕)·운(雲) 이동까지의 수천 리 사이의 산천 풍경(山川風景)이 모두 내 눈 안에 있으니, 미숙의 명민(明敏)한 지식이 아니면 어떻게 이를 얻을 수 있었겠는가? …

내가 보기에 세상 사람들은 도량(度量)이 매우 좁고 기절(奇節)이 적어서 고루한 데에 만족하고 산천을 넘나들고 여러 지방을 돌아다니기를 꺼리므로, 사행(使行) 가라는 명을 들으면 몸을 움츠려 근심하며, 국문(國門)을 나서면 수심에 쌓인 얼굴빛으로 밤낮없이 달리며 기한을 재촉하여 오직 빨리 돌아오기만을 서두르는 것을 급무로 삼는다. 그러니 다른 것이야 참으로 논(論)할 것도 못 된다.

미숙은 나이 겨우 약관(弱冠)에 이미 천하의 책을 모두 읽어서 문학(文學)과 사장(詞章)으로 조정에 명성이 있었고, 또한 중국 땅을 밟고서 천하의 기관(奇觀)을 모두 보고자 하였는데, 조정에서 사신을 선발한다는 말을 듣자, 여러 사람을 대하여 가보고 싶다는 말을 하였다. 전관(銓官)이 그를 추천하여 보내게 되었으니, 그의 뜻이 이미 얕지가 않았던 것이다.

그가 사행(使行)함에 있어서 또한 연도(沿道)에서 재사(才士)를 찾아볼 때에는 말고삐를 잡고서 물었고, 무릇 듣고 보는 바에 얻는 것이 있으면 고루 기록하였으며, 그사이에 읊은 시를 모아 책을 만들어서 이를 읽는 자로 하여금 열중하여 권태로움을 잊게 하였다.

－유성룡 「조천기 서(朝天記序)」

허봉은 명나라 기생 시집과 기행문을 별개의 책으로 썼다. 현재『연산기행시(燕山紀行詩)』는 전하지 않지만, 호기심 어린 눈으로 중국 천하를 둘러보며 감격하여 지은 시였을 것으로 짐작된다.

4) 교산(蛟山) 허균(許筠)

허균은 어려서부터 중국에 관심이 많았다. 그래서 중국 책을 열심히 읽었고, 중국 사람이 올 때마다 그들을 만나서 이야기를 나누었다. 17세에는 책봉조사(册封朝使)의 종사관으로 연경에 다녀온 사람에게서 안남(安南)과 서양의 이야기를 들었으며, 23세 때에 중국 복건성 장사꾼들이 바람에 떠밀려 서울까지 오게 되자 그들을 찾아가서 중국의 풍물을 이야기했다. 그들의 고향에 대해서 그들보다도 더 자세하게 알아 중국사람들을 놀라게 할 정도로, 그는 당대 중국에 관해 많은 공부를 했다.

다른 선비들은 중국 고전에 대해서만 공부했지만, 그는 변화하고 있는 중국의 현실에 대해서 관심을 가졌다. 그가 25세 되던 1593년 강릉에서 피난생활하며 지었던 『학산초담(鶴山樵談)』에 중국과 우리나라 사이에 표류되었던 사람들의 이야기를 다섯 가지나 실은 것을 보아도, 그가 젊어서부터 얼마나 중국의 현실에 대해서 관심을 가지고 있었는지 알 수 있다.

당시에 중국에서 사신이 오면 접반사(接伴使)를 임명했으며, 그를 실제적으로 도와주기 위해서 종사관(從事官)을 추천했는데, 허균은 네 차례나 종사관으로 추천되어 실력을 발휘했다. 성격이 경망하다고 해서 파직시킨 뒤에도, 중국에서 사신이 오면 할 수 없이 그에게 벼슬을 주어 종사관으로 내보낼 정도로, 그의 반대파에서도 그의 외교수완만큼은 인정했다.

그는 26세 되던 1594년 봄에 문과에 급제하고, 외교문서를 맡아보는 승문원에서 첫벼슬을 시작했다. 명나라에서 허홍강(許弘鋼)이 사신으로 오자 윤국형이 접반사가 되었는데, 허균이 종사관으로 따라가서 의주에 넉 달이나 머물며 일했다. 34세에는 이정구의 종사관이 되어 고천준(顧天埈)을 맞았고, 38세에는 유근의 종사관이 되어 주지번(朱之蕃)을 맞았으며, 41세에는 이상의의 종사관이 되어 유용(劉用)을 맞았다. 그 자신이 기록한 것처럼, 그는 조선시대에 가장 여러 차례 종사관이 되었다.

그는 당대 지식인 가운데서도 가장 국제적인 식견을 지녔으며, 이러한 기회를 통해서 중국의 최신문물을 들여왔다. 외국의 문물을 들여오는 데에만 관심이 있었던 것이 아니라, 우리나라의 문화를 외국에 소개하는 데에도 앞장섰다. 임진왜란 때에 종군했던 명나라 문인 오명제(吳明濟)에게 『조선시선(朝鮮詩選)』을 엮어주어 그곳에서 간행케 했고, 그 뒤에도 명나라에서 사신이 올 때마다 우리 문학을 그들에게 전했다. 주지번을 통해서 누이 난설헌의 시집을 중국에 전하여 그곳에서 출판시킨 것도 그만이 할 수 있었던 일이다. 난설헌의 시는 그 뒤 일본에서도 간행되어, 우리나라 시인 가운데 가장 국제적인 시인이 될 수 있었다.

4. 조천록과 통신사행록을 포함하는 『악록집』의 재편집 시안

현재 『악록집』에 실린 「배 안에서 이별을 기록하다[舟中記別 二首]」라는 시에 "어떤 책에는 '사신으로 가다가 압록강 배 안에서 차운하다'라고 되어 있다[一云奉使鴨江舟中次韻]"는 소주(小註)가 덧붙어 있다. 이 시부터 조천록(朝天錄)이라는 뜻이다. 그러나 조천록이나 통신사행록으로 편집해야 할 시들이 흩어지고 뒤섞여 있어, 『악록집』의 재편집이 필요하다.

초당(草堂) 허엽(許曄)과 그의 4자녀는 당대에 문장가로 이름나 5문장가(五文章家) 집안으로 불렸지만, 정작 그들의 문집은 제대로 편집되지 못했다. 이들이 동인과 북인의 중심에 있었기에 당쟁에 휩쓸려, 문집이 제대로 편집되지 못했던 것이다.

허봉(許篈)의 『하곡집(荷谷集)』과 허초희(許楚姬)의 『난설헌집(蘭雪軒集)』은 아우인 허균이 살아 있을 때에 편집하고 간행했는데도, 문집에 실리지 못한 작품들이 여기저기서 발견된다. 교산(蛟山) 허균(許筠)의 『성소부부고(惺所覆瓿藁)』는 본인이 1611년 유배지에서 편집한 40세까지의 작품만 일부 실려 있다. 초당 허엽과 악록(岳麓) 허성(許筬)의 문집은 당대에 편집되지 못했다.

허성이 세상을 떠난 지 6년 뒤에 허균이 역적으로 몰려 억울하게 처형당했으므로, 허균 생전에는 허성의 작품을 수집해 편집할 시간이 없었고, 허균 사후에는 역적의 집안이라 문집을 편찬할 명분이 없어졌기 때문이다. 그의 아들들이 유배되면서, 허성의 작품 초고들도 흩어졌다.

현재 규장각에 소장된 필사본 『악록집』은 후대에 누군가가 다른 문집에 실린 글만 일부 뽑아 편집했기에 문집의 체제도 갖추어지지 않았으며, 중요한 작품들이 많이 빠져 있고, 다른 사람의 글도 실려 있다. 허성의 생애를 평가할 때에 일본에 통신사로 파견되어 임진왜란이 일어날 것을 예언한 사실이 가장 널리 알려져 있고 중요하게 평가되는데, 그때 지은 글들이 모두 빠져 있어 허성을 제대로 평가하기 힘들다.

5문장가의 문집을 재검토, 재편집하는 작업의 첫걸음으로, 『악록집』에 빠진 작품들을 국내외에서 수집해 새로운 『악록집』을 재편집해보고자 한다.

1) 『승가수창록(僧伽酬唱錄)』에 실린 시

『승가수창록(僧伽酬唱錄)』은 1575년까지 삼각산(三角山) 승가사(僧伽寺)를 중심으로 허성(許筬), 홍이상(洪履祥, 1549~1615), 우복룡(禹伏龍, 1547~1613) 등이 모여서 지은 한시를 편집한 55장 필사본이다. 홍이상이 1581년에 편집하여 제(題)를 붙였고, 임진왜란 이후인 1598년 우복룡이 다시 편집하며 제(題)를 붙였는데, 홍씨 집안에서 소장하던 책이 이왕가도서(李王家圖書)를 거쳐 장서각에 소장되어 있다. 허성의「증계원귀향산(贈戒元歸香山)」으로 시작하여 300여 수가 실렸는데, 계원(戒元), 인영(印暎), 익호(益浩) 등의 승려, 서기(徐起, 1523~1591), 유희경(劉希慶, 1545~1636) 등의 천인(賤人)들이 한데 어울려 금란지계(金蘭之契)를 맺으며 창화한 자취를 보여준다.

『승가수창록(僧伽酬唱錄)』은『악록집』을 편집할 때에 이미 이용되었는데, 「증계원귀향산(贈戒元歸香山)」부터 시작해 68수가 편집되었다. 그러나 작가를 확인하지 않고 베끼다보니, 다른 사람의 시가 섞여들게 되었다.『승가수창록(僧伽酬唱錄)』에서 현재보다 13수가 추가되어야 한다.[7]

2) 『경인통신사행록(庚寅通信使行錄)』

일본이 조선을 침략할 기미가 보이자, 선조가 1590년에 정사 황윤길, 부사 김성일, 서장관 허성을 통신사로 임명해 일본에 파견하며, 도요토미 히데요시(豊信秀吉)가 전쟁을 일으킬 만한 인물인지 염탐하

---

7) 자세한 내용은 허경진, 「악록(岳麓) 허성(許筬)의 문집 재편집 시론」(『남명학연구』 32집, 2011)을 참조할 것.

라고 지시했다. 김성일은 허성과 같은 동인에 속했으므로 친밀했으며, 일본에 오가는 동안 많은 시와 편지를 부고 받았다. 김성일의 기행시문집 『해사록(海槎錄)』 권1, 권2에는 김성일이 허성에게서 받은 시에 차운한 시가 수십 수 실려 있는데, 그 제목을 보면 허성이 그에게 어떤 시를 지어 주었는지 알 수 있다.

이 가운데 『해사록』 권2에 실린 「취중에 허산전, 차오산과 더불어 연구를 짓다」 등의 연구(聯句)들은 글자 그대로 김성일, 허성, 차천로 3인의 공동작이다. 「칠석연구(七夕聯句) 12운」을 예로 들어서, 이 가운데 허성이 지은 시를 찾아내면 다음과 같다.

객지에서 철 바뀌어 마음 놀랍지만
하늘 밖에도 즐거운 일 많이 있구려.
客中驚節序, 天外博歡娛.
　산전이 읊은 것이다. 山前
맑은 흥취에 끌려 마음 멀리 가는데
잔 채워서 주고 받으니 외롭지 않네.
逸興牽將遠, 深杯屬不孤.
　산전이 읊은 것이다. 山前
상을 차려 기이한 과일을 올리고
다리 놓으려 까막까치를 부리네.
盤排呈異蓏, 橋起役靈烏.
　산전이 읊은 것이다. 山前
멀리 떠남도 한탄하지 않으니
맑은 밤 가는 것을 어이 슬퍼하랴.
不作遠離恨, 那悲清夜徂.
　산전이 읊은 것이다. 山前

　허봉이 『하곡조천록』을 기록하고 허균이 『을병조천록』을 지은 것
처럼, 허성도 당연히 조천록이나 통신사 사행록을 기록했겠지만, 필
자가 현재 수집한 40여 종의 통신사 사행록 가운데 그의 기록은 남아
있지 않다. 위에 소개한 『선대필적(先代筆蹟)』에 쓰시마에서 쓴 편지
가 1통 남아 있을 뿐이다. 그 밖에는 김성일이 기록한 『해사록』에서
그 편린을 엿볼 수 있을 뿐인데, 일본에는 소중한 기록이 남아 있다.[8]

　허성이 일본에서 지은 글은 그를 찾아온 일본 유학자 후지와라 세
이카(藤原惺窩)의 문집에 실려 있는데, 조선 유학자 허성과 일본 유학
자 후지와라 세이카의 만남은 아베 요시오(阿夫吉雄) 교수가 "세이카
가 (훗날) 에도(江戶) 신유학(新儒學)을 창도하게 된 근본이 이미 허성
과의 교제에서 이루어졌다."라고 언급할 만큼 일본유학사(日本儒學史)
의 중대 사건으로 평가받는다.

　허성과 세이카의 교유에 관한 최초의 연구는 아베 요시오에 의해
이루어졌는데 그는 『日本朱子學と朝鮮』(1965)에서 허성과 세이카가
만나게 된 계기와 유학적 성과에 관해 논하였으며, 그 말미에 두 사람
의 수창시(酬唱詩)와 허성이 세이카를 위해 쓴 것으로 알려진 「시립자
설(柴立子說)」의 원문을 첨부하였다.

　1590년(선조23) 3월 6일, 통신사 일행은 국서와 예물을 받들고 한양
을 출발하여 7월 21일 교토(京都)의 다이토쿠지(大德寺)로 들어갔다.
히데요시는 당시 오다와라성(小田原城)의 호조씨(北條氏)를 공격하고
있었기 때문에 통신사 일행은 11월이 되어서야 주라쿠다이(聚樂第)에
서 히데요시를 만나 조선 국왕의 국서를 전달할 수 있었다. 히데요시

───────────────

8) 이 부분부터 필자가 이미 발표한 논문 「악록(岳麓) 허성(許筬)의 문집 재편집 시론」(『남
　명학연구』 32집, 2011)에서 가져왔다.

를 만나기 위해 지루한 나날을 보내고 있던 이들을 후지와라 세이카
(藤原惺窩)가 방문하였는데, 그의 이름은 슈쿠(肅), 자는 렌부(斂夫)이
며 조상 대대로 식읍(食邑)을 소유했던 반슈(播州) 세가와(細河邑)에서
출생했다.9) 세이카의 집안은 원래 장원을 소유한 귀족으로, 중세의
와카산케(和歌三家) 중 하나인 레이제이케(冷泉家)에 속한 가문이었다.
세이카는 칠팔세 무렵 스님이 「법화경」과 「반야심경」을 읊는 것을 듣
고 따라 외워 사람들에게 신동이라 불릴 만큼 두뇌가 명석했으며, 출
가한 이후에는 '슌(蕣)'이라는 법명(法名)을 사용했다. 18세 되던 1578
년, 부친의 성(城)이 적군의 급습을 받아 함락되고 아버지와 형이 죽
음을 당하자 그는 어머니, 동생들과 함께 숙부가 주지로 있던 교토의
쇼코쿠지(相國寺)로 피신해 그곳에서 승려가 되었고, 불교와 유학을
배웠다.

　일본은 예전에 수입된 주자학이 명맥만 유지하고 있었는데, 가마쿠
라(鎌倉) 시대 중기부터 무로마치 시대 말기까지 주로 불교를 통해서
유교가 이해되었다. 선승들에게 유학은 교양으로써 꼭 갖추어야 하는
덕목 중 하나였으므로, 세이카 역시 '유학으로써 불도에 입문한다(儒
而入佛)'는 생각을 따라 글을 짓는 데 힘썼다. 그의 제자 하야시 라잔
(林羅山)은 스승의 학문에 관해 "쇼코쿠지 묘주인(妙壽院)의 슌수소(蕣
首座)로서 비록 불서(佛書)를 읽어야 했으나 그 뜻은 항상 유학에 있었
다"고 소개하였는데,10) 세이카가 다이토쿠지에 머물고 있던 통신사

---

9) 후지와라 세이카(藤原惺窩)의 생애 및 활동에 관한 내용은 『藤原惺窩集』(小系夏治郎
　・太田兵三郎 共編, 國民精神文化研究所, 1938)과 『日本朱子學と朝鮮』(阿部吉雄, 東
　京大學出版會, 1965)을 참조하였다.
10) 所謂儒而入佛也 先生從事筆研 其所出自可知矣 博學禪敎 兼見群書 (중략) 其所居日
　妙壽院 後歸播見赤松氏 赤松氏善遇之 故從赤松氏遊于洛于伏見之間 先生雖讀佛書

일행을 만나게 된 계기는 다음과 같다.

> 덴쇼(天正) 18년(1590) 경인년에 조선 사신 통정대부 황윤길·김성일·허잠지[11]가 찾아와 공물을 바쳤는데 도요토미 히데요시 공이 그들을 무라사키노(紫野)의 다이토쿠지(大德寺)에 머물게 하라고 명했다. 선생(세이카)이 가서 세 사신을 접견해 서로 필담을 나누고 또 시를 주고받았다. 이때 선생은 자호(自號)를 '시립자(柴立子)'라 했는데 허잠지가 선생을 위해 ('柴立'의 의미에 대해) 설명하는 글을 써 주었다.[12]

이 글을 통해 세이카가 먼저 다이토쿠지에 있는 사신들을 찾아가 만난 사실과, 이 자리에 허성 뿐 아니라 황윤길과 김성일이 함께 있었다는 것이 확인된다. 세이카의 문집에는 통신사 일행과의 창수시가 실려 있는데, 세이카의 시뿐 아니라 함께 수창했던 조선 문인들의 작품까지 수록되어 있어, 당시 세이카가 만난 조선인이 여러 명이었음을 알 수 있다. 그 가운데 허성만이 흉금을 털어놓고 세이카와 사귀었는데, 이에 대해 아베 요시오(阿部吉雄)는 다음과 같이 설명하였다.

> 『藤原惺窩集』에는 세이카와 허산전(許山前)의 증답시(贈答詩)가 여러 편 수록되어 있어, 그것을 보면 특히 흉금을 열게 된 경위나 세이카가 감복한 모습을 알 수 있다. (중략) 두 사람의 증답시를 살펴보면 처음 세

志在儒學 (小系夏治郎·太田兵三郎 共編, 『藤原惺窩集』上, 國民精神文化研究所, 1938, 6쪽, '行狀'.)

11) '許箴之'는 許筬의 誤記이다. 수창한 시들에는 허성의 호를 '山前'으로 표기하였는데, 하야시 라잔이 세이카의 행장을 짓는 과정에서 '성(筬)'자를 잘못 기록한 것이다.

12) 天正十八年庚寅 朝鮮國使通政大夫黃允吉·金誠一·許箴之來貢 豊臣秀吉公命館之紫野大德寺 先生往見三使 互爲筆語 且酬和詩 時先生自號柴立子 許箴之爲之說以呈焉(『藤原惺窩集』, 앞의 글).

이카가 국화를 가지고 가서 시 한 수를 덧붙여 허산전을 방문했던 것을 알 수 있다. 허산전이 차츰 '서로 만나 자기도 모르는 사이에 얼굴에 기쁨을 띄는' 상태로까지 마음을 허락하게 되어 결국에는 새벽에 얼굴을 씻기도 전에 옷을 걸치고 함께 새로운 시를 구하는 사이가 되었으며 또 술을 마시고 저녁까지 맑은 이야기를 주고받아 진심으로 이별을 슬퍼했음을 알 수 있다. 이에 대해 세이카 역시 "한 번 웃고 술잔을 드니 그 은혜가 가볍지 않다"고 하며 시와 학문을 가르쳐 준 은혜를 감사했다.[13]

세이카가 처음 국화와 시 한 수를 가지고 허성을 방문한 사실은 다음의 시에 드러난다.

국화에 시를 더해 산전에게 주다
菊花副詩贈山前
국화를 따며 유유히 남산을 바라보니
천년 전의 도연명이 저녁 빛에 마주하네.
이국의 서릿빛이 다르지 않으니
세한고절은 한 가지로 맑고도 깨끗하구나.
悠然採菊見南山. 千載淵明對暮顏.
不隔異邦霜下色, 歲寒節操伴淸閑.[14]

에도시대 시인들이 도연명(陶淵明)을 많이 끌어다 썼으므로, 두 사람의 첫 만남에 국화가 등장하는 것은 자연스럽다. 일본 시인들은 즉석에서 창화하는 것이 부담스러워, 통신사 수창의 경우에 주로 일본

---

13) 阿部吉雄, 『日本朱子學と朝鮮』, 東京大學出版會, 1965, 51-52쪽.
14) 허성이 세이카와 주고받은 시는 김태준(1975)을 거쳐 곽정례(2011)의 박사논문에도 소개되었는데, 『악록집』 재편집에 필수적인 작품이므로 다시 소개한다.

인들이 먼저 지어오면 조선 문사가 차운 화답하는 것이 관례였다. 세이카의 시에 대해 허성은 이렇게 화답하였다.

> 시립자가 국화를 준 것을 감사하며 原韻을 사용해 맑은 시 한 수를 지어 주다
> 謝柴立子贈菊花, 副以淸詩一絶, 仍用元韻
> 국화를 바라볼 때마다 고향을 생각하니
> 한갓 그리움이 나그네 얼굴을 상하게 하네.
> 그대를 만나 다시 동쪽 울타리의 흥을 일으켰으니
> 덧없는 인생 한나절의 한가로운 정을 다스려 보리라.
> 每見黃花憶故山. 旅遊偏覺損朱顏.
> 逢君更起東籬興, 政是浮生半日閑.

일본 땅에서 도연명(陶淵明)의 시구를 차용한 시를 받자 너무 반가워, 허성은 고향에 대한 그리움과 새로운 친구를 만나게 된 감회를 노래했다. 이 시를 계기로 두 사람은 계속 첩운(疊韻)하여 시를 주고받았다.

> 세이카. 산전의 시에 첩운하여 주다
> 疊韻贈山前
> 산속에서 벗과 함께 술 한 잔을 나누고
> 그대 얼굴 대하여 청담 나누다니 어인 행운인가.
> 미천한 내가 오직 그대와 서로 따르길 원하니
> 글귀 읊조리고 책을 읽으며 나의 한가로운 마음 없애려네.
> 四品友朋共一山. 淸談何幸對君顏.
> 野生唯願相隨去, 哦句讀書消我閑.

허성. 다시 시립자에게 첩운하여 화답하다
和次柴立子再疊韻

한 가닥 심지로 향불 돋우고 박산향로 마주하여
그대를 만나니 나도 모르게 기쁜 얼굴이 되네.
타향의 하루가 이리도 길다면
이역만리의 한가로운 정을 어찌 다스리랴
一炷淸香對博山. 相逢不覺自歡顔.
僑窓若得長如此, 何用天涯別索閑.

허성. 시립자의 운에 다시 삼첩하여 화답하다
三疊柴立韻索和

새소리에 온 산이 울려 놀라 일어나니
맑은 첫새벽에 얼굴도 씻지 못하였네.
옷을 떨쳐입고 새로운 시구(詩句)를 찾으니
저녁 되도록 한가로운 마음 다하지 못해 절로 우스워라.
剝啄驚聞響振山. 淸晨不洗枕前顔.
披衣共覓新詩句, 自笑幽期未是閑.

유학에 뜻을 둔 세이카는 조선 학자들과의 교유에 적극적이어서 통
신사 일행을 찾아왔다가 허성과 의기가 상통한 것이다. 허성과 세이
카는 다시 만난 자리에서도 운(韻)을 바꾸어 수창하였다.

허성. 시립자의 방문에 감사하여 시를 지어주다
謝柴立子見訪, 仍以詩投贈

빈 골짜기 찾는 발자국 소리 뜻이 가볍지 않아
한바탕 이야기로 다시 정을 잇네.

뒷날 그리워할 일을 미리부터 걱정하니
먼 곳 소식 전할 수 없음은 구름 바다 때문이겠지.
空谷跫音意未輕. 一場淸話更關情.
預愁他日相思處. 雲海無因寄遠聲.

세이카. 산전의 시에 차운하여 시를 보이다
次韻山前以詩見示

한 번 웃고 술잔을 드니 은혜가 가볍지 않아
술자리의 촛불이 나의 정을 위로하네.
맑은 이야기가 아직 끝나지 않았건만 날이 저물어
누각의 종소리가 느리게 울리는구나.
一笑擧杯恩不輕. 雅筵官燭慰吾情.
淸談未了天云暮, 且緩樓鐘數杵聲.

이들의 교유는 두어 달 가까이 이어졌다.

허성. 「山人柴立子袖詩見訪, 遠客之幸不可無答, 玆依元韻拾拙」
西風凉透芰荷衣. 遠客思歸苦未歸.
深院草寒幽鳥下, 空林露冷晚蟬稀.
孤居政似禪機熟, 浪迹期非壯士違.
珍重旅窓相訪意, 他時應記篆烟飛. -萬曆庚寅仲秋望 山前

이상 5수의 시는 『藤原惺窩集』 권4에 실려 있다. 『藤原惺窩集』 권4
에는 이 시 바로 앞에 「시립자설, 증순상인(柴立子說, 贈舜上人)」이라는
허성의 산문이 실려 있는데, 아베 요시오는 그 긴 글을 저서에 전문
인용하였다.

아베 요시오가 이 긴 글을 저서에 전문 인용한 까닭은 조선에서 이 글이 아마 없어졌다고 생각했기 때문인데, 과연 허성의 문집인『악록집(岳麓集)』에 이 글은 물론, 세이카에 관한 어떠한 언급조차 남아 있지 않다. 아베 요시오는「시립자설」이 후지와라 세이카의 사상을 불교에서 유교로 전향시킨 결정적 계기가 되었다고 주장한다. 허성의 유교적 가르침이 그의 마음에 감동을 주어 마침내는 불가(佛家)를 떠나 정통 유학의 길로 들어서게 되었다는 것인데, 그는 그 증거로써 다음의 일화를 제시하고 있다.[15] "세이카가 후에 임진왜란 중 포로로 끌려간 강항(姜沆)을 만나 그의 가르침에 심취하여 승복(僧服)을 벗고 에도 신유학을 창도하게 된 근본이 이미 허성과의 교제에서 이루어졌다"는 것이다.

허성이 처음부터 세이카의 사상적 전향을 목적으로「시립자설」을 썼는지 알 수 없지만, 그가 의도했건 의도하지 않았건 세이카는 스스로 승복을 벗고 본격적인 유학자의 길을 선택했다. 세이카는 1598년에 임진왜란의 포로였던 강항을 만나 퇴계의 학문을 접한 뒤, 1600년에는 유복(儒服)을 입고 도쿠가와 이에야쓰(德川家康)에게 나아가 주자학을 강의했다. 또한 그의 문하에서 하야시 라잔, 마쓰나가 세키고(松永尺五), 호리 교안(堀杏庵)과 같은 학자들이 다수 배출되어 학파를 형성함으로써 마침내 일본 주자학의 창시자로 자리매김하게 되었다.

일반적으로 일본 학계에서는 하야시(林) 집안의 라잔(羅山)→순사이(春齋)→노부아쓰(信篤)로 이어지는 계보의 학파를 에도를 중심으로 한 '관학파(官學派)'로, 또 기노시타 준안(木下順庵)과 그의 제자 아라

---

15) 곽정례,「허씨오문장가의 문학적 배경과 活動에 關한 研究」, 경희대학교대학원 박사 학위논문, 2011, 95-96쪽.

이 하쿠세키(新井白石), 아메노모리 호슈(雨森芳洲)가 속한 세키고(尺五) 계보의 학파를 교토를 중심으로 한 '경학파(經學派)'로 분류한다. 그런데 이들 계보의 정점(頂點)에 후지와라 세이카가 자리 잡고 있는 것이다.[16] 허성이 일본에서 지은 시 5수와 산문 1편은 한일문화교류의 중요한 자료이다.

3) 신사조천록(辛巳朝天錄)

1598년에 허성이 이원익과 함께 명나라에 진주사로 가면서 이원익에게 시를 지어 주었는데 그 시는 『악록집』에 실리지 않고, 이원익이 차운하여 허성에게 준 시만 『오리집』 권1에 두 번째 시로 실려 있다.

> 赴京時。重陽日在潼關。和副使許功彦。戊戌
> **孤城遠客月明宵. 東望雲天故國遙.**
> **白酒黃花人不問, 漫漫關路又明朝.**

현재 『악록집』에 가장 많이 실린 시는 『승가수창록』과 중국 사신으로 갈 때에 지은 시이다. 『승가수창록』은 원본을 찾아 대조하여 잘못 실린 시와 빠진 시를 밝혀낼 수 있지만, 중국에 사신으로 갈 때에 지은 시는 초고를 찾을 수 없다. 정사(正使) 남강(南岡)과 차운한 시가 가장 많은데, 허성과 같은 시기에 남강(南崗)이라는 호를 가진 인물 가운데 명나라에 사신으로 간 인물은 최옹(崔顒)뿐이다. 최옹은 허성과 마찬가지로 미암(眉巖) 유희춘(柳希春)의 제자였으므로, 명나라에 오고 가는 길에서 자연스럽게 자주 한시를 주고받을 수 있는 인물이다.

---

16) 강재언 저·익수 역, 『朝鮮通信士의 日本見聞錄』, 한길사, 2005, 280쪽.

『악록집』은 대체로 시기순으로 편집하려 애쓴 문집이어서, 비교적
쉽게 조천록(朝天錄) 부분을 찾아낼 수 있는데, 『악록집』 권1, 15쪽에
실린 「배 안에서 헤어지며 쓰다 2수[舟中記別 二首]」부터는 조천록이
확실하다. 제목에 "어느 본에는 '사신으로 가면서 압록강 배 안에서
차운하였다'고 되어 있다[一云, 奉使鴨江舟中次韻.]"라는 소주가 붙어
있기 때문이다. 그러나 문맥상 그 앞에 실린 「옥란과 이향낭을 남겨
두고 헤어지며 전운에 차운하다[留別玉蘭二香娘, 仍次前韻.]」는 시도 의
주에서 압록강을 바라보며 지었으니 조천록에 들어가는 것이 옳다.

사유하(沙流河)를 지나가며 지은 시 「사유하 가는 길에서[沙流河途上
二首]」와 남강(南岡)이 이에 차운하여 지은 시 「부남강차운 2수(附南岡
次韻 二首)」까지 조천록에 편집해야 할 시이다.[17]

5. 결론 – 문집 재편집 과정에 추가될 작품과 부록의 문제

『악록집』은 허성이 세상을 떠나고 오래 뒤에 편집되었으므로, 많은
작품들이 흩어져 실리지 못했다. 지금까지 국내외에서 발견한 자료에
의해 한시 30여수, 설(說) 1편, 서(書) 6편을 추가로 편집하면 『악록집』

---

17) 강릉시에서 2000년에 출판한 『허씨(許氏) 오문장가(五文章家) 한시(漢詩) 국역집(國
譯集)』에는 시 1수마다 번호가 붙어 있는데, 106번부터 197번까지가 모두 『신사조천록』
에 편집할 시이다. 숫자로는 90수가 되지만, 이 가운데 상당수는 「부남강차운 2수(附南
岡次韻 二首]」라는 제목에서 밝혔듯이 허성의 시가 아니라 정사 남강(南岡, 아마도
최옹)이 지은 시를 덧붙인 것이다. 그래서 필사본 『악록집』에는 허성이 지은 시보다
한 글자 내려서 기록하여, 부록(附錄)임을 분명히 하였다. 새로 편집하는 『악록집』에서
도 한 글자 들여 써야, 허성과 다른 사람의 시를 분명히 구분할 수 있다.

의 체제도 정비되고 중국과 일본 문인들과의 문화교류 및 일본 성리학 발전에도 새로운 연구자료가 될 것이다.

　일반 문집에서 차운시를 편집할 경우에 상대방의 원운(原韻)을 함께 싣는 경우가 더러 있지만, 보편적인 편집방법은 아니다. 『악록집』을 편집할 때에 남에게서 받은 편지까지 모두 부록에 실은 이유는 허성의 작품이 이미 흩어진 상태에서 시일이 오래 지나, 더 이상 수집할 수 없었기 때문이다. 그러나 문헌정보 검색방법이 발달한 현대에 이르러 그의 친필을 모두 수집하고, 일본 문집에 실린 작품까지 수집하다 보니, 상당히 많은 양이 되었다. 남에게서 받은 편지까지 편집하면 분량이 많아질 뿐만 아니라, 일반 문집의 체재와 달라서 어색해 보이기까지 한다. 따라서 이번에 재편집하는 『악록집』에는 그가 세상을 떠났을 때에 남들이 지어준 만시(輓詩)와 제문(祭文)까지만 편집하고, 『신사조천록(辛巳朝天錄)』에서 그가 받은 시들은 제외할 필요가 있다.

　통신사로 파견되어 정확하게 보고함으로써 국제정세에 대한 감각을 인정받은 허성이 중국사행과 일본사행에서 지은 시문들을 수집하여 『악록집』을 새로 편집하면 허성에 대한 연구가 진일보할 것이다.

하곡 허봉

화이론 관점에서 바라본
허봉 『조천기』의 특징

—

박명숙

1. 들머리

이 글은 춘추학(春秋學)의 중요한 관점 중 하나인 화이론(華夷論)의
관점에서 바라본 허봉 『조천기』의 특징이 어떠한가를 살펴보는 데 그
목적을 둔다. 정치사상적으로 중화(中華)를 높이고 이적(夷狄)을 물리
친다는 존화양이론(尊華攘夷論)은 화이론의 중요한 주장 가운데 하나
로서 『조천기』를 살펴보는데 적절한 이론이라 생각된다. 존화양이의
문제는 두 차원으로 설정할 수 있는데 그 하나는 문화이고 또 다른
하나는 종족·지역이다.

지금까지 『조천기』에 대한 연구가 그리 많은 것은 아니다. 1976년
『민족문화추진회』에서 간행한 국역 연행록선집에 실린 윤남한[1]의 해
제가 그 시작이 된다. 2004년에 와서야 본격적인 연구가 이루어지게
되는데, 중국 선비들과 벌인 양명학 변석으로부터 허봉의 사상적 경
향을 밝히고 이를 조선의 학문적 풍토와의 연계성, 특히 이황이 견지

---

1) 윤남한, 「조천기 해제」, 『국역 연행록선집』 1, 민족문화추진회, 1976.

했던 양명학 변석 입장에 상당한 영향을 받았음을 주장한 김동진[2]의 논문을 주목할 만하다. 한매[3]는『조천기』의 구성내용을 시간의 순서에 따라 포괄적으로 나열함으로써 그 내용의 풍성함을 드러낸 바 있었지만 특별한 방향성을 제시한 것은 아니었다.

2007년 후마 스스무[4]는 허봉의『조천기』와 조헌의『동환봉사』를 화이론으로 대조 검토하면서 두 조선 지식인은 거의 '중화인'에 가까웠는바, 중화적 가치체계로 명나라를 비판하고 있다고 예리하게 지적하였다. 이로부터 조선이 '소중화'적 모습임을 아울러 드러내면서 여기에 대해 부정적인 입장을 취하고 있다. 후마 스스무의 화이론 관점으로의 접근은 매우 의미 있다. 그러나 조선 지식인의 인식과 행위가 중화적 가치체계이므로 주창할 바가 되지 못한다는 결론이 과연 적절하였는지에 대해서는 재고해볼 필요가 있다.

일정한 방향성을 갖고 일관되게 제반 텍스트 내용을 포괄적으로 살핀 성과로는 최진경[5]의 연구가 있다. 허봉의 비판정신을 염두에 두고 서술자의 시각을 '비판정신과 현실인식'으로 구분한 후 이를 다시 '위정(爲政), 학문, 정세'로 나누어 일일이 분석하였다. 보다 구체적으로 이야기하면, 위정과 관련해서는 사대부의 각성을, 학문에서는 조선 선비들 사이에서 장려되던 양명학 배척 활동의 답습을, 정세를 통해

---

2) 김동진, 「허봉의 대명사행과 양명학 변석」, 『문화사학』 21, 한국문화사학회, 2004, 825-853쪽.
3) 한매, 『허봉「조천기」의 연구』, 성균관대학교 석사학위논문, 2004.
4) 후마 스스무(夫馬進) 저·오약(伍跃)역, 『조선연행사와 조선통신사(朝鮮燕行使与朝鮮通信使)』, 상해고적출판사, 2010, 3-21쪽.(2015년도에 일본 나고야대학출판회에서 새로 출판된『조선연행사와 조선통신사』에서는 저자의 비판 정도는 다소 완화되었으나 그 논증이나 관점은 변하지 않았음.)
5) 최진경, 『허봉「조천기」연구』, 동국대학교 석사학위논문, 2011.

서는 요동지역 중심으로 명나라 군사에 대해 관찰하였다. 이러한 내용분석을 통해 허봉의 정치현실 파악 의지와 군사와 변방 상황에 대한 지대한 주목을 각각의 핵심으로 정리하였다. 전반적으로 내용의 분류나 정리가 일목요연하고 텍스트 자체에 충실한 연구라고 할 수 있다. 다만, 비판정신이라는 일반론에 치우쳐 심도 있게 그 내적 원리에 진일보 다가서지 못한 점은 한계로 지적할 수 있다.

이호윤은 허봉이 유교와 예악문물 및 성현의 본토인 명나라에서 조선 사대부들 입장에서는 사학이라고 여긴 양명학이 번창하고 있는 것에 더해 도교, 불교신앙이 크게 유행하고 있는 것을 접하고서는 "명조=중화"라는 인식에 회의를 갖게 되었다고 지적한다. 아울러 그는 근세 유가 지식인의 화이관은 고정된 것이 아니라 예악문물이 존재하는 곳이면 화(華)이고 존재하지 않으면 이(夷)라는 평가기준을 세워서, 『조천기』역시 예악문물의 유무로서 화이를 분별했다는 결론을 내리고 있다.[6] 이 경우에, 예악문물 즉 문화적 기준으로 명나라를 판단했다는 지적은 타당하나 기준의 계보가 어디에서 어떻게 내려왔으며 이러한 문화적 기준이 조선 선비들만의 기준인지 아니면 국제적으로 통용되었던 그것이었는지에 대한 깊이에는 이르지 못했다.

이 글은 상술한 연구성과를 기반으로 이를 진일보할 의도에서 출발하였다. 방법론적 접근에서는 화이론이 적절하다고 판단하여 분석의 틀로 삼고 이에 대한 계보를 따져 존화와 양이라는 긍정과 부정을 판별기준으로 내세워 『조천기』를 분석하고자 한다. 여기에서 가장 문제가 되는 것은 화이론이 포섭한 영역이다. 지금까지의 화이 구분에서

---

6) 이호윤, 「「하곡선생 조천기」와 중국인식」, 『아세아연구』 59권, 고려대학교 아세아문제연구소, 2016.

가장 큰 난제는 곧 문화와 종족·지역적 요인이 착종된 상황에서 어디에 더 강조점을 두는가하는 문제이다. 이는 곧 조천록계 작품들을 명에 대한 사대적 성격이 짙거나 성리학적 가치관이 지나치게 표현된 것으로 파악하여 연구대상으로서 기피하는 현상을 야기했을 가능성으로 이어지며[7], 조천록 계열이 이 혐의에서 자유롭지 못했을 것으로 추측된다. 이 글은 이러한 문제의식에서 출발한 것이다. 화이론에 입각한 조천록 계열이 과연 무엇을 주장하였으며 이는 조선 지식인들의 주체성 및 민족, 국가적 자부심과 결부되는가, 나아가 이러한 자의식이 그 시기 보편타당한 이치에 사실적으로 부합되는가하는 범주로까지 확장되며 허봉『조천기』에 대한 분석은 바로 이러한 문제를 분석하는 첫 시작으로 구실하는 것이다.

춘추학에서의 화이론은 그 자체로 방대한 체계를 가지며 여기에는 크게 문화 중심주의 계보, 종족·지역적 계보, 양자의 균형적 절충으로 대별할 수 있으며[8], 이 경우에 조선 전기의 『조천기』 계열은 어떤

---

7) 후마 스스무는 '명대에 파견된 연행사에 대해 거의 논의가 진행되지 않았다. 조선의 사상을 연구하기 위해서는 이황과 이이 등 대표적인 사상가의 저작, 그 중에서도 주자학에 관련된 저작을 읽는 것이 중심이 되어 16~17세기경까지의 조선지식인이 외국으로 여행했을 때 무엇을 생각하고, 화이사상이라는 것을 구체적인 관찰 속에서 어떻게 표현하고 있는가 등의 문제는 중요한 연구과제가 되지 않았기 때문이다.' (중략) 청대의 경우는 '중국에 간 지식인들이 본 것, 생각한 것이 그대로 조선의 근대사상과 불가분의 관계에 있기 때문'에 연행록 연구가 청대에 편향된 것으로 분석하고 있다. (후마 스스무, 같은 저서, 22-23쪽) 최진경은 조선과 명나라 사행기록은 조선이 명나라에 대해 취한 사대외교의 성격을 짙게 드리우고 이는, 주로 조선의 수동적인 입장이 반영된 것으로 이해되었으며 또한 조선의 16세기는 주자 성리학이 지나치게 융성하여 주자학 이외의 학문 및 체계를 배척하는 배타적인 학문 풍토가 팽배했던 시기로 인식하여 조선과 명나라 사행기록에 대한 활발한 고찰이 이루어지지 않았다고 지적했다.(최진경, 위의 논문, 1쪽)

8) 화이론의 근거는 공자의 『춘추』에서 시작된다. '춘추학'은 『춘추』에 기록된 많은 사사(史事)를 비판하는 과정에서 '도'를 추구함을 그 비판원리로 적용함으로써 장래의 정치

계보를 이었는가가 가장 중요하게 알아봐야 할 사항으로 판단된다. 결론적으로『조천기』는 문화 중심주의 계보의 전형으로서 그 구체적 근거를 텍스트 분석과 관련하여 논거를 제시하는 형식으로 풀어가려 한다.

문화 중심주의 계보라고 해서 종족·지역적 요인이 무시되는 것은 아니며 경우에 따라서 중요한 요인으로 간주되는 경우도 있다. 이를 감안하여 2장에서는 문화적 차원과 종족·지역적 차원을 골고루 살피도록 하며, 3장에서는 2장의 기술을 근거로『조천기』의 화이론 특징을 규명하는 데 초점을 맞출 것이다. 글 전반에서 도구로서의 방법론 도입임을 명기하고 필요한 부분만큼만 화이론의 관련 내용을 언급하도록 할 것이다.

2.『조천기』에 나타난 존화와 양이의 제 양상

1) 존화(尊華)의 제 양상

『춘추』에서 화이(華夷)를 구분하는 기준은 문화의 관점에 기초한 예교(禮教)의 차이에 있다. 즉 예의(禮儀)의 유무를 중심으로 삼아서 양이(攘夷)보다는 예의 자체에 대한 유지 보호에 더욱 큰 비중을 두었

혹은 행위방침을 제시하고자하는 목적을 지닌다. 맹자에 이르러 '춘추대의'가 주창되었고, 이를 이어받아 좌전류(左傳類)는 족류(族類)로서 화이를 나누었는데 '우리의 족류가 아니면 그 마음(心)이 반드시 다르다'는 입장이었던 반면에 공양·곡량류(公羊·穀梁類)는 공자의 기본 입장인, 화이 구별 근거를 족류가 아닌 문화에 척도에 두면서 일파를 이루었다. 그 후 북송, 남송 대에 이르기까지 이 두 유파는 서로 영향을 주면서 계보를 이어오다가 주자에 의해 집대성된다.(박지훈,『송대 화이론 연구』, 이화여자대학교 박사학위논문, 1990, 7-9쪽.)

다9)고 지적한다. 이것이 곧 문화적 차원에서 존화의 요체인 것이다. 그 문화는 유가에서 말하는 '예(禮)'인데 그 예는 단순히 일상생활에서의 행위만을 문제 삼을 뿐만 아니라 그것들을 포함한 전체의 생활 질서를 규범화한 것이다. 『공양전』역시 화와 이의 구별 기준을 문명적 우열에 두어 도의(道義), 습속, 제도 등의 상원(相遠)에 근거하고 있다.10) 말하자면, 존화는 곧 예의와 그에 상응한 제도의 강화와 밀접한 관련이 있는 것이다. 이와 같은 성향을 나타내는 대목을 인용해보면 아래와 같다.

> 속담에, "전쟁 뒤에는 반드시 흉년이 있다." 하였는데, 생각건대, 원망하는 기운이 많아서 그렇게 되는 것일까? 어제 들으니, 예조에서 기우절목(祈雨節目)을 만든다고 하였는데, 이는 더욱이 겉치레에 그칠 뿐이었다. 만약에 임금 노릇하는 이가 두려워하고 경동하여 상림(桑林)의 여섯 가지 자책 같은 것이 있다면, 인자한 하늘은 반드시 다시 돌이킬 이치가 있겠지만, 지금은 그렇지 못하다. 아! 천명을 두려워하고 궁민(窮民)을 불쌍히 여기는 자를 말세에서야 어찌 볼 수 있겠는가? 모름지기 치도가 날로 저하되어도 마침내 돌이킬 수 없는 때인 것이다.11)

상기 인용문은 가뭄이 일어 난지 20여일이 지난 후에야 진행되고 있던 예조의 늑장대응과 궁극적으로는 여기에 대한 임금의 태도를 지적하고 있다. 이 대목은 조선 국내 상황에 대한 인식인데 전형적인 성리학적인 세계관이라 할 수 있다. 즉 최고통치자인 군주가 성군이 되

---

9) 류백기(劉伯驥), 『춘추회맹정치(春秋會盟政治)』, 중화서국, 대북(台北), 1962, 424쪽.
10) 박지훈, 같은 논문, 11쪽.
11) 『조천기』상, 5월 12일 기사.

어야 한다는 철왕(哲王) 정치이상으로서 이는 존화에 있어서 극히 중
요하게 간주되던 존왕(尊王)의 주장인 것이다.

　존왕 주장은 북송대 춘추학에서 특히 잘 드러난다. 그 대표자는 손
복(孫復)(992~1057)으로서 춘추전의 제목을 『춘추존왕발미(春秋尊王發
微)』로 정한 데로부터도 그에게 있어서 '존왕'의 중요성이 어느 정도
인가를 가늠해볼 수 있다. 손복을 대표로 한 당시 춘추가들이 존왕을
중시한 이유는 당말(唐末) 동란의 기억을 환기시켜 중앙정부의 무능과
권력이 아래로 무인수중에 들어갈 때 야기될 수 있는 결과를 경계한
것이라고 할 수 있다. 즉 그들에게는 중앙권력의 집중과 공고가 중요
했던 것이다.[12] 이런 측면에서 조선 초기 사대부들의 우환의식 역시
북 송대 춘추학파와 흡사하다. 고려 말 무신란과 이후 원의 침략에 의
해 조선의 건국자들은 고려 말의 정치에 대한 반성을 통하여 중앙권
력의 집중이 필요했다고 판단했을 것이고 허봉 역시 같은 입장에 서
있을 것으로 생각된다.

　아래 인용문은 허봉이 조선으로 돌아가는 길에 사행의 민폐를 지적
하면서 명나라와의 무역을 폐지해야 함을 주장한 글이다.

　　…이로써 우리나라 사람이 지나가는 땅에는 사람들이 모두 원망하고
　　질시하여 원수같이 여겼다. 그러므로 오늘날의 계책으로는 반드시 국가
　　가 무역을 폐지하고 사신이 노비(路費)를 생략한다면 비록 일행에 합친
　　짐바리가 있다고 하더라도 불과 수레 6, 7대를 쓸 뿐일 것이다. 이와 같이
　　한다면 100년의 폐단도 하루아침에 없게 할 수 있을 것이다.[13]

---

12) 박지훈, 같은 논문, 17쪽.
13) 『조천기』, 10월 5일 기사.

조선 사신들이 명나라에 들어갈 때 부차적으로 진행하는 것이 무역 활동이다. 그로 인해 짐바리를 운반해야 할 많은 역마와 수레가 필요한데 그 폐단이 명나라 백성들에게 커다란 민폐로 다가왔다. 그래서 허봉은 조선사신을 원수같이 여기는 원인이 바로 무역 때문이기에 무역을 폐지하면 100년의 폐단도 하루아침에 없어질 것이라 단언한다.

허봉이 사행무역으로 인해 조선인들이 중국인들로부터 거의 달자와 같은 평판을 받고 있는 것을 중국에 가기 전부터 아주 잘 알았을 것이다. 중종실록을 보면 조선이 조빙(朝聘)하는 것은 오로지 매매하기 위해서 온다고 중국 사람들이 항상 여겨 이를 천하게 간주해서 미워한지가 오래되었고, 그 뒤에도 탐욕스럽고 무례한 일이 많았다고 적고 있으며14) 이 때문에 중국이 조선인을 마치 내지인처럼 여겨 방금(防禁)하는 일이 없었는데 요즘은 관문을 폐쇄하고 구속하는 것이 마치 야인처럼 대하고 있다고 평가하고 있다.15) 솔직히 8월 23일 명나라가 개시를 허락하는 그 3일 동안 허봉은 "우리 일행들은 팔고 사는 데에 눈이 어두워 마치 미치광이와도 같고 어리석은 자와도 같았다"고 지적하면서 "화리(貨利)가 이 지경으로까지 인심을 빠지게 하였으니 애석하다"고 한탄한 적이 있다.

여기서 화(華)를 지켜야 마땅한 조선인들이 이익으로 인해 명나라로부터 달자와 같은 대접을 받는 것이 용납이 안 되고 다른 하나는 이런 무역이 명나라 백성들에게도 해를 끼치기에 허봉의 입장에서는 반드시 폐지해야 마땅하다고 생각했을 것이다. 이 또한 예의를 보존하고 지켜야 한다고 주장한 것이라 문화적 차원에서의 존화사상 맥락

---

14) 『중종실록』 28년 12월 10일 무인.
15) 『중종실록』 29년 4월 24일 경신.

으로 보아야 할 것이다. 여기에 대해 보다 선명하게 안겨오는 상응 구
절을 살펴보면 아래와 같다.

　…요즈음 태자가 새로 보위(寶位)에 올랐으나 아직 대향(大享)의 예식
을 거행하지 못했던 까닭에 뜰 안에는 잡초가 자라고 있었다.16)

　위의 인용문은 허봉이 북경에 있는 천단을 방문한 후의 소회이다.
비록 천단의 화려함과 웅장함에 대해서 찬탄을 보냈으나 그가 더욱
주목한 것은 태자가 보위에 올랐는데도 의례를 행하지 않았다는 사실
그 자체이다. 이는 존왕을 중심으로 한 체제 내에서의 관련 운행이 순
조롭지 못했던 상황에 대한 지적이다. 이와 같은 태도는 화려한 천단
의 모습과는 대조되어 우회적인 비판으로 읽힌다. 서술자는 자기 나
라 임금이라고 특별히 찬양하거나, 천자의 나라 황제라고 해서 특별
히 위축되는 모습을 보이지 않는다. 이를 통해 저자는 존왕을 축으로
한 존화의 인식론적 사유를 일관되게 견지하고 있음을 엿볼 수 있다.
　이로부터 미루어 보아도, 허봉에게 있어서 지역이나 종족이 지극히
중요한 것은 아니었고 다만 합당한 의례가 적절히 시행되느냐가 가장
문제시되었을 뿐이라는 점이 명백해진다. 그러나 아울러 인용한, 국
자감 방문 시의 주대 문물에 대한 순수한 감동은 상당히 흥미로운 부
분이다.

　또 묘문으로 들어가서 이른바 석고를 관람하였는데, 이는 주선왕(周宣
王) 때의 것이었다. 돌의 결은 부서지고 떨어져서 가로 뭉개졌고 글자는

_____

16) 『조천기』 중, 8월 25일 기사.

겨우 분간할 수 있었다. 글자는 옛날의 주문(籒文)이었다. 글자의 형태는
마치 지금의 전서(篆書)를 닮아서 알아보기가 어려웠다. 이른바, '산호가
서로 가지를 뒤섞고 나무가 울창하게 구부러져서 교룡과 뱀이 달리는
듯하다.'는 것이 참으로 허언이 아니었다. (중략)우리들은 손으로 만져
보며 탄식하였는데, 마치 기산(岐山)에서 크게 사냥하던 성대한 예를 완
연하게 보는 것 같아 천고의 끝없는 감회를 이길 수 없었다.[17]

위 인용문에서 보다시피 주선왕시기 이미 글자를 알아볼 수 없을
정도로 형편없이 닳아 떨어진 석고를 보고는 기산에서 크게 사냥하던
성대한 예를 완연하게 보는 것 같아 천고의 끝없는 감회를 이길 수
없다고 감개무량해한다. 이와 같은 서술자 허봉의 태도로부터 예문명
의 이상향은 동주이었음을 알 수 있고 또한 지역적으로 중원과 중화
임을 자임하는 명(明) 역시 주(周)를 준거로 조선과 동등선상에서 가늠
되어야 할 주체일 가능성을 보여준다. 이런 맥락에서는 결국 명나라
도 역시 조선과 마찬가지로 이상향인 주나라를 모범으로 삼고 거기에
맞춘 예의를 충실히 행함으로써 명실상부한 화(華)의 나라가 되어야
마땅하다. 이러한 소신이 있었기에 허봉은 비록 명나라가 주나라 계
승을 표방했다 할지라도 그 문화적 기준에 부합되지 않을 때는 비판
을 행했던 것이다.

허봉이 명나라에 대한 비판은 곳곳에서 드러나는데 아래에 두루 인
용해보도록 한다.

---

17) 『조천기』 중, 8월 20일 기사.

통주에서부터 황성에 이르기까지 40리 사이에는 집들이 경사(京師)에 까지 연이어졌는데 옛적의 소공(召公)이 봉함을 받았던 곳이었다. 지금은 사방의 중심이 되어 있었으므로 그 성지와 문물은 성대하다고 할 만하였 다. 다만 연과 요의 땅이 외따로 한 모퉁이에 있어서 오래도록 거란족의 야율(耶律)씨와 몽고족의 철목진(鐵木眞)과 기악온(奇渥溫)의 세 오랑캐가 더럽힌 바가 되었던 까닭에 풍속이 아름답지 못하였다. 내가 거친 곳은 거의 4000리였는데, 사람들은 모두 도적질을 잘하거나 싸움질을 좋아하였 으므로, 상스럽고 더러운 습성이 아직도 남아 있으니 극히 불쾌하였다.[18]

위의 내용은 허봉일행이 북경으로 들어서면서 느낀 바를 적은 것이 다. 비록 황성은 사방의 중심이 되어 그 성지와 문물은 성대하다고 하 나 연과 요의 땅이 거란과 몽고에 의해 더럽혀져 풍속이 아름답지 못 하다고 하면서 지금까지 걸어온 사천여리의 여정에서 만난 사람들에 대해서 부정적 평가를 내리고 있다. 이 대목에서 지역적 차원보다는 문화적 차원, 즉 예의를 지키지 않는, 비록 명나라 땅 소속이기는 하 나 오랑캐와 다름없는 풍속에 대해 허봉이 극히 불쾌해했음을 잘 드 러내준다.

성대한 문물이 아니라 문화적 기준으로 가늠한다면 황성 역시 허봉 의 기대에 미치지 못하였다. 북경에서 불교, 도교가 성행하는 것을 보 고는 최부가 "도불을 숭상하고 귀신을 높이는 것은 중국의 문물과 예악 이 모인 바가 되었다."[19]고 한 말에 괴이하게 생각했으나 와서 자기의 눈으로 직접 목격하고 나서 수긍할 수밖에 없다고 한다. 그 뿐만 아니 라 명나라 정치의 근간을 책임지고 유학자를 배양하는 국자감을 방문

18) 『조천기』 8월 4일 기사.
19) 『조천기』 8월 13일 기사.

하고는 "스승이 된 이는 자리만 차지하고 강론하지 않고 제자 되는 이는 흩어져서 거리에서 살며, 제주(祭酒)와 사업(司業)들은 큰 벼슬에 뛰어오를 것만 생각하고, 감생과 세공(歲貢)들은 이 일명(一命)을 얻는 것을 영화로 삼고, 예의와 염치가 무엇인지를 알지 못하여, 학교가 퇴폐하고 타락함이 이에 이르렀으니, 인재는 옛적만 같지 못한 것이 마땅하다. 아아, 슬프도다![20]"하고 한탄한다. 또한 등계달이란 명나라 사람과의 만남에서도 중국관리가 보낸 미행자에게 발각될까봐 인사도 제대로 못한 채 헤어져야 했음을 적으면서 "중국 법의 엄중함이 이렇게까지 이른 것을 볼 수 있었으니, 특히 일시동인(一視同仁)에 결함이 있고 안과 밖 사이에 끼지 못하게 하는 뜻은 탄식할 만하였다."[21]고 적었다.

중국에 대한 상술한 인식과 태도로부터 서술자는 예교의 시행 여부에 따라 그 어떤 특정 지역이 중화인가를 판단하였음을 보여준다. 따라서 허봉에게 있어 지역적 의미에서의 명나라는 그다지 큰 의의를 갖고 있지 않다. 전반 『조천기』를 살펴보아, 서술자의 중화 중심부로의 도래에 대한 자부심이나 자긍심은 크게 보이지 않는 것으로 판단된다. 따라서 문화 내지 문명 논리는 자체적으로 엄연히 존재하는 이치임을 인식한 조선 사대부들의 의식공간이 명확하게 안겨온다. 허봉의 이러한 인식은 조선 건국 초기의 주요 인물들의 그것과 일치한 것이다.[22]

---

20) 『조천기』 8월 20일 중 기사.
21) 『조천기』 8월 25일 중 기사.
22) 일례로, 정도전은 '무왕이 기자에게 명한 것으로 전하게 명한 것이니… 명 천자도 무왕에게 부끄러운 것이 없거니와, 전하의 덕 또한 기자에게 부끄러운 것이 있겠는가? 장차 홍범의 학과 8조의 교가 금일에 다시 시행되는 것을 보게 되리라. 공자가 나는 동주를 만들겠다고 하였으니, 공자가 어찌 나를 속이겠는가?'(삼봉 정도전, 『삼봉집』 권7, 2쪽) 또 서거정은 '비록 한고조가 책략에 빈틈이 없었다 하더라도 겨우 삼장의

2) 양이의 제 양상

아래에서는 양이(攘夷)를 중심으로 논의를 이어가도록 한다. 양이가 종족·지역적 차원에서 주로 다루어진 것이 일반적인 전통이지만 이와 쌍벽을 이루면서 문화적 차원에서 주장되어온 계보 역시 엄존한다. 남송 학술계에서 주자와 함께 주육(朱陸)으로 병칭되는 육구연 (陸九淵) 역시 춘추강의(春秋講義)에서 예의를 기준으로 하여 화이를 구분하고 있다. 육구연에 의하면, '성인이 중국을 귀하게 여기고 이적을 천하게 여긴 것은 중국을 사사로이 한 것이 아니라 중국은 천지의 중화된 기를 얻어서 진실로 예의의 소재이기 때문이고, 중국을 귀하게 여긴 것은 중국을 귀하게 여긴 것이 아니라, 예의를 귀하게 여긴 것이다.'23) 이로부터 지역적 중국을 귀하게 여긴 것이 아니라 예의를 행하는 중국을 귀하게 여겼다고 단정함을 알 수 있다.

알다시피 만력황제의 생일을 축하하기 위해 조선정부에서 파견한 사행단에 허봉은 자청하여 참가한 것이다. 허봉이 자진하여 사행단에 참가한 이유에 대해서 기존 학자들이 명의 사대부들과 주(朱)와 왕(王)의 변(辯)을 논하고자 했던 것이며 이는 명경에서 문묘를 배알하고 그

법이 규모를 대략 보존하고 있으며, 사가들은 당(唐)의 모든 제도가 잘 갖추어졌다고 칭찬하지만 육전(六典)을 지은 것은 오히려 그 중엽을 기다렸으니, 하물며 한당(漢唐)만도 못한 나라들은 어떻겠는가? (중략) 누가 우리 경국대전의 제작이 주관·주례(周官·周禮)와 함께 표리가 되지 않는다고 말하겠는가? (중략) 지금으로부터 성자신손이 모두 이룩된 헌장을 따라, 그르치지 않고 잊지 않는다면 곧 우리 국가의 문명한 다스림이 어찌 한갓 주의 융성함에 비할 뿐이겠는가?'(서거정, 『경국대전』, 「경국대전서」)라고 자부심을 피력한다. 정도전, 서거정의 주장은 동주를 모범으로 하여 정진하는 조선조의 방향성을 명확히 제시하고 있고, 더 나아가 동주 역시 보편타당한 문명의 틀의 적용자에 불과할 뿐 이 역시 조선조의 분발에 의해 초과할 수 있다는 자부심으로까지 진척되는 양상을 보이고 있다.

23) 육구연, 『상산집』, 사고전서 1156권.

배향자에 대한 특별한 관심과 포폄을 표명한 것과 가는 곳마다 양명
을 종사하는 부당성과 양명학의 이단성을 논했던 것으로도 입증이 된
다고[24] 지적하였으며 더 나아가 유성룡이 쓴 서문에서도 "정학서원
(正學書院)을 역방하고 태학관을 찾음에 이르러서는 홀로 정대(正大)한
주장을 부르짖음으로써 뭇사람들의 말에 대항하되 동요되지 않고 꺾
이지도 아니한 것은 더욱 존경할만한 일이라고" 칭찬한 점으로부터
미루어보아 이미 조선에까지 파급해온 양명학을 직접 명나라에 가서
파악해보기 위한 목적이 주요한 사행 동기 중 하나로 작용했을 개연
성도 충분히 있다. 허봉의 이러한 양명학의 배척은 문화적 기준으로
봤을 때 전형적인 양이에 속한다.[25]

허봉이 요동의 정학서원에서 하성시(賀盛時) 등 생원 넷을 만나 양
명학에 대하여 논의를 나눈 후 내린 평가는 아래와 같다.

오늘의 천하에는 다시 주자가 있다는 것을 알지 못한다. 사설(邪說)이
횡류(橫流)하고 금수가 사람을 핍박하니, 이륜(彝倫)이 장차 멸절될 지경
에 이르게 될 것이고 국가가 장차 멸망될 지경에 이르게 될 것이니, 이것
은 사소한 일이 아니다.[26]

허봉은 왕수인의 사특한 주장으로 인해 도가 막혀 밝혀지지 않는다
고 자신의 견해를 내비치면서 아울러 명나라 도학실태를 물어본다.

---

24) 윤남한, 위의 책, 248쪽.
25) 주자성리학으로 봤을 때, 허봉의 이러한 행위는 이단으로 규정된 학설을 물리치는
    벽이단론(闢異端論)의 전형이라 할 수 있다. 그러나 벽이단이 결국 존화(尊華)하기
    위한 양이의 한 사상적 형태인 것이다.
26) 『조천기』 6월 25일 기사.

생원 넷은 왕수인이 공맹을 종주로 하였고 문장과 공업이 다 같이 볼
만한 것이 있기에 근세의 종주로 되었다고 하면서 왕수인을 옹호하는
입장이었다. 결론적으로 양쪽 모두 상대를 설득시키지 못한 채 이야
기는 끝나버리고 이에 대한 감회를 허봉은 "사설이 횡류하고 금수가
사람을 핍박하니, 이륜이 장차 멸절될 지경에 이르렀다"로 정리한다.
주지하다시피, 허봉의 이 표현은 유교학자들이 이단을 배격할 때 쓰
는 전형적인 언어구사로써 중화사람이 감탄하거나 혹은 특정한 시대
와 특정한 인물을 공격할 때는 쓰는 상투적인 방식이다.[27] 즉 허봉은
문화적 기준에 서서 양명학이 성행하는 명나라의 현실에 대해서 한탄
한 것이며 이 또한 문화적 이(夷)인 양명학을 배척하는 행위로서의 전
형적인 양이에 속한다.

　그럼 이어서 아래에는 인륜을 어긴 중국관리에 대해서 쓴 대목을
보기로 하자.

　　주인할멈의 아들이 진언(陳言)의 문자(門子)였으므로 나는 진언이 자식
　　을 죽인 까닭을 물어보니 다음과 같이 대답하였다. '자세히는 알 수 없지만
　　들어보니, 광녕(廣寧)에 있을 때에 그의 첩의 자식을 목 졸라 죽였다고
　　합니다. 그 첩은 여기에 있는데 생각이 나면 때때로 곡을 한답니다.'[28]

　위 인용문에서 등장한 인물 진언은 요동(遼東)의 장인대인(掌印大人)
으로서 성정이 포악한 것으로 전해지고 있다. 첩의 자식을 목 졸라 죽
인 장면에서 인륜의 상실로 말미암은 금수로의 전락을 극적으로 보여

27) 후마 스스무, 같은 저서, 21쪽.
28) 『조천기』 상, 8월 25일 기사.

주고 있다. 진언을 금수라고 단정 지을 수 있는 것은 '중국이 중국으로 된 것은 부자, 군신의 대륜이 있기 때문이니 이를 한번 잃는다면 이적이 될 것이다'[29] 라고 하였으며 더 나아가 '춘추는 진실로 천자의 일이니, 화이의 판별에 더욱 근엄하여야 한다. 중국이 중국으로 되는 까닭은 예의 때문이니 이를 한번 잃으면 곧 이적이 되고, 두 번 잃으면 금수가 되어 인류는 곧 멸망한다.'[30]고 한 주장에서 그 근거를 찾을 수 있다. 『조천기』는 진언의 부정적인 모습을 다양한 측면에서 기술하고 있는데 주로 사건의 경위를 먼저 제시하고 그에 대한 원인을 후술하는 방식으로 진행시키고 있다. 이에 대한 여러 언급을 생략하기로 한다. 중요한 것은, 이와 같이 인륜의 차원, 즉 문화적 차원에서 양이의 관점을 허봉이 보유하고 있다는 것이다. 허봉과 같은 입장을 견지하는 사람이 바로 송학(宋學) 발흥(勃興)의 효시가 된 당나라 문호 한유(韓愈)이다. 한유는 『원도(原道)』에서 '공자가 춘추를 지을 때, 제후들이 이적의 예를 쓰면 이적으로 취급하고, 이적으로서 중국의 문물을 익혔으면 중국으로 취급하였다.'고 지적하였다. 이에 대해 이상익은 '화이를 구분함에 있어서 종족적·지리적 관념은 밀려나고, 문명적 차원의 관념이 중심을 이루게 되었다. 그런데 유교적 입장에서 가장 중시하는 문명의 핵심은 인륜이다. 즉 종족이나 지리 여하를 막론하고 인륜문명을 건설하면 중화인 것이고, 인륜을 무시하고 힘의 논리에 입각하면 야만인 것이다'라고 정리하였다.[31] 다시 말해, 천자 나라의 지배계층이지만 사리에 어긋나는 극단적 상황의 인물인 경우

---

29) 호안국(胡安國), 『춘추호씨전(春秋胡氏傳)』 권11, 「희공상(僖公上)」, 7쪽.

30) 호안국, 같은 저서, 권12, 124쪽.

31) 이상익, 「주자학과 조선시대 정치사상의 정체성 문제」, 『한국철학논집』 14집, 2004, 80쪽.

에 준엄한 비판을 잃지 않는다는 점을 유의할 필요가 있다는 것이다.

문화적 차원뿐만 아니라 종족·지역적 차원에서도 이(夷)로 간주되었던 달자(㺚子)에 관한 관심도 『조천기』에 자주 나타난다. 주로는 요동지역 군사동향과 관련된 내용에서 이들이 언급된다. 허봉 일행이 귀로에 올랐을 당시 명나라 국경 북쪽에 거주하던 민족들과 변방에서 전투가 산발적으로 일어나고 있었다. 따라서 이 기간 '달자의 침입'에 대한 동향 파악이 기록 내용의 가장 큰 부분을 차지하게 된다.[32] 또한 허봉은 조선의 미비한 군사정책을 개선하기 위해 명나라의 제도를 적극 참고하려는 태도를 보이고 있다.[33] 다음의 인용문에서는 이러한 태도가 직접 드러난다.

> 탕참을 지났는데 탕참은 실로 조그만 보(堡)였으나 성제(城制)는 완전하고 견고하였으므로 비록 공격을 받더라도 쉽게 무너지지 않을 것이다. 이로 미루어 보면 중국이 크다는 것은 말할 나위도 없이 알 수 있다. 우리나라는 그렇지가 못하여서 돌을 쌓아 올려 구멍이 뚫리고 어긋나서, 하나만 뽑으면 따라서 무너지므로 지탱하기가 어려운 것이다. 옛날에 거나라는 좁은 데에만 의지하고 성지를 닦지 않았는데, 초나라 군사가 한번 들어오니 그 백성은 드디어 무너졌기 때문에 호문정(胡文定)은 요험(要險)

---

32) 9월 8일부터 10월 10일까지의 총 33회 기사 중 달자의 침입과 관련된 변방의 상황에 대한 언급은 총 18회를 차지한다. 이로부터 당시가 전시 상황이었음을 짐작할 수 있으며, 또 이에 대한 허봉의 관심 역시 지대하였음을 짐작할 수 있다.

33) 6월 26일 역관 송대춘을 통해 요동 지방의 『축보제본(築堡題本)』을 구해 살펴본 행위는 허봉이 명나라 변방의 축성제도 및 위치 정보에 대해 관심을 기울이고 있음을 보여주는 좋은 사례이다. 『축보제본』은 순무도어사가 일고산(一孤山) 등 6보의 이동을 주청하기 위한 목적으로 작성한 것으로 각 보의 현재 위치와 이동 위치, 이동해야 할 이유가 매우 상세하게 기록되어 있다. 허봉은 제본의 전문을 수록하여 제시하고 있다.(『조천기』 상, 6월 26일 기사 정리.)

을 시설하지 못했던 것을 비난하였거니와, 이는 우리나라에 있어서도 마
땅히 깊이 근심하여야 할 일인 것이다.34)

이와 동시에 서술자는 명의 무장에 대한 긍정 평가로 달자의 부당
함을 간접 지적하는 서사전략을 취한다.

> 우리들은 문을 열고 들어가 보았더니 바로 총병(總兵) 양조(楊照)의 묘
> 였다. 정당(正堂) 가운데에는 소상(塑像)을 놓아두고 좌우에는 전진에서
> 죽은 동시의 휘하 사람을 늘어놓았는데, 기운이 삼연하여 날아 움직이려
> 는 것 같아서 사람으로 하여금 늠름하게 하였다. (중략) 그 동서랑의 벽에
> 는 양 총병이 달자와 더불어 싸워서 승리한 상황이 그려져 있는데 대략
> 비문에 기록된 바를 보면, 양조가 오랑캐 진중에 깊숙이 들어가서 손수
> 200여 급의 머리를 참하다가 화살을 맞아 운명하였으며, 그의 시체를 걷
> 어 온 사람이 그의 몸을 보았더니, 앞뒤에는 모두 '진충보국(盡忠保國)'이
> 라는 네 글자를 새겼다고 하였다.35)

허봉은 『조천기』에서 달자에 대한 가치평가를 거의 내리지 않고 있
다. 다만 그들의 침략상이나 군사적인 행위에 대해서 건조하고 사실
적으로 그려내고 있을 뿐이다. 미루어 보아, 이적으로 간주된 그들에
대해 굳이 평가해야 할 필요성을 느끼지 못한 듯하다. 결국 달자를 향
한 양이 견해는 명 무장 칭송으로 대신한 것이다. 말하자면 달자와 명
의 무장이 각각 그러한 것은 결국 '만이융적(蠻夷戎狄)'이라 호명된 까
닭은 그들이 예의충신이 없기 때문에 서로 별이(別異)한 칭호'인 것으

---

34) 『조천기』 상, 6월 18일 기사.
35) 『조천기』 하, 9월 19일 기사.

로 판단했다고 보아도 무리가 없다는 입장[36])에 가까운 것으로 추정
할 수 있다. 즉 종족·지역적 차원을 고려하지 않는 것은 아니라 그것
은 문화적 차원에 종속된 일개 요인에 불과하다는 태도인 것이다.

인용문에서 드러났듯이 총병 양조가 긍정적으로 서술되고 그 이유
는 바로 '진충보국'에 있다는 식으로 문화적 차원이 극히 강조된다.
그러므로 자국의 방위에 대한 관심 및 강병의 이상은 일반론을 넘어
문화적 차원에서 허봉에게 당위를 안겨주는 것으로 된다. 왜냐하면
서술자의 자의식 속에서 조선은 무엇보다도 동주를 이상향으로 한 문
화적 공동체 의미에서의 중화이기 때문이다. 물론 허봉의 의식과 논
의가 지세로서의 구주는 '선왕의 도가 모두 폐해져서 화융(華戎)의 구
별이 없이 온통 섞여 하나의 구역이 되었다'[37])는 데에까지 진행되지
는 않았다.

---

36) 남송의 춘추가 엽적(葉適)은 만년에 사기 흉노전에 대해 비평한 마지막 부분에서
   말하기를 '만이융적(蠻夷戎狄)이라 호명된 까닭은 그들이 예의충신이 없기 때문에 서
   로 별이(別異)한 칭호이고 당초에는 원근, 내외를 논하지 않았다.'라고 하여 예의와
   충신의 유무가 화이구분 본래의 기준이었다고 하였다.(엽적, 『사고전서』, 「습학기언
   (習學記言)」, 제849권, 권20, 111쪽.)
37) 역시 사기 흉노전에 대해 비평한 마지막 부분인데 '춘추이후에 예의가 파훼(破毀)되어
   전국이 되었고, 교교(交敎)가 애매(哀微)하여 무사(武事)를 오로지 하였다. 선왕의 도
   가 모두 폐해져서 화융의 구별이 없이 온통 섞여 하나의 구역이 되었다. 이리하여
   구주의 내에서는 단지 지세만을 가지고서 중화라 하니 외에 있는 자들이 바야흐로
   일어나서 구주 안을 적국으로 여겼다.'고 기술되었다.(엽적, 같은 저서, 111쪽.) 이와
   같은 엽적의 주장은 남송의 시대적 배경과 무관치 않다. 즉 중국의 문화적인 우월성을
   주장하고 거기에 입각하여 천하질서를 구상한다고 하여도 결국 구체적 현실로부터
   유리된 공론에 불과한 것이다. 따라서 전통과 현실의 괴리를 해결할 방법으로써 한편으
   로는 삼대를 철저하게 이상화하였고 한편으로는 당대를 삼대가 아니라 진한(秦漢)이후
   에 결부시키는 것을 통하여 양자 사이에 다리를 놓고자 시도하였다고 이해할 수 있다.
   (近藤一成, 「宋代永嘉學派葉適的華夷觀」, 『史學雜志』, 1979, 67쪽.)

3. 『조천기』의 화이론적 특징

『공양전』38) 화이론의 특징은 첫째, 수용의 논리로 이적도 문화적으로 향상한다면 화하사회(華夏社會)의 일원으로 받아들일 용의가 있다는 것과 둘째, 권계주의(勸戒主義)로서 예 혹은 도의가 향상하여 이적으로부터 화하로 이행되었다가도 다시 예의에 어긋나면, 용서 없이 이적으로 강등되는 경우가 있는데 이것은 중국의 제후에게도 그대로 적용된다는 것이다. 이 두 특징을 모두 충족시키기 위한 전제조건으로는 화하(華夏)가 문화적으로 탁월할 뿐만 아니라 군사력에서도 이적을 압도하는 강대국이어야 한다는 것이다.39) 이것을 '화이의 상호전위(相互轉位)'라는 도식으로 정리할 수 있다.40)

이에 반하여 소위 이적에게 고토를 모두 빼앗기고 이적이 군이고 중국은 신이라는, 종래와는 완전히 역전된 관계를 대외적으로 인정할 수밖에 없었던 남송대의 화이관은 엽적의 그것이 전형적인데 다음과 같이 정리할 수 있다. 첫째, 명(名)에 합당하게 중국은 중국이고 이적은 이적이다. 둘째, 의(義)에 합당하게 중국이 이적을 다스리지 않는다. 셋째, 권(權)에 합당하게 침범해오면 싸우고 복종해오면 소이(所以)를 보아 다스리는 것이 그것이다.41)

---

38) 경학사(經學史)의 통설에 의하면, 공양전은 자공(子貢)의 문인(門人)이었던 공양고(公羊高)가 지었다고 한다. 전승이 오래되어 구전되는 동안 전의(傳義)가 누적적으로 형성되면서 전문(傳文)이 부가되었다. 거기서 서책으로 최종 정리된 시기가 한의 문경제(文景帝) 경이다. 공양전의 이적관(夷狄觀)이 전국시대에 이루어졌던 논의를 여과한 결정물이라고 보면 크게 무리가 없을 것이다.

39) 히하라 도시쿠니, 「화이관념의 변용」, 『한대사상의 연구』, 동경, 연구출판, 1986, 156-180쪽.

40) 히하라 도시쿠니, 「춘추공양전의 연구」, 『동양총서』 제13권, 동경, 창문사, 1976, 235-266쪽.

이로부터 알 수 있듯이 『공양전』에서는 압도적 힘의 기반에서 예문화의 절대적 가치와 기준이 강조되었고, 엽적의 「외론」에서는 문화중심주의를 표방하면서도 국가의 실력, 특히는 군사력의 한계에 근거한 현실론이 반영되었다고 이해할 수 있다. 그러나 중요한 것은, 동주의 예문화를 근간으로 한 문명론적 당위성이 시종일관 강조되고 있다는 점이다. 따라서 『조천기』의 화이론은 대략 이 양자, 즉 『공양전』과 「외론」의 주장 중 그 어느 지점에 자리 잡고 있다고 간주할 수 있다. 위 장절에서 언급했다시피, 서술자 허봉은 실체적 명조에 대한 무조건적인 찬양과 동경보다는 오히려 공자의 춘추관, 즉 '만일 나를 써주는 사람이 있다면 나는 동주를 건설하겠다.'[42]는 방향성과 일치한다.

그러나 화이론의 존화와 양이를 단순히 문화적 측면에서 고려할 수 없음도 주지의 사실이다. 아울러 군사력을 근간으로 한 국력이 문제시되기 때문이다. 종족·지역적 차원이 항상 고려되었던 것도 사실 소위 이적으로 지칭된 공동체의 종합국력이 실체적 화하(華夏)의 그것보다 열세라는 상황을 전제로 깔리게 되는 측면도 부인할 수 없다. 이러한 여건에서 『조천기』는 명을 넘어 동주를 준거로 하는 가치체계를

---

41) 이는 엽적의 「외론일(外論一)」에서 그 근거를 찾을 수 있다. 엽적의 「외론일」에는 중국의 대외관계 기본원칙이 다음과 같이 제시되어 있다. '신이 외론 사 편을 지었는데 그 삼 편은 금사를 말하였습니다. 특히 그 수편(首篇)에서 위국함에 있어서 의(義)로써 하고 명(名)으로써 하며, 권(權)으로써 한다고 말하였습니다. 중국이 이적을 다스리지 않는 것이 의요, 중국은 중국이 되고 이적은 이적이 되는 것이 명(名)인데, 이 두 가지는 우리가 할 수 있는 것입니다. 그러므로 그들이 침범해 오면 그들과 싸우고 그들이 복종해오면 그들과 교섭하여 그들이 오는 소이(所以)를 보아서 다스리는 것이 권입니다. 중국이 비록 귀하고 이적이 비록 천하지만 그 의를 얻지 못하면 다스릴 수가 없고, 그 명(名)을 얻지 못하면 지킬 수 없으며, 그 권을 얻지 못하면 대응할 수 없습니다.'(엽적, 「외론」, 『수심문집』 권4, 26-27쪽.)
42) 「양화(陽貨)」, 『논어』.

명확히 하면서 이를 천하의 보편 이치로 형이상학적으로 고도화하는 한편 이와 더불어 종족·지역적인 측면에서 조선조 자체를 강화시키고 보존하기 위한 실제적인 조치, 즉 군사력의 강화도 동시에 도모하는 성향을 드러낸다.

『조천기』의 화이론에서 가장 중요한 것은 조선과 명의 관계설정 문제일 것이다. 상술한 바와 같이, 서술자는 문명적 차원, 더 정확히는 동주를 모범으로 하는 예문화체계를 근본으로 내걸었고, 이와 같은 설정을 거친 후 조선과 명은 어디까지나 정도의 차이일 뿐 층위의 차이로 인정할 수 없다는 인식에 이르게 된다. 그 구체적 표현이 바로 예문화체계 준거로 판단된 제 사건과 인물들에 대한 가치판단이다. 여기에는 조선이든 명이든 다르지 않으며 오직 동주 모델과의 근접도가 문제시될 뿐이다. 따라서 텍스트에서 허봉의 비판정신43)이 크게 부각된 것은 자연스러운 것이다.

이로부터 미루어보아, 적어도 조선조 전기의 사대부인 허봉, 더 나아가 한 무리 사대부들 의식 속에서는 '조천록류가 고려와 명, 조선과 명의 전형적인 조공관계가 만들어낸 기록물이라면, 연행록류는 조선과 청의 의례적인 조공관계가 만들어낸 기록물'44)이라는 주장이 온전히 성립되지는 않는다. 마찬가지 논리로, '허봉 등 조선사절은 본질적으로는 외(外)와 이(夷)로서 무한히 예의지역(禮義之域)에 접근하기를 요구하고, 이로 말미암아 그들은 허물밖에 남지 않은 중화지국(中華之國)을 비판할 수밖에 없었다'45)는 주장 역시 적절치 않다. 왜냐하면,

---

43) 후마 스스무나 최진경의 조천기 연구에서 허봉의 비판정신은 크게 부각되고 있다.
44) 임기중, 「연행록의 전승현황과 그 문학담론」, 『한국문학논총』 31, 한국문학회, 2002, 35쪽.
45) 후마 스스무, 같은 저서, 21쪽.

이념의 경직성 등을 차치하고서라도 허봉이 보여준 의식세계에서는 이치로서의 예문화체계가 분명히 존재하며 이는 단순히 조선조 사대부들의 것이었을 뿐만 아니라 공자로부터 이어져온 깊은 문화지상주의 전통의 한 갈래였던 것이다. 물론, 문화지상주의가 객관적으로 진리치를 얼마나 함유하고 있느냐는 또 다른 한 문제이기는 하다.

4. 마무리

이 글은 화이론 관점에 허봉『조천기』를 조망하고, 이로부터『조천기』의 화이론 특징을 추출하기 위해서였다.

화이론은 공자의 춘추관에서 시작되었으며, 동주 예문화체계를 지향하여 정치사회적으로 지속적으로 영향력을 발휘하던 방대한 학문의 갈래이다. 이는 문화적 차원과 종족·지역적 차원으로 대별되는데 두 차원의 선호도와 시대마다 현실에 대응하면서 수많은 갈래를 형성해온 전통이 있다.

『조천기』는 조선조 초기, 만력황제의 생신 축하 사절단 일원인 허봉의 저서로서 총 6개월간의 사행 체험을 담고 있는 일기체 기록문서의 형식을 취하고 있다. 본 텍스트에 대해 이 글에서는 논의의 초점을 춘추학의 중요한 관점중 하나인 화이론에다 맞추었으며 명이라는 대국과 조선이라는 소국 이러한 지형 속에서『조천기』에서는 과연 어떠한 화이론 갈래를 받아들여 논의를 전개해갔는가를 알아가는 데 역점을 두었다. 논의를 거쳐 이 글에서 얻어낸 몇몇 요점은 다음과 같은 것들이 있다.

첫째, 화이론은 문화적 차원을 가치판단의 최종 근거로 성립되는 갈래가 있으며, 공자의 춘추관에서부터 전해 내려온 계보가 바로 그 것이다. 허봉『조천기』는 바로 이러한 전통의 갈래와 실제적인 적용의 전형적 사례로 된다.

둘째,『조천기』텍스트에 드러난 서술자 허봉은 전형적인 성리학자로서 그의 의식공간에 비친 명은 문명의 최고수준을 담지한 존재라기보다는 그에게 이상향이 되는 '동주 예문명'을 척도로 하여 그것을 직접 가늠해볼 수 있는 체험의 장에 더 가까웠다. 허봉의 입장에서 조선과 명이 모두 '동주 예문명'의 일원으로서 본질적으로는 동등한 입장으로 인식한 성향이 강하다.

셋째, 존화와 양이는 화이론 적용의 구체적 방법론으로서, 허봉은 소위 이적인 달자에 대한 비판보다는 명 무장의 유교적 가치구조 내에서의 행위를 주목하는 방식으로 그 추구하는 정치사회학적 지향성을 잘 드러냈으며 이는 형이상학적 차원에서의 존화임과 동시에 자국의 강병을 위한 종족·지역적 차원의 특징도 부각시키는 측면이 있다.

결론적으로, 허봉『조천기』의 화이론은 문화적으로는 예문화체계에서 출발하여 조선과 명을 동등선상에 놓고 비교하면서 현실적으로는 군사력을 망라한 자국 종합국력 증진에 힘쓰는 모습을 보일뿐만 아니라 그 문명을 담고 있는 종족과 지역에 대해서도 아울러 주목하고 강하게 보존하려는 특징을 지니고 있다고 할 수 있다.

對明使行과 對日使行에 보이는
異端 論爭의 樣相

—
구지현

1. 머리말

조선후기 일본에 통신사가 파견될 때마다 양국인 사이에 필담을 나누는 일이 종종 있었다. 일본의 한문 담당층이 늘어날수록 필담은 점점 활발하게 되었다. 이런 필담은 1763년 파견된 계미사행 때 질적 양적으로 정점에 이른다. 그리고 양국인들 사이에 격화되지는 않았으나 학문적인 논쟁이 오가기 시작하였다. 이때 일본인에게 비판을 받은 것은 주자학을 고수하는 조선인의 경직된 태도였다.

주자학에 대해서 양국의 유학자가 다른 태도를 보이는 데는 신분적인 차이를 그 원인으로 들 수 있을 것이다. 일본인과 가장 많은 접촉을 하였던 제술관과 서기들은 과거에 급제한 관료로서, 외국에 나가 있으면서 국가의 위신을 생각하지 않을 수 없는 외교관의 입장이었다. 반면 일본인은 주로 번에 고용되어 있거나 고용되기를 희망하는 한문 지식 담당층이였기 때문에 새로운 지식을 수집하는 데 적극적이었다. 주자학 이외의 논의를 이단으로 치부하고 더 이상 말하려하지 않는 조선인들이 그들에게는 갑갑하게 여겨졌을 것이다. 이러한 갈등을 더 근본적으로 따져본다면 武士의 나라였던 일본과 사대부의 나라였던 조선이 유학을 다루는 입장에서 차이가 있었기 때문에 생긴 것이라 할 수 있다.

조선은 성리학적 왕정의 실현이라는 이념을 바탕으로 건국된 나라였다. 정도전(鄭道傳, 1342~1398)을 위시한 개혁사류는 고려의 불교식 사회사상을 비판하면서, 숭유억불의 정책을 추진하였다.[1] 성리학은 고려의 폐단을 개혁하려는 정치철학의 성격이 강했던 것이다. 그러나 조선이 건국되었다고 하더라도 성리학이 곧바로 정치이념으로 작동했던 것은 아니다. 설석규는 개국공신들에게 "성리학은 사실상 조선 왕조 건국의 이념적 명분을 획득하고 그들의 기득권을 보장받기 위한 도구에 불과"하였다고 평가하였는데,[2] 이러한 과정에서 고려를 개혁하고자 했던 개국공신들의 후예인 훈구파가 성장하여 도리어 불교세력처럼 개혁해야 할 대상이 되고 말았던 것이다. 이에 반발하여 등장한 도학파는 성리학을 현실에 적용하여 치세를 위한 실천 방안을 강구하였다. 도학파의 성장은 성리학이 정치철학으로서 조선에 정착하는 과정이기도 했다.

16세기까지 조선은 명나라를 통해 성리학을 받아 들여왔다. 양명학과 명나라 전칠자(前七子)의 고문사(古文辭) 경향 역시 거의 동시대에 접할 수 있었다. 16세기 당시 조선에서는 명나라를 풍미하던 양명학에 대해 주자학과의 핵심 논지를 변별하는 주륙논쟁(朱陸論爭)이 있었는데, 이는 명나라 사행 때 더욱 선명하게 드러났다. 조선 학자의 생

---

1) 金泰永(2006) 참조.
2) 薛錫圭(2009), 28쪽.

각이 성리학의 본고장인 명나라 사람들과의 접촉에서 더 본격적으로 드러났던 것이다. 여러 논쟁을 거쳐 정치철학의 주류는 주자학으로 귀결되었고, 이후 퇴계학파, 율곡학파, 남명학파, 화담학파 등 주자학을 근간으로 하는 성리학을 발전시켜나갔다. 이제 조선의 관료들에게 있어 주자학이냐 양명학이냐는 조선에서 더 이상 논쟁거리가 될 수 없었던 것이다.

이러한 성리학 논쟁은 2세기 후 통신사를 통해서 다시 생겨났다. 일본에 새로이 등장한 유자층은 14세기, 15세기 조선의 유학자들과 마찬가지로 개방적인 태도로 성리학을 탐색하였고 어느 정도 성숙한 18세기에 들어서 고학(古學)이 등장하였다. 이어서 중국의 의고주의를 적용한 오규 소라이(荻生徂徠, 1666~1728)의 고문사파가 등장하여, 일본 내 송학(宋學)을 하는 학자들까지 우려할 정도로 번성하였다. 18세기 후반에 들어서면 이 고문사파(古文辭派)를 중심으로, 주자의 경전 해석만을 고집하는 조선에 대해 비판하기 시작하였다.

본고는 조선 시대 이단 비판의 양상이 대명사행과 대일사행을 통해 어떻게 전개되는지 살펴보고자 한다. 16세기 대명사행의 양명학 비판 양상과 2세기 후인 18세기 일본에서의 논쟁을 비교함으로써, 어떤 유사성과 변화가 있는 지 고찰한다.

2. 대명사행에 보이는 성리학 논쟁의 양상

1) 조선전기 불교에서 양명학으로 이어지는 비판

조선이 건국되는 시기 현실 개혁이라는 측면에서 불교를 배척하는 인식이 조선의 성리학에 이미 강하게 배태되어 있었다. 성리학을 "정학(正學)"으로 두고 본격적으로 불교를 이단으로 비판한 사람으로 정도전을 꼽을 수 있다. 불교에 대한 비판을 직접적으로 드러낸 글이 바로 「불씨잡변(佛氏雜辨)」이다. 「불씨잡변」은 총 15편으로 되어 있는데, 마지막 "벽이단지변(闢異端之辨)"에서 "불씨의 말은 이치와 유사하여 참을 크게 어지럽히는 것이다."[3]라고 한 주자의 말을 인용하며 이단을 물리치는 것을 자기의 임무로 삼았음을 천명하였다. 안재호의 지적대로 정도전은 주자학에 대해 세밀한 곳까지 이해가 미치지 못하였고, 불교 비판 역시 이론적인 문제가 아니라 "승려 계층의 호화로운 생활과 사원경제의 비대화"에 따른 사회적인 문제와 불교계의 행태를 비판하는 데 목적이 있었다.[4] 그러면서도 정도전이 유학과 불교의 차이점으로 지적한 것은 바로 "心"의 문제였다.

"사대(四大)의 몸 가운데 누가 주인이며, 육근(六根)의 티끌 속에 무엇이 정수인가. 컴컴한 곳에서 눈을 떠보니, 온종일 소리 들려도 형상이 안 보이네."라고 하였는데, 이것이 석씨가 마음을 체험하는 경지요, "있다 말해도 어찌 자취가 있으며, 없다 말해도 다시 무엇이 존재하랴. 오직 주고받는 사이에 다만 통달하여 근본을 보는구나."라고 하였으니, 이것이 유가가 마음을 체험하는 경지이다. 그리고 도심(道心)이 단지 형체가 없으면서 소리가 있겠는가? 아니면 이 리(理)가 마음에 있어 수작하는 근본이 될 것인가. 배우는 자는 마땅히 날마다 쓰는 사이에 이 마음이 발현되는 곳에 나아가 체험하고 궁구하면 피차간의 차이와 득실을 저절로 볼

---

3) 鄭道傳, 「佛氏雜辨」, 『三峰集』 卷9. "朱氏曰 佛氏之言彌近理而大亂眞者 此之謂也 以子惛庸 不知力之不足 而以闢異端爲己任者 非欲上繼六聖一賢之心也 懼世之人惑於 其說 而淪胥以陷 人之道至於滅矣"
4) 안재호(2009) 참조.

수 있을 것이다.[5]

"사대(四大)"란 지(地)·수(水)·화(火)·풍(風)으로, 불교에서는 이 네 가지가 화합하여 인간의 몸을 이룬다고 설명한다. "육근(六根)"이 란 안(眼)·이(耳)·비(鼻)·설(舌)·신(身)·의(意)로, 심성을 더럽히는 색(色)·성(聲)·향(香)·미(味)·촉(觸)·법(法)을 인식하게 만드는 것이다. 불교에서 추구하는 것은 텅 비고 고요한 "심(心)"으로, 이 경지에 이르기 위해서는 상(相)을 끊고 체(體)를 떠나고 념(念)을 없애고 정(情)을 잊어 "심(心)"을 "무성(無性)"의 상태로 만들어야 한다. 육근에 의한 색이 생겨나도 심이 흔들리지 않는 경지가 불교가 마음을 체험하는 경지인 것이다. 그러나 유가의 심에는 리가 존재한다. 정도전이 「심기리편(心氣理篇)」에서 말한 대로 천지의 리는 사람에게 있어 성이 되고, 천지의 기(氣)는 형(形)이 되고, 심은 리와 기를 겸하여서 한 몸의 주재(主宰)가 된다.[6] 심은 허(虛)한 동시에 령(靈)하여 천지만물의 리를 갖추고 있기 때문에 불가에서 보는 허하기만 한 심과는 근본적으로 다르다.[7] 불교의 이단성을 논할 때 심이 가장 중요한 논쟁점이 되었던 것이다.

이단에 대한 비판은 양명학을 통해 다시 한 번 일어났다. 오종일은 김세필(金世弼, 1473~1533)과 박상(朴祥, 1474~1530)의 수창시를 근거로

---

5) 鄭道傳, 「佛氏雜辨」, 『三峰集』 卷9. "四大身中誰是主 六根塵裏孰爲精 黑漫漫地開眸看 終日聞聲不見形 此釋氏之體驗心處 謂有寧有迹 謂無復何存 惟應酬酢際 特達見本根 此吾儒之體驗心處 且道心但無形而有聲乎 抑有此理存於心 爲酬酢之本根歟 學者當日用之間 就此心發見處體究之 彼此之同異得失 自可見矣"

6) 鄭道傳, 「心氣理篇」, 『三峰集』 卷10. "天地之理在人而爲性 天地之氣在人而爲形 心則又兼得理氣而爲一身之主宰也 故理在天地之先 而氣由是生 心亦稟之以爲德也"

7) 이현경(2011), 55쪽.

왕양명(王陽明)의『전습록(傳習錄)』이 적어도 1521년 초간본이 조선에
전해진 사실을 밝힌 바 있다.8) 양명학 비판의 기점은 1566년 이황(李
滉, 1501~1570)의 「전습록논변(傳習錄論辨)」으로 보는 것이 일반적이
다. 이 시기까지 조선에서는 명나라에서 거의 동시대에 성리학 서적
을 입수할 수 있었고, 이황을 비롯하여 유성룡(柳成龍, 1542~1607), 윤
근수(尹根壽, 1537~1616) 등 많은 학자가 양명학 서적을 읽고 탐색하였
던 것이다.

　이황은『전습록』에서 네 가지 조목을 뽑아 비판하였는데, "재신민
(在親民)"의 해석문제, "심즉리(心卽理)"학설에 대한 반론, "지선(至善)"
의 실현 문제, "지행합일설(知行合一說)"의 해설에 대한 반론으로 정리
할 수 있다. 특히 왕양명의 "심즉리"라는 명제는 가장 비판을 많이 받
았던 항목이다. "지선"에 대한 질문에 "심즉리"라고 대답한 왕양명의
주장에 대해 이황은 "본래 궁리공부를 논한 것인데 전환하여 실천과
공효 상에서 뒤섞어 말했다."9)라고 변론하였다. 이에 이어서 이황은
다음과 같이 양명학을 비판하였다.

　　양명은 부질없이 외물이 마음의 누가 되는 것을 걱정하고 사람의 떳떳
　한 본성과 사물의 법칙의 참되고 지극한 리가 곧 내 마음에 본래 갖추어
　진 理이고 강학과 궁리는 바로 본심의 체를 밝히고 본심의 용(用)에 도달
　하는 것임을 알지 못하고 도리어 사물마다 일체를 쓸어버리고 다 본심에
　잡아넣어 왜곡시켜 설명하였다. 이것이 석씨의 견해와 무엇이 다른가?
　그러나 때때로 조금씩 석씨를 공격하는 말을 하여 자기의 학문이 석씨에

8) 吳鍾逸(1978) 참조.
9) 李滉,「傳習錄論辨」,『退溪集』卷41. "辯曰 本是論窮理工夫 轉就實踐工效上袭說"

게 나오지 않았다고 스스로 밝히고 있으니 이 역시 스스로 속여서 남을 속이는 것이 아닌가?[10]

이황은 "민이(民彝)", 즉 본성과 "물칙(物則)", 즉 객관적 사물의 이치가 일치의 단계로 나아갈 수 있는 것이라고 주장한다. 내 마음에 갖추고 있는 리와 객관적인 리가 일치하기 때문에 강학과 궁리를 통해 체용으로 나아갈 수 있는 것이다. 그러나 왕양명은 본심을 앞세워, 객관적인 인식은 곧 심의 바름을 통해서 얻을 수 있다고 주장한 것으로 이해하였고, 이것은 바로 "주관주의적 유심론"에 빠져 있는 것이고, 곧 불교의 견해와 같은 것으로 본 것이다.[11] 양명학을 불교의 영향을 받은 이학(異學)으로 이해하는 것이 이후 조선의 주자학자들의 일반적인 견해가 되었다.

2) 대명사행에 보이는 양명학 비판의 배경

금장태는 양명학 전래의 과정을 초기 양명학 논의의 시작 단계, 핵심적인 학자 중심으로 논의되던 두 번째 단계, 조정에서 양명학 논의가 공개적으로 이루어지는 세 번째 단계로 시기 구분을 하였다. 그리고 세 번째 단계의 분기점을 1571년 유희춘(柳希春, 1513~1577)이 경연에서 문묘종사(文廟從祀)에 육상산(陸象山), 오초려(吳草廬), 왕양명(王陽明)의 배척을 주장한 때로 보았다.[12] 첫 번째와 두 번째 단계는 이

---

10) 李滉,「傳習錄論辨」,『退溪集』卷41. "陽明徒患外物之爲心累 不知民彝物則眞至之理 卽吾心本具之理 講學窮理 正所以明本心之體 達本心之用 顧乃欲事事物物一切掃除 皆攬入本心袞說了 此與釋氏之見何異 而時出言稍攻釋氏 以自明其學之不出於釋氏 是 不亦自欺以誣人乎"

11) 琴章泰(1998) 참조.

단 비판이라기보다는 이학 비판에 가까웠던 것이고, 세 번째 단계에 와서 양명학을 이단으로 배척하는 논의가 본격적으로 이루어졌다고 할 수 있다.

흥미로운 것은 양명학 비판의 논의가 문묘종사와 연결되어 있다는 것이다. 1566년 윤근수가 북경으로 사신을 가서 명나라 국자감의 육광조(陸光祖)를 만나 주륙(朱陸)을 논변했던 배경에는, 명나라에서 왕양명을 문묘에 종사하려는 움직임이 있다는 정보가 있었다.[13] 유희춘의 양명학 배척 논의도 김굉필, 조광조의 문묘종사를 주장하는 가운데, 중국의 육상산 문묘배향을 비판하면서 나온 말이었다. 이수환의 연구에 따르면, 1568년 4월 김굉필(金宏弼), 정여창(鄭汝昌), 육광조(趙光祖), 이언적(李彦迪)을 문묘에 종사하려는 상소가 태학 유생을 중심으로 제기되었고, 1573년에 이황이 추가되면서 "동방오현(東方五賢)"의 문묘종사 움직임이 본격화되었다.[14] 김굉필의 문묘종사 움직임은 훨씬 이른 시기부터 시작되기는 하였으나, 확대되어 김굉필에서 이황까지 이어지는 오현을 종사하려는 움직임은 주자에서부터 당시 사림까지 이어지는 도학의 계통을 세우는 일이자 사림에게 정통성을 부여하는 의미가 있었다.[15] 아울러 사림에게 명나라 문묘종사 된 현인이 누구인지는 반드시 살펴야 할 중요한 사항이었던 것으로 보인다.

오현을 종사하자는 논의가 일어난 이듬해인 1574년 명나라 사행의 기록에서 당시 사림의 양명학 논변 태도를 찾아볼 수 있다. 24세였던

---

12) 琴章泰(1998) 참조.
13) 李慶龍(2008) 참조.
14) 이수환(2011) 참조.
15) 김영두, 「中宗代 文廟從祀 論議와 朝鮮 道統의 形成」, 『사학연구』 85, 한국사학회, 2007, 39-76쪽.

허봉(許篈, 1551~1588)은 서장관을 자청하여 성절사(聖節使) 박희립(朴希立, 1523~?), 질정관(質正官) 조헌(趙憲, 1544~1592)과 함께 중국에 다녀왔다. 질정관이었던 조헌은『동환봉사(東還封事)』의 서문에, 국경을 나서기 전에 "질정사(質正事)" 20조목을 통사로부터 미리 듣고 준비해 갔다고 하였다. 그가 질정하려던 조목이 무엇인지 전체를 알 수는 없지만, 왕지부가 대답해준 세 가지 조목은 허봉과 대조하여 찾아볼 수 있는데, 세 가지는 "황화채(黃花菜)", "이조(楱棗)", "마제염(馬蹄鹽)"으로,『본초강목(本草綱目)』에 나오는 물명이다.[16] 조헌은 "구구하게 이런 것을 할 겨를이 없습니다."라는 왕지부의 말에 부끄러움을 느꼈다. 그리고 명나라의 "대공지정지제(大公至正之制)"와 "장치구안지술(長治久安之術)"[17]에 대해 연구하여, 돌아와 선조에게 올린 것이『동환봉사』이다.[18]

『동환봉사』의 첫 조목은 "성묘배향(聖廟配享)"이다. 여기에는 성묘(聖廟)의 구체적인 구성과 배치, 종사한 현인에 대한 평가까지 매우 자세히 설명되어 있다. 조헌이 이러한 상소를 올린 까닭은 다음과 같다.

---

16) 許篈,「朝天記」中,『荷谷集』: "汝式以質正條件問于之符 之符只答三事 題其紙後日承敎數物 黃花菜 楱棗 馬蹄鹽 出自陝西者 可得而知之 出自別省者 知之未詳 不敢妄言 若悉數物而不遺者 方術之士也 在聖門 爲玩物喪志 在吾儒 爲博學小人 是故 區區未暇此也 惟亮之 幸荷 蓋我國之質正文義也 承文院官略不加意 及其拜表日迫 只令書員抄出吏文中俗語以爲問 其最可笑者 或雜以淫褻戱慢之語 故中朝人多嗤之 此乃我國有司之過也 之符所答 正中我國之弊 其可愧也夫"

17) 趙憲,「先上八條疏·序」,『東還封事』: "因思祖宗之朝 所以必遣質正而不已者 必欲詳究夫明王聖帝大公至正之制 長治久安之術 以措一區之民於大平之域 故寧勞馹路之殘卒 而冀聞斯今之善政 將大爲祛弊興化之本也"

18) 趙憲,「質正官回還後先上八條疏」,『重峯集』卷3. "至玉河館 不能出入 只令通事 因人請質 則所釋之言 不外乎四聲通解 … 道遇士人王之符 擧以質之 則略說三事而哂之日 質正之來 只爲此事乎 若此數物 除是方術之士 乃能盡知 而必欲强聞 則在聖門爲玩物喪志 於吾儒爲博學小人 臣竊愧斯言"

제가 또 중국 종사의 일을 통해 깊이 느낀 바가 있습니다. 사습의 추세
는 한결같이 윗사람이 좋아한 것이 있는 바를 따릅니다. 전하께서 얼마
전 국학 유생들이 제현을 종사하자고 여러 차례 소를 올렸으나 윤허하지
않으셨고 근신이 경연석상에서 올린 계 역시 허가하지 않으셨으니 이는
실로 온 세상이 선을 향하는 마음을 막은 것입니다. 저는 적이 민망합니
다. 김굉필은 도학을 창도하여서, 선현을 이어받아 후학을 열어준 공업이
있습니다. 조광조는 사도(斯道)를 계승하고 밝혀, 세상을 구하고 인민을
선하게 한 공이 있습니다. 이언적은 체득한 도가 순수하고 돈독하여, 위
급한 때를 부지한 힘이 있습니다. 이 세 사람을 중국에서 구한다면 허형
(許衡), 설선(薛宣) 밖에는 짝할 이가 드물고, 동방에서 구한다면 설총(薛
聰), 최치원(崔致遠), 안유(安裕)의 무리가 미치지 못하는 점이 있습니다.
더욱이 이황 같은 이는 동쪽 유자의 집대성으로 주자의 적통을 이어서,
나아가면 임금을 도로 인도한 정성이 간절하게 소장 사이에 있고 물러나
면 재주를 통해 가르침을 편 뜻이 절절이 강론의 사이에 있어 선한 자는
말을 듣고 경모하였고 악한 자는 풍도를 바라보며 스스로 다잡았습니다.
지금 선비가 군주를 높이고 어버이를 사랑할 줄 조금이나 알고 예의염치
가 있는 것은 모두 그 덕에 훈도되어 흥기한 것입니다.[19]

조헌이 올린 상소는 성균관 유생들의 상소와 유희춘의 건의 등과
연장선상에 있다. 직접 명나라에 가서 성묘 제도를 살피고 현인들을

---

19) 趙憲, 「質正官回還後先上八條疏」, 『重峯集』 卷3, "臣愚又因中朝從享之事 而深有所
感焉 蓋士習之趨 一視其上好之所在 而殿下頃於館學儒生 諸賢從祀之疏 屢陳而不允
近臣經席之啓 亦不領可 是實沮一世向善之心也 臣竊憫焉 夫金宏弼肇倡道學 而有繼
往開來之業 趙光祖繼明斯道 而有拯世淑人之功 李彦迪體道純篤 而有扶顚持危之力
玆三者 求之中朝 則許衡薛瑄之外 鮮有倫比 而求之東方 則薛聰崔致遠安裕之徒 未
有及其見到處者 況如李滉 集東儒之大成 而紹朱子之嫡統 進則引君當道之誠 懇懇乎
章疏之間 退則因才設敎之意 切切乎講論之際 善者聞言而景慕 惡者望風而自戒 當今
之士 稍知尊君愛親 而有禮義廉恥者 皆薰其德而興起者也"

어떻게 종사했는지 관찰했고, 이를 조선에 적용시켜 김굉필, 조광조, 이언적, 이황을 종묘에 종사시키려 했던 것이다. 그 가운데 육상산에 대한 비판이 언급된다.

우리 조정이 (중국에서 종사한 현인들을) 마땅히 강구하여 따라야 할 것 같습니다. 다만 육구연(陸九淵)의 학문은 강문을 일삼지 않고 오로지 돈오(頓悟)에 힘써서 당시 주자가 본디 그 설이 해가 될 것을 근심하였습니다. 그러나 더욱 멀리 유전되어 사람들의 의혹이 더욱 심하여져 온 세상에 풍미하여 모두 선학(禪學)에 돌아가 버리고 말았습니다. 그리하여 왕수인 같은 자가 함부로 주자를 비방하였는데도 오히려 종사하자고 청한 까닭은 필시 강서사람들이 평소에 익히 그의 학문을 견문하다가 벼슬한 자들이 많기 때문이니 힘써 상산학파를 지지함으로써 위로는 조정을 그르치고 아래로는 사학(斯學)을 그르치려는 것입니다.[20]

위 인용문을 보면 문묘에 종사된 여러 현인들에게는 각기 공이 있고 종사될 이유도 있으나 육상산만은 예외로 거론되고 있다. 생전에 주자에 의해서 해가 되는 학설이라 지목 당하였는데, 그 이유는 바로 "불사강문이전무돈오(不事講問而專務頓悟)"에 있었다. 이는 앞서 이황이 제기했던 "강학궁리(講學窮理)"를 하지 않는다는 지적과 궤를 같이한다. 왕양명도 육상산과 같은 부류이며, 그가 주장한 "심즉리"는 곧 불교의 "돈오"와 같다는 이해이다.

명나라 사행 도중 중국인과의 대화는 허봉의 『조천기(朝天記)』가 비

20) 趙憲, 「質正官回還後先上八條疏」, 『重峯集』 卷3. "而我朝似當講究而從之者也 獨陸九淵之學 不事講問 而專務頓悟 當時朱子固憂其說之爲害 而流傳益遠 人惑愈甚 擧世靡然 胥歸禪學 如王守仁之敢爲橫議 詆謗朱子者 而向請其從祀 則是必江西之人 習熟見聞 而筮仕者衆 力佑象山 以至上誤朝廷 下誤斯學"

교적 자세히 다루었다. 1574년 6월 26일 허봉 일행은 요동의 정학서
원(正學書院)을 들렀다가, 위자강(魏自强), 하성시(賀盛時)와 하성수(賀
盛壽) 형제, 여중화(呂沖和) 등 네 사람을 만나 필담을 나누었다. 이때
처음 허봉은 왕양명에 대한 비판을 전개하면서, "왕수인의 논저를 하
나하나 정밀히 살펴서 세세하게 검토하였다"고 하면서 양명학의 근원
이 본래 "석씨에서 나와 머리를 고치고 얼굴을 바꾼 것이며," "육씨의
여론을 주워 모아서 공공연하게 방자히 헐뜯는" 지경에 이르렀다고
보았다.[21] 이단의 논의가 불교에서 육상산, 그리고 왕양명으로 이어
지는 것으로 정리한 것이다.

  아울러 허봉은 당시 양명학이 성행하여 왕양명을 문묘에 배향하려
는 것에 대해 심한 우려를 드러낸다. 8월 2일 계주(薊州)를 지나 하점
(夏店)에서 머물 때 우연히 국자감 생도 섭본(葉本)을 만났는데, 대화
의 시작은 왕양명의 문묘 배향 여부에 관한 것이었다. 이에 대해 섭본
은 "성지(聖旨)"가 있었으나 아직 실행된 것은 아니라고 알려준다. 허
봉은 섭본의 대답에 안심하였고, 이어서 왕양명에 대한 비판을 전개
한다.

  세상에서 양명을 추존하는 것은 "양지(良知)" 일설 때문입니다만 저는
  적이 의혹이 있습니다. 소위 양지라 하는 것은 천리 본연의 묘함입니다.

---

21) 許筠, 「朝天記」上, 『荷谷集』. "恭惟朱考亭先生 纂孔孟周程之緒 集聖賢之大成 自是
  厥後 有如眞西山, 許魯齋, 薛文淸, 賀醫閭諸公 莫不敬之如神明 信之如父母 未嘗有異
  議 獨王守仁者 掇拾陸氏之餘 公肆謗訕 更定大學章句 其言至曰 苟不合於吾 則雖其言
  之出於孔子 吾不敢以爲信然也 推此心 何所不至 守仁若生於三代之前 則必服造言
  亂民之誅矣 孔子曰 小人者 侮大人之言 其守仁之謂歟 夫守仁之學 本出於釋 改頭換面
  以文其詐 明者見之 當自敗露 諸君子特未深考之耳 守仁之所論著 僕皆一一精察而細
  核 非泛然傳聞之比也"

억지로 할 필요 없이 사람마다 어버이를 사랑하고 어른을 공경할 줄 알면 학문을 위해 양지를 버리고 따로 찾아 검토할 곳이 없을 것입니다. 다만 사람의 삶에는 기질과 물욕이 번갈아 가리고 공격하여 천리의 본연이 어두워집니다. 그러므로 성현이 사람을 가르쳐 반드시 거경(居敬)으로 근본을 세우고 격물(格物)로 앎을 이르게 하였습니다. 그런 연후에 인륜에 밝고 성학(聖學)을 이루기 때문입니다. 지금 양명의 설과 같다면 사물을 버리고 서책을 버리고 우두커니 홀로 앉아 만에 하나 얻기를 기대하는 것이니 어찌 이럴 리가 있겠습니까? 이것이 양명이 석씨의 부류가 되는 까닭이니 교훈으로 삼아서는 안 됩니다.[22]

허봉의 양명학에 대한 비판이 세밀한 독서를 바탕으로 하고 있더라도 불교와의 유사성에서 비판하는 방식은 이황과 마찬가지였다. 양명학에서는 도덕법칙이 지선의 본체인 마음에 있기 때문에 심체인 양지를 배양하고 확충하기 위한 존덕성(尊德性)의 방법을 필요로 한다.[23] 허봉의 입장에서는 격물치지의 공부를 도외시하고 양지, 즉 나의 마음 자체에 집중하는 방식이 불교의 선과 유사하다고 판단되었던 것이다. 섭본이 용(用)에 해당하는 양능(良能)을 들어 양지양능설(良知良能說)을 역설하였으나, 허봉은 "거경"과 "관리(觀理)"를 동시에 추구해야 한다고 주장하면서 양명을 이단으로 규정하였다.

1574년 명나라 사행에서 중국인들과 만나 양명학에 대한 논변을 진

---

22) 許篈, 「朝天記」 中, 『荷谷集』. "且世之所推陽明者 以其良知一說也 而愚竊惑焉 夫所謂良知云者 乃天理本然之妙也 有不待强作 而人皆知愛其親敬其長 則凡爲學捨良知別無尋討處矣 但人之生也 氣質物欲 迭蔽交攻 而天理之本然者晦 故聖賢敎人 必也居敬以立其本 格物以致其知 然後可以明人倫而成聖學也 今如陽明之說 則是棄事物 廢書冊 兀然獨坐 蘄其有得於萬一也 烏有是理哉 此陽明之學所以爲釋氏之流 而不可以爲訓者也"

23) 김경호(2007) 참조.

행한 것이 당시 사림에게 무엇보다도 중요한 일이었다. 류성룡은『조천기(朝天記)』의 서문에서 이러한 논변에 대해 "이른바 '스스로 돌이켜서 옳다면 비록 천만 사람의 앞이라도 나는 갈 수 있다.'는 것이 아니었겠는가. 더욱 존경할 만한 일이다."[24]라고 찬탄하였고, 허봉의 연보에서도 "중국의 대부들과 주륙의 분별에 대해 논하였는데, 진신선생들이 감히 굽히지 않았고 모두 탄복하였다."[25]라고 기록되어 있다.

당시 사림에게 가장 중요한 문제는 도학의 정통을 확립하는 것이었고, 이를 위해 정몽주에서 시작한 도통을 김굉필을 거쳐 이황까지 연계시키려 노력하였다. 사림의 정통성과 영구성을 획득하기 위해서 이들의 문묘 종사가 중대한 과제로 떠올랐던 것이다. 명나라 사행을 통해 정학서원과 국자감의 제도를 관찰하고, 양명학을 추종하는 중국문사들과의 논변 경험은 결과적으로 조선의 정학이 무엇인지를 돌이켜보게 하였고, 명의 제도를 조선에 어떻게 적용할 것인지를 고민하게 만들었다. 이황 등에 의해 비판되었던 육상산을 문묘종사에서 배제하고 종사 논의가 있는 왕양명을 제외시키고, 순수한 정학으로서의 주자학을 천명할 필요가 있었다. 명나라 사행 도중 만난 중국인들과의 "주륙지변(朱陸之辨)"은 조선 도학의 정통성을 점검하고 구축하는 과정이었던 것이다. 조선 도학의 정통성에 대비해 육상산, 왕양명은 이전 불교 논의의 연장선상에서 이단으로 규정되었던 것이다.

---

24) 許篈,「朝天記」序,『荷谷集』. "至於遇葉本遜之符 歷正學書院 弭節于首善之館 能孤倡正大之論 以抗輩咻 而不震不沮 所謂自反而縮 雖千萬人吾往者非耶 尤可尙也已"

25) 許篈,「荷谷先生年譜」,『荷谷集』. "與中州士大夫 論難朱陸之辨 薦紳先生莫敢屈 咸歎服焉"

3. 일본에서의 성리학 논쟁의 양상

1) 16세기 일본 불교에 보이는 유연한 태도

허봉이 중국 사행을 다녀온 이듬해인 1575년에 이른바 동서분당이 일어났다. 동서분당에서는 여러 논의가 있겠으나, 기본적으로는 도학을 바탕으로 한 사림세력이 정치적 이상의 실현을 위해서 훈척세력의 재등장을 막기 위한 논의가 갈라지면서 생긴 것으로 볼 수 있다.[26] 동인은 외척정치에 강경한 입장을 고수하였는데, 주로 이황과 조식(曺植, 1501~1572)의 학문을 계승한 영남지역의 인사들이 중심이 되었고, 온건적인 입장을 지닌 서인은 이이(李珥, 1536~1584)와 성혼(成渾, 1535~1598)의 문인들이 중심이 되었다. 1574년 중국 사행에서 보여준 양명학 비판을 넘어, 주자학적 전일성 안에서 내부 분화가 이루어졌던 것이다.

이 시기 일본은 유자라는 개념 자체가 없었다. 경전은 한문을 담당했던 승려에게 교양서로 읽히는 정도였을 뿐 여전히 불교의 시대였던 것이다. 건국부터 일관되게 숭유억불을 기조로 하였던 조선이 일본의 불교를 어떻게 보고 있었는지는 1590년 통신사 사행을 통해서 확인할 수 있다.

전국의 시대를 끝내고 일본 천하를 손에 넣은 도요토미 히데요시(豊臣秀吉)는 조선에 사신을 보내줄 것을 요구하였다. 1589년 8월 1일의 실록 기사에 허성(許筬, 1548~1612)이 등장하는데, 히데요시에게 통신사(通信使)를 보낼 것인가를 논의하는 자리에서 그만이 적극적으로 응해줄 것을 주장하였다.[27] 이런 연유에서인지 1590년 허성은 통신

---

26) 설석규(2009), 147-167쪽.

사 서장관에 임명되어 일본으로 떠났다. 임진왜란 후인 1606년 도쿠가와 이에야스(德川家康) 쪽에서 통신사를 요청했을 때도 허성은 일본과의 화친을 주장하였는데,[28] 백성의 희생을 줄이기 위한 현실론자의 입장을 취했던 것으로 짐작된다.

일본 사행 중 가장 대립하는 양상을 보인 것은 당파가 달랐던 정사 황윤길이 아니라 같은 동인인 허성과 김성일(金誠一, 1538~1593)임이 지적된 바 있다.[29] 이것이 주자학과 반주자학에 입각한 현실 대응의 차이인지에 대해서는 재론의 여지가 있겠으나, 같은 학문적 연원을 지닌 같은 당의 인사일지라도 중국이 아닌 일본이라는 낯선 상대국에 왔을 때 어떻게 대처할 지에 대해서 다른 의견을 지닐 수 있다는 점은 흥미로운 부분이다.

1574년 허성의 아우 허봉이 요동의 정학서원에 쓰인 "괴(魁)"를 보고, 장원하는 것을 학문의 목적으로 하는 것을 천하게 여긴 기록이 있는데, 1577년 김성일 역시 같은 장소에서 같은 글자를 보고 개탄하였다. 허성, 허봉 형제와 김성일은 모두 퇴계의 이단논쟁에 공감하는 사람들이었다. 허봉과 김성일은 중국에서의 문물 관찰에서 보이는 감개

---

27) 『宣祖實錄』卷23, 2년 8月 1日. "許筬進曰 聖敎乃萬世不易之定論 其扶植彝倫之意至矣 但恐干戈相從 邊境不安 不可不爲生靈計耳 彼之惡 何預於我 臣意交聘 亦無不可 上曰 此計似誤矣 筬仍極言通信之便"

28) 『宣祖實錄』卷198, 39年 4月 5日. "許筬議 島夷不敢肆蜂蠆之毒則已矣 不然 他日蠢動然後不得已許和 則難免城下之恥 今者渠輩來索 辭不悖逆 事且順理 毋寧乘此機會 快許之爲得乎 前朝末以我太祖大王威武 到處殲滅 兵勢極其盛矣 而不和則不止 畢竟鄭夢周一行然後乃息 今之事勢以古料之末稍 則亦須一和 旣不得不和 則當一着決局 何必再勞行役 徒煩往來 而浮費財力乎 古之王者 豈不知戎狄之可醜 文王之昆夷 漢文之匈奴 皆屈意許和 而不以爲恥者 徒以爲生靈也 聖敎隱惻含生 擧皆骨醉仁德 只此一言 可以祈天永命 臣不敢贅"

29) 金貞信(2000) 참조.

와 비판은 이런 예처럼 유사한 경향을 보이는 것에 비해, 허성과 김성일은 일본에서는 "권도(權道)"에 따를 것인지 "상도(常道)"에 따를 것인지조차 일치된 의견을 낼 수 없었다. 이는 허성과 김성일이 지닌 주자학적 세계관 밖에 일본이 놓여있었기 때문이라고 할 수 있다.

일본 최초의 성리학자로 일컬어지는 후지와라 세이카(藤原惺窩)조차 당시 "비록 불서를 읽으나 뜻은 유학에 둔[雖讀佛書志在儒學]" 승려였다. 이로부터 8년 후인 1598년 세이카가 강항(姜沆, 1567~1618)을 처음 만났을 때, 일본의 유학은 여전히 "유자와 박사가 예로부터 한나라와 당나라의 주소만을 읽어 경전에 점을 찍고 왜훈(倭訓)을 더하였으나 정주의 책에 이르면 십분의 일도 모르기 때문에 성리학에 대해 아는 자가 드문" 상황이었다.[30] 주자학이 전래되지 않은 것은 아니었지만, 오산(五山)을 중심으로 선학의 한 형태로서 이해되는 종속적인 것이었다.[31]

이러한 상황에서 허성은 세이카에게 「시립자설(柴立子說)」을 지어주었고, 이것이 세이카가를 본격적으로 유학을 향하게 만든 하나의 계기가 되었다고 평가된다.[32] 그리고 이 글에 보이는 허성의 인식에 대해서도 자세한 연구가 진행된 바 있다.[33] 여기에서 주목해 보려는 것은 허봉의 중국 사행과 비교하여 허성이 세이카에게 보인 말하기 태도이다.

허봉의 경우 불교와 비슷한 것이 비판의 주된 이유였다. 그런데 허

---

30) 藤原惺窩, 「行狀」, 『惺窩先生文集』. "本朝儒者博士 自古惟讀漢唐註疏 點經傳而加倭訓 然而至于程朱書 未知什一 故性理之學 識者鮮矣"

31) 成海俊(2003) 참조.

32) 阿部吉雄(1965), 50쪽.

33) 郭貞禮(2010) 참조.

성은 불교의 교리를 언급하는 것에 대해 매우 유연한 태도를 보인다.

> 유교와 불교의 도는 나아가는 바가 비록 달라도 힘쓴 공은 역시 다를
> 수가 없습니다. 참을 쌓고 힘쓰기를 오래하면 하루아침에 확 트인 경지에
> 나아가게 되니 우리 유자들의 이른바 "지지(至知)"라는 것이고 불자들의
> 이른바 "계오(契悟)"라는 것입니다. 벽돌을 가는 것은 본래 거울을 만드는
> 방법이 아니지만 거울의 밝음을 얻는 것 역시 본래 가는 자의 공입니다.
> 이른바 말이 떨어지자마자 깨닫는다는 것은 그 말이 나를 깨닫게 만드는
> 것이 아니라 모두 내가 뜻을 세우고 꿋꿋이 서 있는 공입니다. 참을 쌓고
> 힘쓰기를 오래하였는데 그 말이 마침 내 마음의 터득함에 닿은 것이고
> 계발의 길도 만나게 될 것이니 자립의 공은 본래 속일 수 없습니다.[34]

「시립자설」에서 "마전(磨甎)"과 "언하영오(言下領悟)" 등 불교용어를
끌어들여 설명하였다. 벽돌을 갈아 거울을 만들 수 없듯이 참선을 열심
히 한다고 부처가 될 수 없다며 마조(馬祖)를 깨우친 남악(南嶽)의 가르
침과 조계(曹溪)의 육조대사(六祖大師)를 만나 말을 다 듣기도 전에 깨달
음을 얻고 돌아갔다는 현각(玄覺)의 고사는, 불교의 돈오를 보여주는
대표적인 이야기이다. 그런데 허성의 비유는 거울이 될 수 없는 "전
(甎)"보다는 "마(磨)", 즉 연마한다는 행위에 방점이 있다. 또한 "언하영
오"는 "오입지입각지공(吾立志立脚之功)"이라고 하면서 "진적력구(眞積
力久)"를 다시 거론한다. "진적력구(眞積力久)"는 공자가 증자에게 말한

---

34) 藤原惺窩, 「柴立子說」, 『惺窩文集』 卷4. "儒釋之道所造雖異 用力之功 亦應不殊 至於
眞積力久 造一朝豁然之境 則吾儒之所謂知至 而佛者之所謂契悟也 磨甎固非作鏡之道
而其所以獲鏡之明者 亦固磨者之功也 夫所謂言下領悟者 非彼之言徒使吾悟 皆吾立志
立脚之功 眞積力久 而彼之言適觸吾心之慣悱也 啓發之緣 亦應相値 而自立之功 固不
可誣也"

"오도일이관지(吾道一以貫之)"라는『論語』의 구절에서 주자가 증자를
평가한 말이다. 수양과 실천을 중요시하던 이황이『자성록(自省錄)』등
의 저서를 통해 자주 거론하던 말이기도 하다. 유가의 "지지"과 불교의
"계오"를 같은 것이라 동치시킨 것은 결국 이 "진적력구"의 중요성을
설명하고 "돈오"의 허구성을 드러내기 위한 전제였던 것이다.

> 그대는 석씨의 부류이고 나는 성인의 문도이니 마땅히 거리를 두기에
> 바빠야 하나 도리어 도가 다른 자를 위해 도모하였으니 성인의 계율을
> 범한 것이 아니면 스스로 이단에 빠진 것이리라. 그러나 남에게 글을 써
> 주는 것은 仁者의 일이고 나의 말이 본래 그대의 도에서 발명할 수 없는
> 것이니 겨우 훗날 얼굴 대신할 자료로 삼을 수 있을 뿐이다.35)

위는「시립자설」의 마무리 부분이다. "위도부동자모언(爲道不同者謀
焉)"이란 바로 승려인 세이카의 요청에 따라「시립자설」을 써주는 것
을 가리킨다. 이에 대한 변명으로, 글을 주는 것이 "인자(仁者)"의 행
위라는 점과 "나의 말이 그대의 도에서 발명할 수 없다"는 점을 들고
있다. 즉, 유교와 불교는 결코 섞일 수가 없으며, 그가 기술한「시립
자설」의 말도 불교와는 관련이 전혀 없음을 분명히 하는 것이다.「시
립자설」에 보이는 허성의 불교에 대한 인식은 확고한 주자학적 인식
을 기반으로 한 것으로, 불교에 관한 언급은 세이카가 익숙한 개념을
통해 주자학의 도를 설명하려는 하나의 장치에 불과한 것이었다.

허성은 김성일과 달리 세이카와 같은 일본인과 직접 만나 글을 써

---

35) 藤原惺窩,『惺窩文集』卷4,「柴立子說」. "子釋氏之流 而我聖人之徒 當距之之不暇
而反爲道不同者謀焉 無乃犯聖人之戒 而自陷於異端之歸乎 然贈人以言 仁者之事 而
吾之言固不能發明於子之道 僅足爲他日面目之資"

주고 필담을 나누기도 하였다. 그러나 양명학에 대해 보인 주자학적 엄격성에서 벗어나 있었던 것은 아니다. 다만, 성리학으로서는 맹아기에 있었던 일본에서, 유학에 관심을 가진 승려에게 학문적으로 유연한 태도를 보인 것이었다.

2) 일본 유학을 바라보는 이분법적 시각

최초의 일본 유학자 세이카 이래로 일본 유학자들은 조선 유학을 대표하는 인물로 이황을 꼽았고 조선의 유학을 탐구하는 단계였기 때문에, 일본인의 입을 통해 일본 유학에 대한 언급이 나타나지 않는다. 그러나 1719년 마에다 요안(前田葉庵, ?~1752)의 필담을 보면 당시 유학자들이 조선유학에 대해 상당한 지식과 관심을 지니고 있었음을 알 수 있다.

> 귀국 문물이 번성하여 기자의 유풍이 끊임없이 이어지니 역사에 기재된 것이 본래 속일 수가 없습니다. 어질고 현명한 선비와 염치의 풍조가 중화에 부끄럽지 않습니다. 김굉필의 조리(操履), 우탁의 강정(剛正), 정포은의 충효(忠孝), 권양촌의 박섬(博贍), 이회재의 명예(明叡), 이퇴계의 순정(醇正) 같은 것은 이역 천년 뒤에도 사람으로 하여금 공경하는 생각을 일으킵니다. 문명의 조정에는 정말로 기이한 재주와 탁월한 견해가 남보다 뛰어난 사람이 있습니다. 비록 다른 나라지만 성명을 듣고 고아한 풍모를 앙모하고 싶으니 말씀해 주시면 다행이겠습니다.[36]

---

36)「享保四年己亥十月六日韓客筆語」,『桑韓唱和壎篪集』卷10. "貴邦文物之盛 箕子餘風 綿綿不絶 歷史所載 固不可誣焉 仁賢之士 廉恥之風 不恥于中華矣 如金宏弼之操履 禹倬之剛正 鄭圃隱之忠孝 權陽村之博贍 李晦齋之明叡 李退溪之醇正 異域千歲之下 令人起敬想 夫文明之朝 定有異才卓見大出于人者也 雖殊方異域 而願一聽其姓名 仰慕其高風 若蒙示敎則幸也"

요안은 야마자키 안사이(山崎闇齋)의 제자로 기문학(崎門學)을 후쿠이 번(福井藩)에 도입한 번유(藩儒)이다. 안사이는 퇴계의 영향을 가장 강하게 받은 일본유학자로 알려져 있다. 위 인용문을 통해 안사이의 문하생이라면 김굉필 이하 이황까지의 문집을 볼 수 있었음을 짐작할 수 있다. 요안은 여기에서 더 나아가 당시 새로 등장한 유학자가 누가 있는지 궁금해 하였다.

하우봉은 "조선중화의식에 바탕을 둔 폐쇄적 세계관, 유교적 가치 기준에 의한 멸시관, 임진왜란 이래의 적개심 등"으로 인해 조선 유학자들이 일본문화에 적극적으로 관심을 갖지 않았고, 결과적으로 일본유학에 대해서도 매우 낮게 평가하게 되었다고 지적하였다.[37] 여기에 덧붙여 위와 같이 조선인에게 보인 조선 유학 추숭의 태도가 조선인의 객관적인 파악을 지연시켰을 가능성이 크다. 일본 사행 도중 불교 비판이 크게 일어나지 않은 것은 중개를 담당한 쓰시마가 일본의 승려들에게 불교의 설법에 관해 언급하지 말라고 미리 주의를 주었기 때문이었는데, 주자학을 벗어나는 논쟁이 금기시되고 주자학에 옹호적인 발언만이 용인되었을 상황도 가능하기 때문이다.

일본 고의학(古義學)에 대한 언급이 나타나는 것도 1719년에 이르러서였다. 서기로 사행에 참여했던 성몽량(成夢良, 1673~?)은 이토 진사이(伊藤仁齋, 1627~1705)의 아들 이토 바이우(伊藤梅宇, 1683~1745)를 만나서 진사이의 서적을 달라고 청하였다.[38] 성몽량은 진사이에 대해

---

37) 하우봉(2005) 참조.

38) 「備後州鞆津」, 『桑韓唱和塤箎集』卷8. "曾在本國 慣聞伊藤仁齋 蔚爲日本儒宗 思欲望履門下 一聞性理之說 今獲私於執事 執事實仁齋之胤也 其爲忻幸 如何如何 先公論辨性理書 必有家藏 伏望惠賜一本 俾逐平昔尊慕之意 且使歸示本國學者 以知貴邦儒風之盛 如何如何"

조선에서부터 얘기를 들었다고는 하였으나 이 말의 진위여부를 떠나 그의 서적을 보지 못했던 것은 확실한 것 같다. 제술관으로서 사행에 함께했던 신유한(申維翰, 1681~1752)도 진사이의 서적을 보지 못했다고 하였다. 아울러 신유한은 일본 유학에 대해 다음과 같이 정리하였다.

　　일본 성리학은 들을 만한 것이 하나도 없다. … 호가 안사이(闇齋)이고 씨가 야마자키(山崎)인 사람이 있는데 역시 정주학을 사모하여 소학 편목에 송유(宋儒)의 언행을 이어 편집하여 만든 책이 세상에 전한다. 기노시타 준안(木下順庵)의 이름은 데이칸(貞幹)인데 박학하고 수행하여 원여(源璵), 우삼동(雨森東) 무리가 모두 그의 제자이다. 죽은 후 시호가 공정(恭靖)이라 한다. 근세 교토의 이토 진사이라는 자가 학문으로 나라에 이름이 났는데 자기의 견해를 찬집하여 사람들을 가르친다. 그 설이 성리존양(性理存養)의 설을 무익하다 하고 날마다 도를 행하는 실제에 힘을 쓸 뿐이다. 그가 글을 지어 가르침을 남긴 것에 항상 "사람의 효제충신은 날마다 쓰는 몸에 절실한 공부이니, 학자는 성리가 어떠한 지 물어서는 안 된다. 중용의 머릿장에 성을 따르는 것이 도라고 한 가르침은 바로 도가 성리 가운데에서 나온다는 것이지 도를 행하는 자가 성리를 공부하는 것을 이르는 것이 아니다."라고 하였다. 나머지 논의에 선유를 위반하는 것이 많은데 세상의 선비들이 숭상하여 믿는 자가 있기도 하고 천착함을 비판하는 자가 있기도 하다. 내가 미처 문집을 보지 못했으나 문사들과 언어로 수작할 적에 이토 가의 말을 들어 옳은지 그른지 묻는 자가 있으면 나는 "이것은 순경의 성악설과 죄가 같다. 그 말을 따르는 자는 인도를 금수초목의 성에서 구하고자 하는가?"라고 하였다. 여러 사람들 가운데 그렇다고 하는 자가 있기도 하였다.[39]

───────────

39) 申維翰, 「海游聞見雜錄下・理學」, 『靑泉集』 卷8. "日本性理之學 無一可聞 … 有號闇齋山崎氏者 亦慕程朱之學 以小學編目續輯宋儒言行爲書傳世 木順庵名貞幹 博學修行

신유한은 일본 유학의 대표적인 인물로 야마자키 안사이 기노시타 준안을 들었다. 준안은 1682년부터 통신사와 만났던 인물이고, 그의 제자로 언급한 원여(源璵), 즉 아라이 하쿠세키(新井白石)는 1711년 통신사 접대를 주도하여 일본의 문흥을 인정하게 만들었으며 우삼동(雨森東), 즉 아메노모리 호슈(雨森芳洲)는 유창한 조선어와 한문 실력으로 여러 차례 통신사를 호행하였던 쓰시마의 번유이다. 외교상 갈등을 겪은 일이 있을 지라도, 기본적으로 송학, 즉 주자학을 따르는 유학자들이었다. 신유한은 이들을 주류로 파악하였고 이토 진사이(伊藤仁齋)는 일본유학의 비주류로 파악한 듯하다. 이단성까지 논할 필요도 없이 성악설과 동류로 취급하였다.

다음 사행인 1748년 통신사행에 자제군관으로 참여했던 홍경해(洪景海, 1725~1759)의 기록을 보면 진사이의 『동자문(童子問)』 정도는 이미 읽고 사행에 임했고 도중에 다른 저서들도 구해서 읽은 것을 알 수 있다. 진사이는 정주를 헐뜯고 이견을 주장하는 것으로, "공의(古義)"는 그저 "자기 의견을 세워 글자 따라 주석을 낸"[40] 것에 불과할 뿐이었다. 쓰시마에 도착했을 때 진사이에 대해 묻기는 하였으나 호행을 담당한 아사오카 란안(朝岡蘭庵)과의 문답을 통해[41] 일본 유학의

源璵雨森東輩 皆其門弟也 沒後有諡曰恭靖云 近世京都人伊藤惟貞者 以學問名於國中 撰集己見 以敎國人 其說以性理存養之說爲無益 而只將日用行道之實爲務 其所以著書垂訓者 常日凡人之孝弟忠信 只是日用切己工夫 學者不當問性理如何 中庸首章率性之訓 乃爲道從性理中出來 非謂行道者 以性理爲工夫也 餘外立論 多畔先儒 一時爲士之類 或有崇信者 或有譏其穿鑿者 余未見其文集 而每與諸文士酬酢之言語之際 有提伊藤家說話 而質其可否 余輒曰 此與荀卿性惡之說 同罪 從其言者 欲求人道於禽獸草木之性乎 諸生或以爲然"

40) 洪景海, 『隨槎日錄』, 4월 22일. "在京時得見日本人伊藤維楨所撰童子問 其書全以詆諆程朱 諿張異見爲主 自謂孔孟以後獨得聖學心法抵此 因譯輩求見其所著述 得論語古義語孟字義 所謂古義 卽自立己見 逐章釋註者也"

주류는 안사이와 준안의 송학으로 파악하였다. 란안은 당시 일본에
풍미하던 고문사의 오규 소라이를 언급하였으나 별다른 설명을 붙이
지 않았다.

　조선인이 일본 고문사에 대해 주목하게 된 것은 1763년의 사행에
와서이다. 에도로 향하던 도중 아마가세키에 머물 때, 원중거(元重擧,
1719~1790)와 다키 가쿠다이(瀧鶴臺, 1709~1773)와의 필담에서 이단논
의가 표면에 떠올랐다.

> 현천 : 이곳에도 성리학이 마땅히 있으리니 정주를 종주로 합니까?
> 학대 : 이 곳 역시 성리학이 있어서, 후지와라 세이카와 하야시 라잔이
> 　　　창도한 이래 정통을 전한 자가 적지 않습니다. 근세 동도의 소라이 선
> 　　　생이 복고학을 크게 창도하여 해내에 풍미하였습니다. 저서로 『변도
> 　　　(辨道)』, 『변명(辨名)』, 『논어징(論語徵)』 등이 있으니 상세한 것은 한
> 　　　자리에서 다 말할 수 있는 것이 아닙니다.
> 현천 : 이것 모두 정주를 종주로 합니까?
> 학대 : 정주를 배척하고 선유(禪儒)가 되는 것을 취하지 않습니다. 고경을
> 　　　배우고 주해를 근거하지 않습니다. 고어로 고경을 증명하니 믿을 만한
> 　　　것 같습니다.
> 현천 : 주해를 버리고 경전을 읽는 것은 길을 인도하는 자가 없는 소경과
> 　　　같습니다. 정주학은 하늘의 해와 같으니 정주를 돈독히 믿고자 하지
> 　　　않는 것은 모두 이단입니다. 의견이 어떠신지 모르겠습니다.

---

41) 洪景海, 『隨槎日錄』, 3월 11일. "章曰 木順庵 卽白石之師 源白石之外稱作家者幾人
　　瑞曰 柳省庵室鳩巢南南山荻茂卿數人 皆已物故 當今作者 則海槎往還之際 當親識別
　　今不必豫告 章曰 伊藤維楨有後承 而其者述童子問外又有他件文字否 瑞曰 維楨其人
　　則一君子 而然與程朱異岐 所以不知其書有幾 章曰 公所尊尙在程朱 甚盛甚盛貴國尊
　　慕濂洛飭行立言者 爲何人耶 願聞之 瑞曰 木順庵山闇齋 今承其後者亦多 章曰 山闇齋
　　名云何 瑞曰 姓山名嘉"

학대 : 지쿠젠(筑前)의 가이바라(貝原) 선생이 정주를 존경하기를 공자 맹자
　　　믿듯이 하였으나 만년에 『대의록(大疑錄)』을 저술하여 정주의 말이 경전
　　　의 취지에 배치되는 것을 거론하였습니다. 저 역시 의심이 있습니다.

현천 : 정주의 해석에 어찌 의심할 것이 있습니까? 독서법은 정밀하고
　　　자세한 것이 가장 어렵습니다. 정밀하게 생각하고 힘써 실천하지 못하
　　　면서 대번에 의혹에 이르는 것은 바로 병자가 진원(眞元)이 건강하지
　　　못하여 객사(客邪)가 틈입하는 것과 같습니다. 명나라 유자 가운데 육
　　　상산을 숭상하는 자들이 바로 이러한 폐습에 걸렸습니다. 지금 귀국
　　　인재의 배출을 보니 변화의 기미가 크게 있습니다. 근원이 바르지 못하
　　　면 실로 많은 우려가 있을 것입니다. 그대처럼 덕이 깊고 학문이 바른
　　　사람이 큰 근원을 통찰하여 후학을 이끌어야 할 것입니다. 구구한 생각
　　　을 감히 놓아두고 말하지 않을 수 없으니 그대는 어떻게 생각하는지
　　　모르겠습니다.

학대 : 삼가 가르침을 받겠습니다.42)

가쿠다이는 하기 번(萩藩)의 번교(藩校)인 메이린칸(明倫館)의 가쿠
토(學頭)로, 고문사에 연원을 둔 사람이었다. 그런데 소라이의 복고학
역시 후지와라 세이카와 하야시 라잔의 송학과 마찬가지로 성리학의
범주에 두고 있다. 불교와 혼재되어 있던 일본 유학의 과거를 의식해

---

42) 「筆語」, 『長門癸甲問槎』 卷1. "玄川 此處亦宜有性理之學 果宗主程朱否 鶴臺 此方亦
　　有性理之學 藤原惺窩林羅山唱首 爾來傳其統者不少 近世東都有徂徠先生者 大唱復古
　　之學 風靡海內 所著有辨道辨名論語徵等 其詳非一席話所能盡也 玄川 此皆宗主程朱
　　否 鶴臺 排程朱而爲禪儒不取 其學尊古經 而不據註解 以古言證古經 似可信據 玄川
　　捨註解而讀經 猶無相之瞽 程朱之學 如日中天 不欲篤信程朱者 皆異端也 高明意見 未
　　知如何 鶴臺 筑前有貝原先生者 尊信程朱 如信孔孟 而晩年著大疑錄 標擧程朱之言背
　　馳經旨者 僕亦不免有疑耳 玄川 程朱之訓 豈有可疑者耶 大凡讀書之法 最難精詳 旣未
　　能精思力踐 而遽致疑難 則正猶病者眞元不健 客邪闌入 明儒祖陸者 正坐在此習 今見
　　貴邦人才輩出 大有轉移之機 而源頭之不正 實有漫漫之憂 如高明之有德邃學正 須洞
　　見大源 引進後學 區區之意 自不敢置而不論 未知高明以爲如何 鶴臺 謹令明諭"

서인지 "선유"를 취하지 않는다고 강조하였다. 이에 대해 원중거는 정
주학 이외의 것을 이단으로 규정한다. 그와 함께 정주학을 따르지 않
았던 이단의 예로 "명유조륙자(明儒祖陸者)", 즉 양명학을 거론하였다.
16세기 육상산과 양명학을 비판할 때 등장하던 "돈오"의 방식이라든
가 "심"과 "리"의 관계와 같은 문제는 일본 유학에 있어 거론되지 않는
다. 돈오의 문제는 허성이 세이카에게 불교를 비판할 때조차 사용되
던 논리였다. 18세기 일본 유학을 논할 때 정주를 믿느냐 믿지 않느냐
가 이단을 나누는 기준으로 작용한다. 정주를 따르지 않는다면 이단
인 양명학이 되는 것이다.

　원중거가 소라이학이 무엇인지 이해하지 못했던 것은 아니었다. 『화
국지(和國志)』의 「이단지설(異端之說)」에는 진사이와 소라이가 거론되
어 있는데, 소라이의 학문이 이반룡(李攀龍)과 왕세정(王世貞)에서 연원
하였다는 것을 정확히 파악하고 있었다. 이 두 사람이 이단이 되는 이유
는 "훼척정주(毁斥程朱)", "저회정주(詆侮程朱)"에 있을 뿐이다.

　　소위 학술이라는 것은 모두 이단에 가깝다. … 두 사람의 말이 사람들
　에게 깊이 들어가 있고 유파가 길다. 청나라 모기령(毛奇齡) 호 서하(西
　河)인 자가 주자를 공격하고 배척하여 스스로 『육경원사(六經源辭)』를 지
　은 것과 같은 듯하다. 그러니 이로 말하면 양명학이 천하에 범람하였으나
　주자학이 오직 조선에서만 행해지니 모든 음(陰)이 다 박탈한 끝에 한
　가닥 양(陽)을 부지하는 책임이 어찌 우리나라 많은 선비들에게 오로지
　달려 있지 않겠는가?[43]

---

43) 趙曮, 『海槎日記』 卷5, 6월 18일. "所謂學術則大抵皆近異端 … 兩人言入人深而流派
　　遠 想若淸國毛奇齡號西河者 攻斥朱子 自著六經原辭 然以此言之 陽明之術 汎濫天下
　　而朱子之學 獨行於朝鮮 群陰剝盡之餘 一脈扶陽之責 豈不專在於吾東多士耶"

위는 정사 조엄(趙曮, 1719~1777)의 기록이다. 진사이와 소라이에 대한 평가는 원중거와 대동소이하다. 조엄은 이들이 모기령과 비슷하다고 하였는데, 이들이 주자의 주에 기대지 않고 본래 글자의 의미를 탐구한다는 점에서 청나라의 고증학과 유사하다고 생각하였던 것이다. 그러나 고증학 역시 양명학의 일파로 규정하고 있다. 청과 일본에서 양명학과 같은 이단이 범람하고, 오직 조선에만 순정한 정주학이 남아있다는 것이다. 본래 학문의 성격이 어떠하든 정학은 정주학, 이단은 양명학이라는 이분법이 작용하고 있는 것이다.

4. 맺음말

조선은 성리학을 정치사회적 이념으로 건국되었다. 이적의 불교적 방식은 낡은 것이었고 개혁의 대상이었다. 정도전이 불교의 이단성을 비판한 데는 개혁의 의지가 작용하였다. 이후 16세기 도학의 정통을 세우는 과정에서, 명나라에 성행하던 양명학이 비판의 대상이 되었다. 조선의 현인을 문묘에 종사하려는 움직임 속에서 이황이 비판했던 양명학은 이단으로 규정되었고, 불교적 사유방식과의 유사성이 주된 이유였다. 주자학의 정통성을 확보하기 위해 엄격한 기준 하에 불교 – 육상산 – 양명학으로 이단 비판의 계보가 형성되었던 것이다.

18세기 일본에서 일어난 이단 논쟁은 대명사행 때와는 다른 양상을 보인다. 16세기 주자학적인 입장을 견지하기는 하였으나 일본 불교에 대해서 경직된 태도를 보이지는 않았다. 일본 유학이 성장하고 고의학과 고문사학이 성행하는 시기에 들어서면서 16세기 명나라 사행에서와 마찬가지로 엄격한 기준이 적용되었던 것이다. 고증학적인 방식을 따른 일본의 고학을 양명학과 같은 범주로 묶고 이단으로 규정하였던 것이다. 여타 학문과 대비하여 주자학의 정통성을 드러내는 것이 아니라 주자학의 반대편에 양명학을 두고 양명학에 속하는 것은 이단이라는 이분법적인 방식이 적용되는 것이다.

대일사행에서는 대명사행에서 보인 이론적 논쟁은 사라지고 범주화된 이단이 그대로 일본 유학을 규정하는 양상으로 드러난다. 따라서 일본 유학자들에게 조선인의 주자학의 정통성 주장은 고루하고 경직된 것으로 느껴질 수밖에 없었다. 그러나 한편으로는 성리학과 고문사의 경계가 모호했던 일본 유학자들에게 이학(異學)이라는 새로운 개념과 마주치게 되는 계기가 되었고, 반면 이후 조선에서 일본 고학에 대한 관심을 불러일으키게 된 것으로 보인다.

『하곡선생조천기(荷谷先生朝天記)』와
중국 인식

—
이호윤

1. 들어가며

　조선왕조는 1392년 건국 후 명조(明朝)를 중심으로 하는 국제질서에 편입되어 1401년 조선 태종이 조선국왕으로 봉해지는 것으로 명과 전형적인 조공책봉 관계를 맺고 주변 여러 나라들과는 교린 관계를 맺는 사대교린 외교를 실시했다. 조선은 신년의 하정사(賀正使), 황제의 생일을 축하하는 성절사(聖節使), 황태자의 생일을 축하하는 천추사(千秋使) 등 일년삼사(一年三使)를 정기사절로 명조에 파견하였다. 또한 조선왕조로부터 다양한 보고 또는 해명을 위해 파견된 진문사(奏聞使)와 계품사(計稟使), 명 조정으로부터 특별한 요구가 있을 때 파견된 진청사(奏請使)와 그 요구가 받아들여졌을 때의 사은사(謝恩使) 및 황제의 즉위·황태자 책봉 시의 진하사(進賀使)와 황제·황후의 상사(喪事) 시 파견하는 진위사(陳慰使)·진향사(進香使), 조선국왕이나 왕비의 상사를 보고하는 고부사(告訃使)와 황제의 지방순행·원정 시에 파견한 흠문기거사(欽問起居使) 등의 비정기 사절도 수시로 파견하였다.(국사편찬위원회편, 1995, 293-302쪽) 그리고 명청왕조 교체 후 조선 이 청조(淸朝)를 중심으로 하는 조공책봉 관계에 편입된 후에는 명조 에 행하던 사행단 파견을 청조를 대상으로도 실시하게 되었다.

조선시대 직접 중국을 방문하여 중국을 체험한 사행단은 『사행록 (使行錄)』을 남겼는데 현재 『조천록(朝天錄)』과 『연행록(燕行錄)』으로 전해지고 있다.[1] 『조천록』은 '천조(天朝)인 중국에 조근(朝覲)한 기록' 이라는 의미를 가지는 '대명사행' 기록이며, 『연행록』은 '연경(燕京)에 의 사행 기록'이라는 의미로 '대청사행'기록이다. 이러한 『사행록』의 명칭은 조선의 명·청에 대한 인식의 차이에서 발생한 것이라고 생각 되는데 명청 왕조 교체 전후의 조선의 유가 지식인의 사상으로부터 엿볼 수 있듯이 '중화'로서의 '명조'와 '이적시(夷狄視)'한 대청인식의 차이가 『사행록』의 명칭에도 나타나게 되었다.[2]

---

1) 대명사행의 기록인 『조천록』이라는 것은 일반적 명칭으로 고려시대 말의 대명 『사행록』 이 『점마행록(点馬行錄)』 또는 『봉사록(奉使錄)』이며, 명청왕조교체기, 해로를 통해서 명과 교섭했던 때의 기록인 『항해노정일기(航海路程日記)』·『부경일기(赴京日記)』 등 도 존재한다. 그렇지만 조선과 명 교섭시의 『사행록』에는 기본적으로 '조천'이라는 글자가 들어가기 때문에 일반적으로 『조천록』이라고 불리운다. 한편 대청 『사행록』의 명칭도 『연행록』뿐만 아니라 청의 입관(入關) 이전, 심양에의 『사행록』인 『심양일승(瀋陽日乘)』, 청 입관 이후의 『음빙록(飮氷錄)』과 『도초록(檮椒錄)』, 그리고 『열하일기(熱河日記)』『계산기정(薊山紀程)』 등의 이칭도 존재하지만, 대부분의 『사행록』에는 '연(燕)'자가 포함되어 『연행기사(燕行紀事)』, 『연행일기(燕行日記)』, 『연행기(燕行記)』, 『부연목록(赴燕目錄)』, 『연원직지(燕轅直指)』, 『연기(燕記)』 등의 명칭이 있어 통칭 『연행록』이라고 불리운다. 그 외 『조천록』 연구에 대해서는 황원구, 1967, 「연행록선집 해제」, 민족문화추진회편, 『국역연행록선집 I』, 경인문화사가 참고가 된다.
2) 명청왕조교체 후의 동아시아 지식인의 자타인식의 전환에 관해서는 다음의 논문을 참고했다.
桂島宣弘, 「『華夷』思想の解体と国学的『自己』像の生成」, 『思想史の十九世紀――「他者」 としての徳川日本』, ぺりかん社, 1999.
桂島宣弘, 「華夷思想の解体と自他認識の変容――一八世紀末期~一九世紀初頭期を中心に」, 『自他認識の思想史』, 有志舎, 2008.

한편 조선의 대명사절단의 파견 횟수를 살펴보면 조선 1대 태조(太祖, 재위 1392~1398) 재위 기간 6년 중 총 56회, 2대 정종(定宗, 재위 1398~1400) 재위 기간 2년 중 총 8회, 3대 태종(太宗, 재위1400~1418) 재위 기간 18년 중 총 140회, 4대 세종(世宗, 재위1418~1450) 재위 기간 32년 중 총 198회, 5대 성종(成宗, 재위1469~1494) 재위 기간 25년 중 총 93회 파견되는 등(국사편찬위원회편, 1977) 연 평균 4.8회 이상 파견된 것을 알 수 있다. 이러한 자료로부터 추측한다면 조선왕조 건국(1392)에서 명조 멸망(1644)까지 252년간의 사절단의 횟수는 정기사절만으로도 700회 이상 파견되었을 것으로 여겨지며 단순히 초기 약 100년간의 연평균 파견 횟수 4.85회로 계산하였을 경우에는 1200회 이상 파견되었을 것으로 여겨진다. 그리고 이러한 사절의 파견은 명조가 멸망하고 청조가 등장한 이후에도 명조에 대한 예와 동등하게 청조에 대해서도 정조사(正朝使)·성절사(聖節使)·동지사(冬至使) 등 일년삼사와 연공사(年貢使) 및 역행사(曆行使)를 파견하여(1645년 이후 삼절행[三節行; 동지·성절·정조]과 연공사를 동지행과 통합) 청의 입관(1645)부터 갑오개혁을 행하는 1894년까지의 사절단의 횟수도 612회에 이른다.[3]

그런데 명조에 정기사절단 만으로 700회 이상 파견되고, 청조에는 612회 파견되었던 규모로부터 미루어 보면 일반적으로 1회 사절단 규

---

3) 청조에 파견하는 정기사절은 동지행(冬至行), 성절행(聖節行), 정조행(正朝行), 연공행(年貢行), 역행(曆行)이 있었는데 1645년 이후 삼절행(三節行; 동지, 성절, 정조)와 연공사는 동지행에 통합되었다. 이후 정기사행은 동지행과 역행만 가게 되었다. 그리고 조선에서 청조에 파견된 사절은 1645년부터 1876년 까지 612회 파견되어, 연평균 2.62회 파견되었다. 그 외 청조에 파견된 사절에 대해서는 이철성, 「통신사와 연행사의 비교연구」(『통신사·왜관과 한일관계』, 경인문화사, 2005)를 참고했다.

모가 300명 정도였고 때로는 500명을 넘는 규모의 사절단도 존재하였는데 명, 청에 파견된 숫자는 단순 계산으로도 각각 연인원 약 20만 명 이상으로 추측된다. 또한 그 구성원을 보면 사대부로부터 역관·군관·의관·사졸·노비 등 상층 신분부터 하층 신분까지 다양한 신분의 사람들이 참가하였다. 사행에 참가한 이들은 명·청과 교역, 정보교환, 문화교류, 서적구입 등 다양한 교류를 행하였으며 중국에서 얻은 새로운 '지식'을 조선으로 반입하는 역할을 하였다. 조선후기 대일본 사행이 정례화되어 일본의 토쿠가와 막부에 파견된 사절단인 통신사의 파견횟수가 12회에 불과했음에도 불구하고 통신사가 한일 양국에 남긴 방대한 문화적, 정치적, 사회적 영향을 상기한다면 당시 세계 정치, 경제, 문화의 중심지인 명·청에 파견된 사절단의 문화적 정치적, 사회적 영향을 상상이 불가능할 정도로 방대한 것이었다고 여겨진다.

그러나 연구사적 측면을 살펴보면 대일 사행인 '통신사'연구가 압도적 다수를 점하고 있는데 반해 대중 사행 연구는 상대적으로 빈약하다. 그리고 대중 사행 중에서도 대명 사행단의 『사행록』인 『조천기』연구는 너무나도 부족하며, 대청『사행록』인『연행록』의 경우도 박지원(朴趾源)의 『열하일기(熱河日記)』에만 연구가 집중되어 있다. 이러한 편향적 연구경향은 근세 동아시아의 외교·국제질서의 본모습을 규명하기 어렵게 하는 원인이 되었다고 생각된다. 따라서 본고에서는 대중 사행과 대일사행 기록을 종합적으로 분석하여 근세 동아시아의 '지식 네트워크'를 규명하기 위하여 우선 허봉(許篈)의 『하곡선생조천기(荷谷先生朝天記)』[4]에 기록된 허봉과 명의 유자와의 학문교류 및 여정·견문을 통한 '중국'인식에 초점을 맞추어 16세기 조선 지식인의 대 '중국'

관을 밝히려고 한다.

2. 허봉과 『하곡선생조천기』

『하곡선생조천기』(이하 『조천기』)는 동인의 중심인물인 허엽(許曄)의
아들 허봉(1551~1588, 자는 미숙[美叔], 호는 하곡[荷谷])이 명나라 제14대
황제 신종(神宗, 재위 1573~1620)의 생일을 축하하기 위해 파견된 성절
사행에 서장관(書狀官)으로 참가하여 선조(宣祖, 재위 1567~1608) 7년
(1574)에 기록한 사행일기이다. 『조천기』의 저자 허봉은 조선 13대 명
종(明宗, 재위 1545~1567) 6년(1551) 허엽의 차남으로 태어났으며 허성
(許筬)·허균(許筠)·허난설헌(許蘭雪軒) 등 당대를 빛낸 수재들을 형제
로 두었다. 허봉은 18세에 생원시에 장원급제하고 4년 후인 22세에
대과에 합격할 정도로 학문적 역량이 뛰어났지만 선조 21년인 1588년
금강산을 유람하고 돌아오는 도중 38세라는 젊은 나이에 급사하고 만
다. 그의 저서로는 『해동야언(海東野言)』, 『이산잡술(伊山雜術)』, 『북변
기사(北辺記事)』, 『독이관언(読易管言)』 등이 있으며 문집으로 『하곡집
(荷谷集)』이 전한다(윤남한, 1976).

허봉이 참가한 만력황제의 생일을 축하하기 위해 파견된 성절사행

---

4) 『하곡선생조천기』에 대한 선행연구는 김동진, 「허봉의 대명사행과 양명학 변척」(『문
   화사학』 21, 2004)과 최강현, 「허하곡의 조천록을 살핌 -국립중앙도서관 소장 필사본
   을 중심으로-」(『한국사상과 문화』 22)가 있다. 김동진의 논문은 허봉의 가계, 사승관
   계, 사상 및 명사(明士)와의 논변 등 허봉의 생애 전반에 대해 서술하고 있다. 또한
   최강현의 논문은 『하곡조천기』라는 텍스트에 대한 사료비판적 논문이다. 본 논문은
   민족문화추진회편, 『국역연행록선집 I』(경인문화사, 1976)를 기본 텍스트로 해서 분
   석하였다.

단은 선조 7년(1574) 1월에 임명되었다. 일반적으로 명조에 파견되는
사절단은 조선후기 청조에 파견되었던 연행사행이나 일본의 통신사
행 보다 규모가 컸을 것으로 추측되지만 임진왜란 등으로 인한 사료
의 소실로 인해 대명사행에 대한 기록은 거의 없기 때문에 허봉이 참
가한 성절사행단의 규모에 대한 정확한 이해는 불가능하다.5) 그렇지
만 통신사의 경우 그 최대 규모가 1711년 제8회 통신사로 500여 명이
파견되었으며, 연행사의 경우도 1712년 11월에 파견된 동지사가 541
명 파견되었던 것으로 추측하면 허봉의 사행단의 규모도 300명에서
500명 사이였을 것으로 여겨진다. 그렇지만 남아있는 사료의 한계로
인해 아래의 인원 수 밖에 파악되지 않는다. 허봉의『조천기』와 만력
황제 성절사행에 질정관(質正官)으로 동행한 임진왜란의 의병장 조헌
(趙憲)의『조천일기(朝天日記)』에 기록된 사행단의 면모를 보면 정사,
서장관, 질정관 등 양반과 상통사(上通事), 통사(通事), 이마(理馬), 군
관, 압마관(押馬官), 양마(養馬), 의원, 화포장 등 중인·양인은 물론
천민인 노비에 이르기까지 상층신분부터 하층신분까지 골고루 참가
하고 있는 것을 알 수 있다.6)

---

5) 후에 편찬된 조선의 외교기록물인『통문관지』에도 대청사행인 연행사·대일사행인
   통신사 기록이 주를 이루고 있다.
6) 이들 사행단의 구성은 다음과 같다.
   정사 박희립(朴希立)
   서장관 허봉
   질정관 조헌
   상통사 송대춘(宋大春), 안정란(安廷蘭), 홍순언(洪純彦)
   통사 이정민(李廷敏), 신찬(申燦), 윤수관(尹秀寬), 백원개(白元凱), 김난손(金鸞孫)
   이마 임유담(林有聃)
   군관 정설(鄭雪), 오경우(吳慶祐), 박퇴이(朴退而), 김여생(金麗生), 허질(許昳), 이관
   (李寬)
   압마관 김면(金沔), 정호복(鄭亨復)

허봉의『조천기』는 5월 11일 한성을 출발하여 같은 해 10월 10일 의주(義州)에 돌아오기까지의 기록(한성에 돌아온 것은 11월 3일)이며 상·중·하 삼권으로 구성되었고「과강록(過江錄)」이 부록으로 붙어 있다.

상권의 내용은 5월 11일부터 6월 29일 까지 49일간에 걸쳐, 한성출발, 의주에서의 압록강 도강 그리고 요동에 들어가 해주위(海州衛)에 도착하기까지의 기록이며, 사행 연도에서의 지방관청, 사인(士人), 친척과의 교류, 조상성묘, 경승지 탐방, 민정 등이 기록되어 있고 특히 파주에서의 이율곡(李栗谷)과의 교류 및 이율곡이 저술한『성학집요(聖學輯要)』에 관한 언급도 기록되어 있다.

중권은 7월 1일부터 8월 30일까지의 2개월간, 요동의 산해관을 거쳐 북경에 들어가 예궐 준비와 황궁에서의 명황제 알현과 북경을 견학한 기록이다. 특히 우가장, 산해관을 거쳐 북경에 입성하는 여정과, 북경의 풍경·성지(城池)·인물 및 명조 관리와의 교섭과정이 기록되어 있다. 이 중권에서는 8월 1일 국자감생 섭본(葉本), 8월 3일 거인(擧人) 왕지부(王之府), 8월 9일 국자감에서 만난 양수중(楊守中) 등과 양명학·주자학 논쟁을 벌이고, 양명학의 이단성과 왕양명의 문묘종사의 부당성을 강조하고 있는 점이 주목된다.

하권은 9월 1일부터 10월 10일까지의 약 40일간의 기록으로 예궐사은과 의주까지의 여정의 기록이다. 그리고 부록인「과강록」은 10월 10일 도강하여 11일 의주의 동헌에서의 연회에 참석하고 29일은 서화담(徐花潭)의 무덤에 성묘하고, 11월 3일 모화관에서 선조의 환대를 받

양마 정혼(鄭渾)
의원 장언룡(張彦龍), 구징(具澄)
화포장 민훈(閔勳)
관노 손학(孫鶴) 등

은 후 경복궁 근정전에서 명황제의 칙서를 반포하고 하례를 끝냈으며 마지막으로 사저(四殿; 국왕전·중궁전·대비전·대왕대비전)에 사은한 기록이다.

3. 조선의 양명학

조선에 양명학이 전래된 기록은 유성룡(柳成龍)의 『서애집(西厓集)』에 처음 보인다. 『서애집』 권18 〈서양명집후(書陽明集後)〉[7]에 적혀 있는 내용은 다음과 같다. 유성룡이 17세 때에 부친인 유중영(柳仲郢)이 의주부사가 되어 유성룡이 이를 축하하러 의주에 갔다. 그 때 사은사 심통원(沈通源)이 북경에서 가지고 온 물품이 너무 많아 탄핵을 받아 물품의 일부를 의주에 버렸는데 유성룡의 이 물품 속에서『양명집』을 얻었다고 기록되어 있다. 그렇지만 양명학을 연 왕수인(王守仁)과 문인들의 문답 및 학문을 논한『전습록(傳習錄)』은 임진왜란 중인 1593년 정식으로 조선에 전래되어 발간되었다. 양명학이 조선에 전래된 후 양명심학에 영향을 받은 유자들이 출현하였는데, 1594년 남언경(南彦經)과 이요(李瑤)가 선조에게 양명학이 주자학보다 뛰어나다고 소개할 정도로 조선 사상계에 뿌리 내리게 되었다(高橋亨, 1953). 그렇지만 전반적인 학계의 흐름은 주자학이 압도적이었으며 특히 조선에서『주자대전』이 공식적으로 출판된 이후(1543) '사단칠정논변'이 행해지는 등 주자에 대한 이해가 깊어져 이퇴계(李退溪), 기고봉(奇高峰), 이

---

7) 이 책은 1593년 9월 8일에 편찬된 것이지만, 글의 내용은 1558년 유성룡이 17살 때의 기록이다.

율곡, 성우계(成牛溪) 등 독자적 주자해석에 입각한 학파가 만들어 지 게 되고 양명학은 비판받게 되었다.[8]

그런데 『전습록』은 1518년 명에서 간행되었고 조선에는 간행 후 약 70년 후에 전래되었는데 16세기 초 명조의 강서지방을 중심으로 일어 난 양명학 비판운동으로 인해 출판된 양명학 비판서는 『전습록』보다 빠른 시기에 조선에 수입되었다. 예를 들면 1525년·1534년·1548년 에 명 조정에서 간행된 첨릉(詹陵)의 『이단변정(異端辯正)』, 나흠순(羅 欽順)의 『곤지기(困知記)』, 진건(陳建)의 『학부변통(學蔀辯通)』 등의 양 명학 비판서가 각각 1552년(『이단변정』), 1560년(『곤지기』), 1573년(『학 부변통』) 조선에서 간행되었다(김용재, 2003). 즉 비판 대상인 『전습록』 보다 20~40년 먼저 비판서가 간행된 것이다.

한편 당시 문정왕후의 불교중흥 움직임과 국제적으로 파급되어 오 는 양명학풍의 도전에 대응하면서 정학천명과 도학정립의 과제를 수 행한 이는 이퇴계를 정점으로 한 정주적(程朱的) 사림이었다. 이퇴계는 양명학이 주자학에 비해 성학의 정통을 이을 수 없는 이단이며 정학이 아니라고 단정하였고 육상산(陸象山)·진헌장(陳獻章)·왕수인 세 명의 학문을 이단이라고 생각하고 배척하였다. 이러한 이퇴계의 양명학에 대한 비판은 『퇴계집』에 수록되어 있는 〈전습록논변(傳習錄論辯)〉과 〈백사시교전습록초전인서기후(白沙詩敎傳習錄抄傳因書其後)〉에서 확인 된다. 이러한 사상적 갈등기, 사림세력의 태동기, 이학의 수용기 및

---

8) 이퇴계가 처음으로 『주자대전』을 접한 것은 43세가 되던 때였다. 이퇴계는 사단칠정 논변 2년 전인 1556년 56세가 되던 때에 『주자서절요(朱子書節要)』를 편찬했는데 그 서문인 「주자서절요서(朱子書節要序)」에 가정계묘년(嘉靖癸卯年) 중종이 『주자대전』 출판을 명하여 『주자대전』의 내용을 알 수 있게 되었다고 쓰고 있다(『退溪先生文集』 卷之四十二).

도학의 고취기였던 명종 대에 허봉이 태어나고 성장하였다는 것은 그가 자청하여 조천사행에 참여하고 명조에서 정학의 천명을 기치로 하여 도도하게 논변을 폈던 사실과도 관련이 있었을 것이다. 명종대의 이러한 사상적 기풍이 허봉의 사상에 큰 영향을 미쳤다고 여겨진다. 허봉은 이 사행에서 24세의 젊은 나이로 서장관이란 큰 직책을 수행하였는데 그의 학문적 자부심과 이러한 직책에서 오는 자신감은 명의 양명학자들과의 논쟁에서 유감없이 발휘 된다.

4. 허봉과 명사의 논쟁

허봉 일행이 명조에 사행한 명목적 이유는 만력황제 생일 축하였지만 당시 현안 문제였던 종계변무(宗系辨誣)와 함께 문묘종사(文廟從祀)에도 많은 관심을 쏟았다. 종계변무는 『명태조실록(明太祖實錄)』과 『대명회전(大明會典)』에 이성계의 조상이 고려 말의 권신 이인임(李仁任)의 아들로 잘못 기록된 것을 개정하는 것인데 이는 명과의 외교관계에서 중요한 현안문제였다. 조선조에서는 이를 줄기차게 명조에 요구하였고 허봉의 사행 10년 뒤인 선조 17년 『대명회전』 개정에는 성공하였지만 『명태조실록』은 끝내 개정되지 않았다.

문묘종사문제는 문묘에 배향하는 유현(儒賢)에 대한 논쟁이며 도통의 정통성에 관한 문제로 왕양명의 종사문제를 염두에 두고서 명조의 문묘종사 문제에 관심을 표명한 것이었다. 이는 조선조의 도통과도 관련이 있는 중요한 정치문제이자 교학 문제였다. 조선 학계가 명조의 진헌장과 왕양명을 비판하게 된 것은 당시 명에서 이루어진 문묘

종사문제가 계기가 되었다. 양명의 문묘종사는『명사(明史)』열전(列傳), 위시량전(魏時亮傳)에 융경(隆慶) 1년(1567) 설선(薛瑄), 진헌장, 왕수인의 문묘종사를 주청한 바가 기록되었으나 그 결정은 만력 12년(1584) 첨사부 등의 재청으로 결정되었으므로 하곡이 사행한 만력 2년에는 미정된 것이었다.

한편 조선에서의 양명의 종사문제는 명종 22년(1567)에 위시량이 조선에 내사하였고 선조 6년(1573)에는 박순과 이승양의 보고로 양명의 종사문제가 조론에서 제기되었지만 논척되었으며 임란 중에는 경략 만세덕이 이를 요구하여 윤근수 등이 논척하였다. 상술한 바와 같이 조선의 유자들은 명에서의 진헌장, 왕양명, 이인(李因)의 문묘 종사 움직임에 비판적이었다. 조선학계는 주자학에 대한 학문적 자부심으로 임진왜란 때에도 명에 대해서 정치적·군사적으로 의존하는 입장이었음에도 불구하고 명의 학자들과의 논쟁에서 대등한 입장에서 논쟁을 행하였고, 명 학계의 심학적 움직임에 대해서도 비판적이었다(이경룡, 2008).

허봉의『조천록』에는 허봉과 명의 유자와의 교류와 논쟁이 소개되어 있는데 특히 명의 양명학자들과의 논쟁이 자세히 기록되어 있다.『조천기』에 가장 먼저 보이는 명의 양명학자와의 논쟁은 1574년(선조 7) 6월 16일 명에 들어가서 10일 후인 6월 26일에 만난 명의 생원 하성시(賀盛時), 하성수(賀盛壽), 위자강(魏自强), 여충화(呂冲和)와의 논쟁이다. 이 논쟁의 시작은 허봉이

　　내가 가만히 들으니, 근일 왕수인의 사특한 주장이 성행하고 공맹과 정주의 도는 막혀서 밝혀지지 않는다고 하는데, 어찌 도가 없어지려고

해서 그렇겠습니까. 원컨데 그 다른 점을 자세히 설명하여 가부를 명확히 보여 주십시오.9)

라고 이들 명의 유자들에게 의견을 구하는 것으로 시작되었다. 하성시를 비롯한 명유(明儒)들은 왕양명 공자·맹자의 학문을 따르기 때문에 사설(邪說)을 이야기하는 자와는 비교할 수 없으며, 왕양명은 문장과 공업도 뛰어나기 때문에 공묘에 종사되었으며 허봉이 말하는 사설이라는 것은 옛 위학자 들을 가리키는 것이라고 설명하였다.10)

이에 대해 허봉은 왕양명은 육상산의 설을 모아 주자의『대학장구(大學章句)』를 비판했다고 지적하면서

대저 수인의 학문은 본래 석씨에게서 나왔으며, 머리를 고치고 얼굴을 바꿈으로써 그 속임수를 꾸민 것이었으니, 그의 거짓은 밝은이가 보게 된다면 마땅히 스스로 드러날 것인데, 여러 군자들은 특히 이를 깊이 상고하지 못한 것일 뿐입니다 … 이런 때문에 가정(嘉靖)의 성천자(聖天子)가 그 작록(爵祿)을 고치고 그 위학을 밝히어서 천하에 방을 붙였으니, 임금의 탁월한 식견이 크다고 할 수 있을 것입니다. 어찌 종사의 전례가 말류에서 일어날 것을 뜻하였겠습니까. 만약 부자(夫子)가 영이 있다면 반드시 그와 더불어 함께 흠향할 것을 부끄러워하실 것입니다.11)

---

9)『荷谷先生朝天記』〈萬曆二年甲戌六月二十六日己巳〉僕竊聞。近日王守仁之邪說盛行。孔孟程朱之道。鬱而不明云。豈道之將亡而然耶。願核其同異。明示可否。

10)『荷谷先生朝天記』〈萬曆二年甲戌六月二十六日己巳〉四人者答日。生輩居南。諸公居東。今日之遇。皆夙緣也。本朝陽明老先生。學宗孔孟。非邪說害道者比。且文章功業。俱有可觀。爲近世所宗。已從祀孔廟矣。公之所聞。意昔者僞學之說惑之也。

11)『荷谷先生朝天記』〈萬曆二年甲戌六月二十六日己巳〉夫守仁之學。本出於釋。改頭換面。以文其詐。明者見之。當自敗露。諸君子特未深考之耳。…是以。嘉靖聖天子革其爵祿。明其僞學。以榜天下。大哉帝之卓見也。豈意從祀之典。乃起於末流。若使夫子有靈。必羞與之同食矣。

라고 왕양명의 설은 불교의 아류이며, 왕양명의 사후 반대파에 의해 왕양명의 작위와 세습봉록이 몰수 된 사건을 언급하면서 이것은 이단·사학(邪學)을 배척한 명 12대 황제 세종(世宗, 재위 1507~1566)의 업적이며 공자도 이단인 왕양명과 함께 문묘에 종사되는 것을 수치로 여길 것이라고 말했다. 이러한 허봉의 말에 대해 하성시 등은 왕양명이 문묘에 종사된 것은 조정의 여론이며, 왕양명에 관해서 연구하지도 않고 비판만 해서는 안 된다고 대답했다.12)

허봉은 주자학자인 자신과 양명학자인 하성시 등 도(道)가 다른 사람과는 의견을 일치시키는 것이 어렵다고 이야기 하고 시간이 흘렀으므로 후일 토론하기를 제안했다.13) 그리고 하성시 등이 돌아간 후에

오늘의 천하에는 다시 주자가 있다는 것을 알지 못한다. 사설이 횡류 (橫流)하고 금수가 사람을 핍박하니, 이륜(彛倫)이 장차 멸절될 지경에 이르게 될 것이고 국가가 장차 멸망될 지경에 이르게 될 것이니, 이것은 사소한 일이 아니다. … 심지어 종사의 대열에 제사지내니, 성묘를 모독함이 큰 것이었다. 슬프다! 사도(斯道)가 이미 쇠하여 다시는 지탱할 수 없게 되었으니, 오늘날을 위하는 계책으로 장차 어떻게 하겠는가.14)

---

12) 『荷谷先生朝天記』〈萬曆二年甲戌六月二十六日己巳〉四人又答曰。從祀孔廟。乃在朝諸君子輿議。非山林僻見也。且學以良知良能爲說。非有心得者。其孰能知之。所聞不若所見之爲眞。諸君特未之察耳。

13) 『荷谷先生朝天記』〈萬曆二年甲戌六月二十六日己巳〉古云。道不同。不相爲謀。我宗朱門。君耽王學。爾月斯邁。吾日斯征。終無可望於必同也。奈何奈何。今日已昏暮。不得穩討。明若臨陋。則可以從容。

14) 『荷谷先生朝天記』〈萬曆二年甲戌六月二十六日己巳〉則今之天下。不復知有朱子矣。邪說橫流。禽獸逼人。彛倫將至於滅絶。國家將至於淪亡。此非細故也。…至以躋於從祀之列。其汙衊聖廟大矣。嗚呼。此道已衰。無復可支吾者。爲今之計。將如何哉。

라고 명에서 왕양명 문묘 종사 이야기가 거론되는 것과 양명의 문묘 종사 논의에 대해서도 한탄했다.

이렇듯 양명학에 대해 비판적 입장을 가지고 있었던 허봉은 같은 해 8월 2일 북경에서 조우한 절강 항주부 인화현(浙江杭州府仁和縣) 출신의 국자감생 섭본(葉本)과의 논쟁도 기록했다. 이 논쟁도 허봉이 명조의 왕양명 문묘종사와 왕양명의 후손에 대한 봉작이 누구의 건의로 언제 결정되었는지를 묻는 것으로부터 시작되었다. 이 질문에 대해 국자감생 섭본은 "왕양명은 절강 소흥부 여도현(浙江紹興府餘姚縣) 출신으로 천품이 뛰어나고 학식도 깊어, 양지·성학이 천명하여, 양외내안(攘外內安)의 공적을 목종황제로부터 인정받아 양명의 후손이 신건백(新建伯)으로 봉작되었으며, 올해에는 절강의 순안어사가 문묘 종사를 논하여 예부에 유시(諭示)되었는데 복계(覆啓)되지 않았다"고 소개하였다.[15] 그리고 허봉에게는 왕양명의 〈문록〉과 〈연보〉를 읽어볼 것을 권했다.

그러나 허봉은 왕양명의 가르침은 현묘(玄妙)·기괴(奇怪)·장황(張皇)·진휘(震輝)하거니와 그의 학설은 선현의 가르침 없이 스스로 홀로 얻었다고 한 것과 '만약 내 뜻에 부합되지 않으면 비록 그 말이 공자에게서 나왔다 하더라도 나는 감히 믿지를 않겠다(如其不合於吾意。則雖其言之出於孔子。吾不敢以爲信然)라고 왕양명이 『전습록』에서 공자를 모독했다고 비난하였다. 또한 왕양명의 양지설(良知說)은 거경(居敬)·격물(格物)·명인륜(明人倫)·성성학(成聖學)으로 이어지는 학문

---

15) 『荷谷先生朝天記』〈萬曆二年甲戌八月二日癸卯〉陽明公。浙江紹興府餘姚縣人也。天賦挺秀。學識深純。闡明良知聖學。又有攘外安內之功。穆宗皇帝嘉其績。封其裔爲新建伯。今年。浙江巡按御史論其學眞足以得往古不傳之祕。宜從祀孔子廟廷。聖旨諭禮部。尙未覆。此其大較也。若慾備知。有陽明文錄。又有年譜。可買查之。謹覆。

의 완성을 불가능하게 하고, 독서 없이 치지(致知)할 수 있다고 하는 것은 불교의 아류라고 비판했다.[16]

여기에 대해 섭본은 왕양명이 말한 양지에는 양능(良能)도 포함되어 있고 양지는 체(體)이며, 양능은 용(用)이라는 양명의 가르침을 열심히 설명하였다. 또한 왕양명은 이룬 공적이 많기 때문에 불교와는 다르며, '만약 자신의 의견과 다르면 공자의 말도 믿지 않는다'고 한 것은 맹자가 '성인이 다시 태어난다면 나의 설을 따를 것이다(聖人復起。必從吾言)'라고 한 것과 같은 종류의 말이라고 『맹자(孟子)』〈공손추상(公孫丑上)〉의 기사를 인용해 주장하는 등 왕양명에 대해 품은 허봉의 의문을 하나하나 해명했다.[17]

그러자 허봉은 왕양명이 『대학문(大學問)』을 저술하여 고본대학(古本大學)을 옳다고 한 것과 공자가 『논어』〈옹야(雍也)〉편에서 '군자가 글

---

16) 『荷谷先生朝天記』〈萬曆二年甲戌八月二日癸卯〉敬承誨語。良自慰幸。但於鄙意有不能無疑者。敢布之。陽明之所論著。筍嘗畧窺其一二矣。千言萬語。無非玄妙奇怪之談。張皇震耀之辯。自以爲獨得焉。至曰。如其不合於吾意。則雖其言之出於孔子。吾不敢以爲信然。此其狰迫强戾之態極矣。是果古昔聖賢虛心平氣中正和樂之氣象乎。且世之所推陽明者。以其良知一說也。而愚竊惑焉。夫所謂良知云者。乃天理本然之妙也。有不待强作。而人皆知愛其親敬其長。則凡爲學捨良知。別無尋討處矣。但人之生也。氣質物慾。迭蔽交攻。而天理之本然者晦。故聖賢敎人。必也居敬以立其本。格物以致其知。然後可以明人倫而成聖學也。今如陽明之說。則是棄事物。廢書冊。兀然獨坐。蕲其有得於萬一也。烏有是理哉。此陽明之學所以爲釋氏之流。而不可以爲訓者也。吾子其思之。

17) 『荷谷先生朝天記』〈萬曆二年甲戌八月二日癸卯〉承敎諭陽明之學爲近於禪者。以其獨言良知而未及於良能故也。良知卽體。良能卽用。豈不以體立而用自行乎。若禪則外身心事物。而流於空寂矣。陽明亦建有許多事功可見。要識陽明。須於其似禪而非禪者求之。若中庸所謂誠則明矣。此言何謂也。惟其高出於人一步。就以禪擬之耳。至若謂不合吾意者。雖以孔子之言不信。此亦自信以理之意而極言之。非自外於孔子也。若孟子所謂聖人復起。必從吾言。則孟子之心亦未始平矣。故當以意逆志。不可以文害辭也。本亦淺陋。習於章句之末。聖學淵源。毫未之有得也。敬以管見陳覆。幸老先生折衷以敎之。幸幸。本不敢不虛心受敎也。

을 널리 배우고 예로써 그것을 요약한다면 도에 어긋나지 않는다(博學
於文。約之以禮)'라고 하여 지식과 행위의 불일치를 경계한 말과, 『맹자』
〈이루하(離婁下)〉의 '넓게 배우고 상세하게 해설하는 것은 지식을 자랑
하기 위함이 아니요 되돌아가 요약하려는 것이다(博學而詳說之。將以反
說約也)'를 인용하여 유자(儒者)가 널리 배우고 실천하기 위해서는 '거
경·관리(觀理)'가 반드시 필요한데 이러한 성현의 글을 방치하고도 깨
달을 수 있다는 양명의 양지설은 불교의 돈오(頓悟)와 '원사절물(遠事絕
物)'과 같다고 비판하였다. 또한 섭본이 『맹자』를 인용하여 왕양명을
대변한 것도 억지 변명이라고 일축하였다.[18]

이러한 양명학자와의 격렬한 논쟁과는 달리 허봉은 명조의 주자학
자와는 강한 연대감을 보이고 있다. 8월 2일 저녁에 우연히 만난 섭서
거인(陝西擧人) 왕지부와 8월 20일 국자감에서 만난 응천부 고형(應天
府高淳) 출신의 양수중과의 대화가 바로 그것이다. 우선 왕지부와의
대담을 살펴보면. 왕지부는 자가 국서(國瑞), 호가 각오(覺吾)이며 섭
서·서안부(西安府)·장안현(長安縣) 사람으로 을묘년에 등용된 거인
이라고 소개하고 있는데,[19] 허봉과 왕지부는 양명 학설은 위학이며,

---

18) 『荷谷先生朝天記』〈萬曆二年甲戌八月二日癸卯〉筍竊聞孔子曰。博學於文。約之以禮。
孟子曰。博學而詳說之。將以反說約也。然則居敬觀理二者。其不可偏廢也明矣。夫陽
明倡良知之說。凡日用應接之事。古今聖賢之書。一切放置。不入思慮。只要想像一介
良知。使之忽然有覺於霎爾之頃。此非釋氏之遠事絕物而何。揆之孔孟之訓。同耶異
耶。昔者。江西陸子靜曾有頓悟徑約之說。朱子深排之。不遺餘力。若陽明之論。則本諸
江西而文之以經書。又加奇險者也。恭惟我朱子擴前聖未發之道。其所論著。盛水不
漏。無毫髮之遺恨。而大學章句。尤其所喫緊着力者也。陽明則乃敢輒以私意。改定章
句。妄肆詆訶。無所不至。且刻朱子像。置諸左右。讀朱子書。一有不合。則起而杖之
云。此何等氣象。而何等擧措乎。此其爲學。固不必深辯。而可見其心術也。吾子乃引孟
子之言以飾陽明之謬。不亦誤乎。筍平生所願。慾學朱子。而未之有得。獨於背朱子而
妄出他意者。則言之及此。不覺痛心。此所以斥陽明爲異端。而不容有小避。伏望珍砭
可否。余在通州。再話從容。

왕양명의 양지설은 양명의 아내도 비판하였는데 양명은 안사람조차 다스리지 못한 자로, 양명을 문묘에 종사하는 것은 조정에 왕양명의 제자가 많기 때문이지 조정 전체의 의지는 아니라며 허봉과 양명학 비판에 공명했다.[20]

그리고 왕지부는 여남(呂柟)・한조강(韓朝江)・왕용빈(王用賓) 등 명조의 주자 학자들을 소개하였고, 허봉도 정몽주(鄭夢周)・김굉필(金宏弼)・조광조(趙光祖)・이언적(李彦迪)・서경덕(徐敬德)을 조선의 명유로서 소개하였는데, 특히 이퇴계에 대해서는

근세에 이르러서는 퇴계 선생 이황이 있어서 학문을 하는 것이 한결같이 주자를 가지고 스승을 삼았으며, 동정어묵(動靜語默)과 출처진퇴(出處進退)가 모두 주자와 더불어 잘 부합되었으므로 뒤에 배우는 이가 종주로 삼고 우러러보기를 태산이나 북두와 같이 하였는데, 이미 경오에 돌아가셨습니다.[21]

---

19) 『荷谷先生朝天記』〈萬曆二年甲戌八月三日甲辰〉余與汝式牽廷蘭往見王之符。坐定啜茶訖。余等各書姓名字號籍貫以示之。符亦如之。其字國瑞。號覺吾。陝西西安府長安縣人。登乙卯擧人云。之符亦愼余等科目次第。

20) 『荷谷先生朝天記』〈萬曆二年甲戌八月三日甲辰〉余問曰。陝西大地。而長安周漢舊都。其流風餘韻。想未斬焉。感發而興起者必有其人。尊崇古昔何聖賢。之符曰。皆尊孔孟程朱之道。余曰。近世有爲陸子靜、王陽明之學者。異於程朱所爲說。後生莫不推以爲理學之宗。先生其亦聞之否。陝西之人。亦有慕仰者乎。之符曰。陸子靜是禪敎。王陽明是僞學。吾地方人則皆鬪之矣。余曰。陽明良知之說。是乎非乎。之符曰。良知之說。倚於一偏。非僞而何。聞陽明聚徒講學於家。一日。陽明之妻出外。詬其門第曰。你何敢相率而師矯僞者乎。門第由是多散去。若聖賢則豈有不能刑家。致有此事之理乎。然則陽明之學。決知其文飾於外者多矣。迺來請從祀者。徒以陽明之第子多在朝著。故慾尊其師。而廷議或不直之。是以。巡按御史上本已久。而禮部尙未定奪矣。

21) 『荷谷先生朝天記』〈萬曆二年甲戌八月三日甲辰〉至於近世。有退溪先生李滉。爲學一以朱子爲師。動靜語默。出處進退。皆與之暗合。後學宗仰之如泰山北斗。已沒於庚午歲。

라고 하여 오로지 주자의 가르침을 따르고, 모든 사람들이 태산·북
두와 같이 존경하고 있는 대학자라고 소개하였다. 그리고 당시 생존
에 있는 조선의 대학자로 성혼(成渾)·이항(李恒)·노수신(盧守愼)을 언
급하고 있다.[22] 이러한 왕지부와의 대담 후 허봉은

> 오늘날은 사람마다 모두 왕씨의 학문을 추앙하여 천고의 비밀을 얻었
> 다고 생각하고 있는데 지부만이 홀로 이를 배척하고 있으니 광란하는
> 물결 속에 선 지주(砥柱)라고 이를 만한 것이었다. 나는 수천 리를 와서
> 비로소 이런 사람을 얻었으니, 어찌 다행한 일이 아니었겠는가.[23]

라고 명조에 와서 만난 학자 대부분이 왕양명의 설을 따르는 자들이
었지만 왕지부와 만날 수 있었던 것은 다행이었다고 높게 평가했다.
　허봉은 같은 해 8월 20일 북경의 국자감을 방문하여 견학하고 있던

---

22) 『荷谷先生朝天記』〈萬曆二年甲戌八月三日甲辰〉余曰. 先生之鄕. 必有前輩倡明聖學
　　者. 願得聞之. 之符曰. 呂壯元枏. 西安府高寧縣人. 平生著述極富. 以道爲己任.
　　一方學者莫不尊仰. 其次有南京兵部侍郎韓朝江. 咸寧縣人. 亦爲學者也. 此二人皆
　　已作古. 今則有南京吏部尙書致仕王用賓者. 朝邑縣人. 雖不著功學問. 而蔚然有德
　　望焉. 此吾鄕賢之大檗也. 之符又問曰. 貴國亦有心學之賢者乎. 余答曰. 在高麗
　　朝. 有鄭夢周首明大道. 爲東方理學之祖. 至我朝則有金宏弼, 趙光祖, 李彦迪, 徐敬
　　德諸先生. 皆超然獨得於簡編之中. 造詣深純. 踐履篤實. 至於近世. 有退溪先生李
　　滉. 爲學一以朱子爲師. 動靜語默. 出處進退. 皆與之暗合. 後學宗仰之如泰山北
　　斗. 已歿於庚午歲. 今已五年. 而士林悲慕如一日焉. 之符締聽久之. 又問曰. 無有
　　生存者乎. 余曰. 有成運, 李恆二人. 皆年過七十. 篤於爲學. 屢徵不起. 雖暫至京而
　　旋亦退歸. 有盧守愼. 今爲右相. 深有得於反躬向裏之學焉. 後學中自奮於聖道者.
　　無慮數三十人. 此皆由於中朝列聖以正學倡天下. 故雖以我國偏小之壤. 而亦得與於
　　斯文之盛也. 余問曰. 海外之人. 其於中朝之事. 所不敢與聞. 而但入境以來至於三
　　月之久. 而無所聞知. 就與聾瞽同類. 不勝私憫. 伏聞聖天子冲年明睿. 諸君子布列
　　朝廷. 天下必無虞矣.
23) 『荷谷先生朝天記』〈萬曆二年甲戌八月三日甲辰〉方今人人皆推王氏之學. 以爲得千古
　　之祕. 而之符獨排之. 可謂狂流之砥柱也. 余行數千里. 始得此人. 豈非幸哉.

도중 응천부 고순(應天府高淳) 출신의 양수중이라는 또 한명의 주자학
자와 우연히 마주치게 되어 대담하게 되었다. 이 대담도 허봉이 왕양
명의 학설에 대한 의견을 묻는 것으로부터 시작되었다. 이 들의 대화
는 다음과 같다.

> 나는 양수중에게 "왕양명의 학문은 어떠합니까." 라고 물었다. 그는
> "양명은 단지 양지만을 말하였으니, 바로 위학입니다"라고 대답하였다.
> 나는 다시, "그렇다면 오늘날 어떻게 양명을 높이는 사람이 많으며 종사
> (宗祀)의 예전(禮典)에 오르게 하려고 하기에 이르렀습니까"라고 물었더
> 니 양수중과 두서너 명의 이름을 기억할 수 없는 국자감생들이 "이것 역
> 시 천하의 통론이 아닙니다. 남쪽 사람들은 모두 양명을 높이지만, 북쪽
> 사람은 이를 배척하기 때문에 그를 종사하자는 의론은 아직까지 정하여
> 지지 아니하였습니다"라고 대답하였다. 문이 열려 나는 집으로 들어갔는
> 데 수중과 함께 자세히 이야기할 겨를이 없는 것이 한스러웠다.[24]

양수중은 왕양명의 학문이 위학이라고 하였고, 허봉도 또한 왜 왕
양명을 숭상하는 사람이 많으며 예전에 종사하려고 하는 가를 묻자
양수중은 지금 왕양명에 대한 종사 문제는 천하의 통론은 아니며, 남
방 사람들은 양명을 숭상하지만 북방 사람들은 배척하고 있기 때문에
양명의 문묘종사는 아직 정해진 바 없다고 대답했다. 허봉은 시간이
부족하여 양수중과 여유를 가지고 대화할 수 없음을 아쉽게 여기며
국자감 견학을 계속 이어갔다. 허봉은 국자감 견학을 끝낸 후 마지막

---

24) 『荷谷先生朝天記』〈萬曆二年甲戌八月二十日辛酉〉余問守中曰。王陽明之學何如。曰。
陽明單說良知。正是僞學。余曰。然則今日何以推崇陽明者衆。至慾擧從祀之典乎。守
中及二三監生不記姓名者答曰。此亦非天下之通論。南人皆尊陽明。而北人則排斥之。
故從祀之議。今尚未定也。已而門開。余入厡。不暇與守中細話。可恨。

감상으로 주자의 스승인 이동(李侗)과 주자의 제자 황간(黃榦)등은 아직 문묘에 종사 되어 있지 않는데 육상산은 가정(嘉靖) 9년(1530)에 종사된 것 등을 언급하며 다음과 같이 말하였다.

대저 태학은 본래 수선(首善)하는 곳이요 한갓 문구를 일삼는 곳은 아니다. 이제 묘우가 깊숙하고 조밀하며, 전나무, 잣나무의 숲이 울창하고 재실이 깨끗하게 단장되어서 환경이 그윽하고 조용한 것을 보니, 참으로 스승과 생도가 도를 강론할 만한 곳이었으나, 스승이 된 이는 자리만 차지하고 강론하지 않고 제자되는 이가 흩어져서 거리에서 살며, 제주(祭酒)와 사업(司業)들은 큰 벼슬에 뛰어오를 것만 생각하고 감생(監生)과 (歲貢)들은 이 일명(一命)을 얻은 것을 영화로 삼고, 예의와 염치가 무엇인지를 알지 못하여, 학교가 퇴폐하고 타락함이 이에 이르렀으니, 인재는 옛적만 같지 못한 것이 마땅하다. 아아, 슬프도다.[25]

요컨대 대학이란 만사에 모범이 되어야 하는 곳임에도 스승은 강론을 하지 않고, 제자들은 곳곳에 흩어져 살고 있으며 제주·사업(국자감의 교관)은 학문 보다는 출세만을 생각하고, 감생·세공(국자감 학생)도 관직에 임명되는 것(一命)만을 광영으로 생각하여, 예의염치도 모르는 등 명조의 학교는 타락하여 슬프다고 강하게 비판했다. 이렇듯 사학(邪學)이라고 여기고 있던 양명학의 유행과 학교의 타락 등 명조의 상황을 직접 체험한 허봉은 '명조=중화'인식에 회의를 하게 된다.

---

25)『荷谷先生朝天記』〈萬曆二年甲戌八月二十日辛酉〉抑大學本爲首善之地。非徒文具爲也。今見廟宇深密。檜柏森蔚。堂齋靚潔。地位幽闃。眞可爲師生講道之所。而爲師者倚席不講。爲弟子者散處閻閭。祭酒。司業。以驟陞大官爲念。監生。歲貢。以得添一命爲榮。慢不知禮義廉恥之爲何事。學校之廢墜至於斯。宜乎人才之不古若也。嗟呼嗟呼。

5. '중화(中華)·중국(中國)'이란 무엇인가

주자학은 조선 건국 이래, 정학의 지위를 확립하였고, 제9대 성종대
부터 중앙정계에 진출한 사림세력은 '도학정치'를 추구하였다. 선조 대
에 들어서는 사림이 중앙정계를 장악하여, 학파가 붕당을 이루어 정국
을 움직이는 붕당정치가 본격적으로 시작된다. 『조천기』의 저자 허봉
은 이러한 붕당정치의 원인이 되었던 을해당론(乙亥黨論, 선조 8년, 1575)
을 주도한 인물로, 이퇴계의 주자학설을 지지하는 동인의 영수인 허엽
의 아들이었으며 동인의 실질적 리더였다. 허봉이 서인의 영수인 이율
곡을 탄핵하여 결국 유배되는 것으로 동인과 서인이 양립하게 되지만
『조천기』는 을해당론 발생 전년에 쓴 『사행록』으로 이율곡과도 진지한
학문교류를 하는 장면이 묘사되어 있다. 즉 5월 11일 한성을 출발한지
이틀 후인 5월 13일 경기도 파주에서의 이율곡과의 만남이 그 것이다.
『조천기』에는 이율곡과 『성학집요』에 대한 평가가 기록되어 있다. 『성
학집요』는 이율곡이 국왕 선조를 위해 저술하여 1575년 선조에게 헌상
한 제왕학을 쓴 책으로 경연의 텍스트로 사용된 책인데 이율곡은 허봉
에게 『성학집요』의 내용과 목차 등을 설명하고 의견을 구하였고, 허봉
은 "그 책은 처음에 중용 수장과 대학 경문을 인용하여 그 처음에다
놓고 표기하기를, 통설이라 하여 학문을 하는 것과 체용의 구비할 바를
밝혔고, 다음으로는 수기를 줄기로 삼되 목은 총론, 수기, 입지, 수렴,
궁리라 하였는데, 대강의 요점은 경전이나 성현의 가장 긴요한 말씀을
위에 열거하고, 여러 사람의 주장은 아래에다 붙여 놓았으며 끝에는
나의 뜻으로 단안을 내렸다고 하였는데 조리가 정연하여 지리하거나
군더더기 말이 없으며 대의가 분명히 드러났으니 참으로 얻기 어려운

책이라고 할 만하였다."라고 『성학집요』를 높게 평가하였다.[26]

그리고 한성을 출발하여 곧 도착한 평양에서 기자에 대한 이야기를 남기고 있다. 주나라 무왕이 은나라를 멸망시켰을 때 기자는 〈홍범구수(洪範九疇)〉를 가지고 조선으로 가서 백성을 다스렸고, 주의 무왕은 기자를 조선왕으로 봉했다. 그리고 후에 기자가 무왕에게 〈홍범구수〉를 가르쳤으며 이로 인해 기자는 정통 '예악문물(禮樂文物)'의 계승자이자 동방의 선왕지도(先王之道)의 창시자·성인으로 조선왕조에서 제사지냈다. 특히 평양은 당시 조선의 유자들이 기자조선의 도읍으로 인식하여 은대의 정전제의 흔적이 남아있다고 알고 있었으며, 기자를 제사지내는 사당도 있었다.[27]

허봉도 평양에는 그 옛날의 정전의 흔적이 보이며 기자가 도읍한 곳이라고 말하고 있는데,[28] 평양에 은대의 전제인 정전제의 흔적이 있고 이것은 성인기자가 남긴 것이라고 한 것이다. 또한 기자가 동이였던 고조선에 팔조의 예의를 가르쳤는데, 동방으로서는 다행스러운

---

26) 『荷谷先生朝天記』〈萬曆二年甲戌五月十三日丙戌〉發坡州到栗谷。訪李叔獻。谷在州西十六七里許。叔獻以病尚未起。命姪子邀餘入書室以候。久而出來。觀其顏色。與前月稍異。頗爲憊悴。與之對坐。先及時事。爲之嗟吒。次論理氣一本。人心道心四端七情。心統性情。無極太極。明德是本心。良知非天理。及困知記不可輕等說。極似穩洽。少焉。叔獻出聖學輯要草本一冊以示余。蓋慾以進于九重也。其書始引中庸首章大學經文辯其端。而標之曰統說。以明爲學體用之俱備。次則以修己爲綱。而其目則曰總論修己。曰立志。曰收斂。曰窮理。大要列經傳聖賢最緊之言於上。而附諸說於下。末斷以己意。條理井然。不爲支蔓之辭。而大意已躍如焉。眞可謂難得之書也。但功緖纔就而尚未畢功。叔獻謂餘曰。若成書則可釐爲三卷矣。其窮理以下。則慾以誠意正心齊家治國平天下次第彙分。而爲說云云。

27) 조선의 기본 법전인『경국대전(經國大典)』에는 국가의 제사(大·中·小) 중 역대시조(歷代始祖)에 대한 제사가 중사(中祀)로 정해져 있다.

28) 『荷谷先生朝天記』〈萬曆二年甲戌五月二十三日丙申〉樓可以望井田舊畵。卽箕子所都處也。余思三代經界之均。念末世賦役之重。爲之悵然。噫。其孰能正之哉。

것이며 세상을 다스리는 기자의 가르침이 〈홍범〉속에 들어있어 임금
과 신하가 진심으로 〈홍범〉을 받아들여 행한다면 천 년 전의 기자를
직접 만나 가르침을 받는 것보다 좋은 일이라고 말하고 있다.[29]

　기자가 조선을 다스려 조선이 예악문물의 나라가 되었다는 인식은
조선 유자들의 일반적인 생각으로, 명청 교체 후 '조선중화주의'의 근
거로서 거론되는데, 예를 들면 18세기의 조선중화주의자 안정복(安鼎
福)은 오래전 동방에 '중화문명＝예악문물'을 가르친 단군·기자를 높
이 평가하고, 이러한 단군·기자의 '예악문물'을 계승한 조선이 '중화'
라고 주장하고 있다(李豪潤, 2003). 즉 '중화'도 예악문물을 상실하면
'오랑캐'로 전락하게 되고, 오랑캐도 '예악문물'을 가지게 되면 '중화'
가 된다는 것이다. 허봉의 이러한 '예악문물'의 유무에 입각한 화이론
은 '중화제국'인 명조에 대해서도 동일하게 적용되고 있다.

　6월 17일 허봉은 사행 중 김조상(金祖尙)의 집에 머물렀는데,

　　탕참(湯站) 동쪽에 있는 김조상의 집에서 유숙하였는데 형제 넷이 복
　상하였으나 모두 술을 마시고 고기를 먹음이 평일과 다름이 없었으니
　크게 오랑캐의 풍속이었다. 듣건데, 요동, 심양 지방에는 모두 한결같다
　고 하니, 거란, 여진, 몽고의 영역에 오래도록 빠졌으므로 마침내 습속이
　된 것이 아니겠는가.[30]

---

29)『荷谷先生朝天記』〈萬曆二年甲戌五月二十六日己亥〉恭惟我箕子遭時明夷。斂大惠於
　偏方。以成八條禮義之敎。雖爲聖人之不幸。而實我東方之大幸也。獨惜乎三國以
　來。復變爲睢盰之俗。當時之所以敎戒振德者。必有言語文字之可傳。而今則泯泯焉
　無可以尋求者。此有志之士。每所以長太息於斯也。但箕子之經世大訓。實在洪範一
　書。爲君爲臣。苟能深體而力行之。則不啻親承謦欬於千載之上矣。未知今之人其果
　念及於此否乎。
30)『荷谷先生朝天記』〈萬曆二年甲戌六月十七日庚申〉宿湯站迤東金祖尙家。兄弟四人皆
　服喪。而飮酒食肉。無異平日。大有胡狄之風。聞遼瀋地方皆如一云。豈其久淪於契

라고 김조상의 형제 네 명이 상중임에 불구하고 도 모두 술을 마시고, 고기를 먹는 것을 보고 '오랑캐의 풍속(胡狄之風)'이라고 하였고 이러한 풍습은 거란·여진·몽골의 지배하에 이 지역이 오랜 기간 있었기 때문이라고 생각하고 있다.

다음 날인 6월 18일에는 탕참(湯站)의 지휘(指揮) 왕괴(王魁)가 사인 (舍人) 여섯 명을 보내와서 그들을 통해 하정(下程)[31]으로 음식을 보내려고 했지만 사인 무리들이 음식 양이 적다고 화를 내고, 음식을 버리고 가버렸다.

> 탕참 지휘가 사인 6명을 보내어 하정을 보내왔으므로 전과 같이 음식을 주었더니, 사인배들은 적다하여 화를 내고는 버리고 갔다. 우리들은 시험코자 하여 그대로 주고 더 주지 말게 하였더니, 최후의 한 사람이 돌아와서 가지고 갔으니 극히 우스운 일이었다. 이들은 많이 얻는 것을 탐낼 줄 알고 염치가 어떤 것이 줄을 모르니 이름은 중국이라 하여도 실은 달자나 다름이 없었다.[32]

이러한 사인 무리들의 무례함, 탐욕과 염치를 모르는 행동을 보고 허봉은 명조가 비록 '이름은 중국이나 사실은 달자(達子＝오랑캐)와 같다(名爲中國。而其實無異於達子焉)'고 기록하고 있다.

丹、女眞、蒙古之域。而遂爲習俗也耶

31) 사신이 숙소에 도착하면 그곳에 정해진 공급 외에 주식(主食) 등 일상 수요 물품을 별도로 보내 주는 것

32) 『荷谷先生朝天記』〈萬曆二年甲戌六月十八日辛酉〉湯站指揮送舍人六名。來致下程。 饋給如前。舍人輩嫌其少。發怒委棄而去。余等慾試之。令姑勿追贈。最後一人。還推而去。極好笑也。此人唯知貪得。不顧廉恥之如何。名爲中國。而其實無異於達子焉。

이렇듯 '예악문물'의 유무로 판단하는 화이를 구별한 허봉은 북경
에 도착한 후인 8월 4일 기록에도 나타나 있다. 허봉은 산해관 서쪽
연(燕)과 요(遼)의 고지를 4,000리 걸어왔는데 거란의 야율씨(耶律氏),
몽골의 철목(鐵木: 테무친)과 원나라의 왕족인 기악온씨(奇渥溫氏)가 오
래전에 다스렸던 땅에는 절도·싸움이 빈번한 오랑캐의 풍습(胡風俗)
이 남아 있어 불쾌했다고 적고 있다.33) 중화의 땅인 명조에 보이는
'호풍속'의 원인으로 당시 조선의 유자 들이 오랑캐로 생각했던 북방
이민족 왕조의 영향이었다고 생각하고 있었던 것이다.

그런데 허봉은 유교의 나라, 중화의 예악문물의 땅이자 성현들의
본향이라고 여겼던 명조에서 양명학이 번창하고 있는 것에 더하여 도
교신앙과 불교신앙이 크게 유행하고 있는 것을 접하고서는 '명조=중
화'에 대한 회의에 빠지게 된다. 허봉은 명조에서의 관우신앙(關羽信
仰)에 대해, 관우의 혼이 한나라의 멸망을 막지 못했지만 관우를 수
천 년 후에도 신앙하는 것은 이치에 맞지 않다고 비판하고 있다.34)
또한 명태조가 법을 만들 때 승록사(僧錄司)·도록사(道錄司)를 설치하
여 더러운 치황(緇黃: 승려와 도사)으로 법을 더럽히고, 도교의 풍습이
유행하며, 관음사에도 참배하는 사람이 많다고 비판하면서, 이전 최

---

33) 『荷谷先生朝天記』〈萬曆二年甲戌八月四日乙巳〉山海關以西。今隷北直隷。其地南北
皆山。水之大者。有大小灤河, 潞河等。間或有曠野。而不甚遠。繁庶視關外爲最。自
通州抵皇城四十里閒。室廬連接京師。故召公所受封之地也。今爲四方之極。其城池
文物可謂盛矣。但燕遼之壤。僻在一隅。久爲耶律。鐵木。奇渥三虜之所汙染。故風
俗不美。余所過之地幾四千里。而人皆善偸竊。喜爭鬪。腥臊之習猶在。極可惡也。

34) 『荷谷先生朝天記』〈萬曆二年甲戌六月二十四日丁卯〉東偏有義勇武安王廟。卽關羽也。
塑土爲像。貌極生獰。曾謂雲長而有如是耶。九原而有知。夫孰歆其祀乎。此乃太祖高
皇帝託言陰兵以神之。令天下莫不敬祭。故余等所過路傍。處處立廟。人家皆懸畫像。
可見其崇奉之至也。但雲長之精神氣魄。死後不能扶漢之亡。而乃云佐佑太祖於數千載
之下者。寧有是理哉。

금남(崔錦南)이라는 사람이 "중국에서는 도불과 귀신을 숭배하는 것이 중화문물예악이 되어버렸다."라고 말한 것을 이상하게 여겼는데, 사행 중에 귀신에게 기도하고, 제사지내는 것을 직접 목격한 후에는 최금남의 이야기가 사실이었다고 깨달았고 북경에서 도불을 숭배하는 풍습이 성행하는 것에 대해서도 놀라고 있다.35) 이렇듯 허봉은 예악문물과 성인 성현들의 본향이자 이상향으로 생각한 명조를 직접 체험한 후 당시 명조의 풍습에서 예악문물이 없음을 확인하고 '이름은 중국이나 사실은 달자와 같다'고 고백했던 것이다.

유교적 '예악문물'의 유무에 입각한 '화이론'은 허봉을 비롯한 당시 유자들의 기본적인 세계인식 방법이었다. 이는 중국뿐만 아니라 일본에 대한 평가에서도 엿볼 수 있는데 예를 들면 1719년에 통신사 제술관으로 일본을 방문한 신유한(申維翰; 1681~1752)은

왜인이 일을 좋아하고 이름을 좋아하는 습성이 자못 중화와 다름이 없었다.36)

라고 에도시대 일본에는 과거로 인재를 등용하는 제도가 없었기 때문

---

35) 『荷谷先生朝天記』〈萬曆二年甲戌八月十三日甲寅〉但太祖之爲法也。設僧道錄兩司。以緇黃汙穢之流而廁玉珮鏗鏘之地。其何以示後嗣而正四方乎。是以。余今日歷城中。見白塔寺妙應禪林門正當坊曲要鬧處。以黃紙寫勸出大齋施物文張於路上。其中至以奉旨爲言。此必髡徒矯誣而假是也。誠可痛惜。且觀音寺逼近西城宮而構。見有設齋者香火羅列。螺鼓震動。噫。輦轂之下尙如此。其在州郡則可知也。千官之罷禮過此者多。而罔不爲之動念者何耶。余思之。其所由來者久矣。余平日竊怪崔錦南評中國之俗曰。尙道佛崇鬼神。以爲中華文物禮樂之所聚。彼遐荒僻村則容或有禱祀之處。而烏有擧天下皆然之理。今而目擊。則斯言誠不誣矣。夫以京師四方之所會。而彼乃肆行無忌如斯。則必是在朝之人聞見習熟。而不爲汲汲然救正之計故也。吁。其可謂怪且駭也。

36) 『海游錄』〈十一月初四日壬申〉倭人喜事好名之習。殆與中華無異。

에 관직은 세습되고 기재준물(奇才俊物)이 세상에 나와 자명(自鳴)할 수 없는 이유라고 말하면서 '왜인'이 일을 즐거워하며 명예를 사랑하는 문화는 중화와 다를 바 없다(殆與中華無異)라고 평가하는 것에서 알 수 있는 것처럼 근세 유가 지식인의 '화이관'은 고정된 것이 아니었다(이호윤, 2015). 즉 예의가 있으면 소인도 군자가 될 수 있지만, 예의를 잃으면 군자도 소인으로 전락하는 것과 마찬가지로 '예악문물'이 존재하는 곳이 '중화'이며 존재하지 않으면 '이적'으로 평가했던 것이다.

6. 나가며

조선시대 외교사, 교류사를 연구할 때 유력한 실마리가 되는 대중 『사행록』 연구는 18세기의 북학파 기록에 대한 연구 이외에는 연구량이 절대적으로 빈약하다. 이러한 경향은 특히 『조천록』의 경우 '천조에 조근한 기록'이라는 책의 명칭이 '중국'에 '사대'한 기록으로 받아들여져 연구대상에서 제외되어 왔던 것에 원인이 있다고 생각된다. 그렇지만 사대 사소 관계라는 것은, 춘추시대의 동란 중 '예(禮)·인(仁)·신(信)'에 입각하여 작은 나라는 신으로 큰 나라를 섬기며 큰 나라는 인으로 작은 나라를 아껴 대국과 소국이 '시명(時命)'을 함께하는 공존의 원리로 등장한 이후 동아시아에서 중국을 중심으로 하는 '중화 제국 시스템'[37]의 기본적 국제질서로 자리 잡은 것으로[38] 이러한

---

37) 임마누엘 월러스타인(Immanuel Wallerstein)은 전근대 세계는 중국·페르시아·로마 등 몇 개의 '제국 시스템'으로 구성되어 있는데, '제국'이라는 것은 광대한 영역을 가지는 비교적 고도로 중앙집권화 된 정치시스템이며, 황제 개인과 중앙 정치구조에 체현된 중앙권력을 가진 자율적 통일체로, 전통적으로 합법적 지배권이 인정되어온

외교 관계 속에서 기록된『조천록』의 구체적인 내용을 들여다보면 연구 대상에서 제외해서는 안 되는 다양하고 흥미로운 당시의 국제 관계 및 국제 교류의 본모습을 확인할 수 있는 귀중한 사료라는 것을 알 수 있다.

선조 7년(1574)에 명조 제14대 황제 신종의 생일을 축하하기 위한 성절사행에 서장관으로 참가한 허봉은 24세의 젊은 나이로 서장관이란 큰 직책을 수행하였고 사행 중 명사들과 활발한 학문적 논쟁을 펼쳤다. 허봉 일행이 명조에 사행한 명목적 이유는 신종 황제 생일 축하였지만 당시 조선의 현안 문제였던 종계변무와 함께 문묘종사에도 큰 관심이 있었다. 특히 문묘종사문제는 문묘에 배향하는 유현에 대한 시비인데 도통의 정통성에 관한 문제로 조선조에 있어서는 중요한 정치문제이자 교학 문제였다. 이러한 배경 하에서 허봉은 명조의 생원 하성시, 국자감생 섭본 등과 논쟁을 벌여 양명학의 이단성과 왕양명의 문묘종사에 대해서는 부당성을 강조하였고, 거인 왕지부, 국자감에서 만난 양수중 등 명조의 주자학자와는 강한 연대감을 보였다. 허

영토를 핵으로 하고 있지만, 그보다 넓은 본래의 영토를 훨씬 초월한 지역에 대해 보편적인 정치적·문화적 지배권을 주장해온, 전근대의 '정치·경제·문화'적 '세계'였다고 정의한다. 이러한 '제국 시스템'에는 일반적으로 '신성한 지배자, 문자 및 사상(신앙)'이 존재하는데, 중국을 중심으로 한 동아시아세계(='중화제국시스템')에서는, 천자(天子=皇帝)와 한문(漢文) 및 유교(儒敎)가 그 역할을 했다고 할 수 있다(I. 워ー라ー스테인著·川北稔訳, 1981.).

38) 『春秋左傳』〈昭公三十年傳〉禮也者。小事大。大字小之謂。共其時事大在命。字小恤其小無。

『春秋左傳』〈哀公七年傳〉子服景伯曰。小所以事大信也。大所以保小仁也。背大國不信。伐小國不仁。

『孟子』〈梁惠王下〉齊宣王問曰。交鄰國有道乎。孟子對曰有。惟仁者爲能以大事小。是故湯事葛。文王事混夷。惟知者爲能以小事大。故大王事獯鬻。勾踐事吳。以大事小者。樂天者也。以小事大者。畏天者也。樂天者保天。畏天者保其國。

봉은 사행 중 상중에 술을 마시고, 고기를 먹는 요동, 심양 지방의 풍습과 사인 무리들의 무례한 행동을 보고 명조가 '이름은 중국이나 사실은 오랑캐와 같다'고 기록하고 있다. 이렇듯 '예악문물'의 유무로 화이를 구별한 허봉은 유교와 예악문물과 성현의 본향이라고 여겼던 명조에서 사학(邪學)이라고 여긴 양명학이 번창하고 있는 것에 더하여 도교신앙과 불교신앙이 크게 유행하고 있는 것을 접하고서는 '명조= 중화'인식에 회의를 느끼게 된다. 근세 유가 지식인의 '화이관'은 고정된 것이 아니었으며 예의가 있으면 소인도 군자가 될 수 있지만, 예의를 잃으면 군자도 소인으로 전락하는 것과 마찬가지로 '예악문물'이 존재하는 곳이 '중화'이며 존재하지 않으면 '이적'으로 평가했던 것이다. 이렇듯 허봉은 독서인, 유가 지식인답게 스스로 옳다고 생각하는 바에 대해 굽힘없이 명사들과 토론하였고 예악문물의 유무로서 화이를 분별 했다는 것을 확인할 수 있었다.

마지막으로 덧붙인다면 1591년 임진왜란 발발 1년 전 도요토미 히데요시가 지배하는 일본의 정황을 살피기 위해 통신사로 파견되어 교토의 다이토쿠지(大德寺)에서 일본 주자학의 개조(開祖)라고 일컬어지는 후지와라 세이카(藤原惺窩)와 교류하여 후지와라 세이카가 주자학을 확신하는 데 결정적인 역할을 한 허성(許筬)은 허봉의 형이다. 후지와라 세이카는 일본 주자학의 개조이지만 그의 사상적 특징으로 주륙절충적(朱陸折衷的) 경향이 지적된다. 즉 한 집안 형제인 허봉의 1574년 성절사행 중의 명사들과의 접촉으로 인한 명 심학의 영향과 이후 1591년의 허성의 통신사행은 일본 주자학 탄생과 후지와라 세이카의 사상 형성에도 직간접적으로 영향을 미쳤던 것으로 생각된다. (이호윤, 2014) 이렇듯 조선시대 대중사행, 대일사행의 경험이 끼친 영향에 대해 종합적으로 검토한다면 근세 중국·조선·일본을 관통하는 사상교류·지식 네트워크의 새로운 양상이 보일 것으로 생각된다.

許荷谷의 朝天錄을 살핌

국립중앙도서관 소장 필사본을 중심으로

—

최강현

1. 머리말

현재 국립 중앙도서관에는 청구기호가 "한-63-38 朝天錄"으로 되어 있는 상하 2책이 있다 그리고 이 책은 상하 2책이 모두 허봉(許篈, 1551~1588)공이 지은 필사본이라고 『고서목록』에는 기록되어 있다. 그러나 내용을 살펴볼 때에 이 두 책은 같은 사람에 의하여 지어진 동일 작품집이 아님을 알 수 있다.

이에 필자는 이 사실을 밝히어 잘못된 점을 바로잡고자 이 글을 초한다. 그리고 지금 공개되지 아니하여 있는 곳이 불명확할 뿐만 아니라, 그 내용이 어떤 것인지를 알 수 없어서 실전된 것으로 알리어진 교산(蛟山) 허균(許筠, 1569~1618) 선생의 『을병조천록(乙丙朝天錄)』이 바로 이 책이라는 것을 알리어 주고자 하는 것도 이 글을 초하는 또 하나의 목적이 된다.

2. 책에 관하여

1) 소장처

이 책은 현재 국립중앙도서관에 소장되어 있다 청구기호 "한-63-38 朝天錄"으로 되어 있는 필사본 상하(上下) 2책이다.

2) 책 모양

국립중앙도서관에서 간행한 『고서목록』에는 아래와 같이 설명되어 있다.

> 허, 봉 (한-63-38)
> 朝天錄 (朝鮮) 許 篈 著. 寫本. [年紀未詳]
> 2冊. 40.9×32.4cm.
> 印記 : 「東里居士」「世規君則」「東萊鄭氏」

으로 되어 있다. 지은이에 관한 일과 "연기미상"이라고 한 것에 관하여는 이 글에서 좀더 구체적인 논의를 하겠지만, 책의 크기에 관하여는 위의 설명을 그대로 따르기로 한다.

상하 책은 모두 광곽(匡郭)과 계선(界線)이 없으며, 반엽(半葉) 1쪽의 줄은 상책이 10줄인데 비하여 하책은 9줄로 되어 있다. 글자수도 상책은 1줄의 글자가 22자인데 비하여 하책은 19자로 되어 있다. 분량도 상책은 양면 겉장을 제외하고 반엽 쪽수로 162쪽인데 비하여, 하책은 154쪽에 지나지 아니하여 상책의 분량이 조금 더 많다.

3. 지은이와 연대

1) 지은이

이 책은 상하 2책으로 되어 있는데, 위에 인용 소개한 국립중앙도서관의 『고서목록』에서는 이 두 책을 모두 허봉(許篈)공의 저술로 인정하고 있다. 그러나 이는 크게 잘못된 것이다.

또 이 책이 언제 이루어진 것인지에 관한 "연기미상"이라는 설명도 역시 잘못이다.

이제 그 이유를 밝히어 고증하여 보기로 한다.

(1) 상책의 지은이는 허하곡이다

상책의 권수(卷首)에는 서애(西厓) 유성룡(柳成龍, 1543~1607)공이 쓴 서문이 있고, 본문은 둘째 장 후면부터 시작되는데, 내용은 "萬曆二年甲戌五月十一日甲申晴余以書狀官隨 聖節使朴公希立赴京 ……"으로 시작하여 7월 27일(기해)에 옥전현(玉田縣) 양번역(陽樊驛)으로 들어간 것으로 상책의 내용이 끝난다. 상책에는 오직 산문으로만 노정과 견문을 기록하고 있는데, 이 책 어디에도 지은이에 대한 명확한 기록은 없다. 다만 권수(卷首)의 원지산인(遠志山人)이 쓴 서문에

> 내가 이미 미숙의 연산기행시에 발을 썼거니와, 또 조천록이 있다는 말을 듣고 미숙에게서 급히 구하여 이에 그 글을 여러 날 읽었지만 싫증이 나지 아니하게 지었으므로 탄식하여 말하기를, "아름답다! 해박하면서도 자세함이여! 저 숙신 이북 연운으로부터 그 동쪽 수 천리 사이의 산천 풍경이 모두 내 눈 안에 있으니, 미숙의 밝은 지식이 아니면 어찌 이렇게 기록할 수 있겠는가?[余旣跋美叔燕山紀行詩 又聞有朝天錄從美叔亟徵焉

讀之累日而不厭作而嘆曰 美哉 博而詳也 夫自肅愼以北燕雲 以東數千里間
山川風景盡在吾目中 非美叔之敏識 何以得此.]

운운한 글에서 이 책의 지은이가 미숙(美叔)이라고 자(字)를 쓰는 하
곡(荷谷) 허봉(許篈)공임을 알 수가 있거니와, 또『선조실록(宣祖實錄)』
권8 엽33에 "聖節使朴希立書狀官許篈質正官趙憲如京(성절사 박희립과
서장관 허봉과 질정관 조헌이 연경에 가다)"[1]라는 기록과 꼭 들어맞기 때문
에, 이 책은 허하곡의 저술임이 분명함을 확인할 수가 있다.[2]

따라서 상책은 허봉(許篈)공이 만력(萬曆) 2년(1574) 갑술(甲戌) 5월
11일부터 11월 3일 사이에 성절사(聖節使) 박희립(朴希立)공의 서장관
으로 중국을 다녀와서 지은 기행 산문과 시집임이 분명하다.

지은이 허봉(許篈) 공은 본관이 양천(陽川)이고 자는 미숙(美叔)이며,
호는 하곡(荷谷)이다. 아버지는 명종 때에 대사헌(大司憲)을 지낸 초당
(草堂) 허엽(許曄, 1517~1580)공이며, 선조 때에 이조판서를 지낸 악록(岳
麓) 허성(許筬, 1548~1612)공은 어머니가 다른 형이며, 조선시대 여류시
인으로 유명한 난설헌(蘭雪軒) 허씨(許氏, 1563~1589)와 또『홍길동전』
의 지은이로 널리 그 이름이 알려진 교산(蛟山) 허균(許筠, 1569~1618)공
은 같은 어머니의 아우들이다. 선조 1년(1568) 사마시(司馬試)에 장원(壯
元)으로 급제하여 생원(生員)이 되고, 선조 4년(1572) 문과에 급제하여
선조 15년(1583)에는 전한(典翰)이 되고 이듬해에 창원부사(昌原府使)에

---

1) 선조 7년(1574) 갑술(甲戌) 5월 11일(갑신)조.
2) 이를 질정관(質正官)으로 동행하던 중봉(重峰) 조헌(趙憲) 선생의『朝天日記(조천일
   기)』와 견주어 보면 이 일행들이 아직 연경에 도착하기 전이므로, 일반적 상식으로
   생각한다면 뒤에 이어지는『조천록』중이나 하의 첫머리는 선조 7년(1574) 7월 28일부
   터 시작되는 것이 옳을 것이다.

제수되어 부임 전에 시사를 논하면서 율곡(栗谷) 이이(李珥, 1536~1584)
선생을 논척하여 갑산으로 귀양갔다가 선조 17년(1585)에 풀리어 백운
산(白雲山)·인천(仁川)·춘천(春川) 등지로 유랑하며 살았다. 선조 20
년(1588)에는 금강산으로 들어가 지내다가 병이 들어 서울로 오다가
김화군(金化郡) 생창역(生昌驛)에서 병으로 졸하였다.

지은이는 시를 잘 짓고 문장에 능하여 저술이 많았다. 『伊山雜述
(이산잡술)』·『北邊記事(북변기사)』·『讀易管見(독역관견)』·『海東野言
(해동야언)』·『荷谷集(하곡집)』 등이 있다.

(2) 하책의 지은이는 허교산이다

하책은 겉장의 책이름이 "朝天錄 下(조천록 하)"로 되어 있으나 첫장
안쪽의 책이름은 『乙丙朝天錄(을병조천록)』으로 되어 있으며, 바로 이
어지는 글은 "황명 만력 병진 삼월 삼일 저녁에 촉재주인이 의주의 반
금당에서 쓴(皇明萬曆丙辰三月三日夕燭齋主人書于龍灣之伴琴堂)" 서문이
고, 그 다음의 글은 "九月初六日渡鴨江(9월 초6일에 압록강을 건넘)"이
라는 제목의 5언율시로 시작된다. 을묘년(1615) "9월 6일부터 11월 24
일까지 147수"(103편)와 "11월 27일부터 병진년(1616) 2월 3일까지 174
수"(85편)와 "2월 3일부터 3월 1일까지 50수"(29편)과 기타 "이상 12
수"(10편), 합 383수의 시를 싣고 있다.

이는 곧 지은이에 대하여 의심이 일게 하는 근거가 된다. 그 이유는
하곡(荷谷) 허봉(許篈)공이 선조 20년(1588)에 작고하였으니, 광해군 7년
(1615, 을묘)에 연경(燕京)에 갈 수가 없기 때문이다.

필자의 고증에 의하면, 이 하책의 지은이는 하곡(荷谷) 허봉(許篈)공
이 아니고, 그의 아우 교산(蛟山) 허균(許筠)공임을 확인하게 되었다.

이제 그 의문점과 고증을 제시하여 보기로 한다.

첫째, 허하곡의 중국 사행은 선조 7년(1574) 갑술 음력 5월에서 10월이나, 11월 3일에 서울에 이르러 대궐에 들어가 복명한 성절사행(聖節使行)의 부사로 갔기 때문에 결코 『乙丙朝天錄(을병조천록)』일 수는 없다.3)

둘째, 하책의 첫 장에 있는 지은이의 서문을 보면,

> 젊었을 때에 중형께서 "시짓기는 반드시 도연명(陶淵明)과 사영운(謝靈運)을 따라 당현종(唐玄宗) 때까지의 시를 배워 와야 대방가(大方家)라고 일컬어질 수 있다."고 하시는 말을 들었다.(少日聞仲兄語作詩必從陶謝開天來可稱大方家)

라고 한 것으로 볼 때에 여기서의 "중형"은 곧 하곡(荷谷)을 가리킨 것이니, 지은이는 결코 하곡 허봉공일 수는 없으며, 하곡의 아우인 교산 허균공임을 짐작할 수가 있다.

셋째, 상책의 끝이 "7월 27일"의 일기 끝까지이므로, 만약에 이 하책이 허봉공의 저술로서의 하책이라면, 그 첫줄은 당연히 "7월 28일"의 일기로 시작되어야 앞뒤가 이어지는 한 질의 책이 될 것인데 실제로는 그렇지 아니하기 때문에 이 하책은 결코 허봉공의 『朝天錄』의 하책일 수는 없다.

넷째, 이 하책의 첫머리는 위에서 조금 인용한 내용에 "萬曆丙辰三

---

3) 조중봉(趙重峰)의 『朝天日記(조천일기)』 중의 끝이 같은 해 9월 14일(을유) 귀환 중에 영평(永平)에서 머무는 것으로 되어 있으며, 『荷谷集(하곡집)』의 「過江錄(과강록)」에 의하면, 11월 3일에 서울에 도착하여 복명하였음을 밝히고 있기때문에 "乙丙朝天錄(을병조천록)"이라는 제목은 맞지 아니한다.

三日(만력 병진 3월 3일(1616년 3월 3일))"이라는 날짜가 명시되어 있는 서문으로 시작하여 그 다음 장 첫줄이 "九月初六日渡鴨江(9월 초6일에 압록강을 건넘)"이라는 시의 제목으로 시작되어 9월 9일에는 "옹북령 (甕北嶺)"을 넘은 시로 되어 있고, 9월 16일에는 "요양(遼陽)"에서 비를 만난 시이며, 9월 19일에는 "요동(遼東)"을 출발한다는 시이고, (10월) 17일에는 연경에 들어온 뒤 "남관(南館)에 들어 머물다(十七日入寓南館)"라는 시이며, 그 다음 작품은 "十九日見 朝(19일 조회에 참석함)"이라는 시이고, "臘月一日微雪(12월 1일 눈이 조금 내림)"이라는 시도 있으며, "廿三日以領 賞詣 闕卽事(23일 상을 받으려고 대궐에 들어가 즉흥시로 지음)"이라는 시도 있고, 또 "二月初一日是 宣考昇遐之日初四日先子捐館之日客中連逢 君父忌辰涕泣以賦(2월 초1일 이날은 선조대왕 승하하신 날이고, 초4일은 아버지께서 돌아가신 날인데, 객중에서 임금님과 아버지의 기일을 연하여 맞고서 흐느껴 울며 지음)"이라는 시도 있다. 이로 보면, "을병조천록"의 "을병"은 "을묘·병진(乙卯丙辰)"이고, 이는 곧 광해군 7년(1615)과 동 8년(1616)임을 알게 된다. 또 "三月初一日回渡江用初渡江亭子韻(3월 초1일 돌아오는 길에 압록강을 건너며 처음 강을 건널 때에 썼던 정자의 운을 씀)"이라는 시로는 병진년(1616) 3월 1일에 귀국하면서 압록강을 건넌 것을 알 수가 있다. 이 사실만으로도 허봉공의 일행이 11월 3일에 귀국하여 대궐에 들어가 귀국보고까지 한 『荷谷集』본의 하곡『朝天錄』과 내용이 다르기 때문에 도저히 한 사람의 같은 『朝天錄』의 상·하책일 수가 없음을 알 수 있다.

다섯째, 이 하책의 반엽 쪽으로 헤아리어 142쪽에는 "요동에 이르러 집에서 온 편지를 보았더니, 조카 재(宰)가 과거에 급제하였다고 하니 기쁘게 생각함(到遼東見家書猶子宰登第云志喜)"이라는 시가 있으니, 이는 곧 하곡(荷谷) 허봉(許篈)공의 아들 재(宰, 1583~?)공이 광해군 7년(1615, 을묘) 9월 21일에 시행된 알성문과(謁聖文科)에 병과(丙科) 5인 중의 한 사람으로 급제한 것을 이른 것이다.[4] 그러므로 이 하책의 지은이는 하곡의 아우인 교산의 저술임을 알 수가 있다.

여섯째, 『光海君日記(광해군일기)』 권94, 엽8 "임자일(광해 7년 윤8월 8일)"조에 따르면, "王引見冬至兼陳奏使閔馨男副使許篈于宣政殿(임금님께서 동지겸 진주사 민형남과 부사 허균을 선정전에서 불러 보시었다)"는 기록이 있다. 이것으로 보더라도 윤8월 9일에 서울을 떠나 9월 6일에 압록강을 건넌 것으로 헤아릴 때에 이 하책의 지은이는 교산(蛟山) 허균(許篈)선생이 틀림없다.

일곱째, 역시 『광해군일기』 권100, 엽9 "경오일(광해 8년 2월 29일)" 조에는 "禮曹啓曰今此冬至兼陳奏使閔馨男許篈等齊來(예조에서 아뢰기를, '이제 이번 동지 겸 진주사 민형남과 허균들이 함께 왔습니다.')"라는 기록이 있다. 이것은 허균선생 일행이 압록강을 건너 의주(義州)에 3월 1일에 도착하기 전에 장계(狀啓)를 먼저 보낸 보고 내용을 예조(禮曹)에서 임금님께 2월 29일에 여쭌 것으로 풀이되므로 이 하책의 지은이는 역시 교산 허균공임이 더욱 뚜렷하여진다.

그러므로 이 책들 상·하 두 책은 완전 분리하여 상책은 허봉(許篈) 공의 작으로 선조 7년(1574, 갑술)에 지어진 것이고, 하책은 허균(許篈) 선생의 작으로 광해 8년(1616, 병진)에 지어진 것으로 나누어, 전혀 다른 책으로 정리하여야 할 것이다.

따라서 이 하책은 현재 허균(許篈)선생의 저술로 이름만 전하는 것

---

4) 자세한 것은 국회도서관 간, 『國朝榜目(국조방목)』(1971, 171쪽) 참조.

으로 알려진『乙丙朝天錄(을병조천록)』을 마침내 찾아낼 수 있게 된
것이다.5)

이 하책의 지은이 교산(蛟山) 허균(許筠, 1569~1618)선생은 본관이 양
천(陽川)이며, 자는 단보(端甫)이고, 호는 교산(蛟山)이다. 아버지는 초
당(草堂) 허엽(許曄)공이며, 백형은 악록(岳麓) 허성(許筬)공이고, 중형
은 하곡(荷谷) 허봉(許篈)공이고, 누이가 난설헌 허씨(蘭雪軒許氏)이다.
선조 27년(1594) 문과에 급제하여 형조판서 의정부 참찬의 벼슬을 지
냈고, 광해군 2년(1610)에는 사행의 일원으로 연경을 다니어 오면서
주기도문(主祈禱文) 12단을 가져왔으며, 중국의 소설을 탐독하고, 시
문을 잘 지었으며, 성품이 호탕하였다. 광해군 때에 대북당(大北黨)에
가입하여 동지를 규합하던 중 발각되어 광해군 10년(1618) 8월에 참형
을 당하였다. 한국 문학사에서는 국문소설『홍길동전』의 지은이로 유
명하며, 저술로 『惺所覆瓿藁(성소부부고)』와 『許筠全集(허균전집)』이
전한다.

2) 지어진 연대

상책과 하책이 별개의 서로 다른 내용에 서로 다른 지은이의 책이
므로, 그 지어진 연대도 또한 서로 다르므로 그 지어진 연대도 나누어
별도로 살펴보아야 할 것이다.

---

5) 신호열(辛鎬烈) 해제, 「이필진의 발문에 보이는 갑진명주고(甲辰溟州藁)·서관행록
   (西關行錄)·계축남유초(癸丑南遊草)·을병조천록(乙丙朝天錄) 또한 현존 문집에는
   보이지 않는다.」, 『국역 성소부부고』 1, 민족문화추진회, 1967.

(1) 상책

상책은 그 내용이 허봉(許篈)공이 만력(萬曆) 2년(1574) 갑술(甲戌) 5월 11일부터 11월 3일 사이에 성절사(冬至兼聖節使) 박희립(朴希立)공의 서장관(書狀官)으로 중국을 다니어와서 지은 기행 산문과 시집이기 때문에 그 지어진 연대도 또한 늦어도 선조 8년(1575, 을해)을 넘지 아니할 것이 틀림없다고 확신한다.

(2) 하책

한편 하책은 하곡(荷谷) 허봉(許篈)공의 아우인 교산(蛟山) 허균(許筠) 선생이 광해군 8년(1616, 병진)에 지은 것으로 추정된다. 그것은 지은이 자신이 쓴 서문의 끝에 있는 "皇明萬曆丙辰三三日"이라는 기록으로 충분히 증명이 된다.

4. 책의 내용

1) 상책

(1) 이본 대비

이 상책은 숙종 33년(1707)에 목판본으로 간행된 『荷谷集(하곡집)』에 실리어 있는 『朝天錄』이 상·중·하 3권으로 되어 있는데, 이 책은 불분권(不分卷) 단책으로 그 내용의 끝이 『하곡집』본 중권의 중간쯤인 7월 27일까지의 일기로 끝나고 있다.[6]

---

6) 목판본 『荷谷集』은 권상이 갑술 5월 11일부터 6월 29일까지의 일기이고, 권중은 7월 1일부터 8월 30일까지의 일기이며, 권하는 9월 1일부터 10월 초10일까지의 일기로

이를 대비하여 보면, 먼저 유서애(柳西厓)의 서문 중에서『하곡집』본에 있는 내용이 이 책의 쪽2의 서문 중에는 20자가 빠져 있다.[7] 이는 바로 이 책이 원고본이 아니라는 증거가 된다.

또 12일의 일기 중에서는 이 책의 쪽 7-8에 있는 내용이『하곡집』본에는 85자나 빠져 있다.[8] 그 밖에는 이렇다 할 큰 차이는 없다. 다만 이 책의 7월 16일 일기의 끝 부분의 "或腰溢於海草云(어떤 시체는 허리에서 피를 흘리면서 해초에 떠 있다.)"에서 "海草"가『荷谷集』본에는 "子"로 되어 있는데, 이는 잘못된 것인 듯하다.

(2) 노정

이 상책에 나타난 노정을 정리하여 보이면 아래와 같다.

선조 7(1574, 갑술년) 5월 11일 사폐(辭陛) → 숭례문 → 모화관 → 벽제 → 12 파주 → 13 개성 → 15 운거사(雲居 寺) → 16 평산(平山) → 17 용천역(龍泉驛) → 18 봉산(鳳山) → 19 황주 → 21 중화(中和) → 22 평양 → 29 숙천(肅川) → 30 안주(安州) → 6. 2 가산(嘉山) → 3 정주(定州) → 7 선천(宣川) → 8 철산(鐵山) → 9 용천(龍川) → 10 의주(義州) → 16

구성되어 있다. 이에 비하여 이 필사본 상책은 갑술 5월 11일부터 7월 28일까지의 일기를 싣고 있으니, 이 필사본의 하책은 아마도 7월 29일부터 10월 초10일까지이거나, 아니면 목판본『荷谷集』의 「過江錄(과강록)」까지를 포함한 11월 초3일까지일 것으로 추정된다.

7) 이 책에는 없는데,『荷谷集』본에만 있는 20자의 내용은 아래와 같다.
   ……急則他固不足論也美叔年甫弱冠已能盡讀天下 ……

8) 이 상책에는 있는데,『荷谷集』본에는 없는 부분 85자는 아래와 같다.
   ……開緘細讀令人愴然有如此大老君子而播棄草野不免於阨窮焉而在上之人捐之若遺不復以其人之去留爲念夫恩禮之衰薄一至斯極則在朝者亦將有浩然之志況夫山林難進之士乎嗟乎可爲流涕痛哭也已……

구련성(九連城) → 17 탕참(湯站) → 18 백안동(伯顔洞) → 19 고연대(古烟臺) → 20 벽동(甓洞) → 21 탕하(湯河) → 22 요동성(遼東城) → 28 안산역(鞍山驛) → 29 해주위(海州衛) → 7. 1 우가장(牛家莊) → 2 서평보(西平堡) → 3 고평(高平) → 4 반산(盤山) → 5 광녕성(廣寧城) → 7 북진묘(北鎭廟) → 8 여양역(閭陽驛) → 9 능하역(凌河驛) → 10 행산역(杏山驛) → 11 연산역(連山驛) → 12 영원위(寧遠衛) → 15 동관역(東關驛) → 16 사하역(沙河驛) → 17 고령역(高嶺驛) → 18 산해관(山海關) → 20 심하역(深河驛) → 21 무령현(撫寧縣) → 22 옥황사(玉皇祠) → 24 칠가령(七家嶺) → 26 풍윤현(豊潤縣) → 27 옥전현(玉田縣) → (상책 끝)

(3) 견문

이 책에는 다른 중국계 사행문학 작품들에서는 쉽게 볼 수 없는 유학이론(儒學理論)에 관한 이야기가 많이 있다. 그 예를 보면, 5월 13일 일기 중에서 파주(坡州)의 율곡(栗谷)에서 이이(李珥, 1536~1584)선생을 만나 「聖學輯要(성학집요)」를 복사하기도 하고, 6월 26일 일기 중에서는 요동(遼東)의 정학서원(正學書院)에서 명나라 유생(儒生)들을 만나 양명학(陽明學)과 공맹학(孔孟學)에 관한 공방이 치열하여 며칠씩 계속되었으며, 7월 7일에는 광녕성(廣寧城)에서 강서(江西)의 남창(南昌) 상인 유양걸(俞良傑)을 만나 황문(黃門) 위시량(魏時良)의 소식을 물어 그가 벼슬을 그만 두고 백록동(白鹿洞) 국학(國學)에서 문인(門人)들과 글을 읽고 있다는

말을 듣기도 하고, 강남 땅의 여러 궁금증을 문답하기도 하였으며, 7월 14일에는 꿈속에서까지 퇴계(退溪) 이황(李滉, 1501~1570)선생의 "태극도설(太極圖說)"에 관한 가르침을 받기도 하였고, 7월 23일에는 명나라 수재(秀才) 주방교(朱邦敎)를 만나 유학 이론을 담론하였으며,

25일에는 명나라 학자 엄숭(嚴嵩)이 지은『남궁주의(南宮奏議)』를 읽고 명나라 경제(景帝) 때의 문신이며 학자이었던 설선(薛瑄)의 문묘 배향 (文廟配享)에 관한 논의를 장황히 소개하며 설선이 끝내 문묘에 배향 되지 아니한 것을 안타까워하는 글을 싣고 있는 것은 어쩌면 이 책의 가치를 높이어 주는 예가 된다고 하겠다.

그 밖에 요동(遼東)에서 정영위(丁令威)의 신선설이 얽히어 있는 백 탑(白塔)을 구경하기도 하고, 연주(兗州)땅의 동악묘(東岳廟)에서는 달 자(㺚子)들의 침략으로 소상(塑像)들이 파괴된 모양을 본 것도 기록하 고 있다.

2) 하책

(1) 기행시

다시 말하지만 이 하책은 하곡(荷谷) 허봉(許篈)공의『朝天錄』하책 이 아니고, 그의 동생 교산(蛟山) 허균(許筠)공의『乙丙朝天錄』이다.

그러므로 그 내용도 전혀 다르다. 따라서 이 책의 체재가 교산(蛟 山)이 선조 30년(1597, 정유)에 서장관(書狀官)으로 명나라를 다니어와 서 지은『丁酉朝天錄(정유조천록)』의 경우와 동일하다. 다르다면, 책 의 제목 다음에 자서가 있는 것을 지적할 수가 있다.

이 책은 기행시집 형태를 취하여 많은 작품들은 일기 형식을 빌어 서 시작품에 날짜를 기록하여 때를 짐작할 수 있게 하여 주는가 하면, 작품의 제목은 대체로 지나가는 곳의 지명을 밝히어 읽는 이로 하여 금 어느날 어디에서 어떤 느낌으로 지은 시인가를 헤아릴 수가 있게 되어 있다. 보기를 조금만 보이면 아래와 같다.

먼저 1번시를 소개한다.

九月初六日渡鴨江	9월 초 6일 압록강을 건넘
塞酒牽離袂	의주에서 마시는 술 이별을 늦추는데,
江風進晚舡	늦게 뜬 배 강바람이 세차게 몰아내네.
連年頻客路	해마다 자주자주 나그네로 길을 가니,
幾日覲天庭	천자를 찾아 뵙기 며칠이 걸릴 건가
畧照劃寒微	조금씩 비치는 빛 추위를 갈라 막고,
殘烟裊遠汀	연기는 살랑살랑 먼 물가로 잦아지네.
故鄕回首處	고향을 다시 보려 고개를 돌리는 곳
三十七長亭	십리마다 있는 여관 서른 일곱 역말일세.

라고 하여 대부분의 시들이 지난 곳과 날짜를 동시에 암시하여 주는
제목 또는 내용으로 지어져 있다. 8번시의 경우는 "九日踰甕北嶺作((9
월) 9일에 옹북령을 넘으며 지음)"이나, 11번시의 경우는 "高嶺(높은 재)"
라는 제목의 시이지만, 그 내용은 아래와 같이 작품 속에서 날짜를 알
리어 주고 있다.

九月十日天雨雪	9월 10일 날씨가 비와 눈 오락가락
我馬瘏隤骨欲折	내 말은 병이 들어 뼈빠지게 고달프네.
前登高嶺路盤廻	앞에 있는 높은 고개 길마저 뱅뱅 돌아
疾風衝崖崖石裂	세찬 바람 휘몰아쳐 바위 절벽 쪼개 놓네.
我行二歲三到玆[9]	나야말로 2년간에 세 번이나 이곳 오니,

---

9) 我行二歲三到玆(나는 2년간에 세 번이나 이곳에 왔다.)는 이 『을병조천록』의 지은이
  가 교산(蛟山)임을 증명하는 데에 아주 좋은 증거가 된다. 다시 말하면, 이 시구를
  풀이할 때에 지은이는 광해군 6년(1614, 갑인)과 동 7년(1615, 을묘)의 2년 사이에 3번

不覺霜鬢已成絲	어느새 너무 빨리 귀밑머리 희어졌네.
故園風色入遐想	고향의 인정 경치 멀어진다 생각하니,
東籬正燦黃花枝	내 집 울 황국가지 한참 곱게 피었겠네.

　또 17번시와 19번시 같은 작품들은 아예 "十六日逢雨((9월) 16일 비를 만남)" 또는 "十九日發遼東((9월) 19일에 요동을 떠남)"처럼 날짜와 날씨와 지명까지를 밝히어 주는 형식을 취하고 있다.

　이러한 형식의 시는 곧 기행시의 전형적 체제라고 하겠다.

(2) 꿈에 관한 시

　이 『을병조천록』에는 이미 앞에서 밝힌 바와 같이 총 383수의 시를 싣고 있는데, 그 중에서 일반 기행시에서와 쉽게 읽을 수 있는 지나가는 곳의 지명(地名)으로 제목을 붙인 시나, 고적이나 경치를 보고 지은 서경시(敍景詩)들을 제외한 일반 다른 사람들의 기행시에서 자주 볼 수 없는 특이한 제목의 시작품들로 눈에 띄게 많은 제재(題材)는 "記夢(꿈 꾼 것을 기록함)"과 같은 꿈을 소재로 하여 제목을 잡은 작품과 제목에서는 꿈을 언급하지 아니하고 "元日有感(설날에 느낌이 있어 지음)"이라는 작품처럼 시의 내용 속에서 꿈을 노래한 작품들이 17편이나 된다.

이나 이곳을 왔다는 말이 된다. 이는 곧 허교산이 광해 7년(1615, 을묘)에 중국 땅에 발을 디딘 것은 이 작품만으로도 증명이 확실하게 되고, 전년 곧 광해군 6년(1614, 갑인)에 교산이 과연 중국 땅에 이미 왔었는가가 의문인 것이다. 헌데, 『광해군일기』 권83, 광해군 6년 10월 정해(초8)일조에 의하면, 교산은 천추사(千秋使)로 다니어 왔음이 기록되어 있다. 따라서 교산은 이 시에서의 말과 같이 2년 사이에 세 번이나 이곳이 온 것이 꼭 들어맞는다.

元日有感	설날에 느낌이 있어 지음
少日歡情待此辰	어려선 기쁜 미음 이닐을 기다려서
輕裘快馬逐遊人	고까에 죽마 타고 벗들과 놀았었네.
尋思二十年前事	차분히 20년 전 일들을 생각하니,
却嘆三千里外身	갑자기 삼천리 밖 외로운 몸 한심하네.
名利到頭都昨夢	명리를 생각하니 모두가 남가일몽
煙花入眼且新春	안개꽃 아른아른 벌써 새봄이네.
何如去作山房主	언제나 귀국하여 산방의 주인되어
萬卷圖書次第陳	만 권의 많은 책을 차례로 읽을 건가

라고 하여 지은이는 명리보다 책읽기에 신경을 더 쓰는 사람이라는 사실을 암시하여 주고 있음을 확인할 수가 있고, 이 사실은 이 책에서 읽을 수 있는 독서 관계 시들이 많은 것과도 일치한다.

그 다음은 같은 자리에 동석한 사람이나, 공간적으로 거리가 떨어져 있는 사람과 주고받은 창수시(唱酬詩)가 아닌 고인(故人)의 시를 감상하거나, 소설 및 기타 글들을 읽고 그 소감을 시로 지은 작품들 14편을 들 수가 있다.

이 책에 실리어 있는 지은이가 읽은 소설 작품은 "讀無雙傳有感(무쌍전을 일고 느낌이 있어 지음)"이라는 시에서 「무쌍전(無雙傳)」을 지은이가 여행 중에서도 재미있게 읽은 것을 짐작할 수가 있고, "題王司寇劍俠傳後(왕사구가 지은 검협전 뒤에 씀)"이라는 작품에서는 「검협전(劍俠傳)」을 읽었음을 헤아릴 수가 있으며, "夜讀後漢逸民傳有感(밤에 후한서 일민전을 읽은 뒤 느낌이 있어 지음)"이라는 작품에서는 『후한서(後漢書)』권83에 실리어 있는 「일민열전(逸民列傳)」을 읽은 것을 뜻하니, 지은이는 중국의 역사서(歷史書)까지도 여행 중에 읽었음을 짐작할 수가 있다.

이 밖에도 일행과 현지의 명나라 사람들과 주고받은 창수시들과 숙소나 고적 명소에 있는 현지인들의 그림에 써준 화제시(畫題詩)도 여러 편이 있다.

題朱端畫 　　　　　주단의 그림에 씀
煙樹葱蘢夜色開　　　연기 서린 우거진 숲 밝은 달 비치어서
一天花月浸池臺　　　두둥실 둥근 달이 못물에 잠겨 있네.
敲門剝啄驚春睡　　　나그네 문 두드려 주인이 단잠 깨니,
想有遊人載酒來　　　아마도 놀러 온 이 술을 갖고 왔나보네.

高臺芳樹匝瓊流　　　높은 누대 관상목에 밝은 달 비치는데,
閑倚匡床睡亂洲　　　침대에 누웠으니 신선놀이 하나보다.
十里平湖開夕靄　　　드넓은 호수에는 저녁놀 사라지고,
數聲漁笛在孤舟　　　두어 곡 어적 소리 낚싯배 한 척 있네.

라고 한 이 시 2수만으로도 주단(朱端)이 그린 그림이 물가 달밤과 외로운 고기잡이배와 낚시꾼의 피리 소리까지도 묘사한 듯한 전형적인 산수(山水) 풍경화임을 짐작할 수 있게 잘 표현하고 있어서 그림을 보지 못하는 독자들까지도 한 폭의 동양화 앞에서 직접 감상하고 있는 듯 느끼어진다.

5. 맺음말

1) 상책은 허하곡의 중국행 사행 산문집이다

이상으로 간략하게 국립중앙도서관에 소장되어 있는 필사본 하곡 (荷谷) 허봉(許篈)공의 『朝天錄(조천록)』 2책에 관하여 살펴보았다.

그 결과 상책(上冊)은 허하곡의 작품임이 분명하나, 하책(下冊)은 허 하곡의 작품이 아니고 허하곡의 아우인 교산(蛟山) 허균(許筠)선생의 저술임을 확인하게 되었다.

상책이 허하곡의 저술이 틀림없음은 이 상책에 실리어 있는 내용이 숙종 33년(1707)에 목판으로 인간된 허하곡의 문집인 『荷谷集(하곡집)』 에 실리어 있는 「朝天錄」의 상·중·하 3권 3책 중 상권과 중권의 중 간 부분까지 일치하기 때문에 어떤 면으로도 의심의 여지가 없다.

다만 의심스러운 것은 이 책의 지은이에 관한 것이 아니고, 앞에서 언급한 바와 같이 목판본 곧 『하곡집』에 들어 있는 「조천록」의 중권 후반부와 하권의 내용에 해당되는 이 책의 하책이 어디에 있는지? 아 니면, 훼실(毁失)된 것인지에 관한 것이다. 이 문제는 지은이의 후손 들은 물론하고, 학계에서도 발굴에 열성을 다하여야 할 것이다.

그리고 이 상책은 철저한 기행 산문의 사행 문학집이다.

2) 하책은 허교산의 잃어진 중국행 사행시집 『乙丙朝天錄』이다

필자는 국립중앙도서관의 『고서목록』에서 이 하책의 지은이까지 허하곡으로 된 것은 잘못이라는 점을 지적하면서 이 하책의 지은이는 허교산임을 위에서 밝히어 보았다.

그 이유는 대략 다음과 같다고 증명하였다.

첫째, 상·하책의 내용이 허하곡이라는 같은 사람에 의하여 "萬曆二年甲戌(조선 선조 7년, 1574, 갑술)"년에 있었던 사행기록으로 이어지지 아니하고, 하책은 서두가 "乙丙朝天錄(을병조천록)"으로 되어 있을 뿐 아니라 하책 권수의 자서 말미에 기록되어 있는 "萬曆丙辰(조선 광해군 8년, 1616, 병진)"이어서 동일인의 동일 여행기일 수 없다는 증거를 제시하였다.

둘째, 상책과 하책과의 내용이 이어지지 아니한다는 점을 지적하였다.

셋째, 이 하책의 142쪽(반엽 1쪽)에는 "到遼東見家書猶子宰登第云志喜(요동에 이르러 집에서 온 편지를 보았더니, 조카 재(宰)가 과거에 급제하였다고 하니 기쁘게 생각함)"이라는 시가 있으니, 이는 곧 하곡(荷谷) 허봉(許篈)공의 아들 재(宰: 1583~?)공이 광해군 7년(1615, 을묘) 9월 21일에 시행된 알성문과(謁聖文科)에 병과(丙科) 5인 중의 한 사람으로 급제한 것을 이른 것이다.[10] 따라서 이 하책의 지은이는 허하곡이 아니고, 그의 아우임을 알 수가 있게 된다.

넷째, 『광해군일기』 권100, 엽9의 "경오일(광해 8년 2월 29일)"조에는 "禮曹啓曰今此冬至兼陳奏使閔馨男許筠等齊來(예조에서 아뢰기를, 이제 이번 동지 겸 진주사 민형남과 허균들이 함께 왔습니다.)"라는 기록으로 허균 선생 일행의 사행이 압록강을 건너 의주(義州)에 도착하기 직전에 장계(狀啓)로 먼저 보고한 내용을 예조(禮曹)에서 임금님께 2월 29일에 아뢴 것으로 풀이되므로 이 하책의 지은이는 바로 교산 허균선생임이 틀림없음을 증명하였다.

또 이 하책의 내용은 철저한 기행시집의 사행문학 작품집이다.

---

10) 자세한 것은 국회도서관 간, 『國朝榜目(국조방목)』(1971, 171쪽).

그리고 이 하책은 이제까지 책의 이름만 전하고 그 실물이 전하지 아니하여 궁금히게 생각하였던 교산의『乙丙朝天錄(을병조천록)』이 바로 이 책이라는 사실을 확인하게 되었으니, 이 하책 곧『乙丙朝天錄(을병조천록)』은 앞으로 다각적인 연구가 지속적으로 진행될 수 있기를 기대하면서 잃었던 귀중한 문학 자료의 발굴에 이 글은 긍지를 느낀다.

교산 허균

허균의 기행시집 『을병조천록』에 대하여

—

심경호

1. 들어가는 말

『을병조천록(乙丙朝天錄)』은 허균(許筠, 1569~1618)이 동지 겸 진주사행(冬至兼陳奏使行)의 부사(副使)로서 광해군 7년(1615) 9월 6일 압록강을 건너 북경으로 향했다가 이듬해 3월 1일에 의주로 귀환하여 3월 중 평양에 이르기까지 지은 시들을 모은 기행시집이다.

허균은 정사(正使) 민형남(閔馨男)과 함께 광해군 7년 윤8월 9일 서울을 떠나 9월 6일 압록강을 건너고 11월 17일 북경에 도착하여 광해군 8년(1616) 2월 3일까지 머물렀으며, 2월 4일 북경을 떠나 귀국 길에 올라 3월 1일 의주(義州)에 도착했다. 3월 3일에는 한시 360여 수를 묶어 서문을 짓고, 뒤에 평양에 이르기까지의 시들을 추가하여 모두 382수를 이루었다. 허균은 스스로 쓴 서문에서 호를 '촉재주인(燭齋主人)'이라 했다. 그 후 허균은 광해군 10년(1618) 역적모의의 괴수로 몰리어 갑자기 처형되었으므로, 『을병조천록』은 허균의 최만년 저술인 셈이다.

허균의 저술은 『성소부부고(惺所覆瓿藁)』 이외에 허균의 외손 이필진(李必進)이 『갑진명주록(甲辰溟洲錄)』·『서관행록(西關行錄)』·『계축

남유초(癸丑南遊草)』・『을병조천록』 등이 있었음을 언급한 바 있다. 이후 2004년에 최강현 교수가 『을병조천록』을 발굴하여 학계에 소개하고[1] 2005년에 동서의 번역본을 출판한 이후로,[2] 이를 주요한 자료로 사용하여 허균의 사상과 만년을 논한 논저가 속속 간행되었다.

『을병조천록』은 권(卷) 구분이 없으나, 총 382수의 시들을 시간 및 장소에 따라 4개 단락으로 구분해 두었다.

제1 단락 : 1615년 9월 6일 압록강을 건너 11월 24일 북경에 도착한 직후까지. 146수(제1단락 끝에 기록한 수) 102제.

제2 단락 : 1615년 11월 27일부터 1616년 2월 3일까지 북경에 머묾. 174수(제2단락 끝에 기록한 수) 86제.

제3 단락 : 1616년 2월 4일 북경을 출발하여 3월 1일 의주(義州)에 도착함. 50수(제3단락 끝에 기록한 수) 29제. 서문을 작성.

제4 단락 : 의주를 떠나 평양에 도착함. 12수(제4단락 끝에 기록한 수) 10제.

다만, 기존의 번역은 오독이 많다. 제목과 형식의 파악에서 잘못된 대표적인 예만 몇 가지 들고 바로잡으면 다음 표와 같다.

---

1) 최강현, 「허하곡의 조천록을 살핌 ―국립중앙도서관 소장 필사본을 중심으로―」, 『한국 사상과 문화』 22, 한국사상문화학회, 2003, 147-167쪽.

2) 허균 저・최강현 역, 『국역 『을병조천록』』, 국립중앙도서관, 2005.12.

기존 번역문	정정 후
1-2 「지난 해 강을 건너는 날 강가 언덕에서 검무를 추는 놀이 잔치에 초청되어 망강사에서 시를 지어 서로 주고받았다. 올해에 또 외람되이 사신이 되어 거듭 압록강 건너게 되었는데, 구공이 무예 시험을 몽대에서 베풀고 요양에 격서를 보내려다가 전하지 못한 지난 일의 느낌이 있어 지음[客歲過江之日丘遊戎邀宴望江寺賦詩相贈今年又使价再涉鴨江則丘公以試武擧蒙臺檄往遼陽不獲屬舊會感而賦之]」	1-2 「지난 해 압록강을 건너는 날 구 유융[구탄(丘坦)]이 망강사 연회에 초청하시기에 시를 지어 드렸는데, 금년에 또 사신으로서 다시 압록강을 건너게 되니 구공이 무예 시험의 일로 힐책 공문을 받고 요양으로 가서서 옛 모임을 이을 수 없게 되었으므로 느낌이 있어 짓다[客歲過江之日 丘遊戎邀宴望江寺 賦詩相贈 今年又使价再涉鴨江 則丘公以試武擧蒙臺 檄往遼陽 不獲屬舊會 感而賦之]」
1-67 「표를 받들고 금년 동지에 맞춰 다시 조가를 방문하다[奉表今年趁冬至再訪曹家]」를 독립된 시제로 간주함.	이것은 1-66 「계문에서 우 장군을 만나 긴 노래를 드리다[薊門逢宇將軍贈長歌]」의 시 구절이 이어지는 것인데, 잘못 판독한 것이다. 필사본에서 '奉表今年趁冬至再訪曹家'가 행을 바꾸고 글자를 한 칸 낮추어 적은 데다가, 東의 다음에서 행을 바꾸어 적어두었기 때문에 착각한 듯하다. 운자를 보면 필사의 잘못임을 잘 알 수 있다.
2-42 「이장배(李長培) 학관이 〈설날에 지은 두 율시〉의 운자를 써서 보여주기에 화운하여 회포를 펼쳐 보이다 [李學官用元日二律韻見贈和以抒懷]」. 전부 오언시로 잘못 해석했다.	칠언율시 1수와 오언율시 1수이다.
2-39 「책팔이 왕노라는 사람이 설날 책 한 권을 보내 왔다. 그것은 곧 지금 어사 용우기 님이 지은 성학계관이었다. 용우기 공은 유학에 조예가 깊고 또 실천하는 사람이었다. 나는 감히 모른다고 한 그 책을 읽고서야 꿈에서 깨어난 듯하였다. 과거 40년 동안 읽은 책들이 비록 더할 수 없이 넓고 정치하여도 그것은 도에 들거나, 본성을 회복하기에는 조금도 도움이 되지 아니하였다. 이에 입만 헛수고를 시켰으니, 어찌 애석하지 아니한가? 절구 한 수를 지어 지나간 잘못을 뉘우치고자 함[賣書人王老元日贈一書乃今御史龍公遇奇所述聖學啓	2-39 「책팔이 왕 노인이 설날 책 한 권을 보내 왔는데, 곧 지금 어사 용공 우기가 저술한 『성학계관』이었다. 용공의 학문은 조예와 실천이 어떤지를 내가 알지 못하지만, 그 책을 읽고서 마치 정신이 바싹 들 듯 터득한 바가 있었으므로, 돌이켜 보면 과거 40년 동안 읽은 책들이 비록 극히 해박하고 극히 정밀하였다고 하여도 도의 경지에 들어가 본성을 회복하는 문제에는 조금도 도움이 되지 않았으므로, 이것은 입술과 혓바닥만 허비한 셈이었으니 어찌 애석하지 않겠는가. 절구 한 수를 지어 지나간 잘못을 뉘우친다[賣書人王老元日贈一

關也公之爲學造詣實踐吾不敢知讀其書醒然有得回首四十年所讀書雖極博極精其於入道復性毫無干預是乃虛費脣舌也豈不惜哉賦一絶以懺前非云」	書 乃今御史龍公遇奇所述聖學啓關也 公之爲學造詣實踐 吾不敢知 讀其書 醒然有得 回首四十年 所讀書雖極博極精 其於入道復性 毫無干預 是乃虛費脣舌也 豈不惜哉 賦一絶以懺前非云」
2-77「우연히 육엄산 심의 문집을 읽었는데, 어떤 사람이 원사를 가지고 20 맥을 써서 시를 지었다. 시에 이르기를, "주머니서 꺼내는데 꼭 한 달이 걸렸으며, 시렁 위에 새로 한 묶음의 책 더 있네. 다만 고서를 늘 손에 들고 있고, 시골집 식탁 생선 못먹어도 나는 좋네."라고 하였다. 그 시를 읽어보니, 육심이 옛 사람의 소박한 소원을 따른 것이 내 마음에 실로 얻은 것이 많아 마침내 그 운을 취하여 그에 답함[偶閱陸儼山(深)集有人持元史至用二十陌得之詩云囊中恰減三旬用架上新添一束書但使典墳常在手未嫌茅舍食無魚讀之深協鄙願古人實獲我心遂步韻和之云]」	2-77「우연히 육엄산 심의 문집을 읽었는데 '어떤 사람이 『원사』를 가지고 있기에 20맥(2천 전)을 주고 얻었다고 하였고, 시에 "돈주머니에서 꼭 삼순의 끼니에 쓸 돈을 덜었더니 서가에 한 다발 책이 더했네. 고전 서적이 늘 손에 있다면야 초가집에서 생선 먹지 못해도 혐의 않으리"라고 하였으므로, 시를 읽으면서 아주 나의 소박한 소원에 들어맞기에, 옛 사람이 나보다 앞서 내 마음을 제대로 파악한 것이기에, 마침내 그 운자를 하나하나 사용하여 화운한다[偶閱陸儼山(深)集有人持元史至用二十陌得之, 詩云: '囊中恰減三旬用, 架上新添一束書. 但使典墳常在手, 未嫌茅舍食無魚.' 讀之深協鄙願, 古人實獲我心, 遂步韻和之云]」
2-82「역관들과 엽서반이 홍려경 왕용현과 조칙을 관장하는 방왕민에게 빌고 빌어서 얻으려 꾀하다가 겨우 방각로에게 애걸할 수 있어서 다시 초3일에 전례를 깨고 칙령을 받아오게 되어 기뻐서 또 지음[譯輩與葉序班圖之于鴻卿王用賢掌詔勅房汪民敬僅得乞於方閣老更令初三日破例受勅喜而又賦]」	2-82「역관들과 섭 서반이 홍려경 왕용현 및 장조칙방 왕민경과 도모하여 방 각로에게 삼가 애걸하여 초사흘에 관례를 깨고 칙서를 수령하게 하도록 영한다고 하므로 기뻐서 또 짓는다[譯輩與葉序班 圖之于鴻臚卿王用賢掌詔勅房汪民敬 僅得乞於方閣老 更令初三日破例受勅 喜而又賦]」
2-86「초3일 칙령을 받는 날인데, 나는 병 때문에 대궐에 들어가지 못하여 한스러운 생각이 들어 지음[初三日受勅余以病不詣闕賦以志恨]」 앞부분을 오언으로, 뒷부분을 칠언으로 구를 잘못 분석함.	2-86「초사흘 칙서를 수령하는데 나는 병 때문에 대궐에 나아가지 못하므로 시를 지어 한스러운 마음을 기록한다[初三日受勅余以病不詣闕 賦以志恨]」은 칠언고시 장편임.
3-21「길에서 두 사람의 창녀를 만났는데, 격군 최율의 토박이 첩이라서 장난삼아 3수의 절구를 지음[路逢二娼以土塊擊軍官	3-21「길에서 두 사람의 창기를 만났는데 흙덩이를 가지고 군관 최율에게 던져 그를 때렸으므로 장난삼아 지은 절구 세 수[路

崔戲賦三絕]」	逢二娟 以土塊擊軍官崔崒戲賦三絕]」
3-23 「밤에 최가의 장원에서 자는데, 꿈에 서장안문 밖에 찾아갔다가 도둑으로 몰리어 수보에 하소연을 하였더니, 방공이 "이미 소장을 복사하여 말한 대로 표를 붙여 보내었으니 번잡하게 하지 말고 물러가라!" 하기에 깜짝 놀라 깨어 그것을 기록함[夜宿崔家庄夢詣西長安門外以寇服事訴於首輔方公言已於覆本票給勿煩而退玄覺而紀之]」	3-23 「밤에 최가장에 묵었는데, 꿈에 서장안문 밖에 나아갔다가 관복의 일로 수보 방공에게 하소연하자 방공이 '이미 복본에 급여라고 표하였으니 번거롭게 말고 물러나라'고 했으므로, 깨어나 기록한다[夜宿崔家庄 夢詣西長安門外 以冠服事 訴於首輔方公 言已於覆本票給 勿煩而退云[3] 覺而紀之]」

2. 허균의 사행과 『을병조천록』의 공무 관련 시

허균은 일생 4차례 사행 길에 나섰다. 한번은 요동까지 들어갔고, 나머지 3번은 북경까지 들어갔다. 마지막 두 차례 사행은 연이어 이어졌다. 1614년(광해군 6)에 천추 겸 사은정사로 북경을 다녀왔고, 이듬해에 동지 겸 진주부사로 북경에 다녀왔다. 천추 겸 사은정사 때 허균의 활동은 김중청(金中淸)의 『구전선생문집(苟全先生文集)』에 실린 관련 자료들을 통해 살펴볼 수 있다.[4]

1606년(선조 39, 병오, 38세) 1월, 원접사 유근(柳根)의 종사관이 된다.
1609년(광해군 1, 기유, 41세) 2월, 원접사 이상의(李尚毅)의 추천으로 원접사 종사관이 된다.
1612년(광해군 4, 임자, 44세) 12월, 진주사(陳奏使)가 된다.

---

3) 필사본에 '玄'으로 되어 있으나 '云'의 오자인 듯하다.
4) 朴現圭, 「金中淸의 朝天錄 과 부정적인 許筠 모습」, 『洌上古典研究』 22집, 洌上古典研究會, 2005.12., 5-28쪽.; 朴現圭, 「千秋 사행시기 허균의 문헌 관련 활동」, 『東方學志』 124집, 延世大學校 國學研究院, 2006.6., 261-285쪽.

1614년(광해군 6, 갑인, 46세) 2월, 호조참의가 되고, 천추 겸 사은정사로
　　서 북경에 다녀오다.
1615년(광해군 7, 을묘, 47세) 2월, 천추사로 북경에 가서 구입해 온 종계
　　무함의 서적을 올렸다. 윤8월, 동지 겸 진주부사가 되었다. 광해군이
　　인견하고 종계 무함에 관계된 왕세정(王世貞)의 『엄산집(弇山集)』 등
　　을 구입해 오라고 명하다.
1616년(광해군 8, 병진, 48세) 1월, 『대명회전(大明會典)』 등의 기록 중
　　종계 무함의 사실을 알리고 종계변무(宗系辨誣)를 약속한 명나라 황
　　제의 칙서를 받들고 오다. 5월, 형조 판서가 되다. 10월, 진주부사로서
　　종계변무를 성공한 공로로 가자(加資)되고, 전결과 노비를 하사받다.

　　허균은 광해군 7년(1615), 종계변무의 일과 왕후의 적복(翟服) 수령
을 위해 파견된 사신의 일행으로 중국으로 향했다.
　　종계변무란 조선 조정이 명나라의 관찬 서적에 이성계가 이인임(李
仁任)의 후손이라고 기록된 것을 정정하려고 했던 외교 현안이다. 조
선이 개국하던 때 윤이(尹彝)와 이초(李初)가 중국에 들어가 무함한 것
에서 비롯되어, 명나라 태조(홍무제)의 유언집 『조훈장(祖訓章)』(『황명
조훈』)에도 실렸다. 명나라 태종(영락제) 때인 1405년 칙명으로 이루어
진 『영락대전(永樂大典)』, 명나라 효종 때인 1502년 칙명으로 이루어진
『대명회전(大明會典)』에도 전재되었다. 조선은 태조 3년(1394) 변무주
청사(辨誣奏請使)를 파견하고, 태종 4년 이지강(李之剛)을 파견하여 변
무하게 했다. 명나라 태종 영락제는 "국왕은 '이인인(李仁人)'의 후손에
관계되지 않았으니, 이는 앞서 전해온 말이 잘못된 것이다. 그에 따라
개정하라."라는 칙지를 내렸다. 조선 세조 7년(1461) 명나라는 『명일통
지(明一統志)』를 간행할 때 조선을 번병(藩屛)으로 다루면서, 조선의 종

계와 관련한 내용을 주석에 기록해 두었다. 중종 13년(1518) 조선 조정은 『명일통지』의 기록을 근거로 『영락대전』의 기사를 정정하려고 주청사를 파견했다. 명나라 무종은 조선 조정의 청을 받아들인다는 칙서를 내렸으나, 이때 가져온 『대명회전』에는 종계의 사실이 고쳐져 있지 않았다. 중종 34년(1539)에 주청사 권벌(權橃), 명종 12년(1557)에 조사수(趙士秀)는 『회전』을 수정하겠다는 칙지를 가져왔다. 명종 18년(1563)에는 종계변무 겸 진하사인 김주(金澍)가 명나라 예부상서 이춘방(李春芳)으로부터 『대명회전』을 고칠 때 변무의 내용을 첨부해 주겠다는 약조를 받았다. 9월 17일 김주는 옥하관(玉河舘)에서 급서했으나, 서장관 이양원(李陽元)이 명나라 세종의 칙지를 받아 왔다. 하지만 명나라 목종 융경 연간(1567~1572) 교정을 마친 『영락대전』 전서에는 변무 내용이 기재되지 않았다. 선조 20년(1587) 유홍(俞泓)은 사은사로 북경에 가서 예부에 호소하여, 황제의 어람(御覽)을 거치지 않았지만 종계변무의 사실이 기재된 『대명회전』의 해당 부분만 인쇄해 받아 왔다. 선조 22년(1589) 윤근수(尹根壽)가 명나라 신종의 칙지와 함께 『대명회전』의 완본(完本)을 바쳤다. 선조는 재위 23년(1590) 변무에 공적이 있는 사람들을 광국원종공신(光國原從功臣)에 녹훈했다. 숙종 29년(1703) 선조 29년의 종계변무 완수를 기념하여 종묘에 고유(告由)하고 어제시와 갱화시를 모아 『광국지경록(光國志慶錄)』을 간행했다.

　광해군 때 허균이 종계변무를 주도하게 된 것은, 주청사 박홍구(朴弘耉) 등이 북경 객관에 머물다가 구입한 『오학편(吾學編)』·『엄산별집(弇山別集)』·『경세실용편(經世實用編)』·『속문헌통고(續文獻通考)』 등 4종에 선왕을 모함한 내용이 있다는 사실을 발견한 데서 시작되었다. 박홍구는 10월 10일 명나라 예부에 각 책의 해당 부분을 삭제하고 다시 간행해 달라고 청했는데, 예부는 "귀국하여 왕에게 보고해서 주문(奏文)을 가지고 와서 올리도록 하라."라고 했다. 그 해 천추사로 중국에 갔던 허균은 명나라에서 종계와 관련된 사항과 임진왜란 때 왜와 관련된 사항이 들어 있는 서책 11종을 구입했다. 10월 10일(기축) 허균은 서장(書狀)으로 그 사실을 알렸다. 종계와 관련된 사항이 들어 있는 서적들은 다음과 같았다.

- 정효(鄭曉) 『오학편(吾學編)』 「사이고(四夷考)」 : "동북의 조선은 바로 고려다. 이인인과 아들 이성계[이단]가 홍무(洪武) 6년부터 28년까지 연달아 네 왕을 시해하고 짐짓 기다렸다.", "이인인이 신우(神禑)를 겁박하여 가두고 그의 아들 신창(神昌)을 왕으로 세웠는데, 그해 인인의 아들 이성계가 창을 폐위시키고 정창국원군(定昌國院君) 왕요(王瑤)를 왕으로 세웠다가 25년에 요(瑤)와 왕석(王奭)을 집에 가두고 자신이 국사를 주관했다."
- 뇌례(雷禮) 『황명대정기(皇明大政記)』
- 왕기(王圻) 『속문헌통고(續文獻通考)』 「사예고(四裔考)」
- 풍응경(馮應京) 『경세실용편(經世實用編)』 「조선조(朝鮮條)」
- 요신(饒伸) 『학해위언(學海危言)』
- 왕세정(王世貞) 『엄산당별집(弇山堂別集)』 「사승공오(史乘攷誤)」 : "왕전(王顓)의 시해는 본디 이인인에게서 비롯되었는데 왕우(王禑) 및 창·요의 폐위와 나라를 찬탈한 사람은 실로 이성계이다. 후인이 이성계를 이인인의 아들이 아니라고 하지마는, 전사(前史)를 상고해 보면 실로 그의 당이다."
- 황광승(黃光昇) 『소대전칙(昭代典則)』
- 만표(萬表) 『애집(艾集)』
- 이묵(李默) 『고수부담(孤樹裒談)』

한편, 명나라 서적에는 부산을 일본의 땅으로 오기한 것과 왜란 때 조선이 일본과 우호를 맺으려 한 것은 다른 속셈이 있었기 때문이라는 기록이 있었다.

- 『속문헌통고(續文獻通考)』「논왜사(論倭事)」: "부산은 일본 대마도와의 거리가 겨우 하루길인데 전해오는 말이 '전에는 일본에 소속되었는데 바다가 가로막고 있어서 조선에다 버렸다.'라고 한다. 이보다 앞서 일본에 흉년이 들자 조선에서 1만 곡(斛)의 곡식을 빌려갔는데, 조선이 사람을 보내 반환을 요구하자 일본에서는 부산 지방을 가지고 흥정을 했다. 조선의 사자가 '우리 압록강 북쪽에 조선 땅이 있는데 세 갈래의 강에 막혀서 오랫동안 당나라가 소유하게 되었다. 만일 우리를 도와 그 땅을 되찾게 한다면 부산도 돌려줄 수 있다.'라고 하니, 일본인이 '그렇게 하겠다.'라고 하자, 조선왕과 그의 신하는 시와 술을 즐기면서 전혀 개의치 않았다."
- 『경세실용편(經世實用編)』「해방제설(海防諸說)」: "대마도를 외람되게도 천순(天順) 연간에 경솔하게 할애해서 산성군(山城君)이 망명하여 살 곳으로 제공하고 곡식과 비단을 대주어 매년 관례가 되도록 했다.", "이[국왕의 휘]가 우호를 맺자고 청하는 것은 그 속셈을 물고 늘어지려는 것이다.", "조선의 임금은 이미 법도를 무너뜨려서 업신여김을 자초했다."

허균이 이 서장을 명나라 예부에 정문(呈文)함으로써, 조선 조정은 그 처리 방안을 공론에 부치지 않을 수 없게 되었다. 10월 10일 승정원은, 허균이 국왕에게 아뢰기도 전에 명나라 예부에 공문을 올려 처사가 뒤죽박죽이 되게 만든 것은 잘못이라고 지적하고, 명나라 각부(閣部)가 책임을 미루면서 진정(陳情)하라고 하지만 사신이 나오기를 기다렸다가 방법을 의논하여 조용히 진술하자는 의견을 제시했다. 허균은 역관을 시켜 각종 서책을 승정원으로 보냈다. 이미 장계를 부쳐 알린 책도 있었고 그 외에 취득한 책도 있었다. 이듬해 광해군 7년 (1615) 1월 21일(무진), 승정원은 허균이 보내온 서책 가운데 전일 장계에 기록된 것은 본원이 전부 봉입하였는데, 나머지 서책도 해조(該曹)로 하여금 속히 봉입하게 해달라고 청했다. 2월 4일(신사), 광해군은 허균이 찾아온『학해(學海)』와『임거만록(林居漫錄)』을 들이도록 전교했다. 2월 6일(계미)에도 광해군은 허균이 구입해 온 책 4건을 들이도록 전교했다.

허균은 1615년 2월 중국에서 돌아와 승문원 부제조가 되고, 5월에는 문신 정시(庭試)에서 수석을 했다. 그리고 동부승지가 되었다. 6월 5일(경진), 광해군은 허균의 품계를 올려 주라고 전교하고, 서장관 김중청(金中淸)도 벼슬을 올리고, 당상 역관 송업남(宋業男)도 품계를 높여 주라고 했다.

1615년 가을, 광해군은 종계변무를 위해 진주사로 이정귀를 선발했으나, 7월 28일(계유) 이정귀가 사퇴하는 뜻으로 세 번이나 상소하자 진주사를 바꾸기로 했다. 그 뒤 윤8월 5일(기유) 문신 정시에서 1등을 한 허균의 품계를 높여 주었고, 윤8월에는 민형남(閔馨男)을 동지 겸 진주사(冬至兼陳奏使)로 삼고, 허균을 그 부사로 삼았다. 윤8월 8일(임자) 중국 황제에게 보내는 주본(奏本)을 만들었다. 왕기(王圻)와 풍응경(馮應京)이 논한 도왜(島倭)와 조선에 대한 일은 그 연유를 모르겠다고 하고, 그 모함은 명나라 정응태(丁應泰)에게서 비롯되었을 것이라고 내비쳤다.[5]

---

5) 정응태는 1598년(선조 31) 찬획주사(贊劃主事)로 있으면서 경리(經理)인 양호(楊鎬)를 무함하여 탄핵했는데, 선조가 그의 억울함을 힘써 변명하자, 정응태가 화풀이로

광해군은 1615년 윤8월 8일(임자) 선정전에서 동지 겸 진주사 민형남과 부사 허균을 인견하고, 『엄산집(弇山集)』의 개간(改刊) 요청을 명나라 예부에서 들어줄지 의문이라고 하면서, 4종의 책을 찾아오라고 했다. 허균은 『임거만록』은 간본이 아니었다고 했다. 광해군은 유씨(劉氏)의 『홍서(鴻書)』를 기어이 얻어오도록 하고, 만일 얻지 못하면 『임거만록』을 구입해 오라고 했다. 민형남 등이 국왕의 관복(冠服)을 명나라에 청하려면 인정(人情, 뇌물)이 필요하다고 하자, 광해군은 은자(銀子)를 가지고 가게 했다. 이때 허균은 외가쪽 서족이자 서리(書吏)인 현응민(玄應旻)과 한리학관 이장배(李長培)를 대동했다.

민형남은 은자를 정사·부사와 서장관이 각각 머무는 세 방에 나누어 두기로 했다. 그런데 어느 날 밤 허균이 "은을 도둑맞아 버렸다."라고 하면서 빈 궤를 사람들에게 보여 주었다고 한다. 『광해군일기』만으로는 사실인지 여부를 정확히 알 수 없다. 혹은, 허균이 중국서적 수천 권을 구입해 올 때 당시 숨겨둔 은을 비자금으로 사용했으리라 추정하기도 한다.

『광해군일기』의 허균 관련 기록에는 사관이 허균의 인간됨을 비판하는 평어가 반드시 붙어 있다. 허균이 종계변무의 일을 일으켰던 광해군 6년(1614) 10월 10일(기축)의 기사 다음에는 이런 평어가 붙어 있다.

허균은 행실이 좋지 않아 폐기를 당했다. 그가 비록 이이첨에게 빌붙어 청현(淸顯)의 길을 트기는 했으나, 그 당류들이 많이 저지하는 바람에 크게 등용되지 못하자, 항상 울적해 하여 뜻을 얻지 못했다. 마침내 절사(節使)가 되고 또 서리(書吏) 현응민과 함께 가게 되었는데 현응민은 간교하

조선을 무함했다는 것이다.

고 재주가 많았으므로 허균이 목숨을 바치는 문객으로 길렀다. 드디어 몰래 공모하여 거짓으로 명나라 사람 오원췌(伍員萃)가 지은『임거만록』이란 책을 만들었는데, 그 가운데 선조의 실덕(失德)과 왜노들과 내통한 일 등은 정응태가 무고한 내용과 대략 같았다. 또 광해가 임금 자리를 물려받은 것이 분명하지 못하다고 말했는데 그 말이 지극히 교묘했다. 그러나 판각하지는 못했다. 허균은 초본(草本)을 북경의 저자에 내다 팔게 했다가 즉시 사들였는데, 사람들은 그것이 가짜라는 것을 모두 알았다. 또 명나라의 잡사와『소대전칙(昭代典則)』·『오학편(吾學編)』 등은 간혹 우리나라 국계(國系)를 거짓 무고한 데 대해 시비를 따졌다. 이전에 우리나라 사대부 가운데 그것을 본 사람이 많았으나 모두들 이는 여염의 소설일 뿐,『대명회전』·『통기(統紀)』에 비할 바가 아니므로 낱낱이 변명하기 어렵다고 했다. 그런데 이때에 이르러 그 책들을 모두 처음 본 것으로 여겨 사들여 놓고 먼저 예부에 스스로 정문하여 그것이 무고임을 변명하고 나서 치계했다. 이것이 변무한 대강의 일이다.

『광해군일기』의 사관은 곡필 문헌이 이미 우리나라에 유행하여 허균의 집에 본래 있던 책자이거나『임거만록』의 예처럼 허균이 자신의 위작을 그 속에 넣은 것이며, 허균이 종계변무를 자임했다고 비난했다.[6] 만력간본(萬曆刊本)『임거만록』에는 없으나, 허균은『임거만록』에 광해군 등극을 비난하는 내용이 더 있다고 했다.

민형남과 허균은 1615년 9월 6일에 도강하여 70일이나 걸려 11월 17일 북경에 도착했다. 특히 산해관(山海關)에서 6일, 풍윤(豊潤)에서

---

6)『광해군일기』, 광해군 8년(1616) 1월 6일(정축) 조. 김중청(金中淸, 1566~1629)『구전선생문집(苟全先生文集)』권4에 실린「진임거만록사전말소(陳林居謾錄事顚末疏)」는 사행 당시의 자기 행적을 변호하기 위해 지은 상소인데,『광해군일기』의 기록은 그 상소를 근거로 한 듯하다.

5일, 통주에서 5일 머물렀다. 전 해에 허균이 천추사행 때는 6월 2일 도강하여 43일만인 7월 16일 북경에 이르렀던 것에 비하여 오랜 시간이 걸린 셈이다. 11월 8일에 명 만력제는 변무 사안에 관해 조선 사신들에게 대답할 기본 방침을 정해 놓았다.[7] 즉, 명나라 예부는 조선 조정의 주문 내용 가운데 사찬 문헌의 곡필을 일일이 잡아주는 것은 불가능하므로 주본을 사관(史館)에 전달하여 천하에 통유하는 방안을 택했다.[8] 진주사행이 북경에 도착한 이후로도 일은 순조롭지 않았다. 명나라 대신 요영제(姚永濟)는 조선에 우호적이지 않은 이유도 있었을 듯하다.

1616년(광해군 8) 1월 26일에 허균 등은, 명 조정으로부터 사관(史館)에게 변무 내용을 적어 중국 경내에 통유하도록 하겠다는 전달을 받았다. 하지만 29일에 결재가 났어도 내달 3일은 조정의 치제가 있어 칙서를 받을 수 없다는 소식을 접했다. 이때 사행 역관과 서반(序班)이 명나라 방종철(方從哲) 각로(閣老)에게 애걸하여 전례를 깨고 칙서를 받아와야 했다.

허균은 이 사행 길에 공문을 작성하느라 손이 아파 고생할 정도였다.[9] 그리고 칙서의 수령과 관련하여 조바심이나 기쁨, 임무를 완수했다는 안도감을 시로 표현했다.

---

7) 『명신종실록(明神宗實錄)』, 만력 43년(1615) 11월 8일(경진)조, 중앙연구원본, 책64, 10241~242쪽.

8) "조선 왕실 종계의 변무 사항은 이미 『대명회전』에 기재되었고, 부산 관아가 일본군을 유인했다는 설과 야사에서 전하는 말은 전혀 근거가 없다. 이번 조선 조정의 주본을 사관(史館)에 전달하여 차후 편찬에 활용하고 조선 국왕에게 이러한 사실을 전달하여 무고함을 씻도록 하라." 『명신종실록』, 만력 43년(1615) 11월 8일(경진)조.

9) 「새손앓이를 하여 짓다[患指有作]」, 『을병조천록』 2-63.

1-78. 11월 19일 자금성에 들어가 조회를 보고[十九日見朝]

1-79. 11월 23일 조천궁에서 천자 알현 때의 의식을 연습하다[二十三日隷儀于朝天宮](是曉始雪)

1-91. 동짓날 자금성에 들어가 조회에 참가하고[至日入朝]

1-98. 예부가 장차 과참10)하려고 하다가 중지했다는 말을 듣고 짓다[聞禮科將參寢有作]

1-99. 예부가 이와 관련하여 과참하지 않겠다는 문서를 의부에 보내왔는데, 표현한 불쾌하므로, 다시 시를 짓다[該科不參抄送儀部 辭意不快 故更賦]

1-100. 종계변무에 관한 복제11)에 '장차 사관으로 하여금 성안을 찬수하여 초출해서 해내에 보여야 합니다'라고 했다는 말을 듣고, 기쁨을 기록하여 이 시를 짓다[聞辨誣覆題 將令史館纂修成案 抄示海內云 志喜賦之]

1-102. 예부가 과참에서 다시 복제하지 않으려 하므로 괴로워 짓다[禮部以科參欲不覆題 悶而賦之]

2-1. 예부에 자문을 올리자 의조가 과의를 품신하여 복제를 청하겠다고 말하므로, 시를 지어 기쁨을 표시하다. [呈文禮部 儀曹言欲稟科議爲覆請 賦而志喜]

2-4. 납일[동지 이후 세 번 째 개날[戌日]]에 자금성으로 나아가 서쪽에서 예부 과관을 만나려고 기다렸으나 일이 잘 되지 않고 다만 두 사람의 각로를 만나보고 돌아오다[臘日詣闕 西候科官不利 只見兩閣下而回]

2-5. 12월 초5일 밤에 짓다[初五日夜作]

2-6. 12월 초6일 동성에서 기 과관을 만나 들은 이야기를 기록하다[初六日見亓科於東省記其語] 67

2-24. 족손 허쟁이 황제의 칙지를 가지고 먼저 돌아가기에 짓다[族孫許

---

10) 명나라 때 제칙(制勅)에 잘못이 있으면 봉환(封還)하여 집주(執奏)하였다. 안팎으로 장소(章疏)가 내려오면, 이호예병형공(吏戶禮兵刑工)의 육과급사중(六科給事中)이 참서(參署)하여 6부에 보내 그 오류를 박정(駁正)했다. 과신(科臣)이 참박(參駁)하므로 '과참(科參)'이라고 했다.

11) 우리나라에서 보낸 주문에 의거하여 중국 예부에서 올린 제본(題本).

晴持聖旨先還有作]

2-27. 12월 23일 상을 받기 위하여 자금성에 나아가 즉흥으로 일을 노래하다[卄三日以領賞詣闕卽事]

2-29. 사은의 예를 올리기 위하여 이른 아침에 대궐로 나아가며[謝恩早朝]

2-68. 1월 20일 칙지가 이미 내려졌다는 말을 듣고[念日聞勅旨已下]

2-78. 칙지를 베껴 올린 지 이미 엿새가 되었으나 아직 칙지가 내려오지 않으므로 근심이 되어 짓는다[寫勅進呈已六日而尙未下悶而賦之]

2-80. 칙지가 1월 26일에 비로소 내려오다[勅旨卄六日始下]

2-81. 1월 29일에 이미 옥새를 눌렀지만 초3일에 제사를 준비하여 재계하는 일 때문에 칙서를 받을 수 없다고 하므로 근심이 되어 또 짓는다[卄九日言已安寶而初三日以祭齋不得受勅云 悶而又賦]

2-82. 역관들과 섭 서반이 홍려경 왕용현 및 장조칙방 왕민경과 도모하여 방 각로에게 삼가 애걸하여 초사흘에 관례를 깨고 칙서를 수령하게 하도록 영한다고 하므로 기뻐서 또 짓는다[譯輩與葉序班 圖之于鴻臚卿王用賢掌詔勅房汪民敬 僅得乞於方閣老 更令初三日破例受勅 喜而又賦]

2-86. 초사흘 칙서를 수령하는데 나는 병 때문에 대궐에 나아가지 못하므로 시를 지어 한스러운 마음을 기록한다[初三日受勅余以病不詣闕賦以志恨]

1616년(광해군 8) 1월 6일(정축), 민형남과 허균이 북경에서 비밀로 치계하기를, "국사(國史)와 야사(野史)에 있는 본국을 무고하는 내용에 대하여 신들이 예부에 글을 올려 변무했습니다."라고 했다. 사행이 귀국한 이후, 5월 11일(경진)의 도목정사에서 민형남을 판돈녕부사 여천군으로, 허균을 형조판서로 삼았다. 광해군은 거듭 민형남과 허균에게 변무 진주의 공로를 치하했다.[12]

단, 『연려실기술』 제17권 선조조 고사본말(宣朝朝故事本末) '종계(宗

系)를 변무(辨誣)하다'에서는 『고사촬요(攷事撮要)』를 인용하여, 허균의 종계변무 시행이 의미가 없는 것으로 보았다.

> 광해 을묘년에 허균(許筠)이 명 나라 서울에서 돌아와서 소설 중조야사(中朝野史)를 올렸다. 그 책에 종계에 대한 말이 있었는데 사실대로 되지 않은 것이 많았으므로, 민형남(閔馨男)을 보내어 그 책을 가지고 가서 아뢰게 하려고 허균을 부사로 삼아 보냈더니, 예부에서 회답하는 제사에, "이 일은 자질구레한 것 같으니 근거 없는 말에 현혹되지 말라." 하였다.
>
> 『고사촬요』

3. 『을병조천록』 시의 '화평돈후(和平敦厚)' 미학

1616년 3월 3일 저녁, 허균은 용만(龍灣, 의주)의 반금당(伴琴堂)에서, '을병 조천' 때 지은 시들을 엮으면서 서문을 지어, 자신의 시가 그간 3차례 변화했고, 금번 조천 시들은 다시 또 한 차례 변화하여 '화평돈후(和平敦厚)' 미학을 저절로 구현했다고 자부했다. 그 서문을 전문 그대로 소개하면 다음과 같다.

> 少日聞仲兄語: "作詩必從陶謝開天來, 可稱大方家." 蓀谷亦云. 稍長, 交李實之·權汝章, 則以是言爲河漢, 每以韓杜陳蘇爲宗. 及見崔東皐, 其持論, 每以不襲古出新意爲第一義. 不佞常服膺三家之論, 未敢自決於衷. 盖嘗悉取三百篇, 西京以還, 樂府古詩, 魏晉六朝, 唐宋諸名家, 暨國朝何李諸人

---

12) 허균은 형조판서에 임명되고 품계가 더해졌으며, 또한 鹿皮 1장, 전결 20결, 外居노비 4명을 받았다. 『광해군일기』, 8년(1616) 5월 11일(경진)조, 5월 29일(무술)조, 10월 26일(계해)조 참조.

所作, 熟讀而諷誦之, 所吟詠初頗淸亮, 恨乏斤兩矣, 而改轍則滔滔從意, 金
石之聲微乖. 遂以己見創詞立意, 則堅硬傷雅離古者多, 迺知三家之論不可
相入. * 此不已, 則龍袞之敝, 補以黼繪, 奚用於斧藻之觀乎? 僕之詩凡三變
者, 皆坐于此, 捫心咋指而已.

頃歲懲於洲翁焚筆硯, 矢不作詩, 幾三歲餘矣. 客歲朝天, 道途艱苦, 無以
解憂, 聊復信手陶寫, 以寓一時之感懷, 久之溢於錦囊, 編成三百六十餘篇,
其綺艶敷腴, 雖不逮前日, 而和平敦厚, 有過於少作, 以其不經意而得之, 故
迺愈於湛思淵索之所獲, 吾亦不自知其所由然矣. 比之古人, 雖不敢並駟
[驅]而馳, 要之用於世者, 自無不匱之恨. 知者印可吾言否?

蘭嵎朱太史問郵集序於九我李閣老評曰: "詩有華泉淸韻, 文似弇州晚境."
驟似過奬, 寔不敢當. 雖然向人脚下作生活, 所深恥也, 毋寧作雞口乎哉? 聊以
弁此卷, 以增人怪罵云.

時皇明萬曆丙辰三三日夕燭齋主人書于龍灣之伴琴堂.

젊어서(허균 1569년 생, 1588년 이전의 일) 중형13)이 말하길, "시 짓는
일은 반드시 도잠14)과 사령운15), 개원·천보16) 연간 성당 시인을 따라야

---

13) 중형(仲兄): 둘째 형인 하곡(荷谷) 허봉(許篈, 1551~1588). 미암(眉巖) 유희춘(柳希春,
　　1513~1577)의 문하에서 공부하고, 선조 5년(1572) 문과에 급제하여 벼슬길에 나아갔
　　다. 선조 7년(1574) 성절사(聖節使) 서장관(書狀官)으로 북경을 다녀왔다. 율곡(栗谷)
　　이이(李珥, 1536~1584)를 탄핵한 죄로 갑산(甲山)에 유배되었다가 선조 18년(1585)
　　풀려난 후 방랑하다가 김화군(金化郡)에서 38세로 병사했다. 『하곡조천록(荷谷朝天
　　錄)』, 『이산잡술(伊山雜述)』, 『북변기사(北邊記事)』, 『독역관견(讀易管見)』, 『해동야
　　언(海東野言)』 등이 있었다고 하나, 일부는 전하지 않는다.

14) 도잠(陶潛, 365~427): 진(晉) 나라 은일지사. 자는 연명(淵明). 호는 오류선생(五柳先
　　生). 사시(私諡)는 정절선생(靖節先生). 주좨주(州祭酒)를 비롯하여 벼슬길에 나아가
　　팽택령(彭澤令)이 되었으나 80여일 만에 「귀거래사(歸去來辭)」 1편을 읊고 벼슬을 떠
　　나 전원에 숨어 살았다.

15) 사령운(謝靈運, 385~438): 남조(南朝) 송(宋)의 문신 겸 시인. 문제(文帝) 때 시중(侍
　　中)이 되었으나, 참소에 걸려 사형되었다. 불교에도 조예가 깊어 『대반열반경(大般涅
　　槃經)』 36권을 번역했다.

16) 개원 천보: 개원(開元)은 당나라 현종(玄宗)의 연호(713~741), 천보(天寶)는 당나라

대가라 일컬을 수 있다."라고 하였다. 손곡17)도 그렇게 말했다. 조금 자라
서는 이실지(李實之)18) 및 권여장(權汝章)19)과 사귀었는데, 그들은 이 말
이 너무 막연하다고20) 여겨, 번번이 한유(韓愈)21)와 두보(杜甫)22), 진자
앙(陳子昻)23)과 소식(蘇軾)24)을 종주로 삼았다. 그러다가 최동고(崔東

현종의 두 번째 연호(742~754).

17) 손곡(蓀谷): 이달(李達). 본관은 원주(原州), 자는 익지(益之). 한리학관(漢吏學官)으
로 있다가 물러나 시를 지으며 여생을 보냈다. 최경창(崔慶昌, 1539~1583), 백광훈(白
光勳, 1537~1582)과 함께 삼당(三唐)이라는 별호를 들었다. 허균은 난설헌(蘭雪軒)과
함께 이달에게서 시를 배웠다.

18) 이실지(李實之): 이춘영(李春英, 1563~1606). 본관은 전주, 호는 체소재(體素齋). 자
가 실지이다. 선조 23년(1590) 경인 증광 별시 문과(庚寅增廣別試文科)에 급제했으나,
벼슬은 종부시(宗簿寺) 첨정(僉正)에 그쳤다.

19) 권여장(權汝章): 권필(權韠, 1569~1612). 본관은 안동, 호는석주(石洲). 자가 여장이
다. 동몽교관(童蒙教官)이 되었으나 예조(禮曹)에 참예하라는 명을 어기고 강화로 내
려갔다. 광해군의 비 유씨(柳氏)의 일족이 전횡하는 것을 시로 풍자하여 왕실의 노여움
을 사서 함경도 경원부(慶源府)로 유배되어 귀양 가는 중 동대문 밖에서 술을 마시다가
작고하였다.

20) 막연하고: 원문은 '하한(河漢)'이다. 은하를 말하는데, 은하가 아득한 하늘에 있어서
분명하게 보이지 않듯이, 말하는 바가 막연하여 그 뜻을 알기 어렵다는 의미이다. 「소
요유(逍遙遊)」, 『장자(莊子)』에 "나는 그 말이 은하수처럼 한없이 계속되는 것 같아
놀라고 두렵다.[吾驚怖其言猶河漢而無極也.]"라는 말이 있다.

21) 한유(韓愈, 768~824): 자는 퇴지(退之), 지금의 하남성(河南省) 맹현(孟縣) 사람. 3세
에 아버지를 여의고 형수의 보살핌으로 자라 25세에 과거 급제하였으나, 오랫동안
벼슬을 얻지 못하다가, 사문박사(四門博士)를 거쳐 감찰어사(監察御史)가 되었다. 이
때 항소(抗疏)의 일 때문에 광동성(廣東省) 양산현령(陽山縣令)으로 좌천되었다. 뒤에
형부시랑(刑府侍郎)이 되었으나, 척불(斥佛) 상소를 올렸다가 다시 광동성 조주자사
(潮州刺史)로 좌천되었다. 뒤에 병부시랑을 거쳐 이부시랑이 되었다. 이부시랑을 지냈
으므로 '한리부(韓吏部)'라 불리게 되고, 사후에 '문(文)'의 시호를 받았으므로 '한문공
(韓文公)'이라고 불리게 되었다.

22) 두보(杜甫, 712~770): 당(唐)나라 시인. 자는 자미(子美). 20세부터 떠돌이로 돌아다
니다가 벼슬이 엄무절도사(嚴武節度使) 아문의 절도참모 검교공부원외랑(節度參謀檢
校工部員外郎)을 지냈다. 공부원외랑을 지냈으므로 후대에 '두공부'라고 일컬어졌다.
현전 시는 1,400여 수라고 한다.

23) 진자앙(陳子昻, 660~702): 당나라 문신 겸 시인. 자는 백옥(伯玉). 진사시에 합격한
뒤 정치 개혁에 관한 글을 올려 측천무후(則天武后)의 칭찬을 받았다. 인대정자(麟臺正
字)가 되어 여러 벼슬을 거쳤으나, 정적의 모함에 빠져 43세에 옥사하였다. 『진백옥집

皐)25)를 만났는데, 그의 지론은 번번이 옛것을 답습하지 않고 새로운 뜻
을 내는 것을 제일의(第一義)로 삼았다. 나는 늘 세 분의 시론을 가슴에
간직하면서도 속마음에 스스로 결단을 내릴 수가 없었다. 대개 일찍이
『시』삼백편과 서경(서한) 이후 악부와 고시, 위·진과 육조와 당·송의
여러 명가들, 그리고 극조(國朝)26)의 하경명(何景明)·이동양(李東陽)이
지은 것을 전부 취하여 숙독하고 풍송했더니, 음영한 시들이 처음에는
상당히 청량하였으나, 근량이 부족한 것이 한스러웠다.27) 노선을 바꾸어
서 도도하게 뜻 가는 대로 따라가자, 금석 소리와는 조금 어긋났다.28)
마침내 자기만의 생각으로 어휘를 창안하고 주제를 세우자, 굳세고 단단
하게 되어, 우아함을 상실하고 옛 시풍에서 떠난 것이 많았으므로, 마침
내 저 세 분29)의 시론은 서로 받아들일 수 없다는 사실을 알았다. 끝내
이를 따라 나가 멈추지 않으면, 곤룡포의 헤진 곳을 성근 올의 비단30)으

『(陳伯玉集)』 10권이 전한다.

24) 소식(蘇軾, 1037~1101): 송나라 문인. 자는 자첨(子瞻). 호는 동파거사(東坡居士).
   과거에 급제한 후 전중승(殿中丞)이 되어 왕안석(王安石)의 신법을 풍자시로 지어 반대
   했다. 이후 정치적 부침이 심하였다. 『동파전집(東坡全集)』 150권이 전한다.

25) 최동고(崔東皐): 최립(崔岦, 1539~1612). 본관은 통천(通川), 자는 입지(立之), 호는
   동고(東皐) 또는 간이(簡易). 명종 16년(1561) 문과에 장원급제했다. 임진왜란 때 승문
   원 제조(承文院提調)를 지냈으며, 뒤 형조참판(刑曹參判)을 지냈다.

26) 국조(國朝): 본래 허균이 생존한 당대의 조선을 가리키는 말인데, 여기서는 명나라를
   가리키고 있다. 전사(轉寫)의 잘못이거나 누락이 있는 듯하다.

27) 근량이 부족한 것이 한스러웠다: 왕세정(王世貞)의 『예원치언(藝苑巵言)』권4에 다음
   과 같은 논평이 있다. "何仲默取沈雲卿'獨不見', 嚴滄浪取崔司勳「黃鶴樓」, 爲七言律
   厭卷. 二詩固甚勝, 百尺無枝, 亭亭獨上, 在厭體中, 要不得爲第一也. 沈末句是齊梁樂
   府語, 崔起法是盛唐歌行語. 如織官錦間一尺繡, 錦則錦矣, 如全幅何? 老杜集中, 吾甚
   愛'風急天高'一章, 結亦微弱; '玉露凋傷', '老去悲秋', 首尾勻稱, 而斤兩不足. '昆明池
   水', 穠麗況切, 惜多平調, 金石之聲微乖耳. 然竟當於四章求之."

28) 금석 소리와는 조금 어긋났다: 위에 든 왕세정(王世貞)의 『예원치언(藝苑巵言)』권4
   논평을 참조.

29) 삼가(三家): 이실지(李實之), 권석주(權石洲), 최동고(崔東皐).

30) 성근 올의 비단: 원문은 '추증(麤繒)'이다. 어설픈 재주를 뜻한다. 소식(蘇軾)의 「동전
   이 떠나가면서 남긴 시에 화운하여[和董傳留別]」에서 "거친 비단과 큰 베로 일생을

로 보충하게 될 텐데, 도끼로 아로새긴[31] 외관을 어디에 쓰겠는가? 나의 시가 모두 세 번 빈한 것은 모두 이것에서 연죄하니, 가슴을 두드리며 손가락을 깨물기만[32] 할 따름이다.

　최근에 석주(石洲) 권필(權鞸) 옹이 붓과 벼루를 태우고 절필한 것[33]을 본받아서, 시를 짓지 않겠다고 맹세한 것이 거의 서너 해가 되었다. 지난 해[광해군 7, 1615, 을묘] 중국에 사신 갔다가, 도중에 어렵고 고통스러워서 근심을 풀 길 없어서, 짐짓 다시 손이 움직이는 대로 마음 속을 베껴내어 한 때의 감회를 시에 우탁하자, 오랜 시간이 지나자 비단 시 주머니가 넘쳐났으므로, 그것들을 엮어서 360여 편을 이루었다. 기려하고 고우며 쾌활하고 기름 짐[기염부유(綺艶敷腴)]은 비록 지난날에 미치지 못하지만, 화평하고 돈후함[화평돈후(和平敦厚)]은 젊어서의 작품보다 지나친 점이 있었으니, 마음에 구상을 하여 얻은 것이 아니었기 때문이다. 그렇기 때문에 마침내 깊이 사색하여 얻은 것보다 낮게 된 것으로, 나도 그것이 어떤 연유로 그러한지를 알지 못하겠다. 옛 사람과 비한다면, 비록

감쌌지만, 뱃속에 시서가 있으매 기운이 절로 빛난다. [龍繪大布裹生涯, 腹有詩書氣自華.]'라고 했다.

31) 도끼로 아로새긴: 원문은 '부조(浮藻)'이다. 수식(修飾)을 뜻한다. 『양자법언(揚子法言)』 학행(學行)에 "吾未見好斧藻其德, 若斧藻其粢者也"이라 하였다.

32) 손가락 깨물면 : 한유가 장철(張徹)에게 답한 시(「答張徹」)에, "미친 짓 한 것을 이미 손가락 깨물며 후회하니, 경계하는 글 남기고 인하여 가슴에 새기었네.[悔狂已咋指, 垂誡仍鐫銘]"라고 했다. 한유가 전에 화산(華山) 정상의 험준한 곳에 올라갔다가 내려오지 못하고는 죽을 것이라고 생각하여 집안 식구들에게 유서를 남겨 절대 위험한 곳에 올라가지 말라고 경계한 일을 읊은 것이다.

33) 붓과 벼루를 태우고 절필한 것 : 원문은 '분필연(焚筆硯)'이다. 한유(韓愈)의 「독서(讀書)」 중에 "(전략) 지난 날 처음 스승을 따르면서, 힘써 배우며 벼슬살이로 나아가길 희망했던 일 생각해 보니, 그때 어찌 감히 명성까지 얻고자 하였겠는가? 오직 가난하고 미천한 지위 벗어나기만 기대했지. 책 읽느라 식사도 잊어 버렸으니 해는 이미 저물었고, 밤부터 아침까지 아궁이에 장작을 때었지. 그때 내가 말하길 "뜻을 얻게 된 이후면, 즉시로 붓과 벼루를 불살라 버리고, 고생했던 시절 조금이나마 보상받기 위해, 실컷 잠자고 먹는 일에만 충실해야지."라고 하였네.(후략)[念昔始從師, 力學希仕宦. 豈敢取聲名, 惟期脫貧賤. 忘食日已晡, 燃薪夜侵旦. 謂言得志後, 便可焚筆硯. 少償辛苦時, 惟事寢與飯]"라고 했다.

나란히 함께 말을 몰아 내달릴 수는 없지만, 요컨대 세상에 쓰이는 것으로 말하면, 결여되어 있다는 한탄은 절로 없다. 식견이 있는 사람은 나의 말을 인가해줄 것인가 아닌가?

난우(蘭嵎) 주태사(朱太史)34)가 내 문집의 서문을 구아(九我) 이각로(李閣老)35)17)에게 청하면서 평하기를,36) "시는 화천(華泉) 변공(邊貢)37)

---

34) 주태사(朱太史): 명나라 주지번(朱之蕃). 자는 원평(元平), 난우(蘭嵎)는 그의 호이다. 명나라 신종(神宗) 34년(1606) 사신으로 조선에 왔다. 허균은 원접사(遠接使) 유근(柳根)의 종사관으로 주지번을 만났다.

35) 이각로(李閣老) = 명나라 문신 이정기(李廷機, 1542~1616). 자는 이장(爾長), 호는 구아(九我). 주지번(朱之蕃)의 부탁으로 허균의 『성소부부고(惺所覆瓿藁)』에 서문을 썼다. 이정기(李廷機, 1542~1616). 저서로 『사서억설(四書臆說)』과 『통감절요(通鑑節要)』 등이 있다. 각로(閣老)는 당시 이정기의 벼슬 이름이다.

36) 난우…평하기를: 주지번이 조선에 왔을 때 허균의 시문을 읽어보고 감탄하여 전집을 보여달라고 청했으므로, 허균은 광해군 5년(1613) 문집 1부를 중국으로 보내면서, "해내(海內) 대방가(大方家)의 일언(一言)을 빌려 책머리를 장식하고 싶다."라고 부탁했다. 이때 주지번이 이정기에게 부탁했으므로, 이정기가 서문을 지어, 그것이 현전본 『성소부부고』의 권수(卷首)에 실려 있다. "만력(萬曆) 계축년(1613, 광해군5) 계춘(季春) 하사일(下巳日)에 진강(晉江) 이정기 이장보(李廷機爾張父)는 쓴다."라고 서명했다. 이정기는 주지번의 평어를 인용했는데, 주지번은 허균의 시문에 대해 "그의 문(文)은 우여 완량(紆餘婉亮)하여 왕엄주(王弇州)의 만경(晚景)과 비슷하고, 시(詩)는 창달 섬려(鬯達贍麗)하여 변화천(邊華泉)의 아치(雅致)가 있다.[其文紆餘婉亮, 似弇州晚境. 其詩鬯達贍麗, 有華泉雅致.]"라고 했다.

37) 변공(邊貢, 1476~1532): 명나라 문인. 십재자(十才者)의 1인. 자는 정실(廷實), 호는 화천(華泉), 산동성(山東省) 제남(濟南) 사람. 벼슬은 호부상서(戶部尙書)에 이르렀다. 허균은 일찍이 「변화천집을 읽고서[讀邊華泉集]」를 지어 『성소부부고』 제2권 「시부2 ○ 병한잡술(病閑雜述)」에 남아 있다. "상서의 시는 비단에 꽃을 더한 격으로 좋으니, 심전기(沈佺期)・송지문(宋之問), 고적(高適)・왕유(王維)들아 너희는 뽐내질 마라. 자호(하양준)가 참으로 식자임을 믿겠네. 청고하고 농염하여 역시나 명가로세. 하양준(何良俊, 1506~1573)의 초자(初字)는 등지(登之), 후자(後字)는 원랑(元朗), 호는 자호(柘湖)로, 송강(松江) 화정(華亭) 사람이다. 가정(嘉靖) 31년(1552) 세공생(歲貢生) 신분으로 특별히 남경 한림원 공목(南京翰林院孔目)에 제수되었다. 박학으로 이름이 높아서, 양신(楊愼), 호응린(胡應麟), 왕세정(王世貞)에 버금간다고 일컬어졌다. 저서로 『사우재총설(四友齋叢說)』, 『하한림집(何翰林集)』, 『자호집(柘湖集)』, 『청림각집(淸森閣集)』, 『하씨어림(何氏語林)』, 『세설신어보(世說新語補)』, 『서화명심록(書畵銘心錄)』, 『계상청언(溪上淸言)』 등이 있다.

의 맑은 운치가 있고, 문장은 엄주(弇州) 왕세정(王世貞)38)의 만년 경지
와 비슷합니다."라고 했으니, 뜻밖에 지나치게 추켜준 듯하여서, 이것은
감당하지 못한다. 그렇기는 하지만, 남의 발 아래서 살아가는 것은 깊이
부끄럽게 여기는 바이기에, 차라리 닭의 부리가 되는 것이 낫지 않겠는
가? 짐짓 이 시권의 머리에 이 글을 두어, 남들이 더 괴이하게 여기고
꾸짖게 만들고자 한다.

　　때는 명나라 만력(萬曆)39) 병진(丙辰: 1616) 3월 3일40) 저녁, 촉재주인
(燭齋主人)이 용만(龍灣: 평안북도 의주)의 반금당(伴琴堂)에서 쓴다.

　『을병조천록』에는 중국시의 차운도 여러 편이다. 이 시들은 허균이
부단히 시학을 연찬하고, 고인의 정신 경계를 닮고자 고투한 사실을
잘 보여준다.

　　1-18. 자앙41)의 시에 차운하다[次子昂韻]
　　1-84. 살천석42) 체를 본떠[效薩天錫體]

---

38) 왕세정(王世貞, 1526~1590): 명나라 문인. 자는 원미(元美), 엄주는 그의 호인데,
　　다른 호로 봉주(鳳洲)가 있다. 이반룡(李攀龍)과 나란히 일컬어졌다. 벼슬은 형부상서
　　(刑部尙書)에 이르렀다.

39) 만력(萬曆): 명나라 신종(神宗)의 연호.

40) 병진(丙辰, 1616) 3월 3일: 『광해군일기(光海君日記)』 제100권, 광해군 8년 2월 29일
　　(경오) 조에, 일 "예조에서 글을 올려 왕께 아뢰기를, 이번에 동지 사은 겸 진주사로
　　갔던 민형남(閔馨男)과 허균이 황제의 칙서를 가지고 왔습니다.[禮曹啓曰: 今此冬至謝
　　恩兼陳奏使閔馨男許筠等賚來.]"라고 했다. 사신 일행이 의주(義州)에 도착한 날에 이
　　기사를 실어둔 것이라고 추정된다.

41) 자앙(子昂): 당나라 시인 진자앙(陳子昂, 661~702). 자는 백옥(伯玉). 광택진사(光宅
　　進士)로 뽑히어 벼슬이 인대 정자(麟臺正字)가 되어 측천무후(則天武后)에게 정치 개
　　혁을 상주(上奏)하였는데, 정적의 모함으로 결국 후에 옥중에서 죽었다. 저서로 『陳伯
　　玉集』이 있다.

42) 살천석(薩天錫): 원(元)나라 사람 살도랄(薩都剌). 천석(天錫)은 그의 자(字)임. 호는
　　직재(直齋). 할아버지의 훈공으로 유진운대(留鎭雲代)가 되어 벼슬이 어사(御史)에 이

1-85. 정학년43) 체를 본떠[效丁鶴年體]

1-86. 양광보 체를 본떠[效楊廣夫體]

1-87. 관운석44) 체(貫雲石體)

1-88. 황숙양45) 체(黃叔暘體)

1-89. 예운림46) 체(倪雲林體)

2-12. 왕우승47) 시를 읽고[讀王右丞詩]

2-38. 「설날 새벽에 꿈속에서 원나라 학사 우도원 집48)과 우리나라 쌍매
당 이첨49)을 뵙고 깨어 그것을 기록하다[元曉夢見勝國學士虞道園集國朝

르렀다. 그의 글은 웅건하고, 시는 유려 청완(流麗淸婉)하다. 안경(安慶) 사공산 태백
대(司空山太白臺)에 들어가 80여 세를 살았다. 저술에 『안문집(雁門集)』이 있다.

43) 정학년(丁鶴年): 명나라 사람. 회회인(回回人)으로 색목인(色目人). 정효자전(丁孝子
傳)의 주인공. 슬픈 주제의 시를 잘 지었다.

44) 관운석(貫雲石): 원(元)나라 사람. 본명은 소운석해애(小雲石海涯). 자호 산재(酸齋).
시호(諡號)는 문정(文靖). 악부(樂府)에 뛰어났다. 인종(仁宗) 때에 한림 시독학사(翰林
侍讀學士)가 되어 지제고(知制誥)에 이르자 벼슬을 그만두고 전당(錢塘)의 시중에서
약을 팔며 숨어 살았다.

45) 황숙양(黃叔暘): 송(宋)나라 민(閩) 사람 황승(黃昇). 숙양은 자(字). 호는 옥림(玉林)
또는 화암사객(花庵詞客). 일찍 과거를 포기하고, 시를 지으며 숨어 살았다. 저술로
『산화암사(散花庵詞)』, 『화암사선(花庵詞選)』 등이 있다.

46) 예운림(倪雲林): 원나라 말년 사람 예찬(倪瓚)의 호. 자는 원진(元鎭). 결벽하고, 시와
그림과 글씨에 뛰어났다. 문집에 『청비각집(淸秘閣集)』이 있다.

47) 왕우승(王右丞): 당나라 왕유(王維). 우승은 그가 만년에 지낸 상서우승(尙書右丞)이
라는 벼슬 이름. 자는 마힐(摩詰). 저술로 『왕우승집(王右丞集)』 6권이 전한다.

48) 우도원집(虞道園集): 원나라 우집(虞集). 도원은 호. 자는 백생(伯生), 시호는 문청(文
淸)이다. 유학(儒學)에 밝아 추천으로 벼슬길에 나아가 규장각시서학사(奎章閣侍書學
士)가 되어 『경세대전(經世大典)』을 찬수하였다. 살도랄(薩都剌), 오내(吳萊), 양유정
(楊維楨)과 함께 원대 사걸(元代四傑)로 일컬어진다. 저술로는 『도원학고록(道園學古
錄)』, 『도원유고(道園類稿)』『평요기(平猺記)』 등이 있다.

49) 이첨(李詹): 고려 말 문장가. 본관은 홍주(洪州, 지금의 홍성). 자는 중숙(中叔). 시호
는 문안(文安). 공민왕 14년(1365)에 감시(監試)에 합격하고, 3년 뒤 친시(親試)에 다시
급제하여 검열(檢閱)이 되고, 여러 벼슬을 거치어 지중추부사(知中樞府事)가 되었으
나, 홍주(洪州)로 유배되기도 하였다. 조선 건국 후 이조전서(吏曹典書)를 거쳐 지의정
부사(知議政府事)로서 명나라 성조(成祖)의 등극을 축하하는 진하부사(進賀副使)로
중국을 다녀왔다. 「저생전(楮生傳)」을 지었다.

雙梅堂李詹 覺而記之]」

2-41. '언덕에 한 선비가 있도다', 백낙천50)의 운을 쓰다[丘中有一士用樂天韻]

2-50. 백낙천51)의 「달리」 시의 운을 쓰다[用樂天達理韻]

2-51. 소강절52)의 「용문도중」 시53)의 운을 쓰다[用康節龍門道中韻]

2-52. 도연명54)의 「동방유일사」 시의 운을 쓰다[用淵明東方有一士]

2-53. 진백사55)의 「밤에 앉아서」 시의 운을 쓰다[用陳白沙夜坐韻]

2-56. 백낙천 시를 본받다[效樂天]

2-77. 우연히 육엄산 심의 문집을 읽었는데 '어떤 사람이 『원사』를 가지

---

50) 낙천(樂天): 당나라 시인인 백거이(白居易)의 자(字). 백거이는 호를 향산거사(香山居士)라 하였다. 벼슬은 형부상서(刑部尙書)에 이르렀다. 저술로 『백씨장경집(白氏長慶集)』이 전한다.

51) 낙천(樂天): 백낙천(白樂天)의 줄인 말. 백낙천은 당(唐)나라 시인이며 문신. 낙천은 그의 자(字). 진사시험에 합격하여 항주(杭州)와 소주(蘇州)의 자사(刺史)를 거쳐 형부상서(刑部尙書)로 치사하고 독실한 불교 신자가 되어 스스로 호를 향산거사(香山居士)라고 하였다. 원진(元)과 창수하여 원백(元白)이라 일컬어지고, 뒤에 유우석(劉禹錫)과 수창하여 또 유백(劉白)이라고도 일컬어졌다. 저술로는 백씨 장경집(白氏長慶集)이 있다.

52) 강절(康節): 송(宋)나라 소강절(邵康節). 이름은 옹(雍). 강절은 그의 시호(諡號).

53) 소옹(邵雍)의 「용문도중작(龍門道中作)」은 칠언율시로, 庚운을 압운했다. 『이천격양집(伊川擊壤集)』에 들어 있다. "物理人情自可明, 何嘗戚戚向平生. 卷舒在我有成筭, 用捨隨時無定名. 滿目雲山俱是樂, 一毫榮辱不須驚. 侯門見說深如海, 三十年來掉臂行.]

54) 연명(淵明): 진(晋)나라 은일사(隱逸士) 도잠(陶潛)의 자(字).

55) 진백사(陳白沙): 명(明)나라 학자 진헌장(陳獻章, 1428~1500). 백사는 진헌장의 호. 자는 공보(公甫). 신회(新會)의 백사리(白沙里) 사람이므로 백사선생(白沙先生)으로 호칭되었다. 신장은 8척, 눈빛은 별과 같았고, 우검(右瞼)에 일곱 개의 흑점이 있어 북두(北斗)와 같았다고 한다. 정통(正統) 12년(1447) 광동(廣東)의 향시(鄕試)에 합격, 다음해 중앙정부에서 행한 회시(會試)에 합격했다. 국자감(國子監)에 입학하여 다시 진사시험을 준비 중이었으나, 오강재(吳康齋, 1391~1469)에게 수학한 후 과거에 대한 의욕을 버렸다. 그의 학문은 정좌(靜坐)를 주로 했다. 명말 청초의 황종희(黃宗羲)는 "명대(明代)의 학문은 백사(白沙)에 이르러서 비로소 정미(精微)한 데 들어갔다. 그 가장 중요한 공부는 함양(涵養)에 있다.……왕양명에 이르러 커졌다. 두 선생의 학문이 가장 가깝다고 하겠다."라고 말했다.

고 있기에 20맥(2천 전)을 주고 얻었다고 하였고, 시에 "돈주머니에서 꼭 삼순의 끼니에 쓸 돈을 덜었더니 서가에 한 다발 책이 더했네. 고전 서적56)이 늘 손에 있다면야 초가집에서 생선 먹지 못해도 혐의 않으리" 라고 하였으므로, 시를 읽으면서 아주 나의 소박한 소원에 들어맞기에, 옛 사람이 나보다 앞서 내 마음을 제대로 파악한 것이기에, 마침내 그 운자를 하나하나 사용하여 화운한다[偶閱陸儼山(深)集有人持元史至用二 十陌得之, 詩云: '囊中恰減三旬用, 架上新添一束書. 但使典墳常在手, 未嫌 茅舍食無魚.' 讀之深協鄙願, 古人實獲我心, 逐步韻和之云]

위의 시들 가운데 2-77에서 허균이 언급한 육엄산(심)[陸儼山(深)]은 육심(陸深, 1477~1544), 초명은 영(榮), 자(字)는 자연(子淵), 호는 엄산(儼 山)이다. 직예(直隷) 상해현(上海縣)[지금 상해시(上海市)] 사람이다. 『사 고전서』본 『엄산집(儼山集)』속집(續集) 권7 칠언절구(七言絶句)「人持元 史用二十陌得之」"囊中恰減三旬用, 架上新添一束書. 但使典墳常在 手, 未嫌茅舍食無魚."57) 문징명(文徵明, 1470~1559)은「육문유공전집

---

56) 전분(典墳): 삼황 오제(三皇五帝)의 책인 삼분 오전(三墳五典)의 준말로, 고서(古書) 를 가리키기도 함.

57) 홍치(弘治) 14년 신유(辛酉, 1501)에 천향시(天鄕試)의 해원(解元)[제1등 거인(擧人)] 으로 홍치 18년(을축, 1505) 진사가 되고 한림원 서길사(翰林院庶吉士)로 선발되어 편수(編修)를 제수받았다. 환관 유근(劉瑾)의 미움을 사서 남경예부 정선사 주사(南京 禮部精膳司主事)가 되었다가, 유근이 복주(伏誅)한 후 다시 편수가 되었다. 여러 관직 을 거쳐 가정(嘉靖) 15년(1538) 광록시경(光祿寺卿)에 배수되고, 다음 해 태상시 겸 시독학사(太常寺卿兼侍讀學士)가 되고, 이후 첨사부 첨사(詹事府詹事)에 이르렀다. 죽은 후 예부시랑(禮部侍郎)에 추증되고 문유(文裕)의 시호를 받았다. 상해 포동(浦東) 의 육가취(陸家嘴)에 고택이 있어, 그 지명이 있게 되었다. 어려서 서정경(徐禎卿)과 함께 독서를 하고, 뒤에 왕양명의 부친 왕화(王華)의 문생이 되었다. 글씨를 잘 썼는데, 이옹(李邕)·조맹부(趙孟頫) 체를 본받았다. 저술로 『엄산문집(儼山文集)』 1백권, 속 집 10권, 외집 40권이 있어, 합하여 『엄산집』이라고 부른다. 육심의 아들 육즙(陸楫)은 음보(蔭補)로 늠생(廩生)을 거쳐 태학(太學)에 들어갔는데, 저술에 『겸가당고(蒹葭堂 稿)』가 있고, 부친의 뜻을 이어 『고금설해(古今說海)』를 완성했다.

서(陸文裕公全集序)」에서 육심이 젊어서부터 뭇 서적을 섭렵하였고, 이후 패관소설에 이르기끼지 열람하지 않은 것이 없다고 했다.[58] 양명심학과 관련하여 육심은 왕수인(王守仁, 1472~1528)의 토역(討逆)을 긍정하되, 심학의 말류가 학문을 버리고 서적을 보지 않는 과격함을 비판하여, 「학설(學說)」에서 '육경개심학(六經皆心學)'설을 제시했다.[59] 육심은 전칠자(前七子)의 이몽양(李夢陽)·하경명(何景明)과 친분이 있어서, 세 사람이 함께 원개(袁凱)의 『해수집(海叟集)』을 교선(校選)하기도 했다. 하지만 문학상의 주장은 달랐다. 육심은 공자의 '博學以廣識' 전통을 계승했다.[60] 그래서 작시에서는 답습의 폐단을 배격하고 문장은 흉중에서 우러나와야 진정한 문자일 수 있다고 하였다. 혹자는 육심이 이지(李贄)의 '일념본심(一念本心)'설이나 원종도(袁宗道)의 '학고귀달(學古貴達)', 원굉도(袁宏道)의 '직서흉억(直書胸臆)'의 선구라고 보기도 한다. 육심은 『고금설해』 편찬에 복고운동과 양명심학을 반영시켰다. 즉 명 중엽에 사림에 '호고박아(好古博雅)' 의식이 팽배했다. 『고금설해

---

58) 公自爲擧子, 已能博涉群書, 遊心古學. 及以高科入仕, 首被是選, 獨能於程限之外, 益事貫綜, 群經·子史·禮樂·名物·陰陽·律曆·山經·地志, 下逮稗官小說, 靡不披覽, 而將以勤劬, 生平所作, 無慮千數. 而高才卓識, 足以驅獲推衍, 故摛詞發藻, 迥出輩流, 品騭精詣, 咸有據依. 見諸論著, 莫不合作.

59) 難之者曰 : "聖賢之學以致用也, 學而弗用, 焉用學?"應之曰 : "事必有體, 用斯由焉. 不惟其體惟其用, 猶之室而無基, 步而不履, 難矣哉! 故心者, 身之體也. 身者, 家之體也. 家者, 國之體也. 國者, 天下之體也. 孔子之於『大學』, 其論修齊治平, 必先之以格致誠正, 是固用之說也."曰 : "聖人作經, 詔告萬世, 正學門戶, 惟玆肯綮, 子知斂華以近裏美矣. 循子之說, 固將擧六經而盡棄之耶?"曰 : "非是之謂也, 凡學以爲身也, 爲身以爲心也, 六經皆心學也, 豈曰聖人辯且博哉? 況古者誦詩讀書, 皆爲養心設也, 徒玩其土苴而忘其精粹. 反之, 此心不有得焉. 吾恐群聖人作經之志荒矣, 望於天下後世者孤矣. 彼禪寂者, 吾固非之. 章句之儒, 亦所不取也."

60) 陸深, 「理學括要序」, 『儼山集』, 권51. "自昔聖賢其志廣, 其學博, 其守約. 志廣, 故欲以成天下之務, 學博, 故必以周天下之故. 守約, 故嘗不外乎此心之神明. 蓋非約不足以該博, 非博不足以濟務."

(古今說海)』의 편찬은 육심의 '호고박아' 의식의 결과이다.[61]

　허균은 2-41 「언덕에 한 선비가 있도다', 백낙천의 운을 쓰다[丘中有一士用樂天韻]」에서, 공명을 사모하지 않고, 고향에 돌아가 쉬고 싶다는 간절한 생각을 토로했다.[62] 2-50 「백낙천의 〈달리〉 시의 운을 쓰다[用樂天達理韻]」에서는 백낙천의 시는 2수인데,[63] 한 수만 지었다. '달리'의 경지를 추구했다.[64] 허균은 또한 2-52 「도연명의 〈동방유일사〉 시의 운을 쓰다[用淵明東方有一士]」에서 은둔의 지향을 드러냈다.

---

61) 謝文華, 「好古博雅之實踐─論陸深與叢刻小說『古今說海』」, 『成大中文學報』第六十三期, 國立成功大學中文系, 2018.12., 79-100쪽. 『고금설해』는 가정 23년(1544) 출판되었는데, 명나라 때 소설을 수록한 총서로서 주목된다. 당금(唐錦)의 「고금설해인(古今說海引)」에 따르면 편집자는 육심의 아들 육즙으로 되어 있으나, 서적의 명명, 서목의 정선, 각공 모집 등의 대소사를 육심이 맡았다. 육심은 팔에 통증이 심했고, 아들 육즙은 병약했으므로 『고금설해』·『엄산외집(儼山外集)』 및 『두진론(痘疹論)』 등의 편찬 작업을 외생(外甥) 황표(黃標)에게 맡겼다.

62) 제1 "丘中有一士, 本不慕功名. 願向成都肆, 賣卜如君平. 誤被塵網牽, 頻年長遠行. 浮榮不滿眼, 恥與群兒爭. 萬物皆一體, 何必拘吾形. 燕關草將綠, 衆禽始春聲. 久客時歲變, 悠哉故園情. 故園山水好, 歸去安沉冥."제2 "丘中有一士, 入山恐不深. 自得峨洋趣, 何勞奏鳴琴. 冥然坐離形, 歲暮忘寒陰. 不洗巢父耳, 寧拾延陵金. 鮮雲垂澗谷, 惠風仔穹林. 我欲去招隱, 俗慮紛相侵. 永懷霞外蹤, 日夕成悲吟. 佳期倘不渝, 勖哉我知心."

63) 백거이의 시는 2수이다. 제1 "何物壯不老, 何時窮不通. 如彼音與律. 宛轉旋爲宮. 我命獨何薄, 多悴而少豐. 當壯已先衰, 暫泰還長窮, 我無奈命何, 委順以待終. 命無奈我何, 方寸如虛空. 嘗然與化俱, 混然與俗同. 誰能坐此苦, 齷齪於其中."제2 "舒姑化爲泉, 牛哀病作虎. 或柳生肘間, 或男變爲女. 鳥獸及水木, 本不與民伍. 胡然生變遷, 不待死歸土. 百骸是己物, 尙不能爲主. 況彼時命間, 倚伏何足數. 時來不可遏, 命去焉能取. 唯當養浩然, 吾聞達人語."

64) "天君初寂然, 有時能感通. 當其始操存, 如帝坐法宮. 倏然念紛起, 憂喜隨悴豐. 莫嘆顏子夭, 莫悲原憲貧[窮의 잘못]. 道在意卽泰, 順理聊待終. 但令人欲盡, 秋月明寒空. 世間閑富貴, 肯與群兒同. 安宅是何所, 只在阿堵中."

2-52. 도연명의 「동방유일사」 시의 운을 쓰다[用淵明東方有一士]

동방에 한 사람 선비가 있으니
겉으론 말랐으나 정신은 속내 가득.
때때로 손님이 찾아오면
일어나 헌 의관을 주섬주섬.
비록 바위틈 굴에서 살지라도
검은머리에 어린 아이 얼굴.
아내와 자식에겐 작은 누도 안 끼치거늘
명리의 관문에 어찌 나아가랴.
다만 앉아서 흰 구름이
일천 봉우리 끝에 기멸하는 것을 바라보네.
바람과 시내는 오음에 맞춰 격동하니
아쟁이나 거문고를 연주할 일이 없네.
고고한 자취를 더위잡기 어려워라
붉은 하늘에는 공작 난새 비상하네.
힘써라! 저와 같이 늙기를 원할진댄
이 맹서를 꼭 지켜 어기지 말기를.

東方有一士, 外槁神內完. 有時見客來, 起攝弊衣冠.
雖居岩石間, 綠髮仍童顏. 不貽妻子累, 肯踽名利關.
但坐觀白雲, 起滅千峰端. 風泉激宮徵, 不必牙琴彈.
高蹤迫難攀, 赤宵翔孔鸞. 勖哉同老願, 此盟期不寒.

「동방유일사」란 도연명의 「팔운시(八韻詩)」로, 곧, 「의고(擬古)」라는 제목으로 남은 9수 가운데 제5수를 말한다. 그 시는 다음과 같다.

동방에 한 선비가 있어 　　　　　　　　　　　東方有一士

옷을 입은 것이 늘 몸을 다 가리지 못하고, 　　　被服常不完

삼순에 아홉 번 밥을 먹고 　　　　　　　　　三旬九遇食

십년에 한 번 새 관을 써서, 　　　　　　　　十年著一冠

쓰라림과 고달픔을 이에 비할 바 없거늘 　　辛苦無此比

늘 좋은 얼굴을 하고 있다고 했다. 　　　　　常有好容顔

내가 그 사람을 보고 싶어서 　　　　　　　　我欲觀其人

아침에 떠나 황하의 관소를 넘어가니 　　　晨去越河關

푸른 소나무는 길 양편에 자라나 있고 　　青松夾路生

흰 구름은 처마 끝에 묵는다. 　　　　　　　白雲宿簷端

내가 일부러 온 뜻을 알고는 　　　　　　　知我故來意

거문고를 들고 나를 위해 타는데 　　　　　取琴爲我彈

위의 현에서는 이별한 학을 놀래키고 　　上絃驚別鶴

아래 현에서는 외론 난새를 조종하는 듯했다. 下絃操孤鸞

바라건대 여기 남아 그대의 곳에서 머물며 願留就君住

이제부터 세한까지 지내고 싶습니다. 　　從今至歲寒

　유향(劉向)이 엮은 『설원(說苑)』에 보면 자사(子思)가 삼순구식(三旬
九食)했다고 한다. 동방의 선비도 삼순구식할 만큼 가난했다고 한다.
하지만 그 정신은 맑기에 늘 좋은 얼굴을 하고 있다고 했다. 그의 거
처는 푸른 소나무가 길을 끼고 양켠에 자라나 있고 흰 구름이 처마
끝에 묵는 곳이다. 게다가 그는 거문고를 타면 위의 현에서는 이별한
학을 놀래키고 아래 현에서는 외로운 난새를 조종할 정도다. 도연명
은 동방일사의 정신 경계를 노래하면서 스스로의 지향을 밝혔다. 즉,
도연명은 독립 특행하는 지사를 동방일사에 가탁한 것이다. 허균은
도연명의 이 노래를 차용하여 스스로의 지향을 밝혔다.

4. 『을병조천록』의 자술시(自述詩)

허균은『을병조천록』에서 자신만의 시학을 실천하는데 큰 공을 들였다. 형식면에서 보면 허균은 절구(특히 칠언절구)와 선련체(蟬聯體) 고시를 통해, 언어의 지시적 기능을 간명화하고 그로써 오히려 함축적 기능을 극대화하는 여백의 미학을 실천했다.

그런데『을병조천록』에서 허균은 자신의 일생을 돌아보며 서술하는 자술시나 회고의 심경을 토로한 시를 여럿 남겼다. 그 가운데 주목되는 것은 2-76「병중에 회포를 기록하여 평생을 추억하다[病中記懷追平生]」 20수의 칠언절구 연작이다.

2-76. 병중에 회포를 기록하여 평생을 추억하다[病中記懷追平生]

제1
박복하여 열두 살에 고아되는 슬픔을 견뎌야 하여
종종 걸음으로 뜰 지나다가 『시』 익혔느냐 더는 듣지 못했네.
반평생 실의에 빠져 선친의 가르치심 어기고
부끄럽게 벼슬 탐해 상대부까지 오르다니.
譾薄堪悲十二孤, 聞詩無復過庭趨.
半生落拓荒先訓, 慙愧官叨上大夫.

제2
몸가짐은 이전부터 검속하질 않아서
진흙길에 떠밀리느라 세월을 허비했다만,
다방과 술집이 인간 세상에 가득하기에
지위에 만족할 뿐[65] 고관 제수[66] 바라지 않았건만.

操行從前乏町畦, 泥塗甲子費推挤.
茶坊酒肆人間世, 素位無心望析珪.

제3
선을 행해도 이름 없고 악도 형벌 받지 않는 세상
하늘 더럽히는 참소 비방 시끄러워도 괘념않았네.
늙어가며 양주 꿈67) 이미 깬 뒤로
짐짓 금마문68)을 향한 지 열두 해.
爲善無名惡不刑, 熏天讒謗任轟霆.
老來已罷楊州夢, 聊向金門作歲星.

---

65) 순리에 따를 뿐 : 원문은 '소위(素位)'이다. 『중용』 14장 "군자는 현재의 위치에 따라
   행하고, 그 밖의 것을 원하지 않는다.[君子素其位而行, 不願乎其外]"에서 가져왔다.
66) 고관 제수: 원문은 '석규(析珪)'로, '析圭'로도 표기한다. 본래 고대의 제왕이 작위에
   따라 옥규(玉圭)를 반포하는 것을 말한다. 『한서(漢書)』 「사마상여전(司馬相如傳) 하
   (下)」에, "옛날에는 부절을 쪼개어 봉하고, 옥규를 잘라서 작위를 주었다.[故有剖符之
   封, 析圭而爵.]"라고 했는데, '圭'는 다른 텍스트에 '珪'로 되어 있다고 했다. 안사고(顏
   師古) 주(注)는 여순(如淳)의 설을 인용하여, "석(析)은 가운데를 나누는 것[中分]이다.
   흰 부분은 천자가 보관하고 푸른 부분은 제후가 보유한다.[白藏天子, 靑在諸侯.]"라고
   했다. 후대에는 관직을 제수하는 것을 말한다. 당나라 이예(李乂)의 시 「여름날 사마
   원외와 손 원외가 북쪽으로 가는 것을 전송하며[夏日送司馬員外孫員外北征]」에, "규
   옥을 나누어 맡아 부절 집고 가며, 관인을 지참하고 깃발을 나누어 받았네.[析珪行仗
   節, 持印且分麾.]"라고 했다.
67) 양주 꿈 : 원문은 '양주몽(楊州夢)'. 세속의 즐거움을 좇으며 허무하게 세월을 보낸
   것을 뜻한다. 당나라 두목(杜牧)이 강남의 양주(揚州)에서 회남 절도사(淮南節度使)
   우승유(牛僧孺)의 막료(幕僚)로 있을 때 홍등가(紅燈街)에서 풍류를 즐기는 등 환락을
   실컷 맛보았는데, 뒤에 낙양에 와서 꿈처럼 허환(虛幻)했던 당시의 일을 술회하며 「견
   회(遣懷)」 시를 지어, "십 년 만에 양주의 꿈을 한번 깨고 보니, 청루에서 박정하다는
   이름만 실컷 얻었구나.[十年一覺楊州夢, 占得靑樓薄倖名.]"라고 했다.
68) 금문(金門): 금마문(金馬門)의 준말. 한(漢)나라 미앙궁(未央宮) 정문에 황금으로 만
   든 말을 세워 놓았기 때문에 붙여진 이름으로, 여기서는 사행으로 연경(燕京)에 와서
   1년이 됨을 이른 것이다.

제4

병 많은 잔약한 몸이 너무도 졸렬하여

어머니와 형이 사랑해주거늘 세월을 허송했네.69)

경전 전념하는 학구에게도 부끄럽기에

집에 전하는 사부70) 서적을 독파했다네.

多病孱軀任拙疎, 母兄嬌愛貸居諸.

專經學究猶慙恥, 讀破家傳四部書.

제5

염정이 비단 시주머니71)에서 처음 나올 때

온정균 이상은72) 진관 황정견73)이 일시에 모인 격이었고,

협객편과 신악부를 즐겨 지었더니

지금도 사람들은 석춘사74)를 외고 있네.

艶情初出錦囊詩, 溫李秦黃萃一時

喜作狹斜新樂府, 至今人誦惜春詞.

---

69) 세월을 허송했네 : 원문의 '거저(居諸)'는 일거월저(日居月諸)의 준말로, 세월이 흘러 가는 것을 말한다. 『시경』「패풍(邶風) 일월(日月)」, 에 "해와 달이시여, 지상을 비추어 주시니, 이와 같은 사람이여, 옛 도리로 처하지 않는구나.[日居月諸, 照臨下土. 乃如之 人兮, 逝不古處.]"라고 했다.

70) 사부(四部): 옛 목록학에서 경(經)·사(史)·자(子)·집(集)을 이른다.

71) 비단 시주머니 : 원문은 '금낭(錦囊)'이다. 당나라 시인 이하(李賀)가 출타할 때 그의 종[奚奴]의 등에 자신이 지은 시를 넣을 비단 주머니를 지고 다니게 했던 데서 유래했 다. 해낭(奚囊)이라고도 한다. 『신당서(新唐書)』권203「문예열전(文藝列傳) 하(下) 이하(李賀)」.

72) 만당(晩唐)의 온정균(溫庭筠)과 이상은(李商隱)은 기려(綺麗)한 풍격(風格)의 시를 잘 지었다.

73) 원문의 '진황'은 황정견(黃庭堅)과 진관(秦觀)을 말한다.

74) 석춘사(惜春詞): 가는 봄을 아깝게 여기어 그 마음을 표현한 노래. 당나라 온정균(溫庭 筠, 812?~866)의 작품이 유명하다. 여기서는 허균이 자신의 시를 온정균의 시에 빗댄 것이다.

제6

금화전75)과 옥서76)에서 소년 시절 노닐고

삼주77)에 인끈 차고 나가 거의 쉴 만했으니,

관직이 상서에 이르는 것도 역시 영화롭다만

한 언덕과 한 골짜기78) 또한 풍류였다네.

金華玉署少年遊, 佩印三洲汔可休.

官至尙書亦榮矣, 一丘一壑且風流.

제7

글 지으면 다만 내 말을 잘 전하면 그만이라

후미진 것 찾아내고 기괴한 것 들춰낼 필요가 없지.

문사의 근원이 삼협의 물 쏟는 듯하면79) 되는 걸

분칠하고 눈썹 그려 서시80) 닮을 필요 없지.

---

75) 금화전: 한나라 때 미앙궁(未央宮) 안에 있던 궁전. 성제(成帝)가 일찍이 이곳에서
  『상서(尙書)』와 『논어(論語)』 등의 강론을 들었다. 후대에는 연(經筵)이나 서연(書筵)
  을 뜻했다.

76) 옥서(玉署): 옥당(玉堂). 홍문관의 별칭(別稱).

77) 삼주(三洲): 삼척(三陟). 허균은 선조 40년(1607) 3월에 삼척부사(三陟府使)로 나갔다
  가 5월에 파직되어 돌아와 7월에 사복시정(司僕寺正)이 되었다.

78) 일구일학(一丘一壑): 은거(隱居) 또는 은거지(隱居地)를 말한다. 『한서(漢書)』 권100
  「서전 상(敍傳上)」의 "한 골짜기에서 고기를 낚으니 만물이 그 뜻을 범하지 못하고,
  한 언덕 위에서 소요하니 천하에 그 즐거움을 바꿀 것이 없다.[漁釣於一壑, 則萬物不奸
  其志, 棲遲於一丘, 則天下不易其樂.]"에서 유래했다.

79) 삼협의 물 쏟는 듯: 원문은 '경협수(傾峽水)'이다. 두보(杜甫)의 「취가행(醉歌行)」 시
  에, "문장의 근원은 삼협의 물을 기울인 듯하고, 필력의 전진(前陣)은 천군을 쓸어버릴
  기세이네.[詞源倒流三峽水, 筆陣獨掃千人軍.]"라고 하였다.

80) 서시(西施): 춘추시대 월(越)나라 미인. 월왕(越王) 구천(句踐)이 오왕(吳王) 부차(夫
  差)에게 패하고 회계(會稽)에서 복수를 다짐할 때, 범여(范蠡)가 서시를 오왕에 바쳐
  황음(荒淫)에 빠지게 했다. 이에 따라 월나라는 오나라를 정복하게 되었는데, 서시는
  범여를 따라 오호(五湖)로 달아났다고 한다. 단, 허균은 서시가 범여를 따라 달아났다
  는 설을 부정했다.

爲文只可達吾辭, 未必冥搜極怪奇.

但得詞源傾峽水, 不須粧抹效西施.

제8

구름 위 치솟는 기상81)을 당시 누가 감상했으랴

분분하게 부화한 비평은 듣고 싶지 않아라.

병들어 무릉에 누웠어도82) 세상을 업신여겼지만

사마상여는 탁문군을 반려로 달게 여겼네.83)

當時誰解賞凌雲, 浮議紛紜不欲聞.

病臥茂陵猶慢世, 相如堪伴卓文君.

제9

명리 길로 내달리는 기술이 본디 성글어

표주박 물 마시는 누항84)의 한가함을 사랑했으니,

---

81) 구름 위로 치솟는 기상 : 원문은 '능운(凌雲)'이다. 한(漢)나라 사마상여(司馬相如)의
    문장을 '능운건필(凌雲健筆)'이라 일컫는다. 사마상여는 무제(武帝)가 신선을 좋아하
    는 것을 알고 「대인부(大人賦)」를 지어 바쳤는데, 무제는 이를 두고 "표표히 구름 위에
    치솟는 기상이 있고, 천지 사이에 노니는 듯한 의취가 있다.[飄飄有凌雲之氣, 似游天地
    之間意..]"라고 했다. 『사기(史記)』 권117 「사마상여열전(司馬相如列傳)」.
82) 무릉에 누워도 : 한(漢) 나라 사마상여(司馬相如)는 병이 들어 효문원 영(孝文園令)을
    그만두고 무릉(茂陵)에서 여생을 보냈으므로, 사마상여의 별칭으로 보통 무릉을 쓴다.
    사마상여가 죽고 난 뒤 한 무제(漢武帝)가 사신을 보내 그의 저술을 모두 가져오게
    하였는데, 오직 황제에게 봉선(封禪)하기를 권하는 글 한 편만이 남아 있었다고 한다.
    「사마상여열전(司馬相如列傳)」, 『사기(史記)』 권117.
83) 병들어…만족할 만하네: 사마상여(司馬相如)가 임공(臨邛) 부호 탁왕손(卓王孫)의 집
    에서 거문고를 타서 탁왕손의 딸로서 과부였던 탁문군을 꾀어 성도(成都)로 갔으나
    살길이 막연하자, 임공에 목로집을 차려 놓고 탁문군에게는 술을 팔게 하고 사마상여는
    곁에서 그릇을 씻으면서 살았다. 그 뒤에 사마상여가 부귀하게 되어서 무릉(茂陵) 사람
    의 딸을 첩으로 삼으려고 하였는데, 탁문군이 함께 사랑을 이어 갈 수 없다는 내용으로
    「백두음(白頭吟)」을 지어 절교를 통보하자, 사마상여가 이에 그만두었다. 『한서(漢書)』
    권57 「사마상여전(司馬相如傳)」.
84) 누항(陋巷): 원문은 '안항(顏巷)'이다. 안자(顏子)가 살던 누추한 마을.

평생 공후의 저택을 알지 못했거늘

문밖에 오는 장자의 수레를 누가 돌렸던가.

趨走名途術本疎, 一瓢顔巷愛閑居.

平生不識公侯宅, 門外誰迂長者車.

제10

강릉[85]의 옛 별장은 택상(宅相)이 열려

호수 가에 초가 지으니 봉래산[86]이 가까워라.

벼슬 그만두면 갈 곳 없음[87]을 다행히 면했으나

한스럽기는 청명한 시절에 한 번도 못간 일.

舊業江陵宅相開, 結廬湖岸近蓬萊.

休官幸免歸無所, 只恨明時欠一回.

제11

섬강과 치악[88]은 바로 나의 고향[89]

누가 동산을 만들어두고 늙은 나를 기다릴까.

간청하여 관동으로 부절 지니고 갈 수 있다면

가을 되면 소금강[90]에 언와(偃臥)하련다.

---

85) 강릉대(江陵宅): 지금 강원도 강릉시(江陵市) 초당동(草堂洞)에 난설헌(蘭雪軒)의 생가와 애일당(愛日堂)이 보존되어 있다.

86) 봉래(蓬萊): 삼신산(三神山)의 하나. 여기서는 금강산(金剛山)을 가리킴.

87) 갈 곳 없음: 『시경(詩經)』「빈풍(豳風) 구역(九罭)」에, "기러기는 날아서 물가를 따르나니 공이 돌아갈 곳이 없으리[鴻飛遵渚 公歸無所]"한 데서 온 말이다. 이 시는 주공(周公)이 동산(東山)에 가 있을 때 동인(東人)들이 주공이 곧 그곳을 떠나 조정으로 돌아가게 될 것이라는 소식을 듣고 주공을 그리워하여 부른 노래라고 간주되어 왔다.

88) 섬강(蟾江)과 치악(雉嶽): 섬강은 지금의 원주시를 휘감아 돌아 흐르는 강이다. 치악은 곧 치악산으로, 태백산(太白山) 줄기이며, 원주시 남쪽 12km에 있다. 해발 1228m이다.

89) 선산 있는 고향: 원문은 '분유(枌楡)'. 옛날 한 고조(漢高祖)가 고향인 풍(豐) 땅에다 느릅나무 두 그루를 심어서 토지의 신으로 삼았던 분유사(枌楡社)의 고사에서 온 말로, 본래 제왕의 고향을 가리킨다. 뒤에는 아버지의 산소가 있는 곳을 뜻하게 되었다.

蟾江雉嶽是枌楡, 誰築山園待老夫.
乞得關東新使節, 秋來歸臥小蓬壺.

제12
금단91) 한 알을 평생에 잘못 먹어
망령되이 구름 타고 옥경을 오르려 했다가,
늦게야 백양92)의 미묘한 법93) 깨달아
삼보94) 채우자는 것이 나의 정성이었다네.
金丹一粒誤平生, 妄意乘雲上玉京.
晩悟伯陽微妙法, 塞吾三寶固吾精.

제13
『능가경』 4권95)을 탐독해서

---

90) 원문의 '봉호(蓬壺)'는 삼신산(三神山)의 하나인 봉래산의 별칭으로, 모양이 병과 같다
   하여 그렇게 부른다. 대개 금강산을 봉래산, 봉호라고 했다.
91) 금단(金丹): 도사(道士)가 정련(精練)한 황금의 정(精)으로 만든 알약. 먹으면 장생
   불사한다고 믿었다.
92) 백양(伯陽): 도교(道敎)의 개조(開祖)로 알려진 노자(老子) 이이(李耳)의 자(字)이다.
93) 미묘한 법: 무상심심미묘법(無上甚深微妙法). 부처가 깨달은 진리. 본래 위가 없는
   깨달음이며, 깊고 또 깊어서 중생의 사량분별(思量分別)로는 도저히 그 깊이를 알 수
   없다는 뜻이다. 「노장신한열전(老莊申韓列傳)」 제3(『사기』 권63)의 끝에 보면, "태사
   공은 말한다. '노자는 도를 귀하게 여기는데 '허무'라는 것이고, 자연을 따르는 무위
   속에서 반응하여 변화하는 것이다. 그러므로 노자가 지은 책은 말이 미묘하여 알기
   어렵다.[太史公曰: 老子所貴道, 虛無, 因應變化於無爲. 故著書辭稱微妙難識.]"이라
   하였다.
94) 삼보(三寶): 『도덕경(道德經)』 67장에 "나에게는 세 가지 보배가 있는데, 나는 그것을
   지니고 보전해 왔다. 첫째는 자비요, 둘째는 검약이요, 셋째는 감히 천하에서 앞서지
   않음이다.[我有三寶, 持而寶之. 一曰慈, 二曰儉, 三曰不敢爲天下先.]"라고 했다.
95) 능가경(楞伽經): 불경의 하나. 석가모니가 능가성(楞伽城)에서 설하였다고 전하는
   경전으로 여래장사상(如來藏思想) 형성에 중요한 위치를 차지하는 불경. 한역본(漢譯
   本)으로는 구나발타라(求那跋陀羅)가 443년에 번역한 『능가아발타라보경(楞伽阿跋陀
   羅寶經)』 4권, 보리유지(菩提留支)가 513년에 번역한 『입능가경(入楞伽經)』 10권, 실

방촌을 날마다 깨어 있게96) 하여,

나는야 절로 마음을 안정하는 방법 있으니

헛되이 구담97)에 신령을 구걸하랴.

貪讀楞伽四卷經. 便教方寸日惺惺.

吾家自有安心法, 枉向瞿曇苦乞靈.

제14

삼십년 이래 노자와 부처에 탐닉했으나

마음을 설하고 성(性)을 논함이 모두가 헛소리.

대도(大道)가 방책에 있음을 누가 알아서

수사(洙泗)98)의 연원을 한껏 탐구했던가.

三十年來老佛耽, 說心論性摠空談.

誰知大道存方策, 洙泗淵源得縱探.

차난타(實叉難陀)가 700~704년에 걸쳐 번역한 『대승입능가경(大乘入楞伽經)』 7권 등 세 가지가 있다. 신라 때에는 『입능가경』이 가장 많이 유통되었고, 최근에는 7권본 『대승입능가경』이 유통되고 있다. 무분별(無分別)에 의한 깨달음[覺]을 강조한다. 의식(意識)의 본성에 의지하여 모든 현상이 스스로의 마음이 나타낸 바임을 철저하게 깨닫는다면 집착하는 자[能取]와 집착하게 되는 대상[所取]의 대립을 떠나서 무분별의 세계에 이를 수 있다고 주장한다.

96) 깨어 있게: 원문은 '성성(惺惺)'이다. 승려 서암(瑞巖)이 매일같이 자신에게 "주인옹(主人翁)은 깨어 있는가?[主人翁惺惺否]"라고 묻고서, 자신이 "깨어 있노라.[惺惺]"라고 답하면서 마음을 다스렸다고 한다. 주인옹은 마음을 표현한 말이다. 송(宋)나라 때 사양좌(謝良佐)도, "경은 항상 성성하게 하는 법이다.[敬是常惺惺法]"라고 하였다. 『심경부주(心經附註)』 1권 「역곤지육이조 주(易坤之六二條注)」 참조.

97) 구담(瞿曇): 구담미(瞿曇彌, Gautam). 석가의 출가 이전 성(姓). 흔히 석가를 가리킨다. 기존 번역본에서 '적담(翟曇)'으로 판독하고, '묵적(墨翟)과 담무갈(曇無竭)'을 뜻한다고 풀이한 것은 잘못이다.

98) 수사(洙泗): 수수(洙水)와 사수(泗水). 모두 물 이름인데, 공자(孔子)가 이 근처에서 후학을 길렀으므로 원시유학(原始儒學)을 상징한다.

제15

지극한 도는 태극[99] 이전에 생겼으니

선유는 성인을 바랐고 나는 현인을 바랐으니,[100]

분잡한 희로애락을 잘 물리치고

인심의 미발 이전을 체인해야 하리라.

至道生於太極先, 先儒希聖我希賢.

紛然喜怒安排得, 只體人心未發前.

제16

도산 사람[101] 멀리 월천[102]에서 졸했으니

스승의 법통 지켜 누가 자양[103]을 이을 건가.

온 세상 모두가 공리 때문에 잘못되었거늘

다시 어디에서 주염계 장횡거[104]를 보랴.

---

99) 태극(太極): 천지가 아직 열리지 아니하고, 혼돈(混沌)의 상태로 있던 때, 곧 하늘과 땅 음과양이 나누어지기 이전.

100) 선유는…바랐네: 북송(北宋)의 주돈이(周敦頤)는『통서(通書)』「지학(志學)」에서 "선 비는 현인이 되기를 원하고, 현인은 성인이 되기를 원하고, 성인은 하늘처럼 되기를 원한다.[士希賢, 賢希聖, 聖希天.]"라고 하였다.

101) 도산인(陶山人): 퇴계(退溪) 이황(李滉, 1501~1570), 혹은 퇴계를 이은 사람. 이황은 본관이 진보(眞寶). 자는 경호(景浩). 호는 퇴계 외에 도수(陶), 퇴도(退陶). 시호는 문순(文純). 중종 29년(1534)문과에 급제하여 정자(正字)를 거쳐 홍문관 수찬(弘文館 修撰), 성균관 사성(成均館司成)에 오른 뒤 사직했다. 인종 원년(1545) 잠시 전한(典 翰)이 되었다. 거듭된 부름에 단양군수(丹陽郡守)로 있다가 내직의 공조참판(工曹參 判)을 제수받았으나 사양하고 나아가지 않았다.

102) 월천(月川): 퇴계의 제자 조목(趙穆, 1524~1606)으로, 월천은 그의 호이다. 본관은 횡성(橫城), 자는 사경(士敬)이다. 안동 예안 다래 마을, 곧 월천에 살았다. 벼슬에 뜻을 두지 않고 학문에만 몰두하여 대학자로 존경을 받았다. 저서에『월천집』이 있다.

103) 자양(紫陽): 남송 주희(朱熹)의 별호. 안휘성 흡현(安徽省縣) 성(城) 남쪽에 있는 산 이름인데, 주희가 거기서 나서 학문에 대성하여 뒤에 사람들이 서원을 세우고 자양 서원(紫陽書院)이라 했다.

104) 주염계 장횡거: 원문은 '주장(周張)'. 즉 북송 때 학자들인 주돈이(周敦)와 장재(張 載). 주돈이의 자는 무숙(茂叔), 호는 염계(濂溪). 「태극도설(太極圖說)」과『통서(通

陶山人遠月川亡, 師統誰能繼紫陽.

擧世盡爲功利誤, 更從何地見周張.

제17

권여장105) 죽은 후로 세상에 사람 없어

괴이하게도106) 궁함이 와서 나만 친하구나.

생사간에 정을 나눔은 유이(唯二)의 오묘함이니

봄바람에 그리움 일어 눈물이 수건 적시네.

汝章亡後世無人, 弔詭窮來我獨親.

存沒交情唯二妙, 東風相憶淚盈巾.

제18

청명 시절 은퇴는 아무래도 비정하기에

미력이나마 충성 다해 은총에 보답하려네.

도가 합하면 머무르고 어그러지면 떠나는 법107)

안분하여 남은 여생을 마치련다.

淸時言退亦非情, 但竭愚忠答寵榮.

書)』등을 지었다. 장재는 자는 자후(子厚), 호는 횡거(橫渠), 이기일원론(理氣一元說) 을 주장하며 수양론(修養論)을 펴서 주자의 학설에 영향을 주었다.

105) 권여장(權汝章): 권필(權韠, 1569~1612). 본관은 안동(安東), 호는 석주(石洲), 자가 여장이다. 동몽교관(童蒙敎官)이 되었으나 사양하고 강화(江華)로 가서 살았다. 광해 군의 비(妃) 유씨(柳氏) 일가들의 세력을 「궁류시(宮柳詩)」로 풍자했다가 함경도 경원 부(慶源府)로 정배되었는데, 동대문을 나가다 이별주를 마시고 생을 마쳤다.

106) 괴이하게도: 원문은 '적궤(弔詭)'이다. 『장자』「제물론(齊物論)」에 "공자도 그대와 함께 모두 꿈을 꾸고 있다. 또 그대에게 꿈을 꾼다고 말하는 나도 꿈을 꾸고 있는 것이다. 나의 이런 말을 일러 '지극히 의문스러운 것[弔詭]'이라고 한다."라고 했다.

107) 도가…떠나는 법: 「내칙(內則)」, 『예기(禮記)』에, "마흔 살이 되어야 비로소 벼슬을 하는데, 사물에 대하여 계책을 내고 사려를 내어서 도리에 합치할 것 같으면 복종하고 불가할 것 같으면 그만두고 떠나간다.[四十始仕, 方物出謀發慮, 道合則服從, 不可則 去.]"라고 하였다.

道合則留違則去, 只輸安分了餘生.

제19

세 번 조천하여 살쩍은 이미 성글고

담비 갖옷 다 헤지고 생선 반찬 없구나.108)

주머니 비어 부끄럽다고109) 집사람아 비난 마시게.

산방에 만 권 서적을 더할 수 있으리니.

三度朝天鬢已疎, 貂裘弊盡食無魚.

家人莫謫囊羞澀, 添得山房萬卷書.

제20

재주 없고 학술 없이 헛된 이름 훔쳤으나

자그만 노력인들 세상 살이에 보탬이 있었으랴.

종계의 무함을 씻어 조종의 덕을 밝혔으니

이 몸은 가까스로 헛된 삶을 면했네.

無才無學竊虛名, 豈有微勞裨世程.

只洗厚誣明祖德, 此身纔得免虛生.

---

108) 생선 반찬 없구나 : 풍환(馮驩)이 제나라 맹상군(孟嘗君)의 문객(門客)이 되었을 때 좌우로부터 천시를 받자 손으로 칼을 두드리며[彈鋏], "긴 칼아, 돌아가야겠다. 먹자 해도 생선이 없구나. 긴 칼아, 돌아가야겠다. 밖에를 나가려 해도 수레가 없구나. [長鋏歸來乎! 食無魚. 長鋏歸來乎! 出無車.]"라고 노래했다. 그러자 맹상군이 좌우에게 명하여 풍환의 요구를 들어주게 하였다고 한다. 「맹상군열전(孟嘗君列傳)」(『사기(史記)』권75) 참고.

109) 주머니 비어 부끄럽다고: 완낭수삽(阮囊羞澀)의 고사를 거꾸로 인용했다. 동진(東晉)의 완부(阮孚)는 죽림칠현(竹林七賢)의 한 사람인 완함(阮咸)의 아들이다. 관직에 오르기는 했으나 부나 권세에 초연했다. 검은색 주머니를 지니고 회계산(會稽山)을 유람했는데, 어떤 사람이 주머니 안에 무엇이 들어 있느냐고 묻자, 완부는 "아무 것도 없소. 한 푼만 두고 주머니를 보면, 부끄러움을 면할 수 있을 뿐이오."라고 대답했다. 두보도 「빈 주머니[空囊]」 시에서 "주머니가 비면 부끄러울까봐, 동전 한 닢 남겨두었지.[囊空恐羞澀, 留得一錢看.]"라고 읊었다.

[형식] 칠언절구, 수구입운(首句入韻)

제1 上平聲七虞：孤, 趨. 夫.		제2 上平聲八齊：畦, 擠. 珪.
제3 下平聲九靑：刑, 霆. 星.		제4 上平聲六魚：疎, 諸. 書.
제5 上平聲四支：詩, 時. 詞.		제6 下平聲十一尤：遊, 休. 流.
제7 上平聲四支：辭, 奇. 施.		제8 上平聲十二文：雲, 聞. 君.
제9 上平聲六魚：疎, 居. 車.		제10 上平聲十灰：開, 萊. 回.
제11 上平聲七虞：楡, 夫. 壺.		제12 下平聲八庚：生, 京. 精.
제13 下平聲九靑：經. 惺. 靈.		제14 下平聲十三覃：耽, 談. 探.
제15 下平聲一先：先, 賢. 前.		제16 下平聲七陽：亡, 陽. 張.
제17 上平聲十一眞：人, 親. 巾.		제18 下平聲八庚：情, 榮. 生.
제19 上平聲六魚：疎, 魚. 書.		제20 下平聲八庚：名, 程. 生.

제1수에서 열두 살에 부친을 잃은 일, 제2수에서 젊어서 몸가짐에 검속하질 않은 일이 후회하되, 고관을 바라지 않고 자신의 지위에 만족했던 일, 제3수에서 관직에 나가 참소와 비방을 들어야 했던 일을 말햇다.

제4수는 병약하고 모친와 형의 사랑 속에 허송한 후 학구에게도 미치지 못하는 자신이 부끄러워 집안에 소장된 많은 서적을 독파한 일을 회상했다 제5수는 염정시를 즐겨 짓다가 협객편과 신악부의 시풍으로 사람들의 주목을 받은 일을 말했다. 제6수는 삼척부사로 나가 산수를 즐기던 일을 추억했다. 제7수는 시문에서 모방을 배격하고 기세와 달사(達辭)를 지향한 사실을 말했다. 제8수는 사마상여(司馬相如)의 능운기(凌雲氣)를 존숭하고 사마상여가 탁문군(卓文君)을 의지한 일을 부러워했다. 제9수는 자신이 명리 길을 내달리는 기술이 성글어 누항의 한가함을 사랑했다는 사실을 밝혔다. 제10수는 강릉에 옛 별장이 있으나 청명한 시절에 벼슬을 살아 은퇴를 하지 못한 사실을 아쉬워했다. 제11수는 섬강이 눌러나가는 지악의 고향을 그리워했다.

제12수부터 제16수까지는 자신의 사상을 형성해 나온 과정을 말했다. 제12수는 도교의 외단법에 빠졌다가 노자의 오묘한 법을 사색하게 되었다고 밝혔고, 제13수는 『능가경』을 읽으며 성성법(惺惺法)을 실천했지, 불교 자체에 귀의하지는 않았다고 분명히 말했다. 제14수는 삼십년 이래 노자의 설과 부처의 설에 탐닉했으나 그것들은 마음을 설하고 성(性)을 논함이 모두가 헛소리이며 수사(洙泗)의 연원을 탐구해야 한다는 점을 깨달았다고 말했다. 제15수는 주자가 말하듯 인심의 미발 이전 공부에 공을 들여야 한다고 확인했다. 제16수는 주자의 법통을 이은 퇴계 이황과 월천 조목의 학맥이 끊어진 것을 슬퍼했다.

제17수는 권필이 죽은 이후의 고독감을 토로하고, 제18수는 청명한 시절에 은퇴한다는 것은 정리에 맞지 않으므로 충성을 다해 군은에 보답하려 한다는 결심을 토로했다. 제19수는 종계의 무함을 씻어 조종의 덕을 밝혔으므로 가까스로 헛된 삶을 면했다고 안도했다.

제8수에서 허균은 능운(凌雲)의 기사를 지녔던 사마상여(司馬相如)가 만년에 무릉(茂陵)에 병들어 누워 있으면서도 세속을 내리깔아볼 수 있었던 것은 부인 탁문군(卓文君)의 지지가 있었기 때문이라고 했다. 자신을 사마상여에게 견주되, 자신에게는 탁문군과 같은 현처(賢妻)가 없음을 아쉬워 한 것이다. 허균은 20세 때인 1588년에 둘째 형 허봉(許篈)이 금강산에서 죽는 변고를 당하였다. 24세 때인 1592년 4월 임진왜란이 일어났을 때는 어머니 김씨[강릉김씨(江陵金氏) 참판(參判) 김광철(金光轍)의 따님] 및 부인 김씨[안동김씨(安東金氏) 김대섭(金大涉)의 따님]와 함께 피난길에 나서서 함경도 남동쪽의 단천(端川)으로 갔다가, 첫아들을 갓 낳은 부인을 피난길에 잃었고, 첫아들도 뒤에 죽었다.

을병 조천의 기간 동안 허균이 최종적으로 도달한 사상적 위치는, 평양에 이르기 전에 중국인 망명객 왕구경(王九經)의 안부 편지에 답장 겸 써서 보낸 다음 시에 잘 나타나 있다.

이 시보다 앞서 4-4 「왕구경은 촉땅 사람인데 우리나라에 머물러 용천과 철산 사이에 붙여 살고 있으면서 몹시 가난하여 어쩌지 못하고 있었는데, 마침 철산의 객관 차련관에서 만났기에 안타까워서 지어 준다[王九經 蜀人也 留在本國 寓居龍鐵之間 貧不自聊 適相遇於車輦 憫而賦贈]」가 있어서 왕구경은 중국인으로 촉땅 사람인데 용천과 철산 사이에 우거하며 가난한 생활을 하고 있었음을 알 수 있다. 허균은 철산의 객관에서 왕구경을 만나, 그의 처지를 불쌍히 여겨 시를 지어 주고, 다시 이 오언장편을 지어 그를 일종의 도반(道伴)으로 평가한 것이다. 허균은 이 시에서 자신이 현인을 보며 그를 닮고자 생각하고 있으며, "연원을 위로 거슬러 올라가면 주자와 이정에서 주염계에 이르리."라고 스스로 기대했다.

4-5. 왕구경(王九經) 씨의 서신에 신안110)에 도착하였는가를 묻고, "전날의 잘못을 깊이 뉘우치며, 명교 중에 즐거운 경지가 이미 있음을 알겠습니다."라고 하였는데, 가만히 나와 함께 초탈하여 깨달았으니, 기쁨을 이루 말할 수 없을 정도이므로 이 시를 지어서 위로의 말씀을 부치고 다른 날 인증의 바탕으로 삼는다[氏書 問到新安 深悔前非 已知名教中有樂地 暗與不佞同時超悟 喜不能言 賦此寄慰以資他日印正云]

---

110) 신안(新安) : 평안도 정주군(定州郡)에 딸리었던 역(驛).

어려서는 부친의 가르침 어기고

몸가짐에 경계도 검속도 잃어서,

유학 바깥 방외111)의 노닒을 즐겨하여

지향이 하늘의 원리에 조화하려112) 했네.

시문을 길쌈하듯 하고

경술은 또한 출세수단113)으로 삼았을 따름.

벼슬살이 길에 나선지 이십 년

고관 제수받음114)이 부끄러워라.

마음을 수고롭혀 세속 먼지와 들렘에 질리고

---

111) 방외: 세속의 테두리 밖. 도가(道家)나 불가(佛家)를 뜻한다. 「대종사(大宗師)」(『장자
(莊子)』)에, "공자께서 말씀하시길, 그는 방외에서 노니는 자이지만, 나는 방내에서
노니는 자이다.[孔子曰 : 彼遊方之外者也, 而丘遊方之內者也.]"라고 한 데서 나온 말
이다. 송나라 전역(錢易)의 『남부신서(南部新書)』에 "고황(顧況)은 지향은 소일(疎逸)
하니 방외에 가깝다.[顧況志尙疎逸, 近于方外.]"라고 했다. 『시인옥설(詩人玉屑)』은
권20에 '방외(方外)' 항을 두고, 당나라 때 은사 장지화(張志和)가 지은 「어부사(漁父
詞)」를 들었다.

112) 하늘의 원리에 조화하려 : 원문은 '화천예(和天倪)'이다. 천예는 자연의 도(道), 곧
천지조화를 말한다. 「우언(寓言)」(『장자』)에 "치언은 해가 저절로 뜨는 것과 같아서,
자연의 도와 조화한다.[卮言日出, 和以天倪]"라고 했다. 치언은 자연스럽게 마음 가는
대로 하는 말을 가리킨다.

113) 출세수단: 원문은 '전제(筌蹄)'로, 전(筌)은 물고기 잡는 통발, 제(蹄)는 토끼 잡는
올무이다. 목적을 달성하고 나면 잊어버리는 방편을 뜻한다. 「외물(外物)」(『장자(莊
子)』)에 "통발은 물고기를 잡는 도구인데 물고기를 얻으면 통발은 잊고, 올무는 토끼를
잡는 도구인데 토끼를 잡으면 올무는 잊는다."라고 했다.

114) 고관 제수받음: 원문은 '석규(析珪)'로, '析圭'로도 표기한다. 본래 고대의 제왕이
작위에 다라 옥규(玉圭)를 반포하는 것을 말한다. 「사마상여전(司馬相如傳) 하(下)」
(『한서(漢書)』)에, "옛날에는 부절을 쪼개어 봉하고, 옥규를 잘라서 작위를 주었다.
[故有剖符之封, 析圭而爵.]"라고 했는데, '圭'는 다른 텍스트에 '珪'로 되어 있다고
했다. 안사고(顔師古) 주(注)는 여순(如淳)의 설을 인용하여, "석(析)은 가운데를 나
누는 것[中分]이다. 흰 부분은 천자가 보관하고 푸른 부분은 제후가 보유한다.[白藏
天子, 靑在諸侯.]"라고 했다. 후대에는 관직을 제수하는 것을 말한다. 당나라 이예
(李乂)의 시 「여름날 사마 원외와 손 원외가 북쪽으로 가는 것을 전송하며[夏日送司
馬員外孫員外北征]」에, "규옥을 나누어 맡아 부절 집고 가며, 관인을 지참하고 깃발
을 나누어 받았네.[析珪行仗節, 持印且分麾.]"라고 했다.

귀와 눈이 아아 진흙으로 더렵혀졌도다.115)

비록 부처116)에게 참예한다 해도

혼미함을 열기는 부족하기에,

버리고 떠나 노자117)를 따르기도 하고.

망령된 뜻에 구름 사다리118)를 올라 보았으나

충과 효 두 일을 하나도 못 이루고,

흰머리로 장독 속 초파리 꼴119)이 슬픕니다.

올해에는 연경에 조회를 와서

기이한 서적을 살펴보았는데,

늦게야 용우기120)의 설을 보았더니

---

115) 진흙으로 더렵혀 졌도다: 원문은 '도니(塗泥)'이다. 「규괘(睽卦) 상구(上九)」(『주역』)
　　에 "상구는 규(睽)의 때에 외로워 돼지가 진흙을 뒤집어쓴 것과 귀신이 수레에 한가득
　　실려 있는 것을 보는 것이다. 먼저는 활줄을 당겼다가 뒤에는 활줄을 풀어놓는 것이니,
　　적이 아니라 배우자이다. 가서 비를 만나면 길할 것이다.[上九, 睽孤 見豕負塗載鬼一
　　車. 先張之弧, 後說之弧, 非寇, 婚媾. 往遇雨則吉.]"라고 하였다. 정이는 이에 대해,
　　"[상구(上九)가 정응하는 육삼(六三)을 보기를] 돼지가 더러운 데다가 또 진흙을 뒤집
　　어쓰고 있는 것처럼 여기니, 깊이 미워함을 나타낸 것이다. 이미 깊이 미워하면 시기하
　　여 그 죄악을 이루어서 마치 귀신이 한 수레에 가득히 실려 있음을 봄과 같은 것이다.
　　[如豕之汚穢, 而又背負泥塗,]"라고 했다.
116) 부처: 원문은 '황면노(黃面老)'로 '황면노자(黃面老子)'의 준말이다. 석가여래(釋迦
　　如來)를 가리킨다. 불상이 황금빛이기 때문에 이렇게 부른다.
117) 노자: 원문은 '백양(伯陽)'. 노자(老子)의 자(字)가 백양이다. 「노자열전(老子列傳)」
　　(『사기(史記)』 권63)에 "노자의 성은 이(李), 이름은 이(耳), 자는 백양(伯陽), 시호는
　　담(聃)이다."라고 했다.
118) 구름 사다리: 원문은 '운제(雲梯)'로, 신선이 승천(昇天)할 때에 타고 오르는 구름사
　　다리인데, 여기서는 높은 벼슬에 오르는 것을 말한다.
119) 장독 속 초파리 꼴: 원문은 '해계(醢鷄)'로, 술에서 생긴 벌레인 초파리를 말한다.
　　견식이 아주 좁은 사람을 비유한 말이다. 「전자방(田子方)」(『장자』)에, 공자(孔子)가
　　일찍이 노담(老聃)을 만나보고 나와서 안회(顏回)에게 이르기를 "나는 도에 대해서
　　마치 항아리 속의 초파리 같았구나. 부자께서 그 항아리의 덮개를 열어주지 않았더라
　　면 나는 천지의 위대한 참된 모습을 모를 뻔 했다.[丘之於道也, 其猶醢鷄與! 微夫子之
　　發吾覆也, 吾不知天地之大全也.]"라고 했다는 데서 온 말이다.
120) 용공(龍公): 『성학계관억설(聖學啓關臆說)』의 저자 용우기(龍遇奇).

손가락 짚어가며 나를 끝까지 이끌기에,

황연히 깨닫는 비 있어

가뭄에 구름 무지개 본 듯하였지.

복희씨와 주문왕과 주공단과 공자는

높고 아득하니 누가 따라잡겠는가.

현인이 성인 바람을 내 어찌 바라리요

그나마 현인을 보며 닮고자 생각하니,121)

연원을 위로 거슬러 올라가면

주자와 이정에서 주염계에 이르리.122)

한스럽게도 뜻 같이 하는 사람 없어

끼친 지름길을 찾을 이가 없구나.

왕랑은 나는 같은 병을 앓기에

서신을 패강123) 서쪽까지 보내 왔으니,

봉함을 열어보고는 그대 뜻을 알았으니

기쁜 기색이 귀한 골상124)에 비꼈으리.

망념을 버려 홀연 정도로 돌아가서

짐 수레 채장에 가로막대 있음125)을 알겠네.

---

121) 현인을…생각하네. 「이인(里仁)」(『논어』)의 "현인을 보면 그와 같이 되기를 생각하고, 그렇지 못한 자를 보면 안으로 자신을 살펴보아야 한다.[見賢思齊焉 見不賢而內自省也]"라는 공자의 말을 발췌한 것이다.

122) 주자와…이르네 : 원문은 '민락지염계(閩洛至濂溪)'이다. 지금의 복건성(福建省)에 해당하는 민중(閩中)과 하남성(河南省)의 성도 낙양(洛陽)에서 호남성(湖南省) 도현(道縣)에 있는 염계(濂溪)에 이른다는 말이다. 민중은 주자(朱子), 낙양은 정호(程顥)・정이(程伊), 염계는 주돈이(周敦)가 각각 강학하던 곳이다.

123) 패강: 패수(浿水) 또는 패하(浿河)라고도 하였다. 시대에 따라 청천강, 압록강, 대동강, 임진강, 예성강 등 가리키는 대상이 달랐다. 여기서는 대동강을 가리킨다.

124) 귀한 골상: 원문은 '각서(角犀)'로 '서각(犀角)'과 같다. 이마 양 쪽에 툭 뛰어나온 뼈가 있는 것을 말하며, 귀상(貴相)의 하나로 간주되었다.

125) 큰수레 채장에 가로막대 있음 : 「위정(爲政)」(『논어』)에 "사람으로서 신의가 없다면 그런 사람을 어디에 쓸지 나는 알 수가 없다. 비유하자면 대거에 예가 없거나 소거에

두 사람 처지가 꾀하지 않고도 같아

하늘이 우리들을 계도하여,

옥 거문고126)로 세상에서 끊긴 음향을 연주하고

눈동자 덮은 막 제거하도록 금 빗치게127) 쓰려 하니,

유학은 이에 힘 입어 실추하지 않으리라만

임무 막중하니 떠밀지는 말구려.

세상 도리는 나날이 망쳐가니 상하니

다섯 별128)이 규성에 모이기129) 어려워라.

몸이 궁하기에 장차 홀로 수행하고자130) 하니

월이 없으면, 어떻게 굴러갈 수가 있겠는가?[人而無信, 不知其可也. 大車無輗, 小車
無軏, 其何以行之哉?]"라는 공자의 말이 나온다. 대거는 짐수레, 소거는 병거(兵車)나
사냥 수레를 말한다. 예(輗)는 수레 앞에 뻗친 두 개의 채장[轅] 끝에 가로로 붙인
나무인데, 이것을 소의 멍에에 묶어서 끌게 하는 것이고, 월(軏)은 원(轅)의 끝에서
위로 구부러진 것으로, 가로 댄 나무[橫木]에 걸어서 말의 목에 얹어 끌게 하는 것이다.

126) 옥 거문고: 원문은 '요금(瑤琴)'이다. 주자의 시 「이빈로의 옥간 시를 읽고 우연히
읊다.[讀李賓老玉澗詩偶吟]」에, "옥 거문고 홀로 안고 옥계를 건너자니, 그 소리 낭랑
히 퍼지누나 맑은 밤 달이 환할 때. 지금은 무심의 경지 된 지 오래지만, 그래도 산
앞의 은자가 알 까 걱정된다.[獨抱瑤琴過玉溪, 琅然淸夜月明時. 祇今已是無心久, 却
怕山前荷蕢知.]"라고 했다.

127) 금 빗치개 : 원문은 '금비(金篦)'이다. 금으로 만든 빗치개로, 고대 인도의 의사가
맹인(盲人)의 안막(眼膜)을 제거해 주는 도구였는데, 후세에 불가(佛家)에서 중생들의
눈을 가린 무지(無智)의 막(膜)을 제거해 준다고 했다. 두보(杜甫)의 시 「문공의 상방에
참알하고알[謁文公上方]」에 "금비로 내 눈을 틔워준다면, 값이 거거 백 개보다 중해지
리.[金篦刮眼膜, 價重百車渠.]"라고 하였다.

128) 오성(五星): 오행(五行)의 정(精)이라는 다섯 별. 목성(木星)인 세성(歲星), 금성(金
星)인 태백성(太白星), 화성(火星)인 형혹성(熒惑星), 수성(水星)인 신성(辰星), 토성
(土星)인 진성(鎭星)을 일컫는다.

129) 다섯 별이 규성에 모이기 : 오성이 문창성(文昌星)인 규성(奎星)에 모이면 문운(文運)
이 크게 번창한다고 한다. 북송(北宋) 태조 건덕(乾德) 5년에 수, 화, 금, 목, 토의
다섯 별이 규성에 모이는[五星聚奎] 길조가 있었다. 「태조기(太祖紀)」(『송사(宋史)』
권1)와 『사략(史略)』 권6에 나온다.

130) 홀로 수행하고자 : 원문은 '독선(獨善)'이다. 「진심(盡心) 상(上)」(『맹자』)에 "옛사람은
뜻을 이루면 백성에게 은택을 입히고 뜻을 이루지 못하면 자신을 수양하여 세상에
드러난다. 궁하면 홀로 자신을 선하게 하고 영달하면 천하를 모두 선하게 한다.[古之人,

여러 직책에서 시험 당하며 안절부절131) 맙시다.

턴턴 대로가 이미 앞에 있기에

힘써 함께 제휴하여 나갑시다.

少小失嚴訓, 操行無町畦. 喜作方外遊, 志尙和天倪.

詞章等組織, 經術亦筌蹄. 宦途二十年, 高位慚析珪.

勞心厭塵囂, 耳目嗟塗泥. 雖參黃面老, 不足開昏迷.

棄去從伯陽, 妄意昇雲梯. 二事無一成, 白首悲醯雞.

今年朝京師, 異書得考稽. 晩見龍公說, 指迪窮提撕.

怳然有所悟, 如旱覩雲霓. 羲文與周孔, 高遠誰追躋.

希聖吾豈敢, 見賢猶思齊. 淵源縱上泝, 閩洛至濂溪.

恨無同志人, 相與探遺蹊. ○132)郎同我病, 書信及淇西.

開緘識君意, 喜氣橫角犀. 捨妄忽歸正, 大車知有輗.

兩地不謀同, 天欲啓吾儕. 瑤琴奏絶響, 割膜煩金篦.

斯文賴不墜, 任重毋推挤. 世道日交喪, 五星難聚奎.

身窮且獨善, 歷試休栖栖. 坦路已在前, 努力同提携.

2-45 「스스로를 경책하다[自警]」133), 2-46 [요사이는 꿈이 잘 꾸이지 아니하므로 짓다[近來少夢有作]」134), 2-49 「잡영(雜詠)」135) 등의 시는

得志澤, 加於民. 不得志, 修身, 見於世. 窮則獨善其身, 達則兼善天下.」라고 하였다.

131) 안절부절 : 원문은 '서서(栖栖)'이다. 『논어』 「헌문(憲問)」에 보면, 미생묘(微生畝)라 는 은자(隱者)가 공자에게, "그대는 어찌하여 이렇게 안절부절 세상에 연연하는가?[丘 何爲是栖栖者與?]"라고 하였다. 공자가 세상에 나가 뜻을 펴고자 하는 생각을 버리지 않았음을 말한 것이다.

132) ○ : 원문에 한 글자가 빠진 듯하다.

133) "鷄鳴舜跖共莘莘, 捨跖須知舜是師. 舜跖之間無立地, 不思爲舜更從誰. 縱云三月不 違仁, 至道初由善事親. 但得此心常不昧, 舜何人也我何人."[원주: "從一作爲"]

134) "胸中至理與天通, 回首紛華一念空. 老子近來無復夢, 可知從此見周公."

135) 제1 "屈指歸期近, 覊懷强自寬. 看書消永晝, 閉戶㤉餘寒. 世味衰年苦, 人情末路難.

허균이 만년에 정신적 안정을 얻기 위해 얼마나 고심했는지를 잘 말
해주는 시들이다.

5. 『을병조천록』의 독후시(讀後詩)

『을병조천록』에 보면, 허균은 교자를 타고 가면서도 책을 읽었다.
특히 북경에 들어가기 전 통주(通州)에서부터 북경에서 조칙의 반포를
기다리는 사이에 많은 책을 읽고 독후시를 여럿 남겼다.

1-56 「가마 속에서 백황문의 『난택행음권』을 읽다[輿中讀白黃門灤澤行
吟卷]」 칠언절구 6수 : 명대 황하 치수의 명신으로 유명한 백앙(白昂,
1435~1503)[136]의 시를 읽고 지은 독후시이다. 허균은 백앙의 체를 얻어
시격이 바르게 되어, 양세정이나 이반룡과 나란히 달려 선두를 다툴만하
게 되었다고 했다. 또 「투두시(妬蠹詩)」 친필본을 얻고 감상했는데, 그
시는 현전 여부를 알 수 없다.

1-62 「무 안찰의 『거업치언』을 읽고[讀武按察擧業卮言]」 칠언절구 2수
: 영평병비(永平兵備)로 있는 무지망(武之望)의 『거업치언』을 읽고 지은
독후시이다. 『거업치언』은 『중정거업치언(重訂擧業卮言)』(2권, 만력 27
년각본)으로, 팔고문 연마에 필요한 지침서이다. 거업(擧業)을 조충(雕蟲)
과 같다고 하지 말고, 공부를 착실히 하지 않으면 공교롭지 않는다고 지

文思兼宦興, 誰覺一時闌." 제2 "寵辱悲歡地, 回頭四十年. 身緣安肆惰, 心被利名煎.
軒冕眞同幻, 文章不直錢. 何如全晩節, 三復絶韋編."

136) 백앙(白昂, 1435~1503)은 天順 원년(1457) 진사에 오르고 예과급사중(禮科給事中)
    에 임명되었다. 뒤에 유통(劉通)의 반란을 평정한 공으로 병부시랑에 승진했다. 이후
    호부시랑으로 조임되어 황하 치수에 공을 세웠다. 도어사(都御史)에 올랐다가, 홍치
    (弘治) 6년 형부상서가 되었다. 홍치 13년에 치사(致仕)했다.

적했다. 그리고 "논술은 본래 경의에서 발하므로, 그것을 옮겨서 시를 공교하게 짓게 되는 것도 무방하다.[論述木因經義發, 不妨移着作詩工..]" 라고 했다.

1-73 「이씨의 『분서』를 읽고[讀李氏焚書]」: 이지(李贄)의 『분서(焚書)』를 읽고 쓴 독후시이다. 전부터 잘 알고 있는 인물인 구탄(丘坦)이 『분서』 속에 언급되어 있는 것을 반가워했다. 1-74 「원중랑137)의 〈주평〉 뒤에 쓰다[題袁中郎146)酒評後]」: 원중랑의 「상정(觴政)」 부록대 대해 감상을 적은 시이다.

1-81 「〈무쌍전〉을 읽고 느낌이 있어[讀無雙傳有感]」: 「무쌍전」은 당나라 설조(薛調)138)가 지은 전기소설(傳奇小說). 당나라 덕종(德宗) 때를 배경으로 유진(劉震)의 딸 무쌍(無雙)과 유진의 생질 왕선객(王仙客)이 남녀 주인공으로 그들의 비환 이합(悲歡離合)을 서술한 애정고사(愛情故事)이다.

1-98. 「밤에 〈후한서 일민전〉을 읽고 느낌이 있어[夜讀後漢逸民傳有感]」: 『후한서(後漢書)』 권83에 실려 있는 「일민열전(逸民列傳)」을 읽고 쓴 시이다. 「일민열전」은 야왕 이로(野王二老), 향장(向長), 양홍(梁鴻) 등 17항목이다.

2-39. 책팔이 왕 노인이 설날 책 한 권을 보내 왔는데, 곧 지금 어사 용우기139) 공이 저술한 『성학계관』이었다. 용공의 학문은 조예와 실천이 어떤지를 내가 알지 못하지만, 그 책을 읽고서 마치 정신이 바싹 들 듯 터득한 바가 있었으므로, 돌이켜 보면 과거 40년 동안 읽은 책들이 비록 극히

---

137) 원중랑(袁中郎): 명(明)나라 오령(吳令)을 지낸 인물 원굉도(袁宏道). 중랑(中郎)은 그의 자(字). 호는 석공(石公). 만력(萬曆) 연간의 진사로, 벼슬길에 나아가 지오현(知吳縣)을 지냈다. 저술로는 『원중랑집(袁中郎集)』 등이 있다.

138) 설조(薛調, 829?~872)는 하중(河中) 보정(宝鼎)[지금 산서(山西) 만영(萬榮) 서남] 사람이다. 부친 설응(薛膺)은 무주자사(婺州刺史)를 지냈다. 설조는 선종(宣宗) 대중(大中) 연간에 진사에 급제했다.

139) 용우기(龍遇奇): 명(明)나라 길안(吉安) 사람. 자는 재경(才卿), 호는 자해(紫海). 만력 진사(萬曆進士)로 벼슬이 감찰어사(監察御史)에 이르렀다. 저서에 『성학계관억설(聖學啓關臆說)』이 있다.

해박하고 극히 정밀하였다고 하여도 도의 경지에 들어가 본성을 회복하
는 문제에는 조금도 도움이 되지 않았으므로, 이것은 입술과 혓바닥만
허비한 셈이었으니 어찌 애석하지 않겠는가. 절구 한 수를 지어 지나간
잘못을 뉘우친다[賣書人王老元日贈一書 乃今御史龍公遇奇所述聖學啓關
也 公之爲學造詣實踐 吾不敢知 讀其書 醒然有得 回首四十年 所讀書雖極
博極精 其於入道復性 毫無干預 是乃虛費脣舌也 豈不惜哉 賦一絶以懺前非
云]: 『성학계관(聖學啓關)』은 곧 『성학계관억설(聖學啓關臆說)』로, 용우
기(龍遇奇)가 감찰어사(監察御史)로 섬서성(陝西省)을 순안(巡按)할 때에
유생(儒生)들에게 강학(講學)한 이야기를 기록한 것이다. 8관(關)으로 구
성된 3권의 책이다. 제1관은 미오(迷悟), 제2관은 농담(濃淡), 제3관은 박
복(剝復), 제4관은 총달(寵達), 제5관은 사생(死生), 제6관은 성범(聖凡),
제7관은 내외(內外), 제8관은 면안(勉安)으로 되어 있다.

2-44. 장본청140)의 「심성설」을 읽고 느낌이 있어서[讀章本淸心性說有
感]: 양명우파 장황(張潢)의 「심성설」을 읽고 지은 독후시이다.

2-73. 「금뇌자」141)에 서시142)를 물에 빠뜨려 죽였다는 일이 있어 기뻐서
짓는다[金罍子有沈殺西施事喜而賦之]: 명나라 진강(陳絳, 1513 - 1587)
저, 『금뢰자』(新刻批點金罍子) 권2 「越沈西施於江」을 읽고 쓴 독후시이다.

허균은 11월 17일 북경 남관에 들어가기 수일 전 통주에 머물 때 이

---

140) 장본청(章本淸): 명나라 남창(南昌) 사람 장황(章潢). 본청은 그의 자임. 고학(古學)
  에 관심하여 백록서원(白鹿書院)에서 후학을 길러 추천으로 벼슬길에 나아가 순천부
  훈도(順天府訓導)로 졸하였다. 저술로 『주역상의(周易象義)』, 『시경원체(詩經元體)』,
  『서경원시(書經原始)』, 『춘추절의(春秋竊義)』, 『예기차언(禮記箚言)』, 『논어약언(論
  語約言)』 등이 있다.

141) 금뇌자: 명(明)나라의 진강(陳絳)이 지은 44권의 책이름. 내용은 왕충(王充)의 『논형
  (論衡)』을 모방하여 고사를 널리 인용하고, 자기의 의견을 편 것이다.

142) 서시(西施): 춘추시대(春秋時代) 오(吳)나라 임금 부차(夫差)의 총희(寵姬)였던 월
  (越)나라의 미인.

지의 『분서』에 대해 독후시를 지었다.

이지(1527~1602)의 초명은 새시(載贄), 호는 딕오(卓吾) 또는 독오(篤吾)라고 한다. 그밖에도 온릉(溫陵)·백천(百泉)·탁오노자(卓吾老子)·이노자(李老子)·사재(思齋)·용호수(龍湖叟)·독옹(禿翁)·작림수(柞林叟) 등으로도 불렸고, 그의 저서 속에서는 이씨(李氏)·이노자(李老子)·이장자(李長子)로도 했다. 진강(晉江) 사람으로, 복건성(福建省) 천주(泉州) 사람이되, 회족(回族)이다. 일찍이 요안 지부(姚安知府)를 지냈으나, 54세에 벼슬을 그만 두고 출가했으며, 도학을 배격하고 동심설(童心說)을 제창했다. 73살 때 『장서』 68권이 남경에서 출판되자, 당시의 집권자들은 박해를 심하게 하여, 그가 오래 머물렀던 지불원을 파괴하였다. 이지는 화를 피해 북통주(北通州)로 갔으나 예과급사중(禮科給事中) 장문달(張問達)의 탄핵(彈劾)을 입고 체포되었다. 그에 대한 탄핵 내용은 『신종만력실록(神宗萬曆實錄)』 권369 「만력 30년 윤2월 을묘·예과급사중장문달소(禮科給事中張問達疏)」에 자세하다.

이지(李贄)라는 자는 장년까지 벼슬자리에 있었는데, 만년에 머리를 깎고 중이 되었습니다. 게다가 요즈음에는 『장서(藏書)』·『분서(焚書)』·『탁오대덕(卓吾大德)』 따위의 책을 찍어내어, 나라 안에 널리 유포시켜, 크게 인심을 헷갈리고 어지럽게 만들었습니다. 그는 여불위(呂不韋)와 이원(李圓)을 지모(智謀) 있는 사람이라고 하고, 이사(李斯)를 재주 있는 사람이라고 하며, 탁문군(卓文君)은 좋은 짝을 잘 선택한 사람이라 하고, 사마광(司馬光)이 한나라 때 상홍양(桑弘羊)이 무제(武帝)를 속인 일을 논한 글을 비웃었습니다. 또한 진시황(秦始皇)을 천고 이래로 한 번 나올까 말까 하는 뛰어난 제왕으로 추켜 올리는가 하면, 공자의 시비(是非)를 가리는 기준을 믿을 바가 못 된다 하였습니다. 이렇듯 제멋대로 거짓말을

해대고 어그러지는 짓을 이루 다 헤아릴 수가 없을 정도이니, 모두가 사리
에서 벗어난 바르지 못한 것이어서 이를 무찌르지 않아서는 안 될 일들입
니다. 더욱이 걱정스러운 것은 마성(麻城)에 살 때의 방자한 짓거리가 일
일이 기록할 수 없을 정도인데 불량배와 암자에서 노닐며 벌건 대낮에
기녀를 옆에 끼고 함께 목욕을 하는가 하면, 선비 집안의 부녀자들을 꾀어
내 암자에서 강론을 하기도 하고, 심지어는 이불과 베개를 들고 암자나
도관에서 잠을 자는 등 한결같이 미치광이 같습니다. 또 「관음문(觀音問)」
이라는 글을 지었는데 여기서 관음이란 모두 선비 집안의 부녀자들을
가리킵니다. 뒤에 태어난 어린 사람들이 그의 미치광이 같은 방자한 말과
짓거리에 솔깃하여 앞 다투어 그 물들고 있는 형편입니다. 드러내놓고
남의 재물을 빼앗고, 강제로 남의 집 부녀자를 끌어안는 행동은 짐승보다
못한 짓입니다. 그리하여 근래에는 띠를 두르고 예복을 갖춰 입은 사대부
가운데에도 주문을 외우고 염불을 중얼거리며, 승려를 받들어 합장하고
절하며, 손에 염주를 들고 헤아리며 계율처럼 여기고, 거실에다 불상을
걸어놓고 불교에 귀의한 양 생각하면서, 공자의 가법을 모르고 선의 가르
침에 중에게만 마음을 빼앗긴 사람들이 더러 나오고 있는 실정입니다.
최근 들리는 바에 따르면, 이지는 또 다시 통주(通州)로 옮겼다고 합니다.
통주는 수도에서 겨우 40리 밖에 안 떨어진 곳이니, 일단 이런 자가 수도
문안에 발을 들여놓으면 무리를 잔뜩 꾀어 현혹시켜서, 수도마저 마성
꼴이 나고 말 겁니다. 원하옵건대 예부에 칙령을 내려, 이지를 원적지로
압송하여 죄를 물으라는 통첩을 통주의 지방관에게 내리게 하고, 이지가
간행한 모든 서적과 아직 펴내지 않은 원고까지 샅샅이 찾아내어 모조리
태우는 처분을 내리라는 통첩을 남북 직할지역과 각 성(省)의 포정사(布政
使)에게 내리시어, 뒷날에 재앙과 변란이 미치지 않게 하고 세도(世道)가
편안하게 하십시오.

신종(神宗)은 "이지는 감히 도의를 어지럽힐 것을 주창하여 세상을 현혹하고 백성을 속이고 있다."는 판결을 내렸다. 그는 체포된 다음에 대금오(大金吾, 獄吏)가 "왜 그렇게 옳지 않은 책을 썼는가?"라고 심문하니 "이 죄인의 저서가 매우 많으나, 그것들은 모두 성인의 가르침에 갖추어져 있는 것으로서 (성인의 가르침에) 이익은 있어도 손해는 (전혀) 없다."고 대답했다. 옥중에서 건강이 나쁘면서도 독서와 시 짓기를 이어가다가 스스로 자신의 목을 찔러 이틀 만에 숨을 거두었다. 나이 76살이었다. 마경륜(馬經綸)이 그의 시신을 통주(通州, 지금의 北京市 通縣)에 장사 지내고 그의 묘비도 세웠다.

이지는 『장서(藏書)』, 『속장서(續藏書)』, 『분서(焚書)』, 『속분서(續焚書)』, 『이씨문집(李氏文集)』 등을 남겼다. 그 가운데 『분서』는 1590년(만력 18) 마성에서 판각하였다. 이 책의 내용과 명명에 대하여 이지는 「자서」에서, "하나는 『분서』이니, 지기가 서신으로 물어 온 것에 대하여 답한 것으로, 그 내용이 근세 학자의 고황에 든 병을 대단히 절실하게 지적하였으므로, 고질병에 걸린 자는 필시 나를 죽이려고 들 것이므로 태워버리려고 하였다. 즉 그 뜻은 마땅히 태워버려야 하지 남겨 두어서는 안 된다는 말이다."라고 했다. 이지는 노년에 친구가 없어서 스스로 '노고(老苦)'라고 호하였다. 또 『분서』 「외」편의 이름을 '노고'라고 했다. 이에 대해서는 『분서』 「자서」에 다음과 같은 기록이 있다. "『분서』를 엮은 뒤에 별록이 있어, 이름을 '노고'라고 하였다. 이것도 『분서』와 같지만, 별도로 권목(卷目)을 세웠으니, 『분서』를 태우려는 자가 이것도 태울 것이다." 「노고」의 권은 지금 전하는 판각본에는 실려 있지 않다.

허균의 독후시를 보면, 이지가 불교와 유학의 깨달음을 같다고 본 것을 '세간횡의(世間橫議)'라고 했다. 『맹자』「등문공(滕文公) 하(下)」에 "성왕이 나타나지 않아 제후들이 방자하고 처사들은 마구 의론하니, 양주와 묵적의 말이 천하에 가득하여 천하의 말이 양주로 돌아가지 않으면 묵적으로 돌아간다.[聖王不作, 諸侯放恣, 處士橫議, 楊朱墨翟之言 盈天下, 天下之言不歸楊則歸墨.]"라고 했듯이, '횡의'는 부정적인 표현이 다. 또한 자신이 이지를 알아, 장차 참선의 열락으로 평생을 마치려 했던 것을 스스로 후회하고 있는 듯하다. 단언할 수 없지만, 시의 내 용으로 보아, 허균은 이지를 비판하고 있는 듯하다.

1-73 「이씨의 『분서』를 읽고[讀李氏焚書]」
제1
맑은 조정에서 독옹의 서적 태웠으나
그 도는 여전히 남아 죄다 태우질 못했네.
저 불교나 이 유학이나 같은 깨달음이라고
세간에서 멋대로 의론하여 절로 분분했지.
淸朝焚却禿翁父, 其道猶存不盡焚.
彼釋此儒同一悟, 世間橫議自紛紛.

제2
구탄143)이 나를 손님처럼 예우했으니
기린 봉황같은 풍모를 목도하여 즐거웠다.
늘그막에 이탁오의 인물론을 읽고는
벌써 책 속 사람이 되어 있음을 알았네.

---

143) 구후(丘侯) : 구탄(丘坦)을 말한다. 공자(孔子) 즉 문선왕(文宣王)으로 풀이하는 것은 잘못이다.

丘侯待我禮如賓, 麟鳳高標快覩親.
晚讀卓吾人物論, 始知先作卷中人.

제3
이 늙은이는 앞서 탁로의 이름을 알고서
장차 참선의 열락으로 평생을 마치려 했다.
글을 이뤄 비록 진시황의 분서는 만나지 않았어도
대간 탄핵을 세 번 받아 역시 마음이 상쾌하다.
老子先知卓老名, 欲將禪悅了平生.
書成縱未遭秦火, 三得臺抨亦快情.

한편, 허균은 이지의 영향을 받은 원중랑의 시문도 평소 즐겨 읽었
다. 을병 사행 때는 원굉도의 「주평」에 대해 독후시를 적었다. 원공도
의 술 비평은 강남의 풍류로 한 시대를 풍미했다고 신기해 하면서도,
구탄의 음주 태도를 묘사한 것도 실상과 맞지 않는다고 했다. 이것은
허균이 원굉도의 문학론에 어떻게 반응했는지에 대해서는 전혀 알려
주지 않는다.

1-74 「원중랑의 〈주평〉 뒤에 쓰다[題袁中郎酒評後]」
제1
원중랑의 술 비평은 시평과 흡사하여
강남의 풍류로서 한 때를 풍미했지.
홀짝홀짝 마시든 경쾌하게 기울이든 묘리 있으니
음주에 어찌 기묘한 신선풍만을 높이치랴.
石公評酒似評詩, 江右風流此一時.
細呷快傾俱妙理, 飮中寧獨行仙奇.

제2

일찍이 구탄이 술잔 드는 걸 보니

반쯤 취하면 높이 시 읊어 기운이 웅대했네.

원중랑의 우아한 해학은 정말 우습구나

오나라 소가 풀 뜯어먹는 일에 잘못 비유하다니.

曾覩丘侯把酒杯, 半酣高詠氣雄哉.

中郎雅謔眞堪笑, 錯比吳牛齕艸來.

참고로, 「주평」은 원굉도가 39세 되던 1606년(만력 34년 병오)부터 40세 되던 1609년(만력 35년 정미)까지에 지은 「상정(觴政)」의 부록으로 쓴 글이다.[144]

丁未夏日, 與方子公諸友, 飮月張園, 以飮戶相角, 論久不定, 余爲評曰：劉元定如雨後鳴泉, 一往可觀, 苦其易竟. 陶孝若如俊鷹獵免, 擊搏有時. 方子公如游魚狎浪, 唼喋終日. 丘長孺如吳牛齕草, 不大利快, 容受頗多. 胡仲修如徐孃風情, 追念其盛時. 劉元質如蜀後主思鄕, 非其本情. 袁平子如武陵少年說劍, 未識戰場. 龍君超如德山未遇龍潭時, 自著勝地. 袁小修如狄靑破崑崙關, 以奇服衆.

정미년(1607, 만력 35) 여름, 방자공(方子公)[145] 등 여러 벗들과 월장원

---

144) 『만력야획편(萬曆野獲編)』 25권의 「금병매」조에 기록된 것으로 보건대 「상정」은 1606년에 이미 완성하였고 그 부록인 「주평」은 1607년 여름에 지었음을 알 수 있다. 원굉도는 술을 마시지 못했으나 평소에 주도에 익숙했다. 「여오돈지(與吳敦之)」 서신에서 스스로 "나는 흥취가 높으나 술을 마시지 않는다(袁中郞趣高而不飮酒)"라고 했고, 「행장」에서도 그가 "술을 마시지 못했으나 남이 술을 마시는 것을 매우 좋아했다(不能酒, 最愛人飮酒)"라고 칭하였다. 심경호 외, 『역주 원중랑전집』 제9책(원서 제48권), 소명출판, 2004.12.

145) 방자공(方子公) : 방문선(方文僎). 자는 자공. 신안(新安) 사람이다. 반지항(潘之恒)

(月張園)에서 술을 마시며 누가 음호(飮戶 : 술의 대가)인지 서로 견주었
는데 오랫동안 논쟁했으나 결징힐 수 없었다. 내가 평하여 말히였다.
유원정(劉元定 : 劉戢之)146)은 비 온 뒤에 콸콸 울리는 샘물이 한 번 가서
볼만 하기는 하지만 쉬이 끝나 아쉬운 것과 같다. 도효약(陶孝若 : 陶若
曾)147)은 날랜 매가 토끼를 낚아채되 쳐서 때리는 것이 때가 있는 것과
같다. 방자공(방문선)은 헤엄치는 물고기가 물결 따라 노닐어 보글보글
소리내며 종일토록 즐거워하는 것과 같다. 구장유(丘長孺 : 丘坦)는 오
땅 소가 풀을 뜯어먹어서 그다지 빠르거나 통쾌하지는 않지만 수용하는
바가 자못 많은 것과 같다. 호중수(胡仲修)148)는 풍정(風情)이 많은 서양(徐
孃)149)이 한창 때를 추억하는 것과 같다. 유원질(劉元質)150)은 촉(蜀)나라
후주(後主)151)가 고향을 그리워하되 그것이 본래 마음이 아닌 것과 같다.
원평자(袁平子 : 袁簡田)152)는 무릉 소년이 검술에 대하여 말하지만 아직

에게서 시를 배웠다. 곤궁하고 실의하여 9월에도 얇은 옷을 입었다. 만력 22년에 원중
도는 무창(武昌)에서 응시하였을 때 반지항의 집에서 방문선을 알았는데, 그의 문아(文
雅)를 사랑해서 원굉도와 함께 교유하였다.

146) 유원정(劉元定) : 「나운련(羅雲連)」, 『유감지(劉戢之)』 권43 참조.

147) 도효약(陶孝若) : 「나복경이 이릉으로 돌아가는 것을 전송하면서, 아울러 도효약
형에게 서간을 대신하여 부치다(送羅服卿還夷陵, 兼柬陶孝若年兄)」, 『도약증(陶若
曾)』 권32 참조.

148) 호중수(胡仲修) : 미상.

149) 서양(徐孃) : 서비(徐妃). 남조 양(梁)나라 담(郯) 사람. 이름은 소패(昭佩). 원제(元
帝)의 비. 원제가 한쪽 눈이 애꾸인 것을 이유로 얼굴의 반쪽만 화장하고 원제를 기다렸
다가 원제의 분노를 샀다. 원제의 가까운 신하인 기계강(曁季江)과 음통(淫通)하였다.
「본전(本傳)」(『남사(南史)』)에 보면, 서비는 "늙어서도 여전히 풍정이 많았다(雖老,
猶多風情)"고 하였다.

150) 유원질(劉元質) : 유원정(劉元定), 즉 유감지(劉戢之)의 형제인 듯하다.

151) 촉후주(蜀後主) : 즉 후주(後主) 유선(劉禪). 한 번은 사마소(司馬昭)가 유선을 초빙하
여 연회를 베풀고, 촉 땅이 상당히 그립지 않느냐고 물었다. 유선은 "여기가 즐거워서
촉 땅을 생각하지 않습니다(此間樂, 不思蜀)"이라고 답하였다. 이 글에서는 유선이
고향을 그리워하는 것은 본정(本情), 즉 본심이 아니라고 하였다.

152) 원평자(袁平子) : 원전간(袁簡田). 자는 우용(寓庸)인데, 또 다른 자가 평자(平子)이
다. 원굉도의 족제(族弟)이다. 거인(擧人)으로, 관독(館讀)으로 생계를 유지했다.

전장을 알지 못하는 것과 같다. 용군초(龍君超 : 龍襄)153)는 덕산선사(德山禪師)154)가 용담화상(龍潭和尙)을 보기 전에 절로 승지(勝地)155)를 드러낸 것과 같다. 원소수(袁小修 : 袁中道)는 적청(狄靑)156)이 곤륜관(崑崙關)을 격파하여 기이함으로 군중을 복종시킨 것과 같다.

허균은 이지 및 원굉도의 학술, 문학 운동에 참여한 구탄(丘坦)과 진작 안면이 있었다. 금번의 을병 연행 때도 다음 시를 남겼다.

1-2. 지난 해 압록강을 건너는 날 구 유융[구탄(丘坦)]157)이 망강사158)

---

153) 용군초(龍君超) : 용양(龍襄). 자가 군초(君超)이다. 무릉(武陵) 사람이며, 만력 10년의 거인(擧人)이다. 저서에 『단원집(檀園集)』이 있다. 『무릉현지(武陵縣志)』 권21에 전(傳)이 있다.

154) 덕산(德山) : 덕산(德山) 선감선사(宣鑒禪師). 속성은 주(周)이다. 당나라 대중(大中) 연간에 덕산 고덕선원(古德禪院)의 주지였다. 선감대사는 봉갈(棒喝)로 수행자를 계발하는 방식을 즐겨 사용하였다. 그래서 사람들은 "덕산노인은 늘 흰 몽둥이 하나만 들고서, 부처가 와도 때리고 조사가 와도 역시 때리니, 어찌 비교하랴(德山老人尋常只據一條白棒, 佛來亦打, 祖來亦打, 爭奈較些子)"라고 말하였다고 한다. 처음에 촉(蜀)에서 나와 정주(鼎州 : 지금의 湖南省 常德市)에서 용담화상(龍潭和尙)을 만난 뒤로, 곧바로 덕산(德山)에서 수행을 하였다.

155) 승지(勝地) : 반드시 이길 곳. 생지(生地). 『육도(六韜)』에 나오는 말이다.

156) 적청(狄靑) : 송나라 때 분주(汾州) 서하(西河) 사람. 자는 한신(漢臣). 말 타고 활쏘기를 잘하여 조원호(趙元昊)가 반란을 일으켰을 때 연주지휘사(延州指揮使)가 되어 싸웠는데, 얼굴에 동(銅)으로 된 가면을 써서 적군들이 천신(天神)으로 알고 혼비백산케 하였다 한다. 뒤에 농지고(儂智高)의 반란 또한 평정하여 추밀사(樞密使)에 배수되었다. 황우(皇祐) 4년(1052) 상원(정월 15일) 밤에 곤륜관(崑崙關)을 공격하여 서하(西夏)의 군사를 대파하였다.

157) 구 유융 : 구탄(丘坦, 1564~?). 자는 탄지(坦之), 호는 장유(長孺). 마성(麻城) 사람이다. 명나라 만력(萬曆) 연간에 제생(諸生)으로서 『춘추경(春秋經)』으로 과거에 응시했으나 여러 차례 낙방하자 마침내 문(文)을 버리고 무(武)로 나아가 1606년(만력 34) 석책(射策)으로 순천부(順天府) 무과(武科)의 해원(解元)을 했으며, 그 해 겨울 순천부 회원(會元)으로 합격했다. 해주참장(海州參將)으로 승진해서 6년간 재직했다. 요해(遼海) 진강(鎭江)[구련성(九連城)] 유격장군(遊擊將軍)으로 있다가 돌아왔다. 구탄은 이지(李贄)의 친구로서, 시문을 잘 짓고 서법에 뛰어났으며, 유람을 좋아했다. '공안삼원

(公安三袁)'과 긴밀하여, 원굉도의 문집에 그와 주고받은 시문이 많다. 『남북유고(南北遊稿)』·『초구집(楚邱集)』·『도요집(度遼集)』 등이 있다. 『마성현지(麻城縣志)』에 전(傳)이 있다. 만력 24년 겨울, 원종도(袁宗道)가 그의 『북유고(北遊稿)』에 서문을 적어 이렇게 말하였다. "그의 시는 한(漢)·위(魏) 사람의 시가 아니고 육조(六朝) 사람의 시가 아니며, 또 초당·성당·중당·만당 사람의 시가 아니라 구장유 씨의 시이다. 구장유의 시가 아니라 구장유이다. 그렇기에 이것으로 구장유 시를 논하고, 이 시로 구장유를 논하는 것이 모두 초부(焦腑 : 끓는 속마음)에 관계되어 있다."(『白蘇齋類集』 권10) 이보다 앞서 1601년(선조34) 39세 때 명(明)나라 황태자(皇太子)의 책례(册禮)를 거행한 것과 관련하여, 『선조수정실록(宣祖修正實錄)』 34년 10월 1일 기사에 의하면, 명나라 황제 즉 신종(神宗)이 한림원 시강(翰林院侍講) 고천준(顧天峻)과 행인사 행인(行人司行人) 최정건(崔廷健)을 보내 황태자의 책봉 조서(册封詔書)를 보내오자, 조정에서 대제학 이정귀(李廷龜)를 원접사로 삼고 이호민(李好閔)을 의주 영위사(義州迎慰使)로 삼아 의주(義州)에서 영접하도록 하였는데, 이정귀가 이조 정랑 박동열(朴東說), 예조 정랑 이안눌(李安訥), 이조 좌랑 홍서봉(洪瑞鳳)을 종사관으로 삼고, 사인(士人) 권필(權韠)을 뽑아서 제술관을 삼았다고 하였다. 『월사집』 별집 제5권 간첩(簡帖) 「구 유격 탄에게 답하는 편지 병진년(1616, 광해군8) 조천할 때이다. [答丘遊擊 坦 書 丙辰朝天時]」가 있고, 구탄의 서찰이 부록되어 있다. 「팔억시발(八憶詩跋)」(『월사집』 권41)에 보인다. 유격(遊擊) 구탄(丘坦)이 요동 지방에 부임한 뒤에 지은 「팔억시」에 발문을 부탁한 것이다. 『광해군일기』를 보면, 광해군 10년 무오(1618) 6월 20일(정축) "진강(鎭江)의 참장(參將) 구탄(丘坦)이 자리를 옮겨 왕 군문(汪軍門)의 찬획(贊畫)으로 충원되고 신임 참장으로는 교일기(喬一琦)가 장차 상임(上任)이 될 것이라고 의주 부윤(義州府尹)이 치계하여 보고하였다."라고 나온다. 『연행록총서』 수록 『귀암집』 제12권 「귀암이원정연행록(歸巖李元禎燕行錄)」 1670년(현종11, 경술) 7월 6일(경신) 기록에 따르면, 구련성(九連城) 아래 길가에 장유 「장유구장군거사비(長孺丘將軍去思碑)」가 있는데, 1618년(명나라 만력 무오, 광해군 10)에 세운 것으로 용담산인(龍潭山人) 유국진(劉國縉)이 비문(碑文)을 지었다. 김군석(金君錫)이 1602년(선조 35) 7월부터 1709년(숙종 35) 9월까지의 108년 동안 국조(國朝)에서 일어난 중요한 사건들을 편년체로 구성하여 『동각산록(東閣散錄)』 필사본 12책을 엮었는데, 진강 유격장군(鎭江游擊將軍) 구탄이 중강 개시(開市)를 허락하지 않는 것으로 우리나라에 화를 냈다고 하였다. 구련성은 일명 '진강성(鎭江城)'이라고 한다. 『광해군일기』 10년(1618) 3월 13일 기사에 이와 관련된 기사가 보이는데 요약하면 다음과 같다. 진사 이건원(李乾元) 등이 상소하여, "진강의 유격 구탄(丘坦)이 중강(中江)에 개시(開市)하는 것을 허락하지 않는다는 이유로 우리나라에 화를 내고 있으니 뒷날 반드시 우리를 무함할 소지가 있습니다. 이극신이 또 변방에서 화근을 만들어 진강으로 하여금 성을 쌓고 병력을 증강시켜 우리나라의 일에 대비하게 하였으니, 뒷날의 화는 필시 이보다 심할 것입니다. 변무(辨誣)하는 임무를 사은사(謝恩使)에게 맡겨 속히 진강에서 성 쌓는 일을 그만두게 함으로써 중국인들이 그 성을 가리켜 '몇 년도에 조선이 배반하려 하자 이 성을 쌓았다.'라는 말을 하지 못하게 하소서." 하였다.

연회에 초청하시기에 시를 지어 드렸는데,159) 금년에 또 사신으로서 다시 압록강을 건너게 되니 구공이 무예 시험의 일로 힐책 공문을 받고 요양160)으로 가서서 옛 모임을 이을 수 없게 되었으므로 느낌이 있어 짓다[客歲過江之日 丘遊戎邀宴望江寺 賦詩相贈 今年又使价再涉鴨江 則丘公以試武擧蒙臺檄 往遼陽 不獲屬舊會 感而賦之]

강 언덕 절에서 지난 해 모였을 때
번앙과 사령기 하늘을 메워 현란했네.
글 주고받으며 적조했던 정을 펴고
웃고 이야기하며 머물렀다네.
사행 깃발이 힘들여 거듭 지나건만
이별 술잔을 거듭 돌리지 못하다니.
요동 도독은 극위를 부디 철거해 주어
다시 연회 자리 오르도록 해락해 주었으면.
崖寺前年會, 幢旄絢塞天. 篇章申契闊, 談咲借留連.
征旆勞重過, 離杯負更傳. 遼圍行撤棘, 倘許再登筵.

하지만 허균이 이지, 원굉도, 구탄의 학술사상에 대해 깊이 공감했다고 단정하기는 어렵다. 적어도『을병조천록』수록의 시들을 보면, 허균은 이지 등의 존덕성 추구에 공감을 가졌고, 그 학문방법을 어느 정도 인정했을 뿐이다. 또 구준은 일찌감치 조선에도 사절 일행으로

---

158) 김청중,「望江寺. 次丘遊擊 坦.」,『苟全先生文集』卷之一 詩. "良覿人間自有時. 關河何幸得瞻依. 已知氣槩逢塲合. 曾仰聲名竝海飛. 樽酒一堂眞勝會. 瓊琚數幅又華歸. 臨行欲謝慇懃意. 愧我詩成字字非."
159) 허균의 시는 현전 여부를 알 수 없다. 당시 서장관이었던 김중청(金中淸, 1566~1629)의 「망강사에서 구 유격 탄의 운에 차운하다[望江寺次丘遊擊坦]」와 「구 유격의 운에 차운하다[次丘遊擊]」가『구전선생문집(苟全先生文集)』에 전한다.
160) 요양(遼陽): 지금의 요녕성(遼寧省)에 딸린 요하(遼河) 북쪽에 있는 요양시(遼陽市).

왔었으나, 조선의 관료들에게 부정적인 인상을 남겼다. 허균은 그의 풍모를 예찬했지만, 그의 시문이나 학문까지 찬양한 말을 남기지는 않았다.

허균은 중국의 겁협전과 협객전에 깊은 관심을 두었다. 12월 17일 북경 남관에 들어간 이후, 당나라 때 설조(薛調)가 지은 「무쌍전」을 읽고 다음 독후시를 남겼다. 「무쌍전」는 무협류 소설의 분위기가 들어 있다.[161] 소설의 줄거리는 다음과 같다.

당나라 덕종(德宗) 건중(建中) 연간에 유진(劉震)의 딸 무쌍(無雙)은 유진의 외생 왕선객(王仙客)과 어려서부터 정의가 돈독했다. 왕선객의 모친도 무쌍을 며느리로 맞고자 하여, 임종 때 유진에게 거듭 부탁했다. 하지만 왕선객의 신세가 고단하자, 유진은 파혼할 뜻을 가졌다. 유진은 상서 조용사(尙書租庸使, 상서로서 세금 수납을 담당하는 조용사로 있음)로 있었다. 왕선객은 불안한 생각에, 물건을 내다 팔아 수백만 전을 마련한 뒤, 외삼촌과 외숙모 곁에서 시중드는 하인뿐만 아니라 천한 노복에 이르기까지 모두 후하게 돈을 나누어 주었다. 그 후 경원절도사(涇原節度使) 요영언(姚令言)이 입경하여 난을 일으키자, 덕종은 출분했다. 유진은 왕선객을 불러 재물을 개원문(開遠門) 밖으로 내가게 하고 무쌍과의 혼인을 허락하고 자신은 외숙모와 무쌍을 데리고 계하문(啓夏門)으로 나가겠다고 했다. 하지만 반란군으 주자(朱泚)가 천자가 되어 유진은 밖으로 나오지를 못하고, 그 사실을 안 왕선객은 재물을 버리고 양양(襄陽)으로 돌아가 고향마을에서 3년 동안 살았다. 유진은 적에게 위직(僞職)을 받았는데,

---

161) 왕벽강(汪闢彊)의 『당인소설(唐人小說)』은 당나라 말 범터(范攄)의 『운계우의(雲云溪友議)』에 실린 최교(崔郊)과 고비(姑婢) 고사가 『무쌍전』과 유사하다고 지적했다. 『태평광기(太平廣記)』 권486에 수록되어 있고, 명나라 육채증(陸采曾)은 이를 근거로 전기극본 『명주기(明珠記)』를 지었다.

난리가 평정된 후 부부는 처형되고, 무쌍도 궁녀가 되었다. 왕선객은 노복 새홍(塞鴻)을 우연히 만나 유진 집안의 소식과 다른 여종들의 처지를 알았다. 그리고 아는 이들의 도움으로 부평현윤(富平縣尹)이 되어 장락역(長樂驛)을 맡아 보게 했다. 중사(中使)가 궁녀를 인솔하여 원릉(園陵)으로 소제하러 갈 때, 무쌍도 차출되어 가다가 역에 묵게 되었다. 왕선객은 새홍을 역리로 분장시켜 무쌍과 접촉하게 했고, 위교(渭橋) 관리관인 체하여 다리 가까이에서 무쌍을 만날 수 있었다. 새홍은 무쌍이 말한 방안에 있는 이불 아래서 화전(花箋)을 찾아 왕선객에게 주었다. 그 편지 끝에 무쌍은 부평현의 고압아(古押衙)162)에게 도움을 구하라고 했다. 무인으로서 호사(豪士)인 고홍(古洪) 즉 고압아는 모산도사(茅山道士)의 묘약(妙藥)을 얻고, 무쌍의 여종이었던 채빈(采蘋)을 중사(中使)로 분장시킨 다음 무쌍이 역적의 무리라는 이유를 붙여 이 약을 내려 자진(自盡)하게 만들었다. 그리고 그 시신을 사서 대나무 광주리에 담아 몰래 내가서, 사흘 후 소생시켰다. 그리고 사정을 아는 새홍과 무쌍의 옛 종 채평(采苹) 등 십여 명을 전부 죽이고 자신도 목을 매었다. 왕선객과 무쌍은 강호로 도피하였다가, 뒤에 귀향하여 부부해로했다.

소설의 마지막에는 다음과 같은 평어가 있다.

> 噫! 人生之契闊會合多矣, 罕有若斯之比, 常謂古今所無. 無雙遭亂世籍沒, 而仙客之誌, 死而不奪, 卒遇古生之奇法取之, 冤死者十余人. 艱難走竄後, 得歸故鄕, 爲夫婦五十年. 何其異哉!

아! 우리 인생에 있어서 헤어짐과 만남은 많지만 이와 같은 경우는 드무니, 고금에 걸쳐서도 이러한 일은 없었다고 할 수 있다. 무쌍은 난세를 만나 재산을 몰수당하고 궁녀로 들어갔으나, 왕선객의 의지는 죽어도 꺾

---

162) 압아: 의장(儀仗)과 시위(侍衛)를 통솔하던 관직명.

일 수 없었다. 그러다 끝내 고생의 기이한 방법으로 무쌍을 구해냈으나, 억울하게 죽은 사람이 10여 명이나 된다. 온갖 고난을 다 겪고 난 뒤, 고향에 돌아와 50년(혹은 20) 동안 부부로 살 수 있었으니, 얼마나 기이한 일인가!

허균은 고생(고흥) 즉 고압아의 의리를 존숭하여, 독후시의 마지막에서 '매국신(賣國臣)'을 꾸짖었다.

1-81. 「무쌍전」을 읽고 느낌이 있어[讀無雙傳有感]
유진 상서는 딸 무쌍을 위해 좋은 배필 택하려고
외생 왕선객이 유씨 누이(무쌍)를 아내로 허락 않았네.
경원의 병사들이 함원을 범하자163)
비로소 꽃다운 인연을 체결하여 사랑하는 마음을 맡겼다만,
계하문이 서녀 겹으로 깊숙하니
중대164) 쓴 유진은 높은 벽을 뚫을 수 없었지.
액정은 으슥하고 멀며 방은 캄캄한데
이승에서는 신선을 따라갈 길이 없었다만,
왕랑(왕선객)은 뜻 굳게 지녀 죽어도 말지 않았으니
무쌍이 탄 관아 수레를 엿볼 수 있었던 것은 천행이었네.

___

163) 경원(涇原)…함원(含元)을 범하니: 경원은 감숙성 화평현(甘肅省化平縣)과 고원현(固原縣)에서 발원하여 섬서성(陝西省)에 이르러 위수(渭水)로 흘러 들어가는 경수(涇水) 주변의 들판이다. 함원은 섬서성 서안시(陝西省西安市) 동북의 당(唐) 대명궁(大明宮) 안에 있는 전각(殿閣)이다. 당나라 덕종(德宗) 4년에 경원 절도사(涇原節度使) 요영언(姚令言)이 반란을 일으켜 덕종이 봉천(奉天)으로 피난하였다. 그 당시 태위이던 주자(朱泚)가 반군의 추대를 받아 장안(長安)에 들어와서 황제를 칭하고 대진(大秦)이라 국호를 정한 다음, 스스로 군사를 거느리고 봉천을 포위했다.

164) 중대(重戴): 당나라 때 유행하던 모자. 유진이 중대를 쓰고 4~5명의 여인을 데리고 개원문을 나서려다가 실패했다.

부평 고압아는 뜻 있는 사람이라며

무쌍은 깔개 요 아래에 은근한 뜻을 가득 적은 종이를 숨겨 두었지.

진정으로 사귐은 일만 금 재물도 아깝잖아

신기한 약이 홀연 모산165)에서 오자마자

한 밤에 시신을 수레로 실어 뒷문 열고 내갔으니,

죽은 이가 다시 사니 얼마나 기이한가.

인연 맺고 덕을 갚아 두 책임 모두 다 했다만

열 명 죽어 한 사람 살다니 너무도 모질도다.

비록 후영166)처럼 문경지교를 맺는다 해도

소국을 섬기고 진나라 물리쳐 되려 웃음거리 될 만하다.

내가 듣자니, 절협은 의리의 무리라서

지기에게 보답하려고 자기 몸도 잊는다네.

섭정167)이 눈 도려내고 형가168)가 폐족 된 것은 같은 결과

강개함과 격렬함이 한숨짓게 만드네.

---

165) 모산(茅山): 강소성(江蘇省)에 있는 신선이 산다는 구곡산(句曲山).

166) 후영(侯嬴): 위나라 은사(隱士). 가난하여 이문(夷門)의 문지기 노릇을 하였는데, 공자(公子) 무기(無忌)가 후영의 명성을 듣고 상객(上客)으로 삼았다. 그 뒤 조(趙)나라가 진(秦)나라의 침입을 받자 위나라에 구원병을 요청하였는데, 공자 무기는 후영의 계책에 따라 역사(力士) 주해(朱亥)를 시켜 장군 진비(晉鄙)를 죽이고 그의 군대를 빼앗아 구원하기로 하였다. 후영은 "늙어서 갈 수가 없으니 공자께서 진비의 군에 당도할 때쯤 북향하고 자살하여 공자를 전송하겠습니다."라고 하였다. 과연 후영은 자살하고, 공자 무기는 진비의 군대를 빼앗아 조나라를 구원하였다. 「위공자열전(魏公子列傳)」, 『사기(史記)』 권77.

167) 섭정(聶政): 전국 시대 자객. 자기를 알아준 엄중자(嚴仲子)를 위해 한(韓)나라 재상 협루(俠累)를 죽이고는 자신이 누구인지 알아보지 못하도록 얼굴을 칼로 긋고 눈알을 빼내고 배를 갈라 창자를 내놓고 죽었다. 『사기』 86권 「자객열전(刺客列傳)」 참조.

168) 형가(荊軻): 원래 위(衛)나라 사람이었는데 연(燕)나라로 와서 축(筑)을 잘 타는 고점리(高漸離)와 어울려 술을 마시고 노래를 부르며 지냈다. 뒤에 연나라 태자 단(丹)의 부탁을 받고 진왕(秦王)을 죽이러 떠날 적에 역수(易水) 가에서 고점리의 반주에 맞추어 「역수한풍(易水寒風)」 노래를 부르고 작별했다. 진시황을 죽이려다가 실패하고 오히려 피살되었다. 『사기』 권86 「자객열전」 참조.

고생(古生)이 처한 경우는 천하다 해도

마음 저비리는 이보다 나이서 얼굴과 닮이,

비단 주머니에 예전처럼 향기로운 편지를 저장해두었으니

지척의 창 덮은 구름을 그대는 못 보았는가.

고금의 매국하는 신하들은 분분하다만

이 이야기를 듣고는 어찌 얼굴이 더욱 붉어지지 않으랴.

묵경169)에게 알려서 내 말을 기록하게 하리니

고생에게 영혼이 있다면 응당 너 매국하는 자를 비웃으리라.

尙書爲女擇佳配, 未許王甥娶劉妹. 涇原兵士犯含元, 始締芳姻托所愛.

啓夏之門深幾重, 重戴不得穿崇墉. 掖庭幽夐飾室黑, 此生無路攀仙蹤.

王郎秉志死不已, 得覷官車天幸耳. 富平押衙有心人, 褥下慇懃書滿紙.

交驩不惜萬金財, 大藥忽自茅山來. 半夜輿屍後門闢, 死者可作何奇哉.

諧緣酬德責兩盡, 殺十活一猶太忍. 縱云刎頸如侯嬴, 事小却秦還堪哂.

吾聞節俠義之徒, 欲報知已忘其軀. 聶抉荊廢同一致, 忼慨激烈令人吁.

古生所値雖云賤, 猶勝負心而背面. 錦囊依舊貯香牋, 咫尺牎雲君不見.

紛紛今古賣國臣, 聽此寧不增漸靦. 爲報墨卿記吾語, 古生有靈應笑汝.

동짓날 직후, 북경 남관에 거처할 때 허균은 왕세정(王世貞)이 엮은
『검협전(劍俠傳)』을 읽고 독후시를 지었다. 『검협전』은 당송의 문언무
협소설 33편을 모은 선본(選本)으로,170) 뒤에 청나라 임위장(任渭長) 즉

---

169) 묵경(墨卿): 한(漢)나라 양웅(揚雄)의 「장양부(長楊賦)」에 나오는 말로, 먹의 희칭(戲
稱). 주희(朱熹)가 경(敬)과 관련된 옛날의 격언들을 모아서 자신을 경계하는 뜻으로
지은 「경재잠(敬齋箴)」의 마지막에 "아, 공부하는 이들이여. 항상 염두에 두고서 공경
하는 자세를 지닐지어다. 묵경에게 경계하는 글을 쓰게 하면서, 감히 영대에 고하노
라.[於乎小子, 念哉敬哉! 墨卿司戒, 敢告靈臺.]"라는 말이 나온다.

170) 魯迅의 『中國小說史略』은 '단성식(段成式)의 『劍俠傳』이 명나라 사람의 위작이라
고 보았다 그러나 余嘉錫의 『四庫提要辨證』은 편집자를 왕세정이라고 보았다. (明)王

임웅(任熊, 1823~1857)은 이 책에 근거하여 「삼십삼검객도(三十三劍客圖)」
를 제작했다. 『검협전』은 대개 『태평광기(太平廣記)』 「호협류(豪俠類)」
를 기초로 편집한 것으로, 4권본과 1권본이 현존한다. 『고금일사(古今逸
史)』·『비서이십일종(秘書二十一種)』·『총서집성초편(叢書集成初編)』·
중집(重輯)『설부(說郛)』·『오조소설(五朝小說)』·『당인설회(唐人說薈)』
·『용위비서(龍威秘書)』·『설고(說庫)』·『예원군화(藝苑捃華)』 등의 총
서에 수록되어 있다. 4권본은 신안(新安) 오관(吳琯) 교(校) 『고금일사』
에 들어 있는 것이 가장 빠르며, 모두 33편을 수록했다. 1권본은 요안
(姚安) 도연(陶埏)이 순치(順治) 3년에 편찬한 중집 『설부』에 들어 있는
것이 가장 빠르며, 모두 11편을 수록했다. 이밖에 명나라 융경(隆慶)
3년 신각본(新刻本)이 있다. 4권본을 기초로 하고 부록 1권에 4편(『張守
一』, 『張祜』, 『白廷讓』, 『靑城劍術』)을 더 실었다. 허균은 이 명나라 신각
본을 열람했을 듯하다. 33편의 목록은 다음과 같다.171)

世貞, 『劍俠傳』, 上海古籍出版社, 2017.6. 편찬자의 「小序」는 다음과 같다. "凡劍俠,
經訓所不載. 其大要出莊周氏·『越絶』·『吳越春秋』, 或以爲寓言之雄耳. 至於太史公
之論荊卿也, 曰 : 「惜哉! 其不講於刺劍之術也.」則意以爲眞有之. 不然, 以項王之武,
喑嗚叱咤, 千人皆癈, 而乃日無成哉! 夫習劍者, 先王之儓民也. 然而城社遺伏之奸,
天下所不能請之於司敗, 而一夫乃得志焉. 如專·聶者流, 僅其粗耳. 斯亦烏可盡癈其
說? 然欲快天下之志, 司敗不能請, 而請之一夫, 君子亦以觀世矣. 余家所雜說劍客事
甚夥, 間有槪於衷, 嘗撮成卷, 時一展之, 以攄愉其鬱. 若乃好事者流, 務神其說, 謂得
此術, 試可立致沖擧. 此非余所敢信也."

171) 「小序」는 다음과 같다. "凡劍俠, 經訓所不載. 其大要出莊周氏·『越絶』·『吳越春秋』,
或以爲寓言之雄耳. 至於太史公之論荊卿也, 曰 : 「惜哉! 其不講於刺劍之術也.」則意以
爲眞有之. 不然, 以項王之武, 喑嗚叱咤, 千人皆癈, 而乃日無成哉! 夫習劍者, 先王之儓
民也. 然而城社遺伏之奸, 天下所不能請之於司敗, 而一夫乃得志焉. 如專·聶者流,
僅其粗耳. 斯亦烏可盡癈其說? 然欲快天下之志, 司敗不能請, 而請之一夫, 君子亦以觀
世矣. 余家所雜說劍客事甚夥, 間有槪於衷, 嘗撮成卷, 時一展之, 以攄愉其鬱. 若乃好
事者流, 務神其說, 謂得此術, 試可立致沖擧. 此非余所敢信也."

01. 『老人化猿』 출처미상. (唐)歐陽詢 『藝文類聚』일 가능성 있다. 1권본 수록

02. 『扶餘國王』 (唐)杜光庭 『虬髯客傳』(一說裴鉶所作). 『太平廣記』에도 수록.

03. 『嘉興繩技』 (唐)皇甫氏 『原化記』. 『太平廣記』에도 수록.

04. 『車中女子』 (唐)皇甫氏 『原化記』. 『太平廣記』에도 수록. 1권본 수록.

05. 『僧俠』 (唐)段成式 『酉陽雜俎』. 『太平廣記』에도 수록. 1권본 수록.

06. 『京西店老人』 (唐)段成式 『酉陽雜俎』. 『太平廣記』에도 수록. 1권본 수록.

07. 『蘭陵老人』 (唐)段成式 『酉陽雜俎』. 『太平廣記』에도 수록. 1권본 수록.

08. 『盧生』 (唐)段成式 『酉陽雜俎』. 『太平廣記』에도 수록. 1권본 수록.

09. 『聶隱娘』 (唐)裴鉶 『傳奇』. 『太平廣記』에도 수록. 1권본 수록.

10. 『荊十三娘』 (五代)孫光憲 『北夢瑣言』. 『太平廣記』에도 수록. 1권본 수록.

11. 『紅線』 (唐)袁郊 『甘澤謠』. 『太平廣記』에도 수록. 1권본 수록.

12. 『田膨郎』 康騈 『劇談錄』. 『太平廣記』에도 수록. 1권본 수록.

13. 『昆侖奴』 (唐)裴鉶 『傳奇』. 『太平廣記』에도 수록. 1권본 수록.

14. 『許寂』 (五代)孫光憲 『北夢瑣言』. 『太平廣記』에도 수록.

15. 『丁秀才』 (五代)孫光憲 『北夢瑣言』. 『太平廣記』에도 수록.

16. 『潘將軍』 康騈 『劇談錄』. 『太平廣記』에도 수록.

17. 『盲慈寺門子』 (唐)王定寶 『唐摭言』. 『太平廣記』에도 수록.

18. 『李龜壽』 (唐)皇甫枚 『三水小牘』. 『太平廣記』에도 수록.

19. 『賈人妻』 (唐)薛用弱 『集異記』. 『太平廣記』에도 수록.

20. 『虬髯叟』 (宋)无名氏 『灯下閑談』.

21. 『韋洵美』 (宋)王銍 『補侍兒小名錄』.

22. 『李勝』 (宋)吳淑 『江淮異人錄』.

23. 『乖崖劍術』 (宋)何薳 『春渚紀聞』.

24. 『秀州刺客』 (宋)羅大經 『鶴林玉露』.

25. 『張訓妻』 (宋)吳淑 『江淮異人錄』.

26. 『潘扆』 (宋)馬令 『南唐書』 권24.

27. 『洪州書生』 (宋)吳淑 『江淮異人錄』.

28. 『義俠』 (唐)皇甫氏 『原化記』. 『太平廣記』에도 수록.

29. 『任愿』 (宋)劉斧 『靑瑣高議』.

30. 『花月新聞』 (宋)洪邁 『夷堅志』.

31. 『俠婦人』 (宋)洪邁 『夷堅志』.

32. 『解洵娶婦』 (宋)洪邁 『夷堅志』.

33. 『郭倫觀燈』 (宋)洪邁 『夷堅志』.

허균의 독후시는 왕세정의 『검협전』을 소재로 했으므로, 정두경(鄭
斗卿)의 「자객가(刺客歌)」가 『사기(史記)』 권86 「자객열전(刺客列傳)」에
나오는 인물들을 대상으로 하여 쓴 것172)과 다르다.

1-92. 왕사구173)의 「검협전」 뒤에 쓰다[題王司寇劍俠傳後]
예로부터 검객은 대부분 신선이 되어

---

172) 남은경은 "이 시는 사마천의 「자객열전(刺客列傳)」(『사기』 권86)의 내용을 요약해
놓았다고 해도 과언이 아니다. 정두경은 자객들의 행동력, 신의, 비극적 결말을 이
시를 통해서 보여 주고 있다."라고 하였다. 남은경, 「鄭斗卿 俠客詩의 內容과 意味」,
『한국한문학연구』 제15집, 한국한문학연구회, 1992, 295쪽.

173) 왕세정(王世貞, 1526~1590). 자는 원미(元美), 호는 봉주·엄주산인(弇州山人). 장
쑤 성[江蘇省] 타이창[太倉] 사람이다. 가정(嘉靖) 연간에 진사가 되었으며, 형부주사
를 제수받았다. 관직은 난징[南京]의 형부상서까지 올랐다. 형부상서가 주나라 사구
(司寇) 직과 같다고 여겨, 그를 왕사구라고 일컬었다. 왕세정은 아버지가 엄숭에 의해
박해를 당하자 장시를 지어 엄씨 부자의 죄악을 고발했다. 이반룡(李攀龍)과 함께
복고파인 후7자의 주요인물이 되었으며, 이반룡이 죽자 20년간 문단을 이끌었다. 『예
원치언(藝苑巵言)』을 저술해서, 각 문학 장르를 논하고 남곡·북곡의 원류와 그 우열
을 평술했다. 문집으로 『엄주산인사부고(弇州山人四部稿)』 174권이 있다.

한 순간에 일만 리를 훌쩍 날며,

번득이는 칼날 깊이 감추고 함부로 죽이지 않아

그런 후 대낮에 푸른 하늘로 올라간다지.

청성 장인174)은 이 기술이 뛰어나

보배로운 칼집에 늘 석 자 칼175) 숨겨 두었다가,

적근산176) 칼을 백원공에게서 처음 주어

비수의 기술을 끝내 월 처자에게 전해 주었네.177)

나머지 분분한 이들은 모두가 개백정178)

---

174) 청성장인: 도교(道敎)에서 신선들이 산다고 하는 청성산에 사는 신선. 청성산은 옛
   이름은 천창산(天倉山)인데, 당나라 개원(開元) 18년(730)에 청성산이라고 이름을 바
   꾸었다. 전설에 의하면 헌원황제(軒轅黃帝)가 오악(五岳)을 편력하다가 청성산을 '오
   악장인(五岳丈人)'에 봉(封)했으므로, 이 산을 또한 장인산(丈人山)이라고 한다고 한
   다. 중국 도교의 발원지 가운데 하나이다.

175) 석자 칼 : 원문은 '삼척수(三尺水)'. 보검을 비유하는 말로, 좋은 검은 그 빛깔이
   가을 물 같다 하여 붙여진 이름이다. 당나라 이하(李賀)의 시 「춘방정자검자가(春坊正
   字劍子歌)」에 "선배의 검갑 속의 삼척수는, 일찍이 오강에 들어가 용을 베었지.[先輩匣
   中三尺水, 曾入吳江斬蛟子]"라고 했다.

176) 적근 : 절강성(浙江省) 소흥현(紹興縣)의 동남쪽에 있는 산으로, 구야자(歐冶子)가
   월왕을 위하여 이곳에서 검을 주조하였다고 한다. 일명 주포산(鑄浦山)이라고도 한다.

177) 백원공(白猿公)…전해 주었네: 춘추 시대 조(趙)나라 처녀가 범려(范蠡)의 청으로
   월왕(越王)에게 검술을 가르치려고 길을 가던 도중에 흰 원숭이가[白猿] 변신한 원공
   (袁公)이라는 사람을 만나 검술 시합을 하였는데, 원공이 그녀를 상대하다가 나무
   위로 날아올라 다시 흰 원숭이로 몸을 바꿔 사라졌다고 한다. 동한(東漢) 조엽(趙曄)이
   지은 「구천음모외전(句踐陰謀外傳)」(『오월춘추(吳越春秋)』 권5)에 나온다. 후대에 검
   술의 명인을 백원공(白猿公) 혹은 백원옹(白猿翁)이라고 부르게 되었다. 『검협전』의
   01 「노인화원(老人化猿)」이 곧 이 이야기이다. "越王問范蠡手劍之術, 蠡曰: 「臣聞趙
   有處女, 國人稱之, 願王問之.」於是王乃請女. 女將見王, 道逢老人, 自稱袁公. 袁公問
   女曰: 「聞女英爲劍, 願得一觀之.」女曰: 「妾不敢有所隱也, 惟公所試.」公卽挽林杪之
   竹, 似桔槹, 末折墮地, 女接取其末. 公操其本而刺女; 女應節入之, 三入. 女因擧杖擊
   之, 袁公卽飛上樹, 化爲白猿."

178) 개백정: 원문은 '구도(狗屠)'이다. 전국 시대 자객(刺客) 형가(荊軻)가 일찍이 연시(燕市)
   에 가서 개백정[狗屠] 및 축을 잘 연주하는 고점리(高漸離) 등과 어울려 날마다 도성
   거리에서 술을 진탕 마시고 애절한 가락의 축을 연주하며 노래를 불러 비장한 회포를
   풀었다는 고사가 유명하다. 『사기(史記)』 권86 「자객열전(刺客列傳) 형가(荊軻)」.

다른 사람 원수를 대신 갚느라[179] 목숨을 달게 버렸으니.

전저[180]와 섭정[181]은 한 사람을 적으로 삼았으나

형가[182]는 아이라서 정말 겁쟁이였도다.

진양 공자[183]는 풍모가 삽상하여

기세로 규염객을 압도하여 저상시키자,

규염객은 만금을 손에 쥐고 약사[184]에게 맡기고는

---

179) 다른 사람 원수를 대신 갚느라: 원문은 '차교보구(借交報仇)'이다. 「유협열전(游俠列傳)」(『사기(史記)』)에, "(곽해는) 몸뚱이를 가지고 다른 사람 원수를 대신 갚았다. [(解)以軀借交報仇.]"라고 했다.

180) 전저(專諸): 춘추시대 오(吳)의 자객(刺客). 공자 광(公子光)이 왕료(王僚)를 죽이려 하여 술을 준비하고 왕료를 청하였다. 왕료가 술에 취하자 공자 광은 발이 아프다 핑계하고 물러가서 전저로 하여금 비수(匕首)를 구운 생선의 배 속에 숨겨서 들이게 하였다. 전저가 생선 배 속의 비수를 꺼내서 왕료를 찌르니, 왕료는 그 자리에서 즉사하였고, 전저도 왕료의 측근들에게 잡혀 죽었다. 『사기』 권86 「자객열전(刺客列傳)」 전저(專諸)」.

181) 전국(戰國) 시대 4대 협객(俠客) 중 한 명(?~기원전 397)이다. 그는 자신을 알아준 엄수(嚴遂)를 위하여 한(韓)나라 재상인 협루(俠累)를 죽였다. 그리고 자기 가족에게 해가 미치지 않도록 칼로 자신의 얼굴을 긋고 눈알을 빼낸 후 할복하여 자살하였다. 『사기』 권86 「자객열전 섭정(聶政)」 참조.

182) 형가(荊軻): 진시황(秦始皇)을 암살하려 한 연태자(燕太子) 단(丹)의 자객(刺客). 형경(荊卿)이라고도 한다. 형가가 연나라의 태자 단(丹)을 위하여 진왕(秦王)을 죽이려고 떠날 때 역수(易水) 가에서 노래를 불렀는데, 강개한 마음이 일어 머리카락이 곤두서서 관을 뚫었다고 한다. 진왕을 알현하게 된 형가는 왼손으로 진왕의 옷소매를 잡고 오른손으로 진왕의 가슴을 찌르려고 하였는데, 진왕이 말하기를 "금을 뜯는 소리를 듣고서 죽게 해 주기 바란다."라고 하였다. 이에 시녀를 불러 금을 뜯게 하자, 그 시녀가 금을 뜯으면서 노래하기를 "비단으로 만든 단의는 찢어서 끊을 수가 있고, 여덟 자의 병풍은 뛰어넘어 갈 수 있으며, 녹로의 검은 등에 지고서 뽑을 수가 있네.[羅穀單衣 可裂而節 八尺屏風 可超而越 鹿盧之劍 可負而拔]"라고 하였다. 그 노랫소리를 들은 진왕은 땅을 차고 일어나서는 드디어 형가를 죽였다. 형가가 진왕을 찔러 죽이는 일을 실패한 뒤에 한때 형가와 어울려 놀았던 노구천(魯句踐)이란 자가 말하기를 "애석하게도 형가는 칼로 찌르는 기술을 배우지 못하였구나."라고 탄식하였다. 『사기』 권86 「자객열전 형가(荊軻)」.

183) 진양공자 : 당 태종 이세민(李世民). 진양은 고을 이름. 현 산서성 태원현(太原縣) 치(治). 옛날의 당국(唐國) 뒤에 진(晉)으로 고침. 당 고조(唐高祖) 이연(李淵)이 진양공(晉陽公)이므로 그 아들 태종이 진양공자이다.

동쪽으로 수레를 장풍에 몰아 해랑을 고무시켰네.185)
당시에 뜻있는 이는 봉래산 영주산에 숨었거늘
어디 한신이나 팽월186)처럼 선뜻 젓담기려 했던가.
부소187)에 나라 세웠다는 말은 헛소리이니,
진홍 대궐188)에 상상컨대 이미 그 이름 적혀 있었으리.

---

184) 약사 : 당(唐)나라 장수 이정(李靖, 571~649)으로, 약사는 이정의 자(字)이다. 이정은
처음에 수(隋)나라를 섬겼으나 이세민(李世民)에게 체포되어, 이세민에게 인정을 받고
그의 부장으로서 활약하였다. 이세민이 즉위한 후(당태종) 행군총관(行軍摠管)이 되어
돌궐(突厥)에 원정해서 그 근거지를 공격하고, 힐리가한(頡利可汗)을 포로로 잡았다.
토욕혼[吐谷渾]의 침입을 막는 큰 공을 세워 위국공(衛國公)에 봉해지고 당 태종의
소릉(昭陵)에 배장(陪葬)되었다. 그의 이름을 붙인 『위공병법(衛公兵法)』·『이위공문
대(李衛公問對)』는 당나라 때 대표적인 병서이다.

185) 진양공자…고무시켰네 : 수(隋)나라 말 이정(李靖)이 양소(楊素) 집안의 기생 홍불(紅
拂)이었던 장씨(張氏)를 만나 인연을 맺고, 그녀를 이끌고 영석(靈石)을 지나다가,
웅재와 대략(大畧)이 있는 장중견(張仲堅)을 만났다. 장중견은 수염이 규룡(虯龍)의
수염같다 해서 규염객이라 했다. 규염객 장중견은 이정과 함께 태원(太原)에 가서
이세민(李世民)을 만나보고 영주(英主)가 될 것을 알고 자기의 집과 재산을 이정에게
주고 떠나며, "앞으로 10년 뒤 동남 수천 리 밖에서 이상한 일이 생길 것이니, 이는
바로 내가 득의(得意)하는 때이다." 하고 떠나버렸다. 그 10년 뒤 정관(貞觀) 연간에
이정은 어떤 사람이 해선(海船) 1000척과 갑병(甲兵) 10만을 거느리고 부여국(扶餘國)
으로 쳐들어와 왕위에 올랐다는 소식을 듣고는, 규염객이라는 것을 알고 장씨와 함께
동남쪽을 향해 술을 뿌리면서 축원하였다고 한다. 『설부(說郛)』 권112상 「규염객전(虯
髥客傳)」에 나오며, 왕세정의 『검객전』에 수록되었다. 성호 이익은 규염객이 발해(渤
海) 대씨(大氏)의 시조인 걸걸중상(乞乞仲象)이라는 실존 인물을 소재로 한 것이라고
하였다. 『성호사설(星湖僿說)』 권17 「규염객(虯髥客)」 참조.

186) 한신(韓信)과 팽월(彭越) : 유방(劉邦)을 도와 한(漢)을 건국시킨 공신들. 한신은 한
고조(漢高祖)의 대장(大將)으로서 조(趙) 연(燕) 제(齊) 등의 나라를 차례로 무너뜨리
고 천하 통일을 이루었으나, 초왕(楚王)이 되었다가 회음후(淮陰侯)로 내려졌고, 소하
(蕭何)와 여후(呂后)의 계략에 빠져 삼족(三族)이 참형을 당했다. 『사기(史記)』 93권
「한신열전(韓信列傳)」 참조. 팽월은 산동(山東) 사람으로 항우(項羽)의 막료로 있다가
한고조를 도와 초(楚)나라를 멸하는데 큰 공을 세워 양왕(梁王)에 피봉되었으나, 곧
참소에 연루되어 삼족과 함께 처형되었다. 『사기(史記)』 90권 「팽월열전(彭越列傳)」
참조.

187) 부소(扶蘇) : 부여(扶餘)를 말한다. 「규염객전」에서, 규염객이 부여국으로 쳐들어가
왕위에 올랐다고 했다.

188) 진홍 대궐 : 원문은 '강궐(絳闕)'로 빨갛게 칠한 대궐 문을 말하는데, 신선의 궁을

벚나무 단지 기름진 우유젖을 최랑에게 권하고,

삼원 부인189) 홍초는 한밤에 곤륜노 마륵에 업혀 담을 넘었구나.

마륵이 순식간에 몸을 날려 구름 바깥으로 오르니

일만 화살이 고슴도치 털처럼 모인들 어이 상하게 하랴.190)

수레 속 청의 입은 이는 너무도 어리석었어도

함정에 빠졌어도 끝내 해에서 벗어났네.

부평의 고압아는 혼인을 잘 이루어주었으니

겨우 칼날 하나를 빌려 시해(尸解)될 것을 구하였네.191)

삼하에 진을 두어 전장 먼지 맑아졌거늘

누가 외택남(外宅男)192) 길러두고 겸병을 도모했나.

가리킨다.

189) 삼원 부인 :『검협전』의「곤륜노(崑崙奴)」에 보면, 최생이 병문안 갔던 일품(一品) 관원의 댁에 십원(十院)의 가희(歌姬)가 있었는데, 최생이 사랑하게 되는 홍초(紅綃) 는 제3원(第三院)이었다. 최생이 일품 관원 댁에 갔을 대 가희 홍초는 금구(金甌)에 담은 비도(緋桃)를 쪼개고 감락(甘酪)을 따라서 올렸다.

190) 벚나무 단지…어이 상하랴: 곧『검협전』의「곤륜노(崑崙奴)」를 제재로 삼은 것이다. 본래 곤륜노는 중국 고대에 부잣집에서 남쪽 지방 사람들을 데려다가 노예로 삼아 부렸는데 이들을 일컫는 말이다. 「곤륜노」는 최생(崔生)과 가기(歌妓) 홍초(紅綃)가 서로 사랑하지만 만날 길이 없게 되었을 때 최생 집의 곤륜노 마륵(磨勒)의 도움으로 가족을 이루게 되는 이야기를 그렸다. 최생은 부친의 명으로 정부고관의 문병을 갔다 가 홍초를 만난다. 최생이 그 저택을 떠날 때 홍초는 수수께끼를 던지는데, 최생은 그 때문에 그녀를 잊지 못한다. 그런데 최생 집의 곤륜노 마륵(磨勒)이 수수께끼를 풀어주고, 또 고관 집의 개를 퇴치하여, 벽을 날아 올라가 최생을 홍초의 곁으로 데려다 준다. 최생과 마륵에게 홍초는 자신의 신상을 이야기하며, 자신을 고관 댁에서 빼내달 라고 호소한다. 마륵은 최생과 홍초를 등에 업고 날아서 벽을 넘어, 홍초를 최생의 집으로 데려다 주었다. 이 사실은 안 고관은 홍초와 최생은 용서했지만, 마륵을 원수로 여겨 토벌하려고 한다. 마륵은 포박하러 오는 관군의 포위를 뚫고 사라진다. 곤륜노 마륵은 포위되자, "비수를 들고 높은 담위로 날아 올라, 새가 날 듯 획획 빠르고, 매처럼 신속하게 움직이는데, 화살이 비오듯 모였지만 하나도 적중하지 못했다. 경각의 사이 에 간 곳을 모르게 되었다.[持匕首飛出高垣, 疾若翅翎, 瞥同鷹隼, 攢矢如雨, 莫能中 之. 頃刻之間, 不知所向.] 10수 년 후 최가의 사람이 낙양에서 약을 파는 마륵을 발견했 는데, 나이를 전혀 먹지 않은 듯한 모습이었다.

191) 부평의…시신을 구하였네: 앞서 본『무쌍전(無雙傳)』의 고홍(古洪) 이야기이다.

홍선 낭자의 눈에는 위성(魏城)이 온전해 보이지 않았고193)

선씨 집 늙은 중은 아해와도 같았네.

수 도포 입고 갑자기 문을 열어

한 밤중 상머리의 금합을 잃었다네.

"네 목숨은 내 손안에 달려 있다." 하니

이 무릎은 꿇지 않았으나 도리어 간담이 서늘했다.

성공하고 결단코 떠나가니 정말 괜찮은 사람이네

노중련194) 그야말로 남아 중 남아라네.

곡강에서 채찍 치기 어이 그리 노련했나

바쁜 경윤의 길 조심하여 범치 말아라.

병검의 논설들은 멋대로 높이 나니

날고 나는 여섯 발 탄환에 죽지 말아라.

옥침도 육군을 못 얻으면 근심뿐이네

격구의 구장으로 한 번 치니 팽랑이 자빠지고,

태화방195) 안에는 노류공이 있었지

---

192) 외택남 : 원문은 '외남(外男)'. 당나라 중기의 군벌인 전승사(田承嗣, 705~779)의
    사병(私兵). 전승사는 자(字)가 승사(承嗣)이다. 평주(平州) 노룡(盧龍)[지금 하북 노
    룡] 사람이다. 원래 안록산의 부장(副將)이었는데, 무위장군(武衛將軍)에 이르러 반란
    을 일으켜 낙양을 함락시켰다. 안록산 사사명의 난이 평정된 이후 막주(莫州)에 있으면
    서 항해서 위박절도사(魏博節度使)에 봉해졌다. 그러나 조정의 조령(詔令)을 듣지 앗
    아, 동중서문하평장사(同中書門下平章事)에 가봉(加封)되고 안문군왕(雁門郡王)의
    작위를 하사받았다. 대력(大曆) 10년(775) 이정기(李正己)와 결탁하여 이보신(李寶臣)
    과 주도(朱滔)를 이간시켰으나 사면되었다. 다음 해에는 이영요(李靈曜)의 반란을 원
    조했는데, 반란의 진압 뒤에도 사면되었다. 위(魏)·박(博)·상(相)·위(衛)·낙(洛)·
    패(貝)·단(澶) 7주를 근거로 5만의 병사를 끼고 있었다. 대력 14년(779) 병사하자
    절도사의 지위를 조카 전열(田悅)이 계승했다.

193) 낭자의 눈에는…보이지 않아서: 당나라 노주 절도사(潞州節度使) 설숭(薛嵩)의 하녀
    인 홍선(紅線)이 주인을 위기에서 구하는 내용이다.

194) 노련(魯連): 전국시대(戰國時代) 제(齊)나라 지사(志士) 노중련(魯仲連).

195) 태화방(太和坊): 태화궁(太和宮) 또는 태화전(太和殿)을 이르는듯도 하나, 여기서는
    태상노군(太上老君)이 머문다는 백옥경(白玉京)을 가리키는 듯하다. 또 유공(留工)은

여러 사람 속에서는 참 영웅 알 수 없고 말고.

탑륜에서 구슬 훔친 일은 애들 장난일 뿐이니

위국공 한기196)가 서융을 막아낼 때,

절의를 지킨 여러 사람들이 존경 받을 만한 것을 제외하면

천 년 뒤에 들어도 기개가 더욱 씩씩하니,

일을 마친 이후 멀러 떠났기에 자취 더욱 높았네

흉악한 무리들이 사악한 당인들 물리침과 어이 같으랴.

궁성과 사직에 간악한 자 남겨 법이 행하지 않기에

나라 좀먹고 백성 병들지만 자신은 영화 누리다니.

요악한 자들을 거느리기 어렵기에 가만히 스스로 척결하여

장안성을 대대적으로 수색하여도 내버려 두리라.

엄주 왕세정197)이 이 사실을 전으로 남긴 것은 깊은 뜻 있어

등잔 심지 돋우고 무릎 치며 사람을 탄식하게 만드네.

내게 오구198)의 눈 서리 같이 밝은 칼날이 있다면

어찌 인간계의 불평사만 한정하여 처리하랴.

自古劍俠多作仙, 一瞬萬里行翩然. 深藏鋒鋩不試殺, 然後白日昇靑天.

靑城丈人工此技, 寶匣常韜三尺水. 赤菫初授白猿公, 匕首終傳越處子.

餘外紛紛盡狗屠, 借交報仇甘捐軀. 專諸聶政一人敵, 荊軻小兒眞懦夫.

晉陽公子姿颯爽, 氣壓虯髯色沮喪. 手挈萬金付藥師, 東駕長風鼓海浪.

불로장생의 약을 만드는 연단사(鍊丹士)이다.

196) 위공(魏公): 송(宋)나라 안양(安陽) 사람으로 위국공(魏國公)에 봉하여진 한기(韓琦). 한기는 자를 치규(稚圭). 호는 안양준수(安陽) 또는 한위공(韓魏公). 섬서 경략 안무 초토사(陝西經略按撫招討使)가 되어 공이 커 벼슬이 사도 겸 시중(司徒兼侍中)에 이르렀다.

197) 엄옹(弇翁): 즉 왕세정(王世貞).

198) 오구(吳鉤): 오구(吳鉤)는 갈고리 모양으로 휘어진 병기(兵器)로, 춘추 시대 오(吳)나라 사람이 이를 잘 만들었기 때문에 오구라고 일컫는데, 후에는 예리한 검을 뜻하는 말로 쓰인다.

當時有志栖蓬瀛, 肯甘菹醢同韓彭. 立國扶蘇是浪語, 絳闕想已書其名.

櫻甌沃酪勸崔郎, 三院夫人夜踰墻. 一朝飛身躡雲表, 萬矢集蝟奚能傷.

車中靑衣太憨駭, 陷入窖中終脫害. 富平押衙只諧姻, 僅借一刀求屍解.

三河置鎭戰塵淸, 誰畜外男圖兼幷. 娘子目中無全魏, 田家老奴如孩嬰.

綉袍鳥結忽排閤, 半夜床頭失金合. 制汝死命在吾拳, 此膝不屈還膽愊.

功成決去實可人, 魯連猶是男兒身. 曲江鞭背何老革, 愼勿犯驕京尹嗔.

論兵說劍縱陵屬, 未許飛飛六丸煗. 玉枕未獲六軍愁, 毬杖一擊膨郞斃.

太和坊裏老留工, 衆裡不辨眞英雄. 塔輪儵珠直兒戲, 捨得魏公防西戎.

諸人立義皆可尙, 千載聞之氣益壯. 事了遐擧迹則高, 何似除兇散邪黨.

城社遺奸法不行, 蠹國病民身尊榮. 亂領妖腰暗自抉, 從他大索長安城.

弇翁傳此有深意, 挑燈擊節令人喟. 我有吳鉤霜雪明, 何限人間不平事.

허균은 등불을 밝히며『검협전』을 읽고서는 왕세정의 깊은 뜻을 깨
닫고, 자신도 협객의 오검을 빌려 인간계의 불평사를 없애버리고 싶
다고 했다. 그런데 왕세정은 별도로 장편시 「협객편(俠客篇)」과 「유협
편(游俠篇)」을 남겼다. 전자는 『엄주사부고(弇州四部稿)』 권16에 수록
되어 있고 후자는 권18에 수록되어 있다. 「협객편」에서 왕세정은 해
내에 어찌 불평이 없을 수 있겠느냐고 하면서 오검199)이 협객의 소매
안에서 빛나고 있다고 했다.200) 「유협편」에서 왕세정은 곡학아세(曲

---

199) 『弇州四部稿』 卷161 明 王世貞撰 說部 「宛委餘編」 六. "沈括言: 唐人詩多有言吳鉤,
吳鉤者, 刀名也. 刀彎, 今南唐用之, 謂之葛黨刀. 按: 『吳越春秋』, 闔閭旣寶莫耶, 復令
國中作鉤曰: 能爲善鉤者賞之百金. 吳作鉤者甚衆, 而有人貪王之重賞也, 殺其二子以
血釁金, 遂成二鉤, 詣宮門求賞. 王問其故. 曰: '吾之作鉤也, 貪而殺二子, 釁成二鉤.'
王以擧衆鉤以示之, '何者是也.' 鉤師向鉤而呼二子之名, '吳鴻扈稽, 我在於此. 王不知
汝之神也.' 聲絕於口, 兩鉤皆飛, 著父之胷, 王大驚乃賞百金, 遂服之. 此吳鉤之所由
名以爲彎刀似也."

200) 王世貞, 「俠客篇」. "七國養士何紛紛, 誰其雄者信陵君. 擊柝雍容據上座, 鼓刀慷慨
却秦軍. 其外碌碌諸公子, 借日廻春互爭綺. 列鼎常食三千人, 俱簪珊瑚躡珠履. 就中

學阿世)의 평진후(平津侯)같은 무리 때문에 세상의 불평등이 있게 되었다고 논했다.[201]

용우기(龍遇奇)의 『성학계관(聖學啓關)』 즉 『성학계관억설(聖學啓關臆說)』을 읽고 쓴 독후시는 허균이 당시 독서를 통해 지향한 것이 '성학(聖學)'이었음을 알려 준다.

2-39. 책팔이 왕 노인이 설날 책 한 권을 보내 왔는데, 곧 지금 어사 용우기 공이 저술한 『성학계관』이었다. 용공의 학문은 조예와 실천이 어떤지를 내가 알지 못하지만, 그 책을 읽고서 마치 정신이 바짝 들 듯 터득한 바가 있었으므로, 돌이켜 보면 과거 40년 동안 읽은 책들이 비록 극히 해박하고 극히 정밀하였다고 하여도 도의 경지에 들어가 본성을 회복하는 문데에는 조금도 도움이 되지 않았으므로, 이것은 입술과 혓바닥만 허비한 셈이었으니 어찌 애석하지 않겠는가. 절구 한 수를 지어 지나간 잘못을 뉘우친다[賣書人王老元日贈一書 乃今御史龍公遇奇所述聖學啓關也 公之爲學造詣實踐 吾不敢知 讀其書 醒然有得 回首四十年 所讀書雖極博極精 其於入道復性 毫無干預 是乃虛費脣舌也 豈不惜哉 賦一絶以懺前非云]

脫穎君不見, 一片雄心爲誰死. 燕丹恨秦貫白日, 易水東流羽聲疾. 倚柱倨罵大事去, 惜哉不講刺劒術. 金丸馬肝亦何益, 田光先生太倉卒. 咸陽擊筑變淸調, 碧血殷霜染秋草. 明月還輝博浪沙, 滄波豈沒齊王島. 五陵射獵倚醉歸, 眶眦殺人無是非. 豎奴赫奕拜卿相, 天子威權下布衣. 黃金塢當中路, 走馬過之不肯顧. 五花驄狐白裘, 輕薄少年非我儔. 四座酒, 莫傾請聽俠客行. 海內萬事何言平. 袖中吳鉤霜雪明. 出門一笑失所向. 十日大索長安城."

201) 王世貞, 「游俠篇」 2수. 제1 "側坐犀眉驕, 雙牽短尾刀. 豪鷹逐呼來, 萬里天風驕. 平蕪如裀楊柳綠, 新豐酒羙兎肩熟. 白日衡山不肯歸, 醉擁胡姬野中宿, 歸來唾謂文成侯. 汝曹爨下不自羞, 斗大黃金何足問. 獨身西斷邠支頭." 제2 "碧眼崑崙奴, 腰間雙明月. 杯酒然諾問, 寸心縱橫發. 三尺吳鉤七尺身, 爲君一擲同秋塵. 白虹射日日無色, 咸陽道血波濺人. 君不見平津邸, 車門戟士夜如蟻, 乾坤不不從此始. 曷不一洗報天子, 輒深里人安足擬."

설날에 처음으로 성학의 서적을 보고
근래에 방황하던 마음 살래 해소되었네.
내 평생 3천 권을 독파했어도
오직 몸뚱이가 책벌레가 되면 마땅하리.
元日初觀聖學書, 向來迷念忽鎖除.
平生讀破三千卷, 只合將身作魚蠹.

허균은 양명우파인 장황(張潢)의 「심성설(心性說)」을 읽고 다음 독후
시를 남겼다.

2-44. 장본청의 「심성설」을 읽고 느낌이 있어서[讀章本淸心性說有感]

제1
심재202) 석 달이 어찌 헛일이겠는가
마음은 만 가지 이치를 먼저 수용한다네.
주경 공부가 이루어지면 하늘을 대월하리니
다시 무엇을 영대(마음)에 두랴.
心齋三月豈徒哉, 方寸先容萬理來.
主敬功成天對越, 更將何物置靈臺.

제2
본성이 착하다고 사람들 말하는데 그 말이 어찌 나를 속이랴
학문이 성명(誠明)에 이르러야 비로서 지(知)를 얻었다 하리.

---

202) 심재: 마음을 텅 비워 모든 잡념을 없애고 순일하게 하는 것을 말한다. 「인간세(人間
世)」(『장자』)에 "오직 도는 텅 빈 곳에 모이나니, 텅 비게 하는 것이 바로 심재이다.[唯
道集虛, 虛者心齋.]"라고 하였다.

다만 본심을 해 달과 같이 만든다면

유유한 나머지야 다시 무얼 하랴.

人言性善豈吾欺, 學到誠明始得知.

但使本心如日月, 悠悠餘外更何爲.

제3

사념을 끊어내어 이미 재가 되자

원명(圓明)을 고요히 깨달으니 역시 오묘하여라.

힘써 가까스로 인욕을 소진하면

붙잡으려 하지 않아도 도심이 이르러 오리.

斷除邪念已成灰, 淨覺圓明亦妙哉.

用力僅消人慾盡, 不知操得道心來.

제4

자자흘흘 도문학 한다고 나를 비웃지 마오.

고명해지려면 반드시 낮은 데서 시작해야 함을 누가 알랴.

백안(왕수인)[203]이 존덕성을 했다 해도

일생 오로지 치양지를 했을 뿐이네.

孜孜問學莫吾嗤, 誰識升高必自卑.

縱使伯安尊德性, 一生唯解致良知.

허균은 장황의 「심성설」을 보고, 사념을 끊고 욕심을 다 없애 원명
의 깨끗함을 깨우치겠다고 다짐했으며, 결국 존덕성을 위해서는 도문
학을 거치지 않으면 안된다고 『중용』의 가르침을 재확인했다. 마지막

---

203) 왕수인(王守仁, 1472~1529): 자는 백안(伯安), 호는 양명(陽明), 시호는 문성(文成)
이다. 벼슬이 남경 병부 상서(南京兵部尙書), 남경도찰원 좌도 어사(南京都察院左都
御史) 등에 이르렀다.

제4시에서 왕수인의 공부법에 대해 말하면서, 왕수인에게서 치양지는 존덕성의 방편이었다고 보았다. 도문학을 중시한 점에서, 허균은 여전히 주자학의 공부법을 따르려 했음을 알 수 있다.

장황은 백록서원(白鹿書院)의 원장으로 있던 68세 때 강서(江西)에서 마테오 리치(利瑪竇)를 만나고 백록서원에서 서학을 강론하게 하여, 서학과의 관련까지 운위되는 인물이다. 강서(江西) 남창(南昌) 사람으로, 자는 본청(本淸), 호는 두진(斗津) 혹은 청군(聽君)이다. 오여필(吳與弼)·등원석(鄧元錫)·유원경(劉元卿)과 함께 강우사군자(江右四君子)라 일컬어졌다.204) 동호(東湖) 가에 차세당(此洗堂)을 세우고 강학을 했으며 백록동서원의 원장으로 있으면서 『위학차제(爲學次第)』를 학자들에게 제시했다. 남창 일대에서 왕문(王門)의 학자들을 이끌었다. 79세 되던 만력 을사년(1605)에 순천부학(順天府學) 훈도(訓導)에 제수되었으나 부임하지 않았다. 『도서편(圖書編)』과 『주역상의(周易象義)』 20권을 저술했다.

강우왕문학파는 신강왕학좌파(新江王學左派)의 양지현성설(良知現成說)의 유폐(流弊)를 비판했다. 다만 장황은 '지수(止修)'를 종지로 하는 정통파 이재(李材, 호 見羅)와 '귀적(歸寂)'을 주장한 우파의 강표(講豹, 호 雙江)에 모두 통했다. 그러나 좌파의 '폭(瀑)'을 비판하고, 스스로는 사서오경(四書五經)을 연찬하여 『논맹약언(論孟約言)』을 남겼다. 독서궁리(讀書窮理)의 결과 '도상(圖象)의 유서(類書)'라고 일컬어지는 『도서편(圖書編)』을 엮었다.205)

---

204) 黃宗羲, 「江右王門學案」 9, 『明儒学案』 권19.

205) 『사고전서총목제요(四庫全書總目提要』는, 그 편찬이 嘉靖壬成(가정 41년)에 시작하여 만력 을축(만력 5년, 1577)에 완성되었다고 보았다.

6. 마무리

『을병조천록』이 발굴되고 번역본이 나온 이후, 이 기행시집은 허균과 양명학과의 관계를 시사하는 주요한 자료로 이용되고 있다. 허균은 양명좌파 이지(李贄)의 저작을 1608년 부안 은거기 이전에 접하였고, 이지의 사상과 문학을 지지했다. 그래서 허균은 부안 은거기 무렵부터 「호민론(豪民論)」이나 「남궁선생전(南宮先生傳)」 등 혁신적인 사유와 파격적인 형식을 지닌 작품을 창작했다. 허균은 유가의 태극론을 부정하고 노불(老佛)의 '도'를 세계의 근원으로 본 듯도 하다.

하지만 『을병조천록』의 시를 보면 허균은 이지나 양명학 좌우파의 설들에 대해 거리를 두고 있다고 느껴진다. 양명우파에 가깝고, 박학을 중시했으며, 존덕성을 위한 방편으로서 도문학을 여전히 강조하고 있다. 뿐만 아니라, 주자학을 거슬러 올라가 소옹이나 주돈이의 설을 지향하기까지 했다. 허균과 양명좌파의 설을 직접 연계시키는 것은 무리가 아닌가 생각하게 된다. 다만 허균은 「호민론」의 사상을 이어, 협객의 사상을 중시했다. 허균의 혁명적 사상은 양명학과의 관계에서 찾기보다, 그가 교학적 권위주의나 권력의 황폐함을 부정하는 의식을 지녔다는 점에서 확인해야 하지 않을까 생각해 보았다.

『을병조천록』에 수록한 시들은 그리 많다고 할 수 없으나, 매우 풍부한 소재와 주제를 닮고 있다.

특히 『을병조천록』에는 제화시도 여러 편 들어 있어, 그 시들은 허균의 당시 심상 체계를 여실하게 보여준다. 다음은 특히 대표적인 예들이다.

2-70. 대문진206)의 그림을 읊다[詠戴文進畵]

2-71. 주단207)의 그림에 석다[題朱端畵]

2-74. 여기208)의 그림에 대해 장수붕의 시체를 흉내 내어 씀[題呂紀畵效 張壽朋體] "수붕은 강우의 시객이다. 오산 서호등 모두 10영이 있다. 현응 민은 그 졸렬함을 웃었으나, 나는 그 졸렬함이 사랑스러워서 문득 그 시 체를 흉내내어 보았다[壽朋江右詩客也. 吳山西湖皆有十詠. 玄生笑其拙吾 愛其拙輒效之.]"

한편, 1-48「길가에서 서상기 연희209)를 하는 자가 있기에[路左有 演西廂戱者]」210)는 중국 동북부의 연희 사실을 살피고, 허균의 문예의 식을 이해하는데 중요한 시이다.

이상에 대한 논평은 다음 기회로 미룬다.

---

206) 대문진(戴文進): 戴進(1388~1462). 명(明)나라 전당(錢塘) 사람. 이름은 진(進)이고, 문진(文進)은 그의 자(字). 호는 정암(靜庵) 또는 옥천산인(玉泉山人). 그림을 잘 그리 어 그 당시 해 내외에서 제일류 화가로 높이 평가되었다. 특히 인물 사진에 능하였는데, 선종(宣宗)이 또한 그림을 좋아하여 추강독조도(秋江獨釣圖)를 그리어 바치었다. 그 그림의 낚시하는 사람을 선종의 복색으로 칠하여 선종이오해하고 그를 귀양 보내어 끝내 굶어 죽었다.

207) 주단(朱端): 명(明)나라 해염(海鹽) 사람. 자는 극정(克正), 호는 일초(一樵). 산석(山 石)과 화조(花鳥)와 인물과 묵죽(墨竹)을 잘 그리었다. 그리고 글씨도 잘 썼다.

208) 여기(呂紀): 명나라 화가. 자는 정진(廷振), 인지전(仁智殿)의 금의지휘사(錦衣指揮 使)로 근무하며 그림에 공을 들여 새의 깃털과 산수 인물을 잘 그렸다.

209) 서상희(西廂戱): 원(元)나라 왕실보(王實甫)가 지은 잡극 극본인『서상기(西相記)』 를 공연(公演)하는 놀이.

210) 제1 "假粧雌服舞蹁躚, 搖鼓吹簫鬧市廛. 粉出西廂新雜劇, 崔娘遺臭至今傳." 제2 "少 年曾讀會眞詩, 嘗鄙微之作傳奇. 紀實換名眞伎倆, 可憐名節最先虧."

千秋 사행시기 허균의 문헌 관련 활동

—
박현규

1. 서론

허균의 시문과 저술을 돌이켜 보면 문재는 천부적으로 타고났으며, 학문은 독서에서 나왔음을 알 수 있다. 허균은 대단한 독서광으로 많은 서책들을 열독했다. 그는 당대 명문 집안에서 태어나 집안 장서와 형 許筠이 중국에서 무역해 온 서적들을 섭렵했을 것이고, 그 자신은 중국에 사신으로 나갔을 때 많은 서적을 구매해 왔다. 이러한 사실은 그가 편찬한 『閑情錄』만 보더라도 잘 알 수 있다. 이 책자는 일종의 類書로서 인용 중국 문헌이 근 1백 종이나 된다.

광해군 6년(1614) 4월부터 이듬해 1월까지 허균은 千秋 겸 謝恩正使로 명나라 연경에 다녀왔다. 이번 사행의 서장관인 金中淸은 사행 내내 정사 허균을 근거리에서 보고들은 사항을 연행 일록 『朝天錄』에 담아두고, 또한 관련 시문을 따로 남겨 놓았다. 현존 『朝天錄』은 김중청의 문집인 『苟全集』의 별집으로 분류되어 있다. 각종 허균 문집에는 이번 사행 기간의 작품이 미수록되어 있고, 허균 관련 문헌에도 이때 그가 활약한 제반 사항에 대해 매우 소략하게 기술되어 있다.

필자는 『구전집』(『조천록』 포함)에 수록된 허균 관련 기록들을 주목하고 자료 정리와 분석에 나섰다. 이것들을 보다 효과적으로 기술하기 위해 크게 두 부분으로 나누어 정리했다. 한 부분은 천추사 겸 사은사의 제반 사행 업무와 김중청이 기술한 허균의 부정적인 모습이고, 다른 한 부문은 허균이 이번 사행에서 활동한 문헌 관련 사항이다. 후자 부분이 바로 본 논문에서 다루어야 할 범주이고, 전자 부분은 따로 논문을 작성했다.[1] 본 논문의 연구 내용으로 사행 기간의 허균이 지었던 작품, 휴대 문헌 종류와 중국 문단 유통, 중국에서의 문헌 수집, 중국 문헌의 곡필에 대한 변무 등을 다루고, 연구 목적으로 지금까지 잘 알려져 있지 않았던 또 하나의 허균의 활동과 모습을 살펴보는데 중점을 두고자 한다.

2. 千秋 사행 시기의 허균 작품

조선 사신들은 연행 동안에 주변 풍광이나 느낀 소감, 다른 사람과의 대면에서 많은 작품을 남기곤 했다. 허균도 이번 천추 사행에서 작품을 남겼을 것으로 추정된다. 그나마 다행인 것은 『조천록』에 여기에 관한 시 한 수와 관련 자료가 일부 남아 있다. 『조천록』 6월 22일조에 허균이 요동 盤山驛 부근 사찰에 나가 예불하면서 탑 위에 남긴 사언시가 있다.[2] 이때 허균이 지은 사언시를 옮겨 보자.

---

1) 박현규, 「金中淸의 『朝天錄』과 부정적인 許筠 모습」, 『洌上古典研究』 22집, 洌上古典研究會, 2005.12.30, 5~28쪽.; 洌上古典研究會 2006년 하계 학술발표회, 2006.06.18., 10~19쪽.

2) 『조천록』 6월 22일조: "上使先往訪佛寺, 登塔上題四言, 云: 亭亭寶塔, 永鎭邊疆, 佛力廣被, 皇圖益昌, 地獄天宮, 俱爲淨土, 有性無性, 齊成佛道. 仍拜佛云."

우뚝 솟은 보탑	亭亭寶塔
변방을 영원히 누르구나	永鎭邊疆
불력이 널리 퍼져	佛力廣被
큰 뜻이 더욱 창성하구나	皇圖益昌
지옥과 천상이	地獄天宮
모두 정토가 되고	俱爲淨土
有性과 無性이	有性無性
모두 성불을 했구나.	齊成佛道

허균은 이 시에서 자신의 불성을 잘 드러내고 있다. 그는 사찰 안에 우뚝 솟아 있는 불탑을 보고 부처의 큰 뜻이 널리 퍼지기를 바랐다. 부처는 모든 중생을 구하겠다는 심원으로 온 세상에 불법을 널리 알렸다. 그는 부처의 큰 뜻을 받아들여 독실한 불제자가 모여 있는 천상세계는 말할 것도 없고, 악의 무리가 벌을 받고 있는 지옥세계에도 부처의 힘이 닿아 정토로 바뀌고, 부처를 믿던 안 믿던, 불성이 있든 없던 간에 모든 중생과 사물이 성불하기를 바랐다.

이번 사행에서 허균은 다른 사람과 시를 수창한 기록이 있다. 『조천록』 9월 25일조에 명 한림학사 孫汝游와 상공 李應嶽이 지은 시 3편을 보내오자, 김중청과 허균은 차운해서 보냈다는 기록이 보인다.[3] 『구전집』 권1에 김중청이 이들과 수창한 시편으로 〈次孫學士汝遊賦李應嶽兩色鷄冠花韻〉, 〈次孫學士韻〉, 〈次李相公應嶽寄示韻〉, 〈又次謝惠詩扇畵花〉가 있다. 이것으로 보아 허균도 이들과 수창한 시가 몇 수 있을 것으로 추정된다.

---

3) 『조천록』 9월 25일조: "孫學士汝游 · 李相公應嶽寄詩所作三篇, 余與使次送."

또『구전집』에 김중청이 허균의 시를 차운해서 지은 시가 수록되어 있다.『구전집』권1〈良策館戲次上使〉는 김중청이 龍川 良策館에서 지었다. 이 시에는 허균의 자제 군관으로 따라갔던 玄應旻이 매번 주연에서 장님 흉내를 내여 보던 이로 하여금 즐겁게 했다고 한다.[4] 허균은 이 양책관 주연에서 시를 지었던 것으로 보이는데,『구전집』에는 허균의 원 시를 수록하지 않았다.

이와 경우가 좀 다르지만 이번 연행에서 허균이 일찍이 지은 명 장수의 제문 얘기가 있다.『조천록』6월 10일조에 요동 관원 楊武祥, 楊翹, 鄭汝鈺 등이 찾아오자, 허균은 자신이 일찍이 돌아간 楊元의 제문을 지었고, 양원의 아들이 이 제문을 외우면서 명성을 들은 지 오래되었다고 했다.[5] 양원은 정유란에 군사 3천명을 거느리고 조선에 온 명 副摠兵이다. 그는 전라도 南原 전투에서 패했는데, 훗날 그 책임으로 처형당했다.[6] 양무상은 양원의 아들이며, 양교는 양무상의 종숙부이다. 이들은 허균 일행을 반갑게 맞이하고 明倫堂 현판을 탁본하는데 도움을 주었으며, 허균 일행도 양원이 조선에서 활약한 공로에 대해 경의를 표했다.『성소부부고』에는 양원 제문이 미수록되어 있다.

---

4)『구전집』권1〈良策館戲次上使〉자주: "使子弟軍官玄應旻, 能作盲戲, 每於酒場, 使之歌舞, 以娛行役."

5)『조천록』6월 10일조: "夕, 楊武祥・楊翹・鄭汝鈺等來見, 又有楊鶴祥者, 隨其後. 使日: 曾作先摠兵祭文, 武祥等請見, 不能出示. 楊歸後, 語譯官日: 楊元之子誦我祭其父文, 乃謂聞聲名久云."

6)『조천록』6월 9일조: "武祥, 故副摠兵楊元子. 元於丁酉年率三千兵東征, 敗於南原, 拿刑. 經營我國, 未免軍律, 國人之所不忘, 今見其子, 不覺戚然."

3. 千秋 사행 여로의 휴대 문헌

『구전집』에는 허균이 이번 사행에서 문헌과 관련된 많은 사항들을 기술해 놓았다. 본 절에서는 허균이 이번 사행에 나서면서 어떠한 서책을 가지고 나갔는지에 대해 살펴보겠다.

허균은 여러 참고 서적으로 형 허봉이 지은 『朝天記』를 휴대했다. 『조천록』 5월 7일조에 연행 사신 일행이 肅川에 도착하여 弄月軒 편액이 누구의 글씨를 쓴 것인가에 대해 쟁론이 있었다. 점마별감 尹綎은 명 사신 危時亮의 글씨라 했고, 宋孝男과 金忠信은 鵝溪의 글씨라 했다. 김중청은 朴忠義 大父의 『日記』에 근거해 위시량의 글씨라고 했으며, 허균은 허봉의 『日錄』을 꺼내어 이 편액은 위시량이 불러주고 李山海가 썼다고 했다.[7) 여기의 『일록』은 허봉이 선조 7년(1674)에 성절사의 서장관으로 명나라를 다녀오면서 남긴 『조천기』를 지칭하고, 농월정 편액 기록은 동년 5월 28일자에 보인다. 또 『조천록』 6월 25일자에 허균이 허봉의 『조천기』를 살펴보고 날마다 역관의 죄를 다스렸다는 말을 전했다.[8) 당시 연행 사절들은 자신의 연행에 도움을 받고자 지난 연행 기록물을 휴대하고 갔으며, 연행 도중에 주변 풍경과 고적들을 관람하거나 어떠한 문제가 발생했을 때에 이 책자들을 펼쳐 보았다. 김중청도 朴忠義 大父가 적은 『日錄』을 휴대해 갔다.

또 허균은 이번 사행에서 허난설헌 문집과 『列仙傳』도 휴대해 갔

---

7) 『조천록』 5월 7일조: "至肅川, 寓弄月軒, 與點馬對坐行茶, 見軒額板, 末書日天使魏時亮. 夜坐肅寧館, 廳事謾題云, 故余與點馬以爲魏筆, 宋孝男·金忠信等皆謂鵝溪筆. 余考朴忠義大父《日記》, 乃曰: 魏天使筆, 自以爲吾輩之言果驗矣. 俄就東軒, 與上使話語及, 上使出示荷谷《日錄》, 乃謂魏公號之, 汝受書之."

8) 『조천록』 6월 25일조: "(허균)此書狀事, 尊兄何不致, 察見舍兄《日記》, 日治罪譯官."

다. 허난설헌 문집에 대해서는 아래에서 자세히 논하고, 여기에서는
『열선전』만 논술하겠다. 『조천록』 6월 27일조에 허균은 杏山驛에서
표류인 方初陽과 신선에 관한 담화를 진지하게 나누었던 기록이 보인
다. 이날 그는 일찍이 산에 들어가 仙道를 배워 거의 성취할 뻔했으나
국왕의 부름으로 인하여 잠시 중단하였으며, 훗날 다시 득도하여 신
선이 되면 徽州 등지를 유람할 터이니 그때 그대와 서로 만날 수 있을
것이라 했다. 그는 방초양에게 누이 허난설헌 시집과 『列仙傳』을 보
라고 주었다.9) 여기의 『열선전』은 어떤 책인가? 허균이 『閑情錄』을
편찬할 때 참조한 책인 漢 劉向의 『열선전』인지, 아니면 그가 찬을
적었던 명 王世貞의 『列仙全傳』인지 불분명하다.10) 어느 책이던지
간에 허균이 연행 기간에 『열선전』을 휴대하고 갔던 점으로 보아 그
가 얼마나 仙道에 대해 심취해 있었던가를 잘 알 수 있다. 이 사실은
앞서 허균이 매번 신선과 불교 얘기를 좋아한다는 말과 부합된다.

4. 허균과 허난설헌 문집의 중국 유포

허균은 이번 사행에서 자신의 시문을 명나라 인사에게 증정했다. 『조
천록』 8월 3일조에 허균의 시문이 중국 인사들에게 전해지는 과정을
기술했다. 허균은 역관 李雲祥으로부터 主客司郎中 潘潤民이 사신들

---

9) 『조천록』 6월 27일조: "上使先行, --- 使與方初陽語, 曰: 我入山學仙道幾成, 而國王
招之, 辭不得, 他日若做仙, 可於徽州等處一瞬往來, 可相見否? 初陽曰: 大人果爲仙,
雖可往來吾境, 凡骨豈能相接. 使以歐姊集及《列仙傳》與之覽. 方款語, 余適往乃罷. 康
忠立傳言其事如此."
10) 『惺所覆瓿藁』 권14 〈列仙贊〉 참조.

의 시문을 보기 원한다는 얘기를 듣자, 李孝男으로 하여금 자신의 시문
한 책을 정사하여 보내도록 했다. 김중청은 潘潤民으로부터 정식 통보
가 없는데다가 사절에게는 사교가 없다는 근거에 따라 허균이 자신의
시문을 건네주는 행위에 반대한다는 견해를 비쳤다. 이에 허균은 예전
에 沈熹壽를 모시고 명나라에 왔을 때 이와 같은 일이 많았다는 전례를
들었다.[11] 당시 명나라 인사들은 자국과 동일한 문자로 높은 수준의
문장을 구사하는 조선 학자들의 작품을 보기를 몹시 원했다. 반윤민은
이와 같은 이유로 조선 사신들의 작품을 보기를 원했을 것이고, 이에
허균도 자신의 천부적인 능력을 명나라 인사들에게 확인하고 싶었을
것으로 보인다. 전날 명 사신 朱之蕃, 梁有年, 劉用 등이 허균의 작품을
본 후 매우 뛰어나다고 평했다.

허균은 누이 허난설헌에 대해 각별한 애정을 가지고 허난설헌의 시
문이나 『난설헌집』의 유포에 온갖 힘을 쏟았다. 선조 22년(1589)에 허
난설헌이 불행히 27세라는 젊은 나이에 작고하자, 다음 해(1590)에 허
균은 남아 있던 누이의 유고를 모아 문집으로 편찬했다. 선조 31년
(1598)에 명 학자 吳明濟, 동왕 35년(1602) 명 종사관 丘坦, 동왕 39년
(1606)에 명 사신 주지번과 양유년, 광해군 1년(1609) 명 사신 유용과
종사관 徐明, 田康, 楊有士 등이 한반도에 들어오게 되자 허균은 이
들을 접대하는 일을 맡으며 허난설헌의 시문이나 『난설헌집』을 유포
시켰다.

상기 기록은 허균이 한반도에 들어온 명나라 인사들에게 허난설헌

---

11) 『조천록』8월 3일조: "李雲祥言郎中要見陪臣詩文. --- 大槩上使不自量, 必欲廣布詩
文于中國, 雲祥不過造言獻媚, 而使曰: 郎中必已聞我文名也. 遂令李孝男精書一册送
呈. 余曰: 令公之文, 雖中國人必有未逮者, 然不見郎中之票帖, 輕信譯官之浮辭, 私自
交通, 無乃不可乎? 使曰: 前日沈相之使, 余爲書狀. 其時多有如此事矣."

시문이나『난설헌집』을 유포하는 과정을 정리한 것이다. 이와 반대로 허균이 명나라로 나가면서『난설헌집』을 유포한 기록이 김중청의『구전집』에 남아 있다.『조천록』광해군 6년 6월 15일조에 허균이 遼東에 머물고 있을 때 명 分受道布政按察使 白養粹에게『난설헌집』을 보내려고 한 기록이 있다. 전날 허균은『난설헌집』을 포정안찰사 백양수에게 증정하려고 장계 초고를 작성하고, 사전에 자신의 수하를 보내고자 하였으나, 김중청은 이를 매우 못마땅하게 여겼다. 그는 백양수가『난설헌집』을 요구한 것도 아닌데, 마치 허균이 백양수가 이것을 요구한 것으로 꾸민다고 생각하고, 허균이 자신의 수하 康忠立 또는 鄭夢台를 보내는 것을 거절했다. 그래서 허균은 부득불 송응선을 보내어 백양수에게『난설헌집』을 증정했다.[12]

앞서 논했듯이『조천록』6월 27일조에 허균이 명나라 표류인 방초양에게『난설헌집』과『열선전』을 주어 열람하도록 했던 기록이 있다. 방초양은 김중청에게 근체시 두 수를 지어 주었는데, 훗날 김중청이 시로써 화답한 점으로 보아 글을 아는 자이다.[13] 허균도 방초양을 한 명의 문사로 대접했다. 허균은 자신이 수행한 仙道 과정을 얘기하고『난설헌집』까지 읽어보도록 주었다. 우리는 이 기록들을 통해 허균이 이번 연행 길에 적지 않은『난설헌집』을 소지하고 있었고, 또한 누이의 시문을 명나라 인사들에게 알리려고 얼마나 적극적으로 노력했는

---

12)『조천록』6월 15일조: "留遼東. 余抹去狀辭未安者, 其姊詩卷非布政所求, 渠自强通, 而以彼先懇求爲言. 大是欺上, 再三請改, 可恨. 八里催車, 本定以宋應瑄, 而使欲送康忠立. 余不可. 又以鄭夢台換定. ---- 余又力言其不可. 使曰: 應瑄當往呈姊集. 余曰: 呈册, 誰不可爲. 曰: 自初出入者乃可往. 終不聽. ---- 分受道布政按察, 白養粹. ---- 午間, 應瑄持册往呈布政."

13)『구전집』권1, 〈漂人方初陽曾以二近體投示, 適氣惄未報, 今次以副〉참조.

지를 잘 알 수 있다.

『조천록』11월 10일조에 허균이 백양수의 부친인 한림학사 白瑜와 만나『난설헌집』서문을 구했던 과정이 기술되어 있다.14) 연행 일행이 연경에서 귀국하는 길에 永平府에 도착하자, 허균은 한림 백유에게 포 두 필과 벼루, 종이, 부채 등 공물을 보내어 만날 날짜를 기약했다. 허균은 사전에 연경으로 향하면서 한림 백유와 만나『난설헌집』서문을 작성해 달라고 부탁해 놓았다. 백유는 다음 날 만나자는 기약을 정했고,『난설헌집』서문은 이미 작성해 놓았다고 했다. 오늘날 백유가 지었다는『난설헌집』서문은 아직까지 발견되지 않고 있다.

김중청은 허균의 이러한 행동에 대해 매우 못마땅하게 여겼다. 그는 허균이 자신에게 이러한 사실을 숨기려 한다고 비난했고, 다음날 허균이 자신과 함께 백유를 만나자는 요청을 단호히 거절했다. 그가 비난한 내용을 보면 크게 세 가지이다. 첫째, 연행 사신은 개인적인 교유가 없어야 한다, 둘째 공물을 개인 용도로 사용해서는 안 된다. 셋째 여성이 문장을 잘하는 것은 자랑할 만한 일이 아니라는 것이었다.

첫째와 둘째 사항은 앞 선 논문에서 다루었고, 여기에서는 마지막 사항인 여성 문인의 글 솜씨에 대해 집중적으로 논술해 보자. 김중청이 여성 문인의 글 솜씨를 폄하하는 말은 바로 당시 조선 사대부 인사들의 보편적인 사고방식과 일치한다. 이들은 유가 종법 사회라는 미명의 기치 아래 여성의 존재를 무시하고 남성과 동등한 권리나 활동을 보장하지 않는 등 여성의 모든 세계를 지배하려고 했다. 허난설헌

---

14)『조천록』11월 10일조: "早發, 抵永平府. ---- 使以補布二端及硯紙扇等物送白翰林, 請見日也. 期以明日相見云. 厥姊遺稿序文, 去時重賂請之, 今已製云. 人臣無私交, 女子能文, 又豈誇耀之事, 補布等物用之如是, 而禁其下人毋令洩知于書狀云, 可笑."

사후에 나온 일부 인사들의 글에서도 허난설헌이 문장을 잘한다는 사실에 대해 별로 탐탁지 않은 시각으로 보고 있었다. 예를 들면 沈守慶은 『遣閑雜錄』에서 문장을 잘 짓는 조선 여성으로 허난설헌과 趙瑗의 첩 李氏(李玉峰), 鄭澈의 첩 柳氏가 있다는 혹자의 비난 논평을 인용했다. 혹자는 여성의 미덕은 술이나 음식, 양잠이나 길쌈 등 집안 가사를 돌보는 데에 있지, 시를 읊는 것은 좋은 행동이 아니라 했다. 심수경은 혹자의 논평에 대해 반대 견해를 표시하면서 나의 뜻은 그 기이함에 감복할 뿐이라고 했다.[15] 심수경의 심리 상태를 보면 마치 조선 여성 문인에 대해 긍정적인 평가를 내리는 것처럼 보이지만, 사실 그의 심리 한 구석에는 단순히 남성 위주의 문단에 여성 문인이 출현했다는 희소가치에만 긍정 평가하고, 여성 문인의 진정한 글 솜씨에 대해 올바른 평가를 내렸다고 보기 힘들다.

조선 정조 연간에 洪大容과 朴趾源도 이와 같은 견해를 피력했다. 洪大容은 연경에서 杭州 우인 潘庭筠과 조선 여성 문인에 대한 필담이 오갔다. 반정균이 조선 부인이 시를 잘 짓는 것이냐고 물어오자, 홍대용은 부인이 시를 짓는 것은 마땅한 일이 아니고, 간혹 시를 쓰는 여인이 있어도 밖으로 내놓지 않는다 했다. 또 반정균이 허난설헌은 시를 잘 지어서 그의 이름이 중국 문헌에 실렸다고 하자, 홍대용은 여성이 문장을 다듬고 시로써 명성을 얻는다는 것은 결코 정도가 아니

---

15) 『遣閑雜錄』(大東野乘本): "婦人能文者, 古有曹大家·班姬·薛濤輩, 不可殫記. 在中朝非奇異之事, 而我國則罕見, 可謂奇異矣. 有文士金誠立妻許氏, 卽宰相許曄之女, 許篈·筠之妹也. 篈·筠以能詩名, 而妹頗勝云. 號景樊堂, 有文集, 時未行于世, 如〈白玉樓上樑文〉, 人多傳誦, 而詩亦絶妙, 早死可惜. 文士趙瑗帖李氏, 宰相鄭澈帖柳氏, 亦有名. 議者或以爲婦人當酒食是議, 而休其蠶織, 唯事吟哦, 非美行也. 吾意則服其奇異焉."

라고 반론했다. 훗날 반정균이 부녀 중에 시를 잘하는 자가 있는가 묻자, 홍대용은 하나도 기억나는 것이 없으며, 설혹 있다 해도 장난삼아 한 말에 불과하고 군자의 눈을 더럽히는 일이라고 했다.16)

박지원은 熱河에서 청 尹長奇·奇麗川과 필담을 나누면서 허난설헌이 중국에까지 이름난 것은 영예스러운 일이나 규중 여인이 시를 읊는 것은 애초부터 아름다운 일이 아니고, 난설의 호 하나만으로도 분에 넘치는 일인데, 중국 문헌에 그의 이름 또는 호가 景樊으로 잘못 알려진 것은 천 년에도 씻기 어려운 일이라 했다.17)

오늘날 우리들은 김중청과 일부 조선 문사들의 견해에 대해 동의하는 자는 없을 것이다. 허균은 당시 사대부들의 편견과 달리 여성 문인에 대해 긍정적으로 평가하고 있었고, 특히 자기 집안에 뛰어난 문재를 가진 누이가 있다는 점에 대해 크게 자랑하고 나섰다. 그는 중국 문단에는 여성 문인의 활동을 인정하고 있다는 점을 알고 매번 명나라 문인들과 접촉할 기회를 가질 때마다 누이 허난설헌의 뛰어난 문재와 문집『난설헌집』을 적극적으로 홍보하고 있었다. 우리는 김중청의 기록을 통해 허균이 연행 사신으로 갈 때『난설헌집』을 가지고 갔

---

16)『湛軒書』外集 권2,〈杭傳尺牘〉2월 8일조: "蘭公曰: 東方婦人有能詩乎? 余曰: 我國婦人惟以諺文通迅, 未嘗使之讀書, 況詩非婦人之所宜, 雖或有之, 內而不出. ---- 蘭公曰: 貴國景樊堂許筍之妹, 以能詩於中國詩選. 余曰: 女紅之餘, 傍通書史, 服習女戒, 行修閨範, 是乃婦女事. 若修飾文藻, 以詩得名, 終非正道."
　　동서 2월 17일조: "蘭公曰: 聞婦女中多能詩者能擧一二否? 余曰: 無一記者. 設或有之, 此不過戲慢之語, 何足以汚君子之目也."

17)『熱河日記』〈避暑錄〉: "蘭雪軒許氏詩, 載《列朝詩集》及《明詩綜》, 或名或號, 俱以景樊載錄. 余嘗著〈淸脾錄序〉詳辨之, ---- 余詳辨其景樊之誣, ---- 大約閨中吟詠, 本非美事, 而以外國一女子芳播中州, 可謂顯矣. 然吾東婦人未嘗以名與字見於本國, 則蘭雪之號, 一猶過矣. 況乃認名景樊在在見錄, 千載難洗, 可不位在有才思閨彦之烱鑑也哉."

던 새로운 사실과 그가 『난설헌집』의 유통에 대해 얼마나 적극적으로
나섰는지 다시 한 번 확인할 수 있다.

5. 千秋 사행 시기의 문헌 수집

다음으로 허균이 이번 사행에서 구득한 중국 문헌 활동에 대해 알
아보자. 『조천록』 10월 27일조에 鳳山縣監 尹珙이 김중청에게 이번
사행에서 허균이 가져온 개인 짐짝 수와 내용물을 확인하는 대목이
기술되어 있다. 서책 짐은 8짝이고, 硝黃 짐은 2짝, 허균 종 짐과 서
장관 종 짐은 2짝, 모두 12짝이다. 이에 대해 김중청은 硝黃은 우리
일행의 짐이 아니며, 자신 종의 짐은 연경에서 적은 숫자 외에 다른
짐짝이 없다고 대답했다.[18] 허균이 이번 사행에서 구득한 서책은 전
체 짐짝의 66.7%를 차지할 정도로 매우 많다. 훗날 그가 『閑情錄』을
편찬하면서 이번 연행 사절과 광해군 7년(1615) 연행 사절 때에 4천여
권이나 되는 많은 서적들을 구입했다고 밝혔다.[19] 우리는 그가 얼마
나 지식욕에 불타고 있었는가를 잘 알 수 있다.

그렇다면 허균이 이번 사행에 연경에서 구득한 서적은 어떤 것이
있을까? 『한정록』을 편찬할 때에 참조했던 서적들이 일부 포함되어
있을 것으로 보이지만, 구체적으로 알려진 바는 별로 없다. 『구전집』
에는 허균이 구득한 서책 기록이 일부 남아 있다. 이 책자의 권1 〈上使

---

18) 『조천록』 12월 18일조: "縣監尹珙待昏來見, 日: 上道私卜十二駄, 問之, 使日: 書冊八
   駄, 硝黃兩駄, 使·書狀二駄, 然耶? 余日: 硝黃非吾行所有, 書狀奴北京奴外, 無馬."
19) 『閑情錄』〈凡例〉허균 자서: "甲寅乙卯兩年, 因事再赴帝都, 斥家貨購得書籍幾四千餘
   卷."

得李氏莊書一部以示余感題二律〉에서 허균이 李贄의 『莊書』를 얻어
기이하게 여기며 김중청에게 보여 주었는데, 책 내용이 전통 유학을
비방한 것이라서 불태워 버려야 했으며, 며칠 후 그가 馮應京의 『皇明
經世實用編』에 기술된 馮琦의 상소문을 보니 명 황제가 張問達의 말
을 받아들여 이지의 저서물을 태워 버렸다고 했다.[20] 여기의 『莊書』
는 『藏書』의 오류이다. 『조천록』 8월 20일조에서 김중청은 우연히 『藏
書』를 보았다고 했는데,[21] 이 책자는 앞서 논한 것처럼 허균이 구득한
것이다. 『조천록』 8월 27일조에 김중청은 『황명경세실용편』 중 馮琦
의 상소문을 읽었다고 했다.

　이지의 『장서』는 전국시대에서 원나라까지 약 8백 명의 전기를 기
술한 책자이며, 〈世紀〉 8권, 〈列傳〉 60권 등 총 68권으로 되어 있다.
이 책자는 만력 16년(1588)에 초고가 만들어진 이래 여러 차례의 수정
을 거쳐 만력 27년(1599)에 그의 친우 焦竑에 의해 南京에서 각판되었
다. 焦竑은 이 책자의 서문을 적으면서 이지의 인품이 높고, 저술이
많으며, 또한 이 책자를 감추려고 해도 그 이름이 온 세상에 두루 전
할 것이라고 했다.[22] 『장서』의 주요 내용은 공자의 시비를 달리 해석

---

20) 『구전집』 권1 〈上使得李氏莊書一部以示余感題二律〉 서문: "上使得李氏莊書一部以
　　爲奇, 示余其書. 自做題目, 勒諸前代君臣其是非子奪, 無不徇己偏見, 以荀卿爲德業儒
　　臣之首, 屈我孟聖於樂克・馬融・鄭玄之列, 明道先生僅參其末, 與陸九淵竝肩, 若伊
　　川・晦庵兩夫子則又下於申屠嘉・蕭望之, 稱之以行業, 肆加升黜, 少無忌憚. 余見而
　　太駭, 曰: 此等書寧火之, 不可近. 居數日, 偶閱《經書實用編》馮琦〈正學疏〉, 有曰: 皇
　　上頃納張給事言, 正李贄誣世之罪, 悉焚其書云. 所謂贄乃作《莊書》者, 倡爲異學, 率其
　　徒數千, 日以攻朱爲事, 而卒爲公論所彈, 伏罪於聖明之下. 至以妖談怪筆者多少, 榫板一
　　炬而盡燒. 猗歟, 大朝之有君有臣也. 感題二律, 旣傷之, 又快之; 快之中, 又有傷焉.
　　傷哉, 傷哉. 其誰知之."

21) 『조천록』 8월 20일조: "偶見李氏《藏書》, 李氏, 所謂卓吾先生名贄者也."

22) 『藏書』 焦竑 〈李氏藏書序〉: "卓吾先生隱矣, 而其人物之高, 著述之富, 如珠玉然, 山
　　暉川媚, 有不得而自掩抑者, 蓋姓名赫赫盈海內矣."

했고, 유교주의와 정통 사관에 반대하며, 특히 宋明 성리학에 대해 맹렬히 비난했으며, 또한 역사의 발전성을 강조하며 자본주의의 초보 의식을 불러 일으켰다. 오늘날의 입장에서 본다면 이지의 사고방식은 기존 사고를 뒤집는 혁신적인 사상을 갖추었다고 평가되고 있는데, 허균 또한 시대에 앞서는 혁신적인 사상을 갖춘 인물이므로 이지와 서로 상통한 점이 있다고 하겠다.

만력 30년(1602)에 장문달은 이지를 탄핵하고, 곧이어 풍기의 상소문이 이어지자 명 만력제는 이지를 체포하고 각종 저서물과 책판들을 소각했으며 서적 유통을 금지시켰다. 허균이 『장서』를 구입했을 시기가 광해군 6년(만력 42년; 1614) 8월이다. 이 시기에는 명 만력제가 계속 재위하고 있었고, 탄핵자 장문달은 황상의 신임을 받고 있는 대신이며, 또한 『장서』 책판은 이미 소실되고 유통 금서로 지정되어 있었다. 허균이 『장서』를 어떠한 경로로 구입했는지는 알려지지 않았지만, 금서인 이 책자를 몰래 구득했던 것으로 보인다. 그는 자신의 지식과 사고를 새롭게 하기 위해 연경에서 조선이나 명나라에서 찾아보기 힘든 서책을 구득하고, 설령 금서일지라도 이것을 구득하기 위해 많은 노력을 펼치지 않았나 생각된다.[23]

『조천록』 9월 2일자에 허균의 명 아전 張應緯과의 서책 구매와 구매 절차에 관한 대목이 있다. 장응작은 부사 관가를 맡고 있는 아전이다. 허균이 장응작에게 秘笈 『新書』와 『韻府群玉』 각 1백 책을 구해오면 은 1백 냥을 얻을 수 있다고 말하자, 다른 사신들은 허균에게 구매 절차를 따라야 한다고 말했다.[24] 이들의 대화로 보아 허균은 필요

---

23) 박현규, 「許筠이 도입한 李贄 저서」, 『中國語文學』 46집, 嶺南中國語文學會, 2005.12., 303-322쪽.

한 서책들을 구하기 위해 다른 사신들이 꺼려하는 행위도 마다 않고 상당히 적극적으로 나섰던 것을 알 수 있다.

　허균은 연경으로 호송해 간 명나라 표류인으로부터 감사의 표시로 서책을 증정 받았다. 『조천록』 10월 26일조에는 표류인 方初陽과 河三才가 와서 『歷代名臣奏議』를 허균에게 증정하고, 『大學衍義』와 續集(『大學衍義補』)을 김중청에게 증정하겠다고 했다.25) 김중청이 방초양에게 『大學衍義』를 주었던 것에 대한 답례의 시를 지어 주었던 것으로 보아,26) 이날 서책을 증정한 이는 방초양으로 추정된다. 또 『조천록』 11월 3일조에 천추사 일행이 귀국하고자 연경을 떠날 때 표류인 방초양, 하삼재 등 5인이 찾아와 감사의 표시로 『四六秘笈』과 袖珍本 『五經』 등의 서책을 나누어주었다는 기록이 있다.27)

　명 표류인들은 연경에 연줄이 있고 재물을 구비한 상인 출신으로 보인다. 이들이 바다에 나간 목적은 일본과 물자를 교역하기 위해서였다.28) 방초양이 허균에게 증정한 『歷代名臣奏議』는 1백여 책이나 되는 거질인데, 당시 책값이 만만치 않은 것으로 추정된다. 하삼재의 종질 河懋灼은 조정 閣老 葉尙高의 사위이며, 연경에 머문 지 수년이

---

24) 『조천록』 9월 2일조: "有唐突人來者, 持玉貫子二雙, 直授上使. 問之, 則副使管家張應綽也. 使曰: 你已圖得陪來天使事乎? 曰: 已圖之. --- (허균)又曰: 持秘笈《新書》·《韻府群玉》各百件, 可得一百兩銀. 閔甫令公曰: 如此說千萬勿爲. 余曰: 此輩不因譯官進退, 無乃有虧事體乎?"

25) 『조천록』 10월 26일조: "漂人方初陽·河三才來見, 以《歷代名臣奏議》百餘册贈使, 《大學衍義》及《補》等帙贈余, 以出城日持授中路云."

26) 『구전집』 권1 〈謝方初陽以《大學衍義》見贐〉.

27) 『조천록』 11월 3일조: "漂人河三才·方初陽·顧起元·周秀·林正茂五人, 盛辦酒饌, --- 又以龍眼·荔枝各二盤, 及《四六秘笈》·《五經》袖珍諸書分授, 終始稱謝."

28) 『조천록』 11월 6일조: "聞兵部外郞索賂于漂人, 漂人等無以應之, 遂皆被拘. 盖以私自下海與倭通貨爲罪云."

되었다. 하무작은 김중청에게 종숙 하삼재를 돌봐준 것에 대해 사례의 선물을 하였는데, 선물 물목에는 顧汝學의『雙淸堂集』, 섭상고의『蒼霞草』와 각로 글씨, 문방 용품이 포함되어 있다.[29]

다음으로 이번 사행에서 조선 조정으로 올려 보낼 문헌에 대해 알아보자.『조천록』10월 27일조에 허균이 송효남을 김중청에게 보내어 귀국 행차에 실을 짐짝의 수량을 나열해 놓은 移文에 서명하도록 요구한 대목이 있다. 진상 서책 짐은 6짝, 하사품 짐은 4짝, 補蔘·補布 짐은 2짝 등 총 12짝이다.[30] 여기에서도 서책 짐짝의 숫자가 절반이나 차지한다.

진상 서적 짐짝에는 앞서 논한 조선을 곡필 내용이 들어간 중국 문헌들이 포함되어 있다. 馮應京의『皇明經世實用編』, 鄭曉의『吾學編』, 王世貞의『弇山堂別集』, 王圻의『續文獻通考』, 伍袁萃의『林居漫錄』등에는 조선 왕실을 무고하거나 임진란 진상을 왜곡한 내용이 들어가 있는데, 조선 조정에서 중국 문헌 곡필에 대한 변무 문제가 다시 한 번 크게 불거졌다. 뒤에서 자세히 논하겠다.

또 진상 서적 짐짝에는 국자감에서 탁본해 온 명 嘉靖帝의 비석문도 포함되어 있다.『조천록』10월 7일조에 김중청은 鄭弘翼·楊時晉과 함께 국자감을 다녀온 유기를 적어 놓았다. 이날 허균은 병이 나서 참석하지 못했다. 국자감 彝倫堂 뒤편에는 敬一亭이 있는데, 이 정자 안에는 명 嘉靖帝의 글씨를 새긴 비석 6개가 서 있다. 비석 문장은

---

29)『조천록』8월 10일조: "河三才·方初陽來見, 河慗灼以《雙淸堂集》二册,《蒼霞草》二册, 詩扇一把, 墨箱一坐, 草書二幅, 茶一器贈余答謝. 雙淸, 卽顧汝學; 蒼霞, 葉向高; 草書, 亦閣老筆; 扇詩, 卽閣老子成學所書云."

30)『조천록』10월 27일조: "宋孝男表示移義州一關, 請署責送回馬也. 列書進上書册六駄, 賜物四駄, 補蔘·補布二駄, 竝十二駄."

〈敬一箴〉, 〈四勿箴〉, 〈心箴〉 등 3종이다. 〈敬一箴〉은 명 가정제가 지었고, 〈四勿箴〉은 송 程頤가 지었으며, 〈心箴〉은 송 范浚이 지었는데, 이들 모두 명 가정제가 친필로 적었다. 김중청은 허균에게 이 비석들을 탁본해 가져가 주상과 동궁, 성균관에 둔다면 성학 학문을 드높이고 치정에 도움이 된다고 말했고, 즉시 方義男을 시켜 탁본을 구매하도록 했다.31) 훗날 광해군은 허균 일행에게 이번 연행의 공로를 말하며 승진시킨다고 전교를 내렸다. 전교에는 허균이 많은 서책을 무역하여 왔을 뿐만 아니라 변무 사건에 힘을 쏟았으며, 또한 세종 황제의 御製 御筆本을 가져왔다고 加資하고, 김중청도 상의하여 주선한 공로로 陞敍하라고 했다.32) 세종 황제의 御製 御筆本은 국자감 경일정에 세워져 있는 잠문 비석인데, 이 비문의 구입은 김중청이 적극적으로 주선했고, 허균은 조연 역할만 했을 뿐이다.

　이외에 진상 서책 짐짝에는 명 조정이 조선 사신에게 증정한 新曆도 포함되어 있다. 『조천록』 10월 1일조에 제독 曾汝召가 新曆 60부를 세 연행사에게 각각 나누어 보내니, 역관에게 전례대로 사의를 표시했다고 한 기록이 있다.33) 新曆은 당시 명 황실의 권위를 상징하는 책자로 주변 국가들은 이것을 받아와서 다시 자국 관청과 신하들에게

---

31) 『조천록』 10월 7일: "與鄭翼之, 楊子昇偕往國子監, ---(彝倫)堂後有敬一門, 門內有敬一亭, 亭中安六碑, 嘉靖皇帝親製〈敬一箴〉, 又親書〈四勿箴〉·〈心箴〉, 仍自註解者也. 世宗皇帝十五卽位, 是箴作於五年, 則春秋二十歲, 而聖學之成就如是, 崇奬之典又如是, 猗歟盛哉. 竊見〈敬一箴〉及二箴註解, 無非帝王致警要切之語, 非直爲開示諸生也. 歸語上使, 曰: 此數箴不可不進上, 若主上與東宮付諸屛簇, 常置座右, 以爲朝夕警飭之地, 一面騰降成均, 仍以御筆題跋, 揭于明倫堂上, 豈非聖明一大盛擧也. 他日詔使來見, 亦且有光矣. 遂令方義男購印以來." 자주: "使病不住."

32) 『광해군실록』 7년 6월 5일(경진)조 참조.

33) 『조천록』 10월 1일조: "提督坐館送下程, 將新曆六十件分送三起各行, 令譯官依例致謝."

반포하곤 했다. 신력 반포는 통상적으로 새해가 되기 두 달 전 즈음에 이루어졌는데, 이번에도 10월 1일에 이루어졌다.

6. 중국 문헌 곡필에 대한 변무 과정

조선 왕실의 변무는 명나라 문헌에 조선 왕실에 대한 曲筆을 바로 잡기 위해 조선과 명나라 양국 사이에 펼친 외교 문제이다. 조선 왕조의 변무 역사는 조선 건국초로 거슬러 올라간다. 조선 태조 2년(1393) 1월에 고려 恭讓王의 사관 李行은 이성계가 禑王과 昌王을 시해했다고 기술했고,[34] 태조 3년(1394) 2월에 조선 조정에서 명 내관 金仁甫 등을 통해 명 조정에 보낸 주문에 이성계의 종계가 상세히 기술되어 있다.[35] 이 해 4월에 조선에 온 명 내관 黃永壽 등이 海岳山川의 신령에게 고하는 축문에 이성계가 고려 권신 李仁任의 후손으로 폭정을 일삼았다는 내용이 들어가 있다. 조선 조정은 즉시 곡필에 대한 변무 주문을 보냈다.[36] 그 후 명나라에서 편찬된 洪武本『皇明祖訓』, 正德本『大明會典』등 관찬 문헌에 이성계가 권신 李仁人의 아들로서 고려의 여러 왕들을 시해하고 국가를 찬탈했다는 기록이 들어가 있다. 조선 조정은 명 관찬본의 종계 오류와 시역, 찬탈했다는 곡필이 조선 국가의 기본 골간을 무너뜨리는 중대한 사건으로 여기고, 이것을 바로잡기 위해 주청사를 계속 보내는 등 많은 노력을 기울였으나 효과를 누리지 못했다. 그러다가 선조 21년(1588)에 이르러 명 조정이 조선

---

34) 『태조실록』 2년 1월 12일(무오)조 참조.
35) 『태조실록』 3년 2월 19일(기축)조 참조.
36) 『태조실록』 태조 3년 6월 16일(갑신)조 참조.

조정에게 곡필 수정 내용이 들어간 만력 개수본『대명회전』중 조선 관련 별본 1책을 먼저 주고, 이듬해 만력 개수본『대명회전』전질을 주면서, 양국 사이에 근 2백년 간 끌어오던 일이 일단락되었다.[37)

 그러다 허균의 이번 사행에 이르러 조선 왕실에 대한 중국 문헌의 오류 문제가 다시 한 번 크게 불거졌다. 허균은 이번 연행 기간에 많은 서책을 구입했는데, 이 중 여러 서책에서 조선 왕실을 무고한 오류가 여전히 기술되어 있고, 또 임진란과 관련된 조선 왜곡 사실이 첨가되어 있는 기록들을 발견했다.『조천록』8월 28일조에 허균은 김중청에게 이 책자들을 보여주고 어떻게 대처할 것인가에 대해 강구한 대목이 있다. 김중청은 이 책자들을 보고 크게 놀라며 허균과 함께 명나라에 정문을 올려 변무하고자 동의했다.[38)

 허균이 김중청에게 보여준 왕실 무고 서책은『조천록』9월 18일조에 자세히 언급되어 있다.[39) 풍응경의『황명경세실용편』에는 조선 건

---

37)『선조실록』21년 3월 28일(신해)조, 5월 7일(기축)조, 22년 10월 27일(신축), 11월 22일(병인) 참조.

38)『조천록』8월 28일조: "朝, 上使傳語, 余往見, 則曰: 此間得數件書, 有誣毀先王語, 奈何? 余見之, 不勝愕然心慄. 使曰: 吾輩處之當何如? 余曰: 旣已目見, 不可默默而歸, 當廣稽他書, 呈文辨誣矣. 使曰: 吾意如此, 果爲之, 畢竟得功不輕. 余曰: 明其道, 不計其功, 功之多少不可論. 而此又不幸之事, 得而幸之, 無乃乖理乎? 吾輩唯觀義理所當爲與否而已."

39)『조천록』9월 18일조: "同進香使閔馨男, 陳慰使呂祐吉, 聖節使鄭弘翼, 書狀任碩齡·楊時晉, 詣闕謝下程, 仍呈辨誣文字提督主事. 先是見《經世實用編》載我國宗系及革命時事, 一依當初謬妄, 又記壬辰事, 曰: 鮮君以敗度招痾. 曰: 結款之請, 情涉齮齕. 曰: 啓局揖盜, 余等不勝驚愕, 卽欲呈辨. 又慮起事或輕, 博稽他書.《弇山別集》〈史乘考誤〉曰: 雖稱非仁人子, 實其黨也. 肆然以簒弑目之, 至比於黎氏.《吾學編》曰: 李仁人子某[太祖舊諱], 弑其主.《續文獻通考》曰: 李仁人子某[太祖舊諱], 廢其主, 自立. 又於倭事一項, 曰: 釜山舊屬日本, 大海限隔, 棄之日本. 因歲侵借朝鮮穀萬斛, 朝鮮令人往索, 日本以釜山爲言. 朝鮮使者曰: 我鴨綠江北有朝鮮地, 久爲大唐所有. 汝能助我復此地, 則釜山亦可歸也. 日本人以爲然, 朝鮮王某[先王諱]及其臣, 方娛情詩酒, 了不介意. 秀吉果遣將領兵, 倭未至京而王遁走, 一國爲墟, 遂上表請援, 朝鮮殘敗, 固其自取

국과 왕실 종계에 대해 곡필되어있고, 또 임진란의 발발 원인이 선조의 살못된 통치에 있다고 기술뇌어있다. 鄭曉의『吾學編』에는 소선 이성계가 이인임(각종 명 문헌에서는 모두 李仁任을 李仁人으로 오기함)의 아들이며 그 임금을 시해했다고 기술되어 있다.[40] 王世貞의『弇山堂別集』에 이성계가 이인임의 아들이 아니라 하더라도 실제 그의 무리로써 임금을 시해하고 왕위를 찬탈했다고 기술되어 있다. 이것을 좀 더 부연 설명하자면 왕세정은『大明會典』,『皇明祖訓』등에서 기술한 조선 종계가 잘못되었다는 사실을 밝히고 있으나, 이성계가 고려 왕실을 멸망시키고 조선을 건국한 역사 사실을 역성혁명이 아니라 왕위 찬탈과 국가 전복이라는 쿠데타로 평가했다.[41] 王圻의『續文獻通考』에는 왕사정이 풀이한 종계 기록 외에 임진란의 발발 원인과 도성 철수가 조선 임금과 신하에 책임이 있다고 기술되어 있다.[42]

이외에 허균이 이와 관련된 여러 종류의 서책을 더 구입했던 것으로 보인다.『光海君日記』7월 8월 8일(임자)조에 의하면 허균이 이번 사행에 연경으로부터 돌아와 조선과 관련된 서적 11종을 가지고 왔다고 했다. 서적 11종 중 조선을 곡필한 서적은 정효의『오학편』, 雷禮

云云. 數書皆名家所著, 而《通考》又是朝家典章, 其言若是, 其痛駭. 寫字官宋孝男, 亦言戊申辨誣前規, 故決意呈辨. 上使撝章, 余與討論, 卽欲會議在館諸公, 而連日開市, 未便出入. 昨日朝始持諸書及文章往議奏請所. 上・副二公亦得《通考》, 與吳書狀方鼎坐披閱, 憤愕失色. 於是諸使臣皆會定議, 再三刪潤文章. 聞提督差祭上陵, 今日辭朝. 余等又方詣闕謝下程, 故卽令譯官宋業男・方義男・康忠立等, 呈文于提督朝房. 提督初有不肯之色, 讀訖始頷, 曰: 臣子爲君父, 固當如是. 你將呈文于幾衙門耶? 對曰: 閣老及該部大堂郎中前無不呈矣. 仍請長行表帖, 乃許諸處呈文. 難於繕寫, 以余所對書吏曹瓊・奏請寫字官李廷祥等分書各本."

40)『吾學編』중『皇明四夷考』권2〈朝鮮〉조항 참조.
41)『弇山堂別集』권26〈史乘攷誤〉제8 참조.
42)『續文獻通考』권234〈四裔考・高麗〉참조.

의『皇明大政記』, 왕기의『속문헌통고』, 풍응경의『황명경세실용편』, 饒伸의『學海危言』, 왕세정의『엄산당별집』, 黃光昇의『昭代典則』, 萬表의『艾集』, 李默의『孤樹哀談』 등 9종이고, 葉尙高의『蒼霞子』와 黃洪憲의『碧山集』 2종은 조선 종계와 변무를 정확하게 기술했다.

허균과 함께 연경에 머물고 있던 다른 연행 사절도 조선을 곡필한 책자들을 보고 모두 경악했다. 이들 서적은 개인이 편찬한 민간 서적이라 설령 무고 기록이 있다 하더라도 명 조정에서 관장할 수 없으므로 고치기가 힘들고, 조선 조정도 변무 사건을 논의할 때 민간 서적은 어쩔 수 없다는 입장을 표시했다. 다만 허균을 비롯한 연행 사절들은 이들 서적이 모두 명가의 저서라 일반 대중에게 미칠 파급 효과가 매우 크고, 특히『속문헌통고』는 조정의 典章으로 전왕 선조와 신하들을 비하하고 임진란을 왜곡하는 정도가 매우 심하다는 데에 매우 심각하게 받아들였던 것으로 믿어진다. 그래서 이들은 즉시 연명으로 변무 정문을 만들어 명 제독에게 올렸다. 명 제독은 처음엔 좋아하지 않은 기색을 띄었으나, 이들이 올린 정문을 보고 신하의 도리를 다했다며 해당 부처와 각로들에게 돌리기를 허락했다. 명 관원이 야사 문헌을 모두 고치기가 힘들다고 말하자, 이들은『속문헌통고』는 조정 관찬본으로 야사 문헌이 아니라는 점을 부각시켰다.[43] 이에 대해 명 조정은 조선에서 정식 주청이 올라오면 들어주겠다고 약조했다.[44]

---

43) 『조천록』 9월 19일, 20일, 21일조 참조.

44) 『구전집』 권4 〈陳林居謾錄錄事顚末疏〉: "越九月, 因《吾學編》,《史乘攷誤》,《經世實用編》,《續文獻通攷》等諸書中, 搆誣我國先祖宗許多不理說話, 與奏請使臣朴弘耉以下諸臣聯名呈辨于閣老及該部, 則該部侍郞朱筆題示, 日: 候該國奏到再議, 原呈付司存案."

『조천록』 9월 19일과 20일 참조.

허균은 사행 도중 중국 문헌의 곡필과 변무 사건을 담은 치계를 여러 번 올렸던 것으로 보인다. 『조천록』 광해군 7년 1월 10일조에 허균은 김중청에게 許白川의 말을 빌려 『임거만록』을 전달하지 않으면 조정으로부터 문책을 당할 것이라 하면서 어쩔 수 없이 계달하겠다고 했다.[45] 사간원은 허균이 입으로 담지 못할 중대한 일을 비밀리 치계하지 않고 공공연히 서장으로 올렸다며 그의 엉성하고 은밀하지 못한 행동에 대해 추고하기를 바랐다.[46]

그러나 허균은 중국 문헌의 곡필과 변무 사건을 공개적으로 처리하기를 원했다. 그가 김중청에게 이 사실을 처음 말할 때에 이것을 잘 처리하면 공을 세울 수 있을 것이라 말했듯 광해군으로부터 많은 신임을 얻었다. 광해군은 허균이 찾아온 이 서책들을 친람하겠다고 했고,[47] 얼마 후 이 사건과 문헌 구입으로 공을 세웠다며 加資되었다.[48] 이듬해 그는 민형남과 함께 辨誣奏請使가 되어 다시 연경으로 나가 변무 사건을 처리했으며, 명 조정으로부터 곡필을 수정하겠다는 답장을 받아 왔다. 그렇지만 그는 이 일을 처리함에 있어 도가 지나쳐 진위 여부가 불분명한 책자를 가져오면서 조선 조정에 일대 환란을 일으켰고, 훗날 자기 자신도 파멸의 길로 빠져들었다.

이번 사행에서 허균이 구입한 서적 중 명 伍袁萃가 지은 『林居漫錄』이 있다. 허균이 올린 이 책자에는 선조의 실덕과 倭奴와 내통으로 임진란을 초래했다는 등 조선 왕실 비난 외에 광해군이 왕위를 물려받은

---

45) 『조천록』 광해군 7년 1월 10일조: "上使言昨石許白川來云, 《林居漫錄》若不上達, 則朝議大發云, 不得已啓達云云."
46) 『광해군일기』 6년 10월 8일(정해)조 참조.
47) 『광해군일기』 7년 2월 4일(신사)조와 7년 2월 6일(계미)조 참조.
48) 『광해군일기』 7년 6월 5일(경진)조 참조.

것이 분명치 못하다는 내용이 들어가 있다.[49] 조선 선조와 군신을 비난한 내용도 연행 사신들이 놀라고 조선 조정에 큰 논란거리가 되었는데, 우여곡절 끝에 왕위에 오른 광해군은 자신의 왕위를 부정하는 글을 보고 나서 꽤나 큰 충격을 받았을 것이다.

그러나 문제는 현존 목판본『임거만록』과 허균이 구한 필사본『임거만록』이 서로 다르다는 점이다. 허균이 구한『임거만록』은 필사본이다.『조천록』11월 4일조에 연경을 떠나 通州(현 북경시 동쪽 외곽)에 머물고 있을 때 허균이『임거만록』을 김중청에게 보여주었는데, 이 책자는 인출본이 아니고 필사본이라고 했다.[50] 이 기록은 김중청이 훗날 이 책자와 관련된 각종 사실을 적은 소장(〈陳林居謾錄錄事顚末疏〉)의 내용과도 일치한다.[51]

현존 목판본『임거만록』은 前集 6권, 別集 9권, 畸集 5권, 多集 6권으로 구성되어 있다. 前集, 別集, 畸集은 만력 35년(선조 40년; 1607)에 편찬 완료되었고, 多集은 만력 36년(선조 41년; 1608)에 편찬 완료되었다. 이 책자의 인출 시점은 편찬 완료 시점으로부터 몇 년이 지난 만력 말년 또는 그 이후로 추정되고 있다. 현존 목판본『임거만록』을 조사해 보면 前集 권2, 권4, 別集 권2, 畸集 권2 등 총 4조항에 조선 관련 내용이 기술되어 있다. 이들 조항은 모두 명나라에서 조선 임진란을 맞이하여 원병 과정에 관련된 내용이며, 또한 조선 선조의 失政과 광해군의 정통성 문제와 전혀 관련이 없는 것이다.[52] 이것으로 보

---

49)『광해군일기』6년 10월 10일(기축)조 논평 참조.

50)『조천록』11월 4일조: "留通州. 使以《林居謾錄》示余, 乃古吳伍袁萃所著, 而原非印本, 乃寫本也." 《林居謾錄》은《林居漫錄》의 오류임.

51)『구전집』권4〈陳林居謾錄錄事顚末疏〉참조.

52) 伍袁萃,『林居謾錄』,『續修四庫全書』, 책1172, 上海古籍出版社, 1995.

아 허균이 수집한 필사본『임거만록』은 오원췌의 원본과 달리 누군가에 의해 재편되었던 것임을 알 수 있다. 이미도 허균은 자신이 펼친 주장을 강화하기 위해『임거만록』을 의도적으로 재편했던 것으로 보인다. 허균이 연경에 있을 때에는 오원췌의『임거만록』이 필사본 형태만 돌아다니고 있었다. 허균은 이 책자 속에 임진란 관련 기록이 있다는 점을 착안하여 조선 조정에 중국 문헌의 곡필 문제를 더욱 부각시키기 위해 조선 선조의 失政과 광해군 정통성 문제를 담은 내용을 위조 첨가시켰던 것으로 추정된다.

다만『광해군일기』에서 허균 탄핵자들이 허균이『임거만록』을 목판으로 인출 시도했다고 제기한 문제는 달리 생각할 여지가 많다. 탄핵자 李埈은 자신의 疏本에서 허균이 명 각공에게 뇌물을 주고 위조한 글을 첨가한『임거만록』을 간행 인출코자 했다고 주장했다.[53]

여기에 대해 반론을 펼쳐보자. 허균은 명나라 연경에 머물었던 시기가 1백여 일이나 되고 있으나, 이 시기 안에『임거만록』을 간행 인출하기에는 상당한 무리가 뒤따른다.『임거만록』은 전 26권으로 책 분량이 만만치 않다. 당시 출판 환경으로 보아 이 정도 분량의 책을 간행 인출하는 데는 막대한 비용이 들어간다. 허균이 자신에게 유리한 상황으로 조성하기 위해 막대한 비용을 들어가며 무리하게『임거만록』을 간행할 필요가 있었는지에 대해 의심이 간다. 따라서 허균이『임거만록』을 간행 인출하고자 한 주장은 허균을 탄핵한 자들이 고의로 지어낸 말로 보인다.

---

53)『구전집』권4 〈陳林居謾錄錄事顚末疏〉: "伏以臣適陪箋, 滯伏都下, 得見校理臣李埈 疏本, 乃謂《林居謾錄》, 卽賊筠私賂上國雕刻匠, 自纂其文添入以成者."

7. 결론

허균은 일생 동안 명 문사들과 많은 접촉을 가진 인물이다. 그는
세 차례나 연행 사신이 되어 명나라를 다녀왔고, 또한 몇 차례나 원접
관이 되어 조선에 온 명 사신들을 접대했다. 이처럼 허균은 매번 기회
가 있을 때마다 명 문사들과의 접촉을 매우 좋아했으며, 명 문사들도
허균과의 만남을 소중히 여기고 그의 문재가 매우 뛰어남에 대하여
경탄을 마지않았다.

김중청의 『朝天錄』(『苟全集』)에는 광해군 6년(1614)에 허균이 千秋
겸 謝恩正使로 명나라 연경을 다녀오면서 활동한 기록이 수록되어 있
다. 이 책자에 기술된 허균 관련 기록들은 허균 문집 『惺所覆瓿藁』와
당대 각종 문헌에 언급되지 않았던 사항들이 상당수이고, 전인들이
남긴 허균 관련 논저물에도 거의 다루지 않았던 내용으로 자료 가치
면에 있어 매우 중요하다고 하겠다. 본 논문에서 다루었던 이번 사행
시기에 허균의 문헌 관련 활동도 이러한 자료 가치가 잘 나타나고 있
다. 허균은 이번 사행 기간에 다수의 창작 작품을 남겼던 것으로 보이
고, 또한 자신의 시문과 허난설헌 문집을 명 문사들에게 적극적으로
소개했다. 또한 그는 연경에서 상당량의 중국 문헌을 구입하여 조선
조정에서 중국 문헌의 곡필에 대한 변무 사건을 다시 한 번 촉발시키
는 계기가 되었고, 훗날 자신의 편저물과 창작 활동에 많은 도움을 주
었다.

끝으로 본 논문을 집필하면서 느낀 심덕을 곁들여 보자. 지금 이
시점, 아니 앞으로 필자의 허균 연구에 있어 그의 생애와 작품 세계를
심도 있게 살펴보는 것 외에 그와 관련된 자료 발굴이 매우 중요하다

는 점을 다시 한 번 느꼈다. 설령 그 가운데 허균에 대한 부정적인 자료가 나온다 하더라도, 이 또한 그의 참된 모습을 규명할 수 있다는 점에서 우리 모두가 관심 있게 살펴보아야 할 것으로 생각된다. [燁爀之樂室; 陰 乙酉 花月 十七日]

北京에서의 許筠 足跡 고찰

—
박현규

1. 서론

허균(1569~1618)은 파격적인 사고와 자유분방한 삶을 추구한 조선의 선각적 이단자이다. 허균의 생애와 학문을 알아보는데 있어 對明使行은 매우 중요한 고찰대상이다. 허균은 일생동안 4차례 대명사신이 되었다. 대명사행 시기에 본연의 사행 업무를 충실히 수행한 것 외에 많은 서적과 다양한 경험을 통해 지식 정보를 크게 넓히고 새로운 세계로 향할 수 있는 사고 의식을 정립하는데 많은 도움이 되었다. 이와 동시에 사행 과정에서 구득한 책자와 공고해진 유교반도 의식은 나중에 정적에게 빌미를 주어 끝내 역적 혐의를 뒤집어쓰고 파멸의 길로 가게 했다.

허균의 대명사행을 살펴보는데 있어 얼마 전까지만 하더라도 허균의 문집인『惺所覆瓿稿』위주로 펼쳐지는 바람에 사료 부족으로 선행연구가 활성화되지 않았다. 그러다가 국립중앙도서관에서 허균의 또 하나 사행록인『乙丙朝天錄』이 나오고,[1] 또 金中淸의『(苟全)朝天錄』

---

1) 許筠 著, 崔康賢 譯註,『乙丙朝天錄』, 國立中央圖書館, 서울, 2005.12.

에 허균의 사행 모습이 담겨있어 지금까지 알지 못했던 새로운 정보를 통해 연구 활성화에 커다란 전기를 맞이했다. 필자도 일전에 『을병조천록』과 『(구전)조천록』을 활용하여 대명사행 시기에 일어났던 허균의 이런저런 모습을 살펴본 적이 있었다.[2)]

필자는 몇 년 전에 허균의 고향 江陵에서 개최한 한 세미나에서 허균의 대명사행 때 중국 대륙을 지나간 足跡을 따라 기록이나 영상으로 남기고 싶다는 구상을 밝힌 적이 있었다. 그 후 이 구상을 실현시키고자 여러 차례 중국 대륙으로 들어가 허균이 지나간 사행지역을 돌아다니며 관련 자료를 수집했다. 이번에 그동안 펼친 작업의 일환으로 대명사행의 종착지인 北京을 국한시켜 허균의 족적을 살펴보고자 한다.

북경은 일명 燕京, 大都, 北平으로 여러 조대에 한 나라의 수도 또는 陪都 역할을 맡았고, 오늘날에도 중화인민공화국을 대표하는 도읍지이다. 다만 본 논문에서 말하는 북경은 예전의 북경 도성과 그 주변 도심지로 국한한다. 허균이 지나간 通州는 현 북경시에 소속된 한 행정구역이지만, 예전에는 독립된 하나의 행정구획인 관계로 본 논술 범주에서 제외시켰다. 그리고 서술 방식은 허균이 다녔던 장소를 지리와 역사적 입장에서 실증적으로 고찰하는데 중점을 둔다.

---

2) 朴現圭, 「金中淸의 《朝天錄》과 부정적인 許筠 모습」, 『洌上古典硏究』 22집, 洌上古典硏究會, 2005.12., 5-28쪽.
朴現圭, 「千秋 사행시기 허균의 문헌 관련 활동」, 『東方學志』 124집, 延世大學校 國學硏究院, 2006.6., 261-285쪽.
朴現圭, 「《乙丙朝天錄》에 드러난 許筠의 모습과 작품세계」, 『大東漢文學』 32집, 大東漢文學會, 2010.6, 231-260쪽.

2. 許筠의 對明使行과 문헌

여기에서 허균이 대명사신이 되어 중국 대륙을 오갔던 사항부터 살펴본다. 허균은 일생동안 모두 4차례 사신이 되어 중국 대륙을 오갔는데, 한번은 遼東까지 들어갔고, 나머지 3번은 북경까지 들어갔다.

제1차 사행은 1594년(선조 27)에 咨文齎進官의 신분으로 요동을 다녀왔다. 임진란이 발발되자 명나라는 대규모 군사를 한반도에 보내어 조선과 함께 일본군을 물리치는데 연합 전선을 구축했다. 이로부터 조선은 명나라와 군사 협력을 강화하는 차원에서 요동에 있는 명 군부와 자주 연락을 취했다. 1594년(선조 27)에 허균은 군사 협력을 논의하는 차원에서 咨文齎進官이 되어 요동에 들어갔다. 다만 이때가 전쟁이 한참 격화된 시점이라 허균이 심적 여유가 없었는지 모르겠으나 현존 문헌에서는 사행을 다녀왔던 기록 외에 창작 작품을 찾아볼 수 없다. 사행 업무를 마치고 귀국하는 도중에 義州에서 4달간 머물며 尹國馨의 종사관이 되어 許給事를 접반하는 일을 맡았다.[3]

제2차 사행은 1597년(선조 30)에 陳奏使 서장관이 되어 북경을 다녀왔다. 이해 명 조정이 조선 조정에다 전쟁을 총괄할 巡撫衙門을 신설하고 험지에 성곽을 수축하는 방안에 대해 회자해주기를 요청했다. 명 조정이 회자를 요청한 이면에는 명 군사에 대한 조선 조정의 지원책이 약하다는 것에 대한 불만이 깔려있었다. 이해 5월에 조선 조정은 화급히 沈喜壽를 진주사로 삼아 북경으로 보냈는데, 사행 도중에 주문 문구를 수정하는 등 많은 혼란을 빚었다.[4] 진주사 심희수는 문

---

3) 『惺所覆瓿稿』 권1 〈丁酉朝天錄〉 중 〈登箭門嶺〉 자주: "僕, 甲午年, 以咨文齎進官赴遼. 回爲許給事接伴使尹公國馨從事官, 留義州凡四朔, 故詩中及之云."(민추국역본, 책1, 원문 쪽2)

장에 뛰어난 허균을 서장관으로 발탁하여 함께 북경으로 향했다.[5] 허균은 사행 직전에 重試 문과에서 장원 급제했다.[6] 『丁酉朝天錄』은 허균이 이번 사행을 오가면서 읊었던 시집이다.

제3차 사행은 1614년(광해군 6)에 千秋 겸 謝恩正使가 되어 북경을 다녀왔다. 이해 6월 2일에 압록강을 건너 7월 16일에 북경 도성에 도착했고, 11월 3일에 북경 도성을 떠나 12월 8일에 의주에 도착했다. 천추사는 명 황태자의 생신을 축하하고자 정규적으로 보냈던 사절이다. 이번 사행의 규모는 부사가 없어 전반적으로 단출하게 꾸며졌다. 이때 허균이 남긴 사행 문헌은 전해오지 않고, 다만 서장관 金中淸이 허균의 지척에서 보고 들었던 사항을 기술해놓은 『(苟全)朝天錄』이 남아있다.

제4차 사행은 1615년(광해군 7)에 陳奏 겸 冬至副使가 되어 북경을 다녀왔다. 이해 9월 6일에 압록강을 건너 11월 17일에 북경 도성에 도착했고, 이듬해 2월 3일에 북경 도성을 떠나 3월 1일에 의주에 도착했다. 지난 천추사행 때 허균이 수집한 문헌에는 조선 왕실을 곡해하는 내용이 들어가 있었다. 당시 북경 옥하관(남회동관)에 체류하던 서장관 김중청과 進香使 閔馨南, 陳慰使 呂祐吉, 聖節使 鄭弘翼 등 사신들은 모두 허균이 제시한 책자를 보고 경악하여 공동으로 명 조정에

---

4) 『선조실록』30년 5월 3일(계사), 6일(병신), 20일(경술)조 등.(국사편찬위원회 사이트 본: 이하동일)

5) 〈丁酉朝天錄〉은 허균의 제2차 사행시집이다. 여기에는 북경에서 상사와 수창한 시편 (〈十五夜, 使示以五言絶句七篇, 用一年明月今宵多爲韻, 仍奉和〉)(책1, 원문 4-5쪽) 이 수록되어 있는데, 이때 상사가 누구이고 허균의 직책에 대해 알려진 바가 없다. 『(苟全)朝天錄』갑인년 8월 4일조에 허균은 지난 사행의 정사가 沈喜壽이고, 자신이 서장관을 맡았다고 했다.

6) 『선조실록』30년 4월 9일(기사)조.

변무하는 문장을 올렸고, 또한 귀국한 후 조선 조정에 그동안 과정을 보고 드렸다. 조선 왕실의 변무 과정은 한마디로 매우 간난했다. 조선 건국 초부터 많은 사신들을 보내 변무했으나 해결되지 않다가 근 2백 년이 지난 선조 때에 명 조정이 받아들이면서 겨우 일단락됐던 사건 이었다. 광해군도 자신의 왕권을 확립하는 차원에서 민형남과 허균을 진주사로 삼아 명나라에 보내어 변무 건을 진행하도록 했다. 최근 국 립중앙도서관에서 발견된 『乙丙朝天錄』은 허균이 이번 사행을 오가 면서 읊었던 시집이다.

이상 종합하면 허균이 사신이 되어 북경을 드나들었던 사행은 제2 차 진주사 서장관, 제3차 천추정사, 제4차 진주부사 때이다.

3. 사행단의 北京 출입노선

허균이 사신이 되어 북경을 드나들었던 사행은 모두 3차례이다. 여 기에서는 허균 일행이 북경 도성을 처음 도달하여 유숙 사관으로 들어 가고, 또 귀국할 때 사관을 떠나 도성 바깥으로 나오는 노선에 대해 알아본다. 제2차 진주사 서장관 때와 제4차 진주부사 때는 사료 부족으 로 정확하게 알 길이 없다. 다행히도 제3차 천추정사 때 허균 일행이 북경 도성으로 들어가 옥하관(남회동관)으로 들어가는 장면이 남아있 다. 아래에 김중청의 『(苟全)朝天錄』 갑인년 7월 16일조를 옮겨본다.

16일 병인 --- 東嶽廟에 도달했다. --- 우리들은 관대를 갖추고 朝陽門 [자주: 上東門]을 들어가 大市街와 玉河橋를 지나 玉河館에 도달했다.[7]

허균 일행은 북경도성의 동쪽 입구에 도달하여 朝陽門이 바라보이는 곳에 자리한 東嶽廟에 들어갔다. 농악묘는 북경 朝陽區 朝陽門大街 141호에 위치한다. 이곳은 東嶽大帝와 종신들을 받드는 道觀으로 1322년(원 至治 3)에 착공해서 이듬해에 완공되어 東嶽仁聖宮이라는 편액을 받았다. 원말 전란 때 크게 훼손되어 1477년(명 정통 12)에 다시 중건하고 동악묘로 개명했다. 중국 공산당정부 이후에 한때 학생 숙소, 北京安全局 등 다른 용도로 사용되었다. 1996년에 全國重點文物保護單位로 지정되었고, 1997년에 보수 작업을 마치고 동악묘 겸 北京民俗博物館으로 운영되고 있다.

조양문은 원나라 때 齊化門이라 불렀으며, 북경 도성 동쪽에 자리한 성문이다. 성문 앞쪽으로 京杭大運河의 최북단 항구인 通州와 연결된 도로가 나있어 예전에 수레와 화물이 가장 많이 드나들어 매우 번성하였다. 1267년(원 至元 4) 도성 신축 때에 성문이 세워졌고, 1359년(至正 19)에 甕城이 더해졌다. 1439년(명 正統 4)에 크게 보수하고 조양문으로 개명했다. 1915년에 철도 건설로 옹성과 성곽 일부분이 해체되었고, 1956년에 전면 해체되었다.

현존 사행록을 보면 조선 사절들은 통상적으로 동악묘에서 준비해 간 관복으로 갈아입고 대열에 맞추어 조양문을 통해 도성으로 들어갔다. 18세기 후반의 사행 도화첩이지만 조선 사절이 조양문을 눈앞에 두고 도로 옆에는 동악묘가 나있는 곳에서 관복으로 갈아입고 말을 타고 들어가는 그림이 있다.[8] 허균 일행도 관례적으로 동악묘에서 관

---

7) 『(荀全)朝天錄』 갑인년 7월 16일조: "到東嶽廟. --- 余等具冠帶入朝陽門[卽上東門], 過大市街、玉河橋、抵玉河舘."(韓國文集叢刊本, 續冊14, 260쪽)

8) 숭실대 한국기독교박물관 소장, 《燕行圖》 제7폭 〈朝陽門〉 참조.

복으로 갈아입고 조양문을 통해 도성 안으로 들어갔다.

도성 안으로 들어온 허균 일행은 大市街와 玉河橋를 지나 유숙 사관인 옥하관(남회동관)에 도달했다. 명 영락 연간에 북경을 건설할 때 자금성 북문 神武門을 기점으로 동, 서쪽 3리 떨어진 십자로에 각각 패루를 설치했다. 동서 패루는 1954년 이후에 철거당했다. 명 嘉靖 연간에 편찬된 『京師五城坊巷衚衕集』 중 명대 지도와 1750년(건륭 15) 경에 제작된 《乾隆京城全圖》를 보면 십자로 사방에 패루가 세워져있는 四牌樓 그림을 찾을 수 있다.9) 그래서 이곳을 東四라고 불렀다. 또 『京師坊巷志稿』에 의하면 동쪽 패루에서 남북으로 있는 도로를 大市街라고 불렀다.10) 허균 일행이 지나간 대시가는 오늘날 東四南大街이다.

玉河는 일명 御河이다. 1292년(원 至元 29)에 원나라가 도성 북단에서 도성을 가로질러 통주로 연결하는 운하인 通惠河를 착공하여 이듬해에 완성시켰다. 명초에 이르러 통혜하 가운데 도성 안으로 가로지르는 구간은 수원의 고갈로 인하여 더 이상 선박 운행을 할 수 없게 되었다. 또 영락 연간 때 새로운 도성 건설과 1432년(宣德 7)에 동쪽 성곽의 확충으로 하천 정비가 필요하였다. 황성 바깥에다 새로운 하천을 건설하여 황성 안팎에서 흘러나오는 물의 배수구 역할을 맡게 했다. 이것이 바로 새롭게 건설된 옥하 구간이다.

옥하 중 正義路 구간에는 다리 3곳이 건설되었다. 長安街와 마주한 곳에 北玉(御)河橋, 東交民巷과 마주하는 곳에 中玉(御)河橋, 崇文門

---

9) 張爵, 『京師五城坊巷衚衕集』 중 북경도성 지도(北京古籍出版社本, 書首) 및 《乾隆京城全圖》 6排 3列 〈四牌樓〉(興亞院影印本) 참조.

10) 朱一新, 『京師坊巷志稿』 권상 〈內城東城〉 중 〈東大市街〉 조: "有坊四: 東曰履仁, 西曰行義, 南、北曰大市街. 俗稱東四牌樓大街."(北京古籍出版社本, 118쪽)

西大街와 마주한 곳에 南玉(御)河橋가 각각 건설되었다. 민국 초에 찍은 사진을 보면 옥하는 개천처럼 길게 뻗어 있고, 그 위에 놓여있는 옥하교가 있다. 1956년에 북경시당국은 옥하 가운데 정의로 구간을 매립하여 도심지 공원으로 조성하면서 옥하교를 철거했다. 필자가 중옥하교가 있는 자리를 살펴보니 다른 도로지면보다 조금 볼록하게 올라와져있다.

대시가에서 옥하관(남회동관)으로 들어가는 노선은 크게 두 갈래가 있다. 하나는 대로 長安街를 지나가는 노선이고, 다른 하나는 소로 東江米巷(현 東交民巷)을 지나가는 노선이다. 허균 일행이 대시가에서 옥하교로 간 노선이 대로인지 소로인지는 기록의 부재로 정확한 판단은 힘들지만, 일전에 허균의 중형 許篈이 지나간 노선이 좋은 참고자료가 된다.

허봉 일행은 조양문을 통과하여 大慈延福宮, 大市街, 廣仁街, 長安街, 會同館, 玉河東堤, 翰林院, 詹事府, 玉河橋 등을 지나 옥하관(남회동관)에 도달했다.[11] 大慈延福宮은 현 朝陽門內大街 223號에 소재하며, 1481년(成化 17)에 칙명에 의해 건립된 三官廟이다. 장안가는 영락제가 북경을 건설할 때 承天門(훗날 天安門으로 개칭) 앞쪽에 동서로 가로지르는 대로이다. 허봉이 말한 회동관은 북회동관을 지칭한다. 북회동관에 대해서는 아래에서 자세히 살펴본다. 한림원은 황제 칙령, 외교 문서 등을 관장하는 관청이며, 옥하관(남회동관)의 북쪽인 장안가에 자리하였다. 첨사부는 황후와 태자 사무를 관장하는 관청으로

---

11) 『(荷谷)朝天記』 갑술년 8월 4일조: "至朝陽門, 此京師之正東門也. 入門過大慈延福宮, 大市街, 廣仁街, 長安街, 會同館, 玉河東堤, 翰林院詹事府, 玉河橋, 至玉河館."(國譯 燕行錄選集本, 원문 138쪽)

옥하관(남회동관)의 동쪽 건너편, 즉 玉河東堤 변에 자리하였다.

상기 지명들을 현 북경지도와 대비해보면 허봉 일행이 도성 동문 조양문에서 숙소인 옥하관(남회동관)으로 들어간 노선을 정확하게 살펴볼 수 있다. 이들은 조양문에서 서쪽으로 뻗어있는 朝陽門內大街를 지나 東四에 도달한다. 東四에서 남쪽으로 꺾어 東四南大街, 東單北大街를 지나 長安街 입구에 도달한다. 여기에서 서쪽으로 꺾어 동장안가를 따라가다 옛 北玉河橋가 있는 正義路 입구가 나온다. 북옥하교 건너편에 옛 한림원(현 중국 安全局, 公安局, 인민해방군 北京衛成區司令部) 자리이다. 정의로 입구에서 남쪽으로 꺾어 옥하 제방을 따라가면 옛 詹事府(현 北京市政府)를 지나 중옥하교가 나온다. 중옥하교를 건너면 바로 옥하관(남회동관)이다. 허균 일행이 대시가, 옥하교를 지난 점으로 보아 아마도 허봉 노선을 따라갔던 것으로 추측된다.

끝으로 허균이 북경에서 사행 업무를 마치고 도성을 빠져나가는 노선에 대해 알아본다. 허균 일행은 11월 3일 오전에 옥하관(남회동관)에서 나와 예부에 가서 귀국 인사와 수속을 마친 다음 오후에 崇文門을 통해 바깥으로 빠져나가 5리 쯤 떨어진 三忠祠에서 자신들이 호송해 온 명 표류인들과 만나 작별 인사를 했고, 밤이 되어 통주에 도달했다.[12] 귀국하는 조선 사절이 북경 도성을 빠져나갈 때 가끔 조양문을 이용한 경우가 있지만, 대다수는 숭문문을 이용한다. 일전에 허봉 일행이 귀국할 때 숭문문을 이용했는데,[13] 이번에 허균 일행도 숭문문

---

12) 『(筍全)朝天錄』 갑인년 11월 3일조: "同上使辭堂, 往該部. 令宋業男交付漂海人于兵部, 回咨則依潘郎中分付, 令朴而恂留待覆題回旨奉來. 午後出崇文門[一名嗑達], 門外五里許有三忠祠. 漂人河三才、方初陽、顧起、元周秀、林正茂五人盛辦酒饌. 來待祠前邀請. 卽下馬謁祠. 乃奉享諸葛武侯. 配以岳武穆、文文山者. --- 到通州夜已分矣."(續冊14, 273쪽)

을 이용했다.

숭문문은 원 至元 연간에 남쪽 성곽 중 동편에 세워진 성문이다. 원나라 때 文明門이라고 불렸고, 속칭 哈德門 또는 海岱門이다. 명 정통 연간 때 다시 숭문문으로 고쳤다. 1900년 팔국연합군의 북경 침입(庚子事變) 때에 성루가 일부 훼손되었고, 이듬해 철도건설로 옹성이 철거되었다. 1968년에 도로 건설로 성문이 완전 해체되었다. 삼충사는 諸葛亮, 岳飛, 文天祥을 모시는 사당으로 東便門 부근, 정확하게 하자면 北京鐵道局 北京機務段에 위치했다. 조선 사절들이 귀국하면서 자주 삼충사를 들리곤 했다. 청말 팔국연합군의 북경 침공 때 훼멸되었다.

4. 許筠이 유숙한 北京使館

허균이 제2차 진주사 서장관 때 북경에서 체류했던 기간은 사료 부족으로 정확하게 알 길이 없다. 다만 〈十五夜, 使示以五言絕句七篇, 用一年明月今宵多爲韻, 仍奉和〉를 남겨 중추절에 북경에 머물고 있었다. 제3차 천추정사 때는 북경에서 7월 16일부터 11월 3일까지 무려 106일간 머물렀다. 조선 사절이 북경에서 체류한 기간은 통상 40일~50일이다. 이번 사행 때는 恭聖王后의 誥命과 冕服건,[14] 중국 문헌에 적힌 조선 왕실의 곡필에 대한 변무[15] 등으로 명 관원들과 다각

---

13) 『(荷谷)朝天記』 갑술년 9월 6일조: "午發玉河館, 出自崇文門. --- 是日, 頃與滕季達 約會於崇文門外."(원문 156쪽)

14) 『(荷全)朝天錄』 갑인년 8월 7일조: "奏請軍官金廷來 · 譯官鄭彦邦, 曾以先來出去, 留 五日卽還. 自上有旨, 雖留數月, 必請冕服以來, 加送四百兩銀云."(續冊14, 263쪽)

도로 교섭하는 바람에 통상적인 체류 기간보다 훨씬 더 길었다.[16] 제
4차 진주부사 때는 북경에서 76일간 머물렀다. 이 또한 왕실 곡필에
대한 변무 건으로 체류 기간이 길었다. 허균이 북경에서 전후 3차례
체류한 총 기간은 200일이 넘었던 것으로 보인다.

그렇다면 허균이 북경에서 장시일 유숙했던 使館은 어디인가? 제3
차 천추정사 때 허균과 동행한 김중청이 유숙 사관에 대한 기록을 남
겨놓았다. 『(苟全)朝天錄』 갑인년 7월 16일조에서:

16일 병인 --- 옥하관에 도착하니, 奏請使 朴弘耈 일행이 東照에 머물
고 있고, 베트남(安南) 사절 등이 西照에 머물고 있었다. 오로지 獢子舘만
비어있으나 그곳에 들어가는 것을 수치스러워 머뭇거리며 방황하였다.
관인이 와서 제독주사가 청사 내 행랑에 머물도록 허락한다고 하여 마침
내 이곳에 머물렀다.[17]

허균 사행이 북경에 들어와 도착한 장소가 옥하관(남회동관)이다.
옥하관에 들어가 보니 숙소에는 선행 사절이 머물고 있어 건물 배정
에 어려움을 겪었다. 허균 사행보다 직전에 출발한 주청사 朴弘耈 일
행이 東照에 머물고 있었고, 베트남(安南國) 사절이 西照에 머물고 있
었다. 때마침 獢子舘이 비어있었으나 허균 사행은 들어가기를 꺼려

---

15) 『(苟全)朝天錄』 갑인년 8월 28일, 9월 18일, 9월 19일, 20일, 21일조 참조.(續冊14,
266쪽, 268-269쪽)

16) 進香使 閔馨男과 陳慰使 呂祐吉 일행의 북경 도착 일자는 7월 18일로 허균 일행보다
이틀이 늦으나, 북경을 떠난 일자는 9월 22일로 허균 일행보다 40일이나 빠르다.

17) 『(苟全)朝天錄』 갑인년 7월 16일조: "抵玉河舘. 奏請使朴弘耈一行寓東照, 安南國使
臣等寓西照, 惟獢子舘空虛而恥入其處, 趑趄彷徨. 舘夫來言提督主事許寓廳事內廊,
遂寓於此."(續冊14, 160쪽)

했다. 달자관은 옥하관(남회동관) 북쪽 공간에 북방 국가 몽골에서 오는 사신들을 영접하기 위한 전용 사관이었나. 당시 조선 문사들은 사신들이 주변 국가의 사람에 비해 중화 문화의 정수를 받아들이고 문명 수준이 높다는 데에 자부심을 가지고 있는 터라 달자관에 유숙하는 것을 달갑지 않게 여겼다. 비록 외래문화에 대해 개방적인 성향을 지닌 허균일지라도, 몽골을 바라보는 시각은 당시 조선 사회의 관념에서 자유롭지 못했다. 만약 허균 일행이 달자관에 유숙했다면, 훗날 다른 조선 사대부들로부터 비난을 받았을 것이다. 이 사실을 안 회동관 提督이 허균 일행에게 소속 관원들이 사무하는 청사의 행랑을 내어주었다.[18] 이틀 후에 進香使 閔馨男과 陳慰使 呂祐吉 일행이 옥하관(남회동관)에 도착했다. 이들 또한 유숙할 건물이 부족하자, 부득불 자체 공간 조정에 나섰다. 허균은 주청사가 머무는 東照로 옮겼고, 김중청은 北照의 東榻으로 옮겼다. 원역들은 정원에 임시 막사를 만들어 노숙하였다.[19]

제4차 진주부사 때 허균이 북경 처소에 도달한 뒤 읊은 시가 있다. 『을병조천록』〈十七日入寓南館〉에서

천길 동화문을 얼굴에 먼지 덮어쓰고 　　　　千丈東華撲面塵

옥하가로 사행 수레 재촉해 몰아가니 　　　　征車催御玉河濱

---

[18] 제3차 천추정사 허균 일행이 머물 동안 회동관 提督은 2번 바뀌었다. 처음에는 曾汝召였고, 도중에 莊祖誥로 바뀌었다가 다시 王玠로 바뀌었다.

[19] 『(荀全)朝天錄』 갑인년 7월 18일조: "留玉河, 進香使閔馨男, 陳慰使呂祐吉等行至, 無可寓, 欲與奏請同寓, 而陳慰及書狀將入行廊, 上使與奏請使相議, 輕許換入. 吾一行移入東照, 員役皆露處, 怨泣不已. 余亦宿行廊, 心甚不平, 令舘夫輩更請門內左右廊, 事事顚躓如此可歎."(續册14, 133-134쪽)『荀全先生文集』 권1〈燕京感發跋〉: "荀全翁書于玉河北照之東榻."(續册14, 260-261쪽)

관인들이 먼저 보려 다투어 모여들며   **館人坌集爭先覩**

지난해 왔던 하절 사절이라고 말하네   **道是前年賀節臣**

이 시에서 북경에 들어와 유숙 처소로 들어가는 장면을 읊었다. 東華門은 자금성 동쪽에 자리하며 주로 신하들이 출입하는 궁문으로 사용되었다. 1420년(영락 18)에 세워졌고, 오늘날에도 처마 밑에 동화문이라는 현판이 걸려있다. 시 속의 동화문은 북경 도성을 의미한다. 허균은 장시일 먼지를 덮어쓰는 힘든 여정 끝에 사행의 종착지인 북경에 들어와 정해진 유숙 장소인 南館에 도착했다. 허균이 말한 남관은 바로 지난해에 머물렀던 옥하관(남회동관)을 지칭한다. 시 속에서 남관이 옥하 물가에 소재하며, 명 관원들이 이번 조선사절이 작년에 왔던 사절과 같다고 했다. 지난해에 허균과 민형남은 옥하관(남회동관)에 머물렀다.

여기서 잠시 명 회동관의 명칭과 위치에 대해 알아본다. 명나라 때 외국 사신을 관장하는 관청으로 鴻臚寺를 두고, 수도에 사신들이 유숙하는 사관 건물을 會同館이라고 했다. 북경 천도가 이루어진 영락 이전에는 북경이 한 지방의 도읍지라 역참만 두었다. 이 시기에 북경에는 燕臺驛과 烏蠻驛(烏蠻市)이 세워졌다. 연대역은 오늘날 王府井大街와 東單三條가 교차하는 동북단 工美大廈, 즉 建華皮貨服裝公司. 瑞蚨祥 등 여러 상점이 들어선 곳이다. 오만역은 오늘날 천안문광장 아래편과 통하는 東交民巷(옛 東江米巷)과 옥하가 흐르던 正義路가 교차하는 서북단 지구, 즉 중국 最高人民法院의 자리이다. 천도 이후에 연대역과 오만역은 모두 회동관으로 승격되었다. 연대역 회동관은 오만역 회동관보다 북쪽에 자리한다며 북회동관(북관)이라고 불렀고, 오만역 회동관을 남쪽에 소재한다고 해서 남회동관(남관)이라고 불렀다. 남회동관은 때로 옥하관으로 불렀다. 옥하관 명칭은 사관 곁에 옥하가 흐르고 있는 지형에서 유래되었다. 옥하관에 머문 허봉은 옥하관이 옥하의 남쪽에 있는 까닭에 붙인 이름이라고 밝혔다.[20]

북회동관은 각 王府 差人과 女眞, 番人 등에서 보낸 사절들의 사관으로 사용되었고, 남회동관(옥하관)은 迤北(몽골), 조선, 일본, 安南 등에서 보낸 사절들의 사관으로 사용되었다.[21] 1409년(영락 7)에 영락제가 조선 사절에게 앞으로 해로로 들어오지 말고 육로로 들어오라고 한 이후부터 조선사절은 요동과 하북을 거치는 육로를 따라 북경에 들어왔다. 이때부터 청초까지 북경에 들어온 조선 사절은 줄곧 옥하관(남회동관)에 머물렀다.

훗날 옥하관(남회동관)은 여러 차례 개축과 보수를 했다. 1441년(정통 6)에 옥하관(남회동관) 북쪽에 몽골사신들을 접대하기 위한 150칸 규모의 전용 사관, 즉 달자관을 신축하였다.[22] 달자관은 제3차 천추정사 때 허균 일행이 들어가기 꺼려했던 사관이다. 1442년(정통 7)에 옥하관(남회동관)이 개축되었고,[23] 1492년(홍치 5)에 387칸 규모로 증

---

20) 『(荷谷)朝天記』 갑술년 8월 4일조: "至玉河館, 館在玉河之南故名."(원문 138쪽)

21) 『大明會典』 권145〈兵部二十八・驛傳一・會同館〉: "凡各王府公差人及遼東、建州、毛憐、海西等衛女直、朵顔三衛達子、土魯番、撒馬兒罕、哈密、赤斤罕東等衛回回、西番法王、洮岷等處、雲貴、四川、湖廣、土官番人等, 俱於北館安頓。迤北、瓦剌、朝鮮、日本、安南等國、進貢陪臣人等, 俱於南館安頓."(江蘇廣陵古籍刻印社本, 2018쪽)

22) 『明英宗實錄』 권83, 正統 6년 9월: "丙辰, 命於玉河西隄建房一百五十間, 以館迤北使臣."(中央研究院本, 1663쪽)

23) 『明英宗實錄』 권89, 正統 7년 2월: "壬子, 造會同館及觀星臺."(中央研究院本, 1796쪽); 『日下舊聞考』 권63〈官署二〉 중 '兵例' 인용: "南會同館, 在東江米巷玉河橋西街北, 亦正統六年蓋造."(四庫全書本, 책498, 9쪽) 『明英宗實錄』은 남회동관의 개축 연도를 1442년(정통 7)이라고 적었고, 『日下舊聞考』는 이보다 1년이 빠른 1441년(정통 6)이

축되었다.24) 1584년(만력 12) 직전에 옥하관(남회동관)의 東照 건물이
화재로 소실되었다.25) 1644년(숭정 17) 李自成의 북경 진입 때 일부
건물이 훼손되었다.

명대 옥하관(남회동관)의 건물 구조는 어떠했는가? 1574년(선조 7)에
성절사 서장관으로 나간 허봉이 옥하관(남회동관)의 구조를 담아놓았
다. 즉, 옥하관(남회동관)은 동관과 서관이 있었는데, 자신들은 동관에
유숙했다. 관사 뒤에는 대청을 세웠고, 동서 양편에 두 방이 붙어있었
다. 대청 앞쪽에는 중청으로 이어지는 월랑이 있고, 그곳에도 동서 두
방이 있었다. 그 좌우에는 긴 행랑이 있었다.26) 제3차 천추사행 때
허균은 東照에 유숙했다. 照는 정면에서 바라보이는 건물을 지칭한
다. 따라서 허균과 허봉은 같은 건물에서 유숙했다.

청나라가 들어선 이후에도 옥하관은 여전히 조선을 비롯한 외국 사
절의 사관으로 사용되었다. 1655년(순치 12)에 러시아(大鼻韃子, 騷達
子)가 북경에 사절을 보내와 통상을 요구했고, 1693년(강희 32)에 양국
통상 협정이 체결되었다. 이때부터 옥하관은 러시아 사절이 우선적으
로 사용했고, 간혹 러시아 사절이 들어오지 않을 때 조선 사절이 사용
했다. 1732년(옹정 10) 옥하관 안에 동방정교 聖瑪利亞敎堂(奉獻節敎

라고 적었다. 이것은 아마도 건물을 개축하는 착공 연도와 완공 연도의 차이가 아닌가
싶다.

24) 『日下舊聞考』 권63 〈官署二〉 중 '兵例' 인용: "南會同館, --- 弘治五年改作. 共房屋
三百八十七間."(四庫全書本, 책498, 9쪽)

25) 裵三益, 『臨淵齋先生文集』 권4 〈朝天錄〉 중 6월 5일(계해)조: "夕宿玉河舘西照, 蓋東
照失火, 尙不修建故也. 舘人禁火, 不得燎火."(韓國歷代文集叢刊本, 책2208, 288쪽)

26) 『(荷谷)朝天記』 갑술년 8월 4일조: "舘有東西二所, 余等寓于東舘, 舘之制, 後建大廳,
翼以東西兩房, 自廳前延以月廊, 接於中廳, 而又有東西房, 其左右構長廊, 此爲一行所
處之地也."(원문 138쪽)

堂)이 세운 이후부터 러시아 사절의 전용 사관으로 바뀌었고, 조선 사
절은 부득불 나른 관사로 옮겨갈 수밖에 없었다.

　1715년(강희 54)에 러시아에서 파견된 동방정교 소속의 한 傳敎士가
옥하관의 모습을 기록으로 남겨놓았다. 건물은 중국식으로 만들어졌
고, 모두 4개의 문이 있다. 정원 가운데에는 커다란 객청이 있고, 사
방에는 營房과 비슷한 廂房이 열을 지어 있었다. 제2문과 서쪽 제3문
사이에 敎堂이 있었다.[27] 1861년(함풍 11)에 聖瑪利亞敎堂을 제외한
나머지 건물을 허물고 새로운 공관을 지었다. 1959년경에 러시아가
중국과 협의 아래 공관을 東直門 北中街 4號로 옮겼고, 1980년대에
교당마저 철거했다. 그 후 중국 最高人民法院이 들어섰다.

5. 北京 체류 시 許篈 행적

　명나라는 자국 경내에 들어온 외국사절에 대해 매우 엄격하게 통제
했다. 회동관 提督은 외국 사절이 공식적인 행사를 제외하고 임의로
외부 활동을 하는 것을 금지시켰고, 특히 사신급 인사에게 사사로이
명나라 사람과 접촉하거나 회동관 밖으로 나가는 것을 철저하게 통제
하였다. 북경에 머무는 조선사절은 명나라의 엄격한 통제와 폐쇄적
조치로 자유로운 외교 활동을 기대할 수가 없었다. 그 실례로 허봉과
명 滕達이 天壇에서 만나는 장면을 들어본다.

　滕達(자 季達, 호 北海)은 1572년(융경 6; 선조 5)에 만력제 등극조사

---

27) 尼・伊・維謝洛夫斯基(Весеповский, Н.И.)編, 『中國旅行記』第1冊, 聖彼得堡, 1824;
　　北京第二外國語學院俄語編譯組, 『俄國駐北京傳道團史料』(第1輯), 商務印書館, 北京,
　　1978, 77-78쪽.

韓世能을 따라 한반도에 들어온 명 문사이다. 한양에 체류할 동안에 鄭惟一, 權擘, 文峯, 柳成龍, 梁大樸 등 조선 문사들과 교유했다. 2년 뒤에 북경에 사행 간 허봉은 휴대해 간 정유일의 서찰을 역관 洪純彦을 통해 등달에게 전해주었다. 며칠 후 도성 유력을 허락하는 날이 정해지자, 이들은 홍순언을 통해 천단에서 만나기로 약조했다. 그러나 허봉이 홍순언과 함께 천단에 가서 등달을 처음 대면했지만, 회동관 제독이 보낸 관원이 미행하고 있어 이야기를 제대로 나누지도 못하고 헤어졌다. 이때 허봉은 명나라 법이 매우 엄중하고 안팎을 구분하여 교류를 하지 못하게 한다며 탄식했다.[28]

  허균 일행도 북경에 체류할 동안 명나라의 통제로 외부 활동에 많은 제약을 받았다. 이들은 숙소인 옥하관(남회동관)에 도착한 날부터 도성을 떠날 그날까지 사행과 관련된 공적 업무를 처리하거나 도성을 유력해도 좋다는 허가를 받은 날을 제외한 나머지 날은 임의로 사관 밖으로 나가 외부 활동을 할 수 없었다. 하루는 허균이 북경 서쪽에 吳伯瑜가 참선한 菩提別院이 있으나 만날 길이 없다며 그리워하는 시만 짓고 아쉬움을 남겼다.[29] 만약 허균이 외부 활동을 자유롭게 할 수 있다면, 사관에서 멀리 떨어지지 않는 菩提別院을 찾아보았지 않았나 생각된다.

  허균의 옥하관(남회동관) 생활은 한마디로 매우 따분했다. 간혹 공

---

28) 『(荷谷)朝天記』 갑술년 8월 25일조: "是日往賞天壇, --- 滕季達與其友一人來, 將與余敍話, 未及相揖, 有提督所差吏尾余等行, 洪純彦恐其漏洩止余, 季達聞其然, 不覺吐舌曰: 然則當於後日發程時共話於崇文門外. --- 可見中朝之法嚴重至於如是, 殊有缺於一視同仁, 囷間內外之意, 可歎也夫."(원문 150쪽)

29) 『乙丙朝天錄』 권1 〈京師西偏有菩提別院, 乃宛委居士吳郡吳伯瑜氏所參禪處也. 泟其標致, 無路相晤, 謹用翁王二公韻, 以寄遐想云〉 참조.(國立中央圖書館本, 원문 57-58쪽)

적 업무가 있을 때 잠시 사관 밖으로 나가 지정된 장소에 다녀올 뿐이고, 나머지 날에는 온종일 사관 안에 머물며 혼자서 독서를 하거나 시문을 지었고, 간혹 숙소의 다른 일행과 만나 담소를 나누며 소일거리를 했다. 특히 제4차 진주부사 때에는 사행 내내 잦은 질병으로 몸 상태가 좋지 않아 스스로 외부 활동을 자제했다. 명 예부에서 天壇과 國子監 유락을 허락하는 날과 명 대궐에 나가 칙서를 받는 날에도 질병으로 외부 활동을 자제했다.[30]

제4차 진주부사 때 편찬한 『을병조천록』을 분석해보면 흥미로운 통계를 얻을 수 있다. 이 책자에 수록된 북경 체류 시의 작품은 무려 2백여 편에 달한다. 이들 작품 가운데 간간히 공적 업무에 관한 소회를 읊은 시편이 보이지만, 대다수가 옥하관(남회동관) 안에서 책자를 읽고 난 감상시, 옛 일을 떠올린 회고시로 구성되어 있다. 옥하관(남회동관)에서 지은 시 한 수를 실례로 들어본다. 권2 〈念日寫懷〉 제2수에서,

세밑에 돌아갈 수 없어	歲盡歸難得
닫힌 관문 속 홀로 나그네 근심	羈憂獨閉關
올해도 10여 일 남았지만	今年餘十日
고국은 천산이 가로막고 있네	故國隔千山
약보따리로 병을 다스리고	藥裹因除病
서책으로 한가함을 깨드리네	書籤爲破閑
천애에서 무료함을 절로 보내니	天涯聊自遣
또 귀국하는 꿈을 꾸게 해다오	且許夢中還

---

30) 『乙丙朝天錄』 권2 〈行臺遊天壇・國學, 余有病不赴〉, 권3 〈初三日受勅, 余以病不詣闕, 賦以志恨〉 참조.(원문 113쪽)

이 시에서 세모에 홀로 외국 사관에 있는 나그네의 시름을 잘 토로하고 있다. 10여 일만 지나면 한해가 저물고 있었다. 예년에는 고향에서 온 가족과 함께 따뜻한 정담을 나누었지만, 이번에는 천리나 멀리 떨어진 타국에서 홀로 떨어져 매우 외롭고 쓸쓸하였다. 게다가 건강 상태가 좋지 않아 약보따리로 병을 다스리고 있어 근심이 더해졌다. 잠시 시름을 풀려고 밖으로 나가 돌아다니고 싶지만, 관사의 문은 굳게 닫혀 나가볼 수도 없어 나그네의 괴로움이 이루 말할 수 없었다. 그래서 꿈에서라도 고향으로 돌아가고자 하는 마음이 간절했다. 독자 여러분도 허균과 같은 처지라면 어느 누구라도 향수 속에 빠져 괴로운 마음을 느낄 수 있을 것이다.

끝으로 허균이 공적 업무로 옥하관(남회동관) 바깥으로 나가 활동한 장소에 대해 알아본다. 제3차 천추정사 때는 최소한 紫禁城, 禮部衙門, 北館(북회동관), 長安門 등을 다녀왔고, 제4차 진주부사 때는 최소한 자금성, 朝天宮, 예부아문을 다녀왔다. 제2차 진주사 서장관 때도 이와 비슷한 장소를 다녀왔던 것으로 보이나 사료 부족으로 알 수가 없다.

자금성은 북경 중심에 위치한 황궁으로 1420년(영락 18)에 완성되었다. 허균 일행은 견조례, 사조례, 사은례, 각로 대면 등 여러 공적인 일로 자금성을 몇 차례 다녀왔다. 견조례는 관례적으로 조선 사절이 북경에 들어온 직후에 자금성에 나가 의식을 행했고, 사조례는 북경을 떠나는 직전에 자금성에 나가 의식을 행했다. 사은례는 북경 체류 도중에 하마연, 상마연, 상은 등이 있을 때 행해졌다. 허균이 자금성에서 각종 의례에 참석했지만, 만력제를 근거리에 알현했는지는 불분명하다. 제3차 천추정사 때 견조례가 있던 날에 午門을 통해 자금성 안에 들어갔지만, 太和殿을 바라보는 御道에서 의식만 행하고 돌아왔다.[31] 또 사조례가 있던 닐에도 자금성 내 文華門 비깥뜰에서 해당 관원을 통해 칙서를 받고 의식만 행하고 돌아왔다.[32] 제4차 진주부사 때 지은 견조례와 동지조례 작품에서 입궐 장면과 황궁의 모습을 읊었지만, 만력제를 알현하거나 용안을 형용한 내용은 보이지 않는다.[33]

조천궁은 1433년(宣德 8)에 원나라 天師府 자리, 현 西城區 妙應寺(白塔寺) 뒤편 安平港 일대에 남경 조천궁을 본받아 세운 道觀이다. 중앙에 天尊을 모시는 三淸宮이 있었고, 그 주변에 부속 궁전이 있었다.[34] 1626년(천계 6)에 화재로 전소되었다. 제4차 진주부사 때 허균 일행은 조천궁에 가서 조례에 참석하는 예행 의식을 치렀다.[35] 제3차 천추사행 때 성절사 鄭弘翼 일행만 조천궁에 가서 예행 의식을 치렀

---

31) 『(苟全)朝天錄』갑인년 7월 20일조: "同進香·陳慰等使行見朝禮, 五更頭入東長安門·承天門·端門, 候于午門外東廊. 昧爽放象後, 序班引立于御路上, 聞贊唱五拜三叩頭. 禮畢入光祿寺, 奉領欽賜酒飯訖. 還向御路一拜三叩頭以出."(續冊14, 261쪽)

32) 『(苟全)朝天錄』갑인년 11월 2일조: "同上使辭朝, 候翰林周如砥詣闕, 辰時受勅, 序班引臣等入午門, 行數十步, 東入會極門, 暫滯宦官朝房. 食頃又引入一門[通稱會極], 立於文華門外大庭北向[內有文華殿]. 俄而中書舍人奉封勅, 司禮監先導, 由西階升, 立門外階上司禮東舍人西, 翰林追進, 立舍人之次, 余等跪三叩頭, 翰林傳奉勅書, 稍趍東楹內, 降自御砌東偏, 立於使臣之右, 北向作揖, 乃以勅授使臣, 又作揖升自東小階, 立於司禮監之下. 使臣等三叩頭, 奉勅出午門."(續冊14, 273쪽)

33) 『乙丙朝天錄』권1〈十九日見朝〉제1수: "拂曉趨淸禁, 嚴城啓曙鍾, 招賢集金馬, 問寢闢銅龍, 六象隨天仗, 群鴉散苑松, 誰知去年客, 重被渥恩禮." 제2수: "曙色開三殿, 祥雲捧九宵, 遙瞻黃道闢, 未御紫宸朝, 曉月明鸞珮, 仙風下鳳簫, 塵蹤亦何幸, 三蹋午門橋."(원문 49-50쪽)
동서 권1〈至日入朝〉: "黃屋宵嚴象, 輅陳大廷環, 珮集簪紳彤, 雲蔭盖團淸, 瑣紅旭丞輪, 射紫宸共喜, 歲陽延壽筭, 遂令民物圉, 洪鈞鴣行簜, 跡今三度華, 祝偏傾海人."(원문 58-59쪽)

34) 『(苟全)朝天錄』갑인년 8월 14일조: "朴知章來言爲觀朝儀, 隨聖節使往參演儀. 所謂朝天宮, 坐金佛三像, 謂之天帝."(續冊14, 264쪽) 朴知章이 말한 조천궁의 금불 3상은 조천궁 三淸宮에서 모시는 玉淸, 上淸, 太淸天尊을 지칭한다.

35) 『乙丙朝天錄』권1〈二十三日, 隷像于朝天宮〉참조.(원문 50-51쪽)

다. 이때 허균 일행을 비롯한 다른 조선 사절은 성절 의식에 참여하고
싶다는 의사를 전달했으나, 회동관 제독이 전례가 없다며 불허하는
바람에 참여하지 못했다.[36]

　예부아문은 외국사신을 관장하는 관청으로 천안문광장 동편에 자
리하였다. 허균을 비롯한 조선 사신들은 예부아문에 나가 외교 현안
을 논의하거나 예부상서를 알현하곤 했다.[37] 회동관은 예부 소속에
사신이나 빈객을 접대하는 사관이다. 1574년(선조 7)에 허봉이 말하는
회동관, 1614년(광해군 6)에 김중청이 말하는 北館은 모두 북회동관을
지칭한다. 북회동관에는 연회를 베풀 수 있는 宴廳이 있었지만, 옥하
관(남회동관)에는 宴廳이 없었다. 예부는 외국사절들이 오면 북회동관
에서 각종 연회를 베풀었다.[38] 북회동관 중앙에 工자 형태로 된 宴廳
이 있었다. 宴廳 벽면에는 명나라 문교의 성세, 외국과 우호 교류를
지칭하는 여러 편액이 걸려있었다.[39] 허균을 비롯한 조선 사신들도
북회동관에 가서 예부에서 베푸는 하마연, 상마연 등 각종 연회에 참
석했다.[40]

---

36) 『(筍全)朝天錄』 갑인년 8월 18일조: "諸使臣請同參聖節賀班, 提督辭以無前例."(續冊
　　14, 264쪽)
37) 『(筍全)朝天錄』 갑인년 7월 20일, 8월 26일, 9월 19일조 등 참조.(續冊14, 261쪽,
　　265쪽, 269쪽 등)
38) 『明孝宗實錄』에 의하면 1490년(홍치 3)에 張懋가 남회동관(옥하관)에 宴廳이 없다며
　　永昌寺에서 철거한 재료를 가지고 宴廳을 세우도록 주청을 올려 홍치제가 이를 허락한
　　다고 했다.(『日下舊聞考』 권63 〈官署二〉 중 『明孝宗實錄』 인용) 그러나 홍치 이후에도
　　예부가 외국사절에게 연회를 베풀 때에는 여전히 북회동관에서 열렸다.
39) 허봉의 기록에 의하면 북회동관 宴廳에는 '萬國會同'와 '聲教四訖'라고 쓴 두 편액이
　　걸려있었다고 했다. 김중청의 기록에 의하면 '萬國會同' 편액은 북벽에 걸려있었으나,
　　'聲教四訖' 편액은 보이지 않는다. 그 대신에 남벽에 '四夷來賓' 편액이 걸려있었고,
　　또 남쪽 문미에 '愼德格遠'과 '遠人卽我人' 편액이 걸려있었다.
40) 『(筍全)朝天錄』 갑인년 9월 12일조: 「同聖節使行領欽賜宴于北舘, 早食往中門內東

長安門은 천안문광장 북쪽 장안가의 좌우 양쪽에 각각 세워졌던 문이다. 東長安門은 현 勞動人民文化宮 정문에서 약간 동쪽에 자리하였고, 西長安門은 中山公園 정문에서 약간 서쪽에 자리하였다. 1420년(영락 18)에 세워졌고, 주로 관원들이 황궁 또는 광장 주변의 중앙부처를 드나들 때 사용되었다. 문 입구에는 하마비가 세워져있었다. 『乾隆京城全圖』와 북경 옛 사진을 보면 문이 세 개가 나있는 장안문이 보인다.[41] 1952년에 도로 확장으로 철거되었다. 제3차 천추정사 때 허균을 비롯한 조선사절은 장안문을 여러 차례 지나갔다. 한번은 조례 참석차 東長安門을 지나 承天門(현 天安門), 端門, 午門 등을 거쳐 황성 안으로 들어갔다.[42] 또 한 번은 허균을 비롯한 조선사절은 중국 문헌에 적힌 조선왕실의 곡필을 적극적으로 변무하기 위해 西長安門 입구에 가서 입궐하는 閣老 方從哲을 기다렸다.[43] 방종철은 당시 禮部尙書 겸 東閣大學士이다. 그는 조선사절의 적극적인 행동에 감동했는지 향후 조선왕실의 변무 건을 해결해주려고 많은 노력을 기울였다.[44]

廊, --- 侍郎立前行, 許筠、鄭弘翼立次行, 楊時晉及中淸立後行, 譯官等又其後, --- 北舘宴廳北壁, 揭'萬國會同'四大字; 南揭'四夷來賓'四大字. 又於南楣以'愼德格遠'四字, '遠人卽我人'五字, 分揭左右.」(續冊14, 267쪽)

41) 《乾隆京城全圖》10排 6列 및 1950년 10월 1일 사진(新華圖片; 1950年的北京長安街, 天安門比現在矮很多) 참조.

42) 『(荀全)朝天錄』 갑인년 7월 20일조: "同進香陳慰等使行見朝禮, 五更頭入東長安門、承天門、端門, 候于午門外東廊, 昧爽放象後, 序班引立于御路上, 聞贊唱五拜三叩頭, 禮畢入光祿寺."(續冊14, 261쪽)

43) 『(荀全)朝天錄』 갑인년 9월 21일조: "同舘中諸使臣偕往西長安門外, 俟方閣老入闕, 齊進路右, 跪呈辨誣文. 閣老曰: 詳看可答. --- 譯官等曰: 《文獻通考》, 各司所藏, 豈可誘諸野史而不改舛誤耶? 閣老曰: 吾未曾見你國事蹟記處, 而你等所陳則可謂明白矣."(續冊14, 269쪽) 제4차 진주부사 때에도 허균 일행이 과관을 만날 목적으로 대궐 서쪽 문에서 기다렸다. 여기의 대궐 서쪽은 午門 중 西掖門을 지칭한다. 이때에도 허균 일행이 장안문을 통해 오문으로 들어갔던 것으로 추정된다. 『乙丙朝天錄』 권2 〈臘日, 詣闕西候科官, 不利, 只見兩閣下而回〉: "西掖門前拂曙趨."(원문 70쪽)

6. 결론

본 논문에서는 許筠이 對明使臣이 되어 수도 北京(일명 燕京, 大都, 北平)에 갔을 때 남긴 足跡을 살펴보고 실증적으로 고찰한 것이다. 일생동안 4차례 대명사행에 나섰다. 1594년(선조 27)에 咨文齋進官으로 요동에 다녀온 제1차 사행을 제외한 나머지, 즉 1597년(선조 30)에 제2차 陳奏使 서장관, 1614년(광해군 6)에 제3차 千秋正使, 1615년(광해군 7)에 제4차 陳奏副使 때는 모두 북경을 다녀왔다.

제3차 천주정사 때 허균 일행은 朝陽門을 통해 도성 안으로 들어가 大市街, 玉河橋를 지나 玉河館(南會同館)으로 들어갔다. 이때 허균이 지나간 노선은 1574년(선조 7)에 허균의 중형 許篈이 지나간 노선을 따랐던 것으로 추정된다. 허봉 일행은 조양문을 통해 도성 안으로 들어와 大慈延福宮, 大市街, 廣仁街, 長安街, 會同館, 玉河東堤, 翰林院, 詹事府, 玉河橋 등을 지나 옥하관(남회동관)으로 들어갔다. 허균 일행이 귀국할 때 표류인과 만나기 위해 崇文門을 통해 도성 바깥으로 나갔다. 일전에 허봉도 滕達과 만나기 위해 숭문문을 통해 도성 바깥으로 나갔다.

허균이 3차례 북경에서 체류한 일자는 무려 2백일이 넘었다. 북경에서 체류했던 사관에 대해 기록에 따라 옥하관 또는 남관으로 달리 적고 있으나, 기실 모두 남회동관의 별칭으로 동일한 장소이다. 명 영락 이후에 북경에 들어온 조선사절은 모두 옥하관(남회동관)에 머물렀다. 옥하관은 청 중엽 이후에 러시아 사관으로 바뀌었고, 오늘날 천안

___
44) 『乙丙朝天錄』권2 〈譯輩與葉序班圖之于鴻臚寺王用賢、掌詔勅汪民敬, 僅得乞於方閣老, 更令初三日, 破例受勅, 喜而又賦〉참조.(원문 128쪽)

문광장과 통하는 東交民巷(옛 東江米巷)과 옛 옥하가 흐르는 正義路가 교차하는 서북단 지ナ, 즉 중국 最高人民法院의 자리이다.[45]

당시 명나라가 외국사신에 대한 엄격한 통제와 폐쇄적 조치를 취하는 바람에 북경에 체류한 조선 사절들은 자유로운 외교 활동을 펼치는데 많은 지장을 초래했다. 허균도 공적 업무가 있는 날을 제외한 나머지 날에는 줄곧 옥하관(남회동관)에 머물며 주로 독서, 시문 작성, 숙소의 다른 인사와 만나며 소일거리를 했다. 그래서인지 옥하관(남회동관)에서 지은 작품을 보면 독서와 관련된 감상시, 옛 일을 떠올리는 회고시가 대다수를 차지한다.

허균이 옥하관(남회동관) 바깥을 나가 공적 업무를 처리한 장소는 紫禁城, 朝天宮, 禮部衙門, 北館(北會同館), 長安門 등이다. 자금성은 見朝禮, 辭朝禮 등 궁중 의식, 조천궁은 조례 참석 예행 의식, 예부아문은 외교 사무, 북관은 연회 참석, 장안문은 황성 출입과 각로를 만나기 위해서였다. 제3차 천추정사 때와 제4차 진주부사 때에는 잦은 질병으로 사관 외부 출입을 자제했고, 심지어 천단과 국자감을 유력하는 날에도 참여하지 않았다. 향후 필자는 중국 대륙에서 허균이 지나갔던 나머지 구간에 대해서도 조사 발표할 예정이다. [弓洞自然; 陰壬辰流月卄五日]

---

45) 각종 조선사행록(연행록)에 나타난 옥하관은 모두 동일한 곳이 아니다. 한 곳은 조선 사절이 명초부터 청 중엽까지 사용한 옥하관(남회동관)이고, 다른 한 곳은 청 중엽부터 청말까지 사용한 玉河橋館(일명 高麗館, 朝鮮館, 南小館)이다. 『荀全先生文集』 번역본(542쪽)과 일부 조선사행록 답사 기록에서 옥하관의 현 위치를 首都大酒店으로 비정하고 있는데, 이는 잘못되었다.

허균의 중국 서적 입수와 역사적 의미

—

곽미선

1. 들어가는 말

허균(1569~1618)은 사신 및 원접사 활동을 통해 중국문인들과 활발하게 교유하며 당시 중국 문단의 여러 가지 정보를 입수하였다. 그는 예교에만 얽매어 있던 사회에서 다양한 문화에 대한 이해를 가졌으며 자기만의 편협한 시각에서 벗어나 핍박받는 하층민의 입장에서 학문관을 피력해나간 시대의 선각자이다. 조선시대에는 방달한 삶의 태도와 함께 도불(道佛)에의 경도로 인해, 패륜아적 모습으로 강한 비판을 받았다. 하지만 최근에 연구자들은 주자학에 반기를 든 그의 사상에 높은 가치를 부여하면서 다양하게 평가하고 있다. 허균은 일생동안 많은 중국의 서적들을 열독한 후 시문과 저술을 창작하여 주목을 요한다.

허균에 대해서 학계에서는 최초에 『홍길동전』을 중심으로 작품의 주제, 형성배경, 텍스트 문제, 『수호전』과의 관련양상 및 작가의 한문학 세계를 고찰한 논문¹⁾들이 많이 발표되었다. 최근에 들어서서 중국문단

---

1) 허균의 한문학 세계를 조명한 논문은 대체로 「허균의 詩論과 文學論」, 「허균과 당대 문인의 문학적 교유」, 「허균의 한문 비평 양상」 등에 초점을 맞춰 그의 진보적인 면모를

과의 관련을 언급한 연구가 이루어져 연구의 시각이 확대화되고 있는 추세이다. 우선 허균이 중국 문인의 영향을 받은 내용[2])에 대해서는 학계에 분분한 토론이 일고 있다. 허균의 사상에는 여러 가지 모순점이 공존하고 있기에 실증적인 자료를 중심으로 면밀히 고증하는 작업이 필요하다. 다음으로 중국에서의 행적과 명나라 문인의 교유 및 중국 문단과의 접촉에 대해 논의[3])한 부분도 주목되는데 허균이 중국 문학의 수용자라는 측면에 관심을 보이고 있어 흥미롭다.

허균은 명나라 문인과의 교류과정에서 사행의 임무를 충실히 수행하였을 뿐만 아니라, 중국의 다양한 서적을 입수하여 새로운 지식과 정보를 섭취하고 기존의 사상과 문예를 일신할 수 있었다. 그러나 아직까지 기존 연구에서는 중국 서적 유통의 실질적인 담당자였던 허균의 면모에 주목한 연구성과는 상대적으로 미비한 편이다. 허균이 중국 문단을 접촉하면서 중국의 서적을 탐독하였다는 사실을 소개한 연

고찰하였다.

2) 강명관(「허균과 명대문학」, 『민족문학사연구』 13, 민족문학사학회, 1998, 207-235쪽)은 허균이 복고파의 대표문인인 전후칠자 문학론의 영향을 받았다고 주장하고 있고, 김풍기(「조선 중기 고문의 소품문적 성향과 허균의 척독」, 『민족문화연구』 35, 고려대학교 민족문화연구소, 2001, 393-418쪽)는 허균이 원굉도 등 문인을 중심으로 하는 소품체의 영향을 받았다고 주장하고 있으며, 이종호(「허균 문예사상의 좌파양명학 성향(1)(2)」, 『한국사상과 문화』 11-12, 한국사상문화학회, 2001~2002)는 명나라 말기의 이단사상을 대표하는 이탁오의 양명좌파의 영향을 받았다고 주장하고 있다.

3) 박현규(「북경에서의 허균의 족적 고찰」, 『동방한문학』 53권, 동방한문학회, 2012)는 허균의 중국에서의 足跡을 살피기 위하여 허균이 다녔던 장소를 지리와 역사적 입장에서 실증적으로 고찰하였고, 안나미(「17세기 초 공안파 문인과 조선 문인의 교유 － 구탄과 허균, 이정귀의 관련양상」, 『한문학보』 20권, 우리한문학회, 2009)는 조선 문인과 명 공안파 문인의 직접적인 교유가 이루어진 좋은 사례로 허균, 이정귀와 구탄과의 관계를 주목하면서 17세기 초 한중 문학교류의 일단을 살펴보았으며, 노경희(「허균의 중국 문단과의 접촉과 시선집 편찬 연구」, 『한국한시연구』 14권, 한국한시학회, 2006)는 허균의 중국문학의 수용과 조선문학에 대한 관심이 일정한 관련을 지닌다는 시각에서 그의 중국 문단과의 접촉 과정, 중국 문학에 대한 독자적 이해 방식을 살펴보았다.

구가 있기는 하지만 중국 서적이라는 키워드를 중심으로 다룬 것은
아니었다.

허균이 지은『성소부부고』,『을병조천록』⁴⁾과『조선왕조실록』자료,
그리고 김중청의『조천록』⁵⁾ 등 텍스트에는 허균의 중국 서적 입수에
관련된 자료가 자세히 수록되어 있는데, 본 연구는 바로 이런 점에 주
목해 해당 자료를 참고하여 허균의 중국 서적 유입의 경위를 검토하
고자 한다. 본고에서는 허균이 입수하였던 중국의 서적이 중요한 역
사적 의미를 지닌다는 시각 하에, 중국의 서적이 허균의 사상과 당대
조선 문단에 미친 영향을 탐구하는 데 목적을 둔다. 이는 궁극적으로
허균이 중국문학이라는 타자를 어떻게 인식하고 수용해나갔는가 하
는 영향 연구의 구체적인 사례가 될 수 있으리라 기대한다.

2. 허균의 중국 서적 입수의 배경과 한중 지식인의 시각

1) 중국 서적 입수의 배경과 경로

허균이 중국 서적을 입수할 수 있었던 배경적 요소 가운데 우선 주
목되는 부분은 서적에 대한 당시 조선 사대부들의 끈질긴 애착을 들
수 있다. 조선후기 특히 17세기 중국의 서적 수입에 대한 사대부들의
관심은 대단했다. 중국에 간 사신들의 중요한 임무 중 하나는 서책을

---

4)『을병조천록』은 허균이 1615년 동지 겸 진주사행(의 부사로 압록강을 건너 중국을
   다녀오면서 지은 382수로 이루어진 허균의 한문 기행시집으로, 이 작품을 통하여 허균
   의 호가 교산(蛟山) 외에 "촉재주인(燭齋主人)"이 있음을 확인할 수 있다.
5)『조천록』에는 김중청이 지척거리에서 허균의 행적을 바라본 기록들을 남겨 놓아 허균
   행적 조사에 많은 도움을 주고 있다.

구입하는 것이었다고 한 기존연구의 언급에서 잘 드러난다. 이는 "역
관은 물론이고 사행원과 비공식 수행원들까지 북경의 서점가인 유리
창의 서사를 전전하면서 구입하고자 하는 서목을 들고 다니며 값을
아끼지 않고 희귀본과 신간 서적을 싹쓸이 해 갔다"[6]고 한 대목에서
구체화되어 제시된다.

『증보문헌비고』에는 조선인들의 책 구매 열기를 기록한 명나라 문
인 강소서(姜紹書)의 일화가 소개되었는데 상당히 주목을 요하는 자
료[7]이다. 이 자료는 17세기에 사행원으로 중국에 갔다 온 조선인들이
필사는 물론이요 서적 구입에 정성을 쏟았던 사실을 잘 보여준다. 많
은 서적을 구해 갔기 때문에 오히려 중국에 없는 이본이 한국에는 있
을 정도로 당시 중국에서의 서적 수입에 얼마나 열을 올렸는지 짐작
하고도 남음이 있다.[8] 강소서가 『운석재필담(韻石齋筆談)』에서 기술
한 언급과 유사한 자료로 명나라 문인 진계유[9]가 남긴 기록을 들 수
있는데, 진계유와 강소서의 기록을 대조해보면 몇 글자의 출입만 있
을 뿐 내용은 거의 일치하다고 볼 수 있다. 진계유(?~1680)와 강소서
(1558~1639)는 중국 명나라시기에 생존했던 문학가로, 두 사람의 생몰

---

6) 이민희, 『16-19세기 서적중개상과 소설・서적 유통관계 연구』, 도서출판 역락, 2007,
   42쪽.

7) 「補藝文考一 歷代書籍」, 『增補文獻備考』 卷242, 『증보문헌비고』 3, 동국문화사,
   1957, 844쪽, 재인용.
   "姜紹書『韻石齋筆談』曰: 朝鮮國人最好書, 凡使臣之來限五六十人. 或舊傳, 或新書,
   或稗官小說, 在彼所缺者, 日出市中, 各寫書目, 逢人遍文, 不惜重置購回. 故彼國反有
   異書藏本也."

8) 이민희, 위의 책, 43-44쪽.

9) 정주동, 『古代小說論』, 형설출판사, 1978, 44쪽, 재인용. "朝鮮人最好書, 凡使臣入貢
   限五十人, 或舊典新書稗官小說在彼所缺, 日出市中, 各寫書目, 逢人遍問, 不惜重直,
   購回. 故彼國反有異書藏本."

년으로부터 진계유가 강소서의 『운석재필담』의 영향을 받아 조선인의 서적 구입열에 대해 같은 평가를 내릴 수 있었던 것으로 보인다. 이 시기 중국 서책을 탐독했던 사대부들의 영향을 받아 허균은 중국 서적을 비롯한 독서에 열중하였는데 이러한 모습은 "만 권 책 속의 좀 벌레가 되고 싶다"[10]고 토로했던 대목에서 잘 드러난다.

다음으로 당시 활발하게 전개되었던 중국 조공사행을 들 수 있다. 조공은 전근대 동아시아의 국제관계에서 중국 주변에 있는 나라들이 정기적으로 중국에 사절을 보내 예물을 바친 행위로, 조선에서도 해마다 중국으로 사절단을 파견하여 문화교류를 추진하였다. 조선시대 이후 특히 명조의 폐쇄적인 대외 정책이 연장되면서 이른바 조공사행은 중국 문화 수용의 거의 유일한 창구가 되었고 중국 전적(典籍)의 간행 및 보급은 당시 중국 문화 이해와 수용의 가장 중요한 지표가 되었다.[11] 후술하겠지만 허균은 여러 차례 사신으로 추천되어 명나라로 조공사행을 다녀오는 과정에 대량의 중국 서적을 입수할 수 있었다. 또 여러 차례 조선에 사신으로 파견되었던 중국 인사를 접대하였는데 1602년 고천준 등의 접대를 맡은 원접사 이정구의 "연소한 사람 중에 해운판관 허균은 시에 능할 뿐만 아니라, 성품도 총민하여 전고 및 중국의 사정에 자세하다"라는 평판과, 1606년 주지번 등을 접대한 원접사 유근의 "허균은 시격은 높지 않지만 총명하고 박식하여 중국 사신을 접대함에는 이 사람보다 나은 자가 없다"[12]라는 평가로부터 중국 사정에 안목이 높았던 허균의 면모와 문학적 실력을 보아낼 수

---

10) 許筠, 『惺所覆瓿稿』 2卷6, 「湖墅藏書閣記」, "行將投紱東歸, 爲蠹魚萬卷中, 以了殘生. 此書之藏, 亦爲老僕娛老地, 其可喜也已."
11) 진해종, 『한중관계사연구』, 일조각, 1970, 107~109쪽, 재인용.
12) 『선조실록』 39년 8월 6일 기록. "許筠詩, 格不高, 然聰敏博覽, 待華使, 無愈此人."

있다. 이렇게 수차례에 걸친 사신활동은 허균에게 중국의 서적을 입수할 수 있는 중요한 계기를 제공하였다.

허균이 중국 서적을 입수할 수 있었던 경위[13]는 크게 다음과 같은 세 가지로 나누어 살필 수 있다. 첫째는 원접사의 역할을 수행하면서 조선에 파견되어 온 중국사신을 접대하면서 명나라 문사들과의 교유를 통해 입수했던 경우이고, 둘째는 삼사(三使)의 신분으로 중국사행을 통해 입수한 경우이며 셋째는 역관과 표류인을 통하여 입수한 경우이다. 허균이 명나라로부터 서적을 입수한 구체적인 문헌자료는 그의 문집과 실록자료를 참조해 볼 수 있다.

우선 조선에 온 중국 사신과의 교유를 통한 입수이다. 허균은 여러 차례 원접사[14]가 되어 조선에 온 명나라 사신들을 접대했다. 1606년 주지번의 조선사행은 한중문학교류사에서 획기적인 의의가 있는 것으로, 이때 주지번은 여러 종의 문예 출판물을 가져와 조선에 전하면서 명나라 문단 상황을 적극적으로 조선 문단에 소개하였다. 허균은 1606년 정사 주지번으로부터 『형산석각첩』, 『세설산보』, 『시준』, 『고척독』, 『서일전』, 『옥호빙』, 『와유록』 등을 선물받았고 부사 양유년에게서 『태평광기』를 받았는데 이러한 사실은 『병오기행』 3월 28일

---

13) 조선 시기 중국 서적을 수입하는 데는 중국 쪽으로부터 하사하는 경우도 있었다. 중국 조정에서 해외 제국에 서적을 하사하는 것이니, 양은 대단치 않으나 중화적 세계 질서를 유지하기 위한 중국의 대외정책의 산물로서 그 영향력은 적지 않았다. 허균의 문집을 검토해보면 중국 조정으로부터 하사받은 기록은 없다.

14) 1598년 찬획주사 徐中素 및 그를 따라온 참군 吳明濟와 교유하였고, 1602년 한림시강 顧天峻이 중국 사신으로 오자 원접사 이정구의 천거로 그의 종사관이 되어 중국 사신 접대하였다. 1606년 한림수찬 朱之蕃과 刑科都給事 梁有年이 사신으로 파견되어 조선에 오자 義興衛大護軍의 직을 제수 받아 원접사 柳根과 함께 이들을 접대하면서 『병오기행』을 남겼고, 1609년 원접사 李尙毅의 추천으로 종사관이 되어 중국사신 熊化와 劉用・徐明을 접대하면서 「기유서행기」를 남겼다.

조[15])와 4월 5일조[16]) 및 1610년에 초판본으로 엮었던 「한정록범례」[17])
에 자세히 기록되어 있다.

　서적입수와 관련한 허균의 사신활동으로는 1609년 雄化와 劉用, 서
명을 접대한 일에도 주목해야 한다. 중국사신의 수행원으로 따라온 서
명은 자신의 생일선물에 대한 답례품으로 허균에게『백낙천집』을 선
물하였는데 이는 「기유서행기」5월 26일조[18])의 기록에서 확인할 수 있
다. 서명은 문학에 조예가 깊었으며 조선의 시문에 관심을 가지고 예
전에 사신으로 갔던 안남과 비교하여 안남의 시가 천박한데 비해 조선
의 시는 돈후하다고 칭찬[19])하면서 조선문화에 대해 높이 평가하였다.
서명과의 교유를 계기로 허균은 조선시에 대한 긍지감을 가지고 중국
의 문인들에게 조선시문집을 널리 전파시킬 수 있었던 것 같다.

　다음으로 중국사행을 통한 입수이다. 허균은 정사, 부사의 임무를

---

15) 허균, 『성소부부고』卷18, 「丙午紀行」 3월 28일 기록. "上使日. 否否. 此子生中國.
　　亦當久在承明之廬. 金馬之門. 非獲罪則何以翶翔郎署外郡也. 因出世設刪補, 詩雋,
　　古尺牘等書以給. 又招養吾怡叔慰存之. 問其科第履歷. 副使又招見. 慰問辛苦. 以
　　衡山石刻帖給之."
16) 허균, 『성소부부고』卷18, 「丙午紀行」 4월 5일 기록. "初五日. 少留回瀾石上. 中火于金
　　郊. 入松京. 夕. 書本國人詩自孤雲以下百二十四人詩八百三十篇爲四卷. 粧廣作兩
　　件. 呈于兩使. 上使給綠花段一正, 息香千枝. 副使給藍花紗一端, 太平廣記一部."
17) 허균, 『성소부부고』, 「閑情錄凡例」, "내가 경술년(1610)에 병으로 세간사(世間事)를
　　사절(謝絶)하고 문을 닫고 객(客)을 만나지 않아 긴 해를 보낼 방법이 없었다. 그러던
　　중 보따리 속에서 마침 책 몇 권을 들춰내었는데, 바로 주난우 태사(太史)가 준『서일전
　　(棲逸傳)』・『옥호빙(玉壺氷)』・『와유록(臥遊錄)』3종이었다. 이것을 반복하여 펴 보면
　　서 곧바로 이 세 책을 4문(門)으로 유집(類集)하여『한정록(閑情錄)』이라 이름하였다."
18) 허균, 『성소부부고』, 「己酉西行記」 5월 26일 기록. "廿六日. 以劉使生辰, 上遣問安使呂
　　裕吉, 致明蔘百斤銀一千兩, 雜物稱是. 劉使甚喜, 夕徐相公至鄙寓, 贈余《白樂天集》."
19) 허균, 『성소부부고』, 「己酉西行記」 6월 28일 기록. "徐又言曾從黃太史輝使安南, 其國
　　亦解文, 爲詩者甚多, 率俷淺不及貴國, 詩之敦厚典麗, 且人心生獷, 到處生梗, 使臣輒
　　陳兵自衛, 彼之儐相, 亦皆嚴警以待. 風土極惡, 中瘴輒嘔洩, 地多蠱蛇, 亦不如貴國之
　　比諸夏也. 且其饋遺皆金珠・犀香・翠羽・明珀等物. 貴國無實, 而人才是寶也."

수행하면서 명나라의 문인, 학자들과 교유하였는데, 네 차례나 연행
사신20)이 되어 명나라를 다녀오면서 이문화를 체험하고 다방면의 문
화를 접촉하고자 노력하였다. 명나라 조정은 외교 정책에 있어 청나
라에 비해 폐쇄적인 태도를 보여 조공사행단의 체류기간을 제한하고
사행원의 사적인 무역이나 외출을 금지하였기에 조선문인들은 비교
적 제한된 범위내에서 중국문인들과 접촉할 수 있었다. 조선인의 서
적 수입은 유리창과 관련이 있는바 18세기에 와서 거대한 유리창 서
적시장21)이 형성되었다. 이러한 사실로 미루어보면 허균이 중국 사행
을 다녀왔던 17세기 초반에는 서적을 대량으로 구매할 수 있는 유리
한 조건도 마련되어 있지 않았던 것 같다. 이러한 제한이 있었음에도
불구하고 허균이 1614년과 1615년에 중국사행을 가서 4천여권에 달하
는 중국 서적을 다량 구입해 온 사실22)은 놀랍다.

　　중국 사행을 통한 허균의 서책 구입이 철저히 개인적인 것인지, 아
니면 임진왜란으로 대량 산실된 서적들의 충당을 위한 국가적 요구가
개입된 것인지가 분명치는 않으나 그 규모는 상당한 것이었다. 『을병
조천록』에 서적과 관련된 「偶閱陸儼山集, 有人持元史至用二十陌, 得
之. 詩云: ‘囊中恰減三旬用, 架上新添一束畫. 但使典墳常在手, 未嫌

---

20) 1594년 접반사 윤국형의 종사관이 되어 咨文齎進官의 자격으로 4달간 요동에 다녀왔
　　고, 1597년 사신으로 북경에 다녀오면서 「정유조천록」을 남겼다. 1614년 천추사에 제
　　수되어, 1615년 冬至兼陳奏副使에 제수되어 진주사 閔馨男과 함께 중국 사행을 다녀오
　　면서 『을병조천록』을 남겼다.
21) 현재 전하고 있는 연행 관련 기록 중에서 1732년에 연행길에 올랐던 이의현의 壬子燕
　　行雜識에 처음으로 유리창이 등장하고 마지막 기록은 1894년 연행길에 올랐던 김동호
　　의 甲午燕行錄이다.
22) 허균, 『惺所覆瓿稿』附錄, 「閑情錄凡例」. “余嘗恨家乏史籍, 所載甚簡略, 切欲添入遺
　　事, 勒爲全書爲計久矣. 侄偡未暇, 甲寅乙卯兩年, 因事再赴帝都, 斥家貨購得書籍幾
　　四千餘卷.”

茅舍食無魚.'讀之深協鄙願古人實獲我心逐步韻和之云」라는 흥미로
운 시 한수[23]가 실려 있어 주목을 요한다. 시에서는 국가의 파견으로
해마다 朝天하는 것이 힘들다고 하지만 고인들의 서적을 살 수 있어
위로를 느끼며 독서삼매를 즐기는 모습을 읊었다. 이러한 발상은 후
반부에 이르러 임진왜란 후 분실된 서적을 구할 수 있어서 성취감이
이룩한 모습으로 이어진다. 세상에서 보지 못했던 책들을 중국에서
입수할 수 있어서 그나마 다행이라고 생각하는 것을 통하여 서책구입
이 개인적인 애호가 강하였던 것 같다.

 마지막으로 역관 및 표류인을 통한 입수이다. 역관을 시켜 얻은 서적
이 수적으로 많지는 않지만, 허균의 독서수요를 만족시켜 주었던 것
같다. 역관들은 사신일행을 따라 중국에 머무는 동안 명나라 문인들과
교류하거나 서반에게 의뢰하여 중국에서 간행되었던 다양한 서적을
접할 수 있었다. 바로 이런 연행사신과 역관들에 의하여 중국에서 유행
하던 서적들이 조선에 대량으로 유입될 수 있었던 것이다. 허균의 문집
에는 허균이 중국으로 떠난 역관에게 책을 부탁한 기록[24]이 전하여
주목을 요한다. 이 기록을 보건데 허균이 명나라 문인 하원랑(하량준의
자)의 서적에 상당히 심취했던 것 같다. 명나라로 가는 역관에게까지
시켜서 구입해보고 싶을 정도였으면 그 독서 열기를 어느 정도 짐작할

---

23) 최강현 역, 『국역 을병조천록』, 국립중앙도서관, 2005년 12월. "連歲赴朝雖太苦, 只輪
   多得古人書. 傾囊罄篋人休笑, 端欲將身作蠹魚. 家山兵後無墳籍, 欲得人間未見書.
   到此購藏幾萬卷, 不坊燈下辨蠹魚."
24) 허균, 『惺所覆瓿稿』卷13, 「四友叢說跋」. "余少日讀何氏語林, 卽知中國有何元郎氏,
   欲覩其頃全集而不可得. 嘗於顧氏詩餘, 見元郞之序文, 詳縟古雅, 信是名家. 又於諸尺
   牘中, 略覩其一二小文, 心竊艷之不置. 因朝譯, 求所謂《東海集》則不能購, 購其《四友
   叢說》者八卷而來. 余竊觀之, 則古六經子史暨國朝掌故及神官小乘所節. 旁通於釋道
   詞曲家, 靡不博綜而該錄之, 其所見所論驚, 具出人意表, 可喜可驚可奇, 眞異書也."

수 있다. 허균이 하원랑의『사우총설(四友叢說)』을 읽고 평하기를 "통쾌
하기가 마치 구름을 헤치고 하늘을 보는 것과 같다."[25]고 하였다. 하원
랑의 서적에 관심을 기울이고 독서한 흔적은 허균이 저술한『한정록』
에 잘 드러나 있다.

   허균이 표류인을 통하여 서적을 유입한 사실은 김중청의『조천록』
에 언급된다. 김중청의『조천록』10월 26일[26]조에는 허균이 표류인
방초양과 하삼재로부터 서책을 증정받은 기록이 전한다. 방초양이 허
균에게 증정한『歷代名臣奏議』는 1백여 책이나 되는 거질인데, 당시
책값이 만만치 않은 것으로 추정된다. 또『조천록』11월 3일조에 허균
을 비롯한 천추사 일행이 귀국하고자 연경을 떠날 때 표류인 방초양,
하삼재 등 5인이 찾아와 감사의 표시로 변려문을 수록한『四六』과 비
밀히 수장하고 있던 전적인『秘笈』및 수진본(袖珍本)『五經』등의 서책
을 나누어주었다고 하는 기록[27]이 있는데 상당히 흥미롭다. 허균이
끈질긴 독서광이었음은 표류인들도 아는 사실이었던것 같다. 이는 감
사의 선물로 서책을 기증한 사실로부터 판단할 수 있다.

2) 서적 유통에 대한 한중 지식인의 시각

   허균의 서적 유입에 대한 조선 지식인의 평가를 살피기 위하여, 논
의의 시각을 확장시켜 명나라 문인들과의 교류가운데서 조선의 시문
을 중국에 전파하기 위해 적극적인 모습을 보여주었던 측면도 주목하

---

25) 허균,『惺所覆瓿稿』卷13. "快如抉雲而覩天也."
26) 김중청,『조천록』10월 26일조. "漂人方初陽河三才來見. 以『歷代名臣奏議』百餘册贈
   使."
27) 김중청,『조천록』11월 3일조. "漂人河三才方初陽顧起元周秀林正茂五人. 盛瓣酒饌,
   … 又以龍眼荔枝各二盤, 及『四六秘笈』『五經』袖珍諸書分授, 終始稱謝"

고자 한다. 왜냐 하면 허균은 중국 사신들과의 교류가운데서 단순히
중국의 서적만 선물로 받은 것이 아니라, 이에 대한 답례로 조선의 시
문집을 증여하였기 때문이다. 한국고전시화에 수록된 자료를 중심으
로 당대 조선 지식인의 시각을 분석해본다.

　　"전겸익의 『皇明列朝詩集』에는 우리나라의 시를 많이 수록하였는데
　　대가들의 시가 많이 누락되었다. 이를테면 박은·노수신의 작품을 모두
　　수록하지 않고 허씨의 시를 가장 많이 수록하였는데 이는 바로 주지번이
　　조선에 왔을 때 허균이 기록하여 준 것이다. 허균이 주지번을 만났을 때
　　주지번은 허균으로부터 조선의 시를 구해보고자 하였다. 허균이 외워 전
　　해준 것은 자기의 뜻에 부합되는 綺羅油膩한 작품으로, 여러 문인들의
　　淸俊雄放한 작품이 중국에 전해지지 않게 되었는데 회피하지 못할 책임
　　이 있다."[28]

　　위의 자료는 申昉(1685~1736)이 지었던 『屯庵詩話』에 수록된 내용
이다. 申昉은 전겸익의 『皇明列朝詩集』텍스트에 조선에 읍취헌을 비
롯한 훌륭한 시인들이 존재하였음에도 불구하고 허난설헌의 시가 많
이 수록된 사실을 날카롭게 비판하였다. 申昉의 『屯庵詩話』가 간행된
이래 조선의 문인들은 申昉의 영향을 받아 신방의 기록을 인용하면서
시화집을 편찬할 때 난설헌의 시를 지나치게 많이 수록하였던 허균의
행위를 부정적인 시선으로 바라보았다. 이러한 기록[29]은 佚名 편찬

---

28) 申昉, 『屯庵詩話』, "錢牧齋《皇明列朝詩集》錄東方詩頗多, 而本朝大家太半見漏, 如
　　挹翠、蘇齋皆不得入錄。錄許氏詩最多, 此則朱蘭嵎頒詔時, 許筠錄付而得與者也。
　　筠於其時最見知蘭嵎, 蘭嵎亦曾求東詩於筠, 則此實一機會。而筠之所誦傳, 率以與己
　　相合者綺羅油膩之作, 而使諸公淸俊雄放之辭不達於中華, 其責有不可逃者。"
29) 佚名, 『別本東人詩話』, "申昉《屯庵詩話》曰：皇明《列朝詩集》錄東詩頗多, 而本朝大

으로 된 『別本東人詩話』에서 확인할 수 있다. 『別本東人詩話』를 필
사한 이가 "歲在癸亥夏四月下澣講魯齋書"이라고 밝혔는데 이 시화집
은 1743년(癸亥)에 편찬되었던 것으로 보인다. 『別本東人詩話』와 『屯
庵詩話』의 내용을 비교해보면 몇 글자의 글자 출입만 있을 뿐 申昉의
기록을 거의 그대로 인용하였다.

허균은 1606년 주지번과의 교유 과정에 당시 사대부들의 편견과 달
리 여성문인에 대해 긍정적으로 평가하면서 허난설헌의 시를 기록하
여 책자로 묶어 주었다. 주지번이 중국으로 가져간 『난설헌집』은 당
시 중국문단에서 상당한 인기를 얻어 중국 지식인들의 호기심을 자아
내었던 것 같다. 이러한 사실은 1609년 조선에 온 사신들이 국내에서
주지번에게 허균의 누이인 난설헌에 대한 이야기를 듣고 『난설헌집』
을 열심히 찾았던 사례에서 확인할 수 있다. 중국에서의 허균의 조선
시문집 유포에 대해 중국 문인들이 적극적인 관심을 가지면서 지속적
으로 조선시문을 찾아본 것과 달리 조선의 문인들은 왜 허균의 이와
같은 행위를 비판적으로 바라보았을까? 여성의 창작에 대해 부정적
인 시선을 가지고 있었던 점과, 허균이 객관적인 시각으로 조선의 시
를 평가한 것이 아니라 집안의 시문을 높이 평가하면서 형평성을 상
실하였다고 판단하였기 때문에 조선의 문인들이 허균의 행위에 대해
중국 지식인들과 상반된 인식을 지녔던 것 같다.

허균은 1614년 천추 사행에서 구입한 『林居漫錄』 등의 책에 조선
왕조를 모욕하는 대목이 있음을 발견하고 중국 문헌의 곡필과 변무

家如翠軒、蘇齋皆不得入，錄蘭雪軒許氏詩最多，此皆蓋朱天使頒詔時，許筠之所錄付
者也。筠於其時見知於蘭嵎，求見東詩，此實一機會。而筠之所錄，率以與己相合者及
綺羅粉黛之作，而使諸公淸俊雅放之辭不達於中華，誠可慨也。"

사건을 공개적으로 처리하기를 원했는데 광해군으로부터 많은 신임을
얻었다. 광해군은 허균이 찾아온 이 서책들을 친람하겠다고 했고,[30]
얼마 후 이 사건과 문헌 구입으로 공을 세웠다며 가자하였다.[31] 한국
고전시화 자료를 검토해보면 허균이 중국에서 입수한 『林居漫錄』에
대한 기록이 있는데 이 책의 실상에 대해 자세히 밝혀놓았다.

> "허균이 나라를 해칠 마음을 품고 먼저 공을 세워, 나라의 권세를 휘어
> 잡으려고 언제나 근거 없는 말을 지어내어 왕실이 전복되도록 했다. 이때
> 에 북경에서 돌아와 말하기를, '중원에 《林居漫錄》이란 책이 있는데, 왕
> 실의 종계가 잘못 기록되어 있어 기금까지도 고쳐지지 않았습니다.' 했
> 다. 광해가 듣고 놀라서 의혹에 싸여 즉시 역적 허균으로 하여금 가서
> 고치도록 하였다. 역적 허균은 금은 보화를 많이 싣고 갔다 온 것처럼
> 하고 저쪽과 이쪽 임금이 사용하는 문서에 도장을 위조하여 찍고 황제의
> 결정을 얻었다고 보고했다."[32]

류광익의 『楓巖輯語』에 수록된 내용이다. 류광익은 허균을 역적이
라고 칭하면서 『임거만록』과 관련하여 허균이 조정에 보고한 내용이
근거없는 말이라고 비판하였다. 허균이 입수했던 『林居漫錄』의 진위
여부에 대해서는 재고해야 하지만, 조선 조정에서는 1615년 허균에게

---

30) 『광해군일기』 7년 2월 4일조와 2월 6일조 참조. "허균(許筠)이 찾아온 『학해임거만록
　　(學海林居漫錄)』을 들이라.", "허균(許筠)이 구입해 온 책 4건을 들이라."
31) 『광해군일기』 7년 6월 5일 기록. "上年千秋使許筠, 非但多貿書册, 至於辨誣事, 多般
　　聞見馳啓, 且世宗皇帝御製箋、御筆, 購印以來, 此眞寶墨也, 加資. 書狀官金中淸, 亦
　　不無周旋相議之事, 陞敍堂上, 譯官宋業男加資."
32) 柳光翼, 『楓巖輯語』, "許筠常幻作無據之言, 每令朝野顚倒, 丁巳回自京師曰: '中國
　　有《林居漫錄》, 宗系之誣如舊不改.'光海大驚, 即令筠委往申卞, 筠多載珍賄以往, 僞
　　署彼此御符文籍定奪回報."

위탁하여 사행을 통해 이를 교정할 것을 중국 조정에 주청하도록 하였다. 이처럼 1615년의 사행은 일 자체가 서적과 관련된 것이었으므로 허균은 은 수만냥에 이르는 돈을 지원 받아 중국 시장에 떠돌던 상당수의 책을 구입할 수 있는 기회를 얻게 되었지만, 이 일을 처리함에 있어 도가 지나쳐 진위 여부가 불분명한 책자를 가져오면서 조선 조정에 일대 환란을 일으키게 되어 파멸의 길로 빠져들게 되었다.

3. 허균의 중국 서적 입수의 역사적 의미

사행이 중국 서적 입수의 거의 유일한 통로였던 시기 본래부터 서적에 관심이 많았던 허균은 서적 구입에 많은 열정을 보여주었다. 허균은 중국사신을 접대하는 과정에서 중국 문인으로부터 여러 가지 서책을 선물로 받았을 뿐만 아니라 중국 사행 과정에도 많은 중국의 신간 서적을 입수하였다. 그렇다면 허균이 이렇게 많은 중국의 서적을 입수한 이유는 무엇이었을까? 그리고 그러한 서적 입수 행위에 담긴 역사적 의미는 무엇일까? 본고에서는 허균이 입수한 중국의 서적이 허균의 사상과 당대 조선 문단에 일정한 영향을 미쳤을 것이라 판단하고 구체적인 논의를 전개하고자 한다.

1) 중국 서적이 허균의 사상에 미친 영향

허균은 중국문학에 대한 열렬한 관심에서 다양한 방법을 동원하여 중국 서적을 입수하였다. 이렇게 입수한 중국 서적을 통하여 허균이 중국의 어느 문인의 사상에 심취했는지를 파악하는 동시에 허균의 문

학적 사유와 문예 사상을 간접적으로 파악해보고자 한다. 중국 서적
의 입수를 계기로 허균의 사상과 문예 취향은 전대와는 다른 변화된
모습을 보여주었는데 그 이면에는 독서공간의 확대와 독서체험의 변
화가 수반되었을 것이다. 허균의 사상을 외적 영향으로만 이해하는
것은 부당하지만, 중국의 서적이 그의 사상에 적지 않은 영향을 끼쳤
던 것은 분명하다.

  우선, 허균은 하량준의 서적에 관심을 가지고 널리 탐독하였다. 허
균이 중국서적에 대한 관심사를 보여주기 위하여『성소부부고』부록
에 실린『한정록』에 인용된 서목들을 정리하여 빈도수를 통계[33] 해 보
았는데 이러한 통계를 통하여 허균이 누구의 서적을 더 관심 있게 보
았는가를 추출할 수 있다. 통계자료가운데서 허균이 하량준의 문장을
가장 많이 인용하였고,『하씨어림』,『세설신어』등 명대 문인의 작품
에 관심이 많았음을 발견할 수 있다. 허균은 젊었을 때 이미『何氏語
林』을 읽고 그의 전집을 구해 읽어보고자 하면서 그에 대해 많은 관
심을 보인 기록[34]이 있어 흥미롭다.『何氏語林』은『세설신어』의 체
재를 답습하여 구성된 지인류(志人類) 필기소설이다. 이 시기 허균이
읽었던『何氏語林』은 어떠한 경로를 통하여 입수하였는지는 실증자
료의 기록이 없어 확인하기 힘든 상황이다. 하지만 이 책이 1618년에
편찬한『한정록』에 92회나 인용될 정도를 미루어 본다면, 젊어서부터

---

33) 인용한 빈도수가 많은 부분을 뽑아 정리하면 다음과 같다.『何氏語林(何良俊)』92회,
   『四友齋叢說(何良俊)』9회,『世說新語(劉義慶)』51회,『明世說新語(李紹文)』25회,『世
   說新語補(王世貞)』8회,『眉公秘笈(陳繼儒)』40회,『巖棲幽事(陳繼儒)』25회,『眉公十
   部集(陳繼儒)』15회,『玉壺氷(都穆)』18회,『知非錄』42회.
34) 허균,『惺所覆瓿稿』卷13,「四友叢說跋」, "余少日讀《何氏語林》, 卽知中國有何元郎
   氏, 欲覩其全集而不可得."

한정록을 편찬하였던 만년까지 허균이 하량준의 문학세계에 상당히 경도되어 있었음을 짐작할 수 있다.

다음으로, 전후칠자의 문학론에 대한 허균의 인식과 수용을 들어본다. 중국의 고전적 저작이나 실용서 이외에 의고문파가 득세했던 당대 문인 지식인층의 저작들은 16세기 말 17세기 초에 이르러 조선 문인들의 독서범위에 들어오게 되었다. 전후칠자의 저작들도 바로 이 시기 본격적으로 조선에 수입되기 시작하였다. 문집『성소부부고』의 기록을 근거로 고찰하면 허균이 명나라 전후칠자의 문집을 두루 읽고 독후감을 상당히 많이 남겼으며 명나라의 문장을 모범으로 이용하는 데 앞장섰다는 사실을 알 수 있다. 특히 허균은 1606년 주지번과의 만남을 계기로 왕세정을 비롯한 전후칠자의 문학을 열독하던 태도를 보여주었는데, 주지번의 영향을 계기로 이러한 독서경향이 형성되었던 것 같다.

허균이 1606년 3월 28일 주지번에게「세설산보」를 선물 받은 데 이어, 4월 9일 만남에서 주지번은 왕세정을 직접 만나 학문과 문장의 공부과정을 물어보았던 과정[35]을 허균에게 들려주면서 왕세정에 대한 정보를 제공해주고 왕세정이 편찬한 책을 선물하는 등 전후칠자 문학론을 적극적으로 소개하였다. 허균은 1606년과 그 이듬해에 걸쳐 이몽양, 하경명, 이반룡의 문집과 왕세정의 문집인『弇州四部藁』를

---

35) 허균,『惺所覆瓿稿』卷18,「병오기행」, "余因問曾見弇州否? 上使曰: 癸巳春, 往太倉 請益於弇州公, 時以南大司寇致仕, 貌不中人, 眼炯如花, 園築考古, 博古等堂. 聚詩社 友門徒賦詩, 飮酒終日, 日飮五六斗不醉. 人有求詩文, 令侍婢吹彈而謳, 伸紙輒成, 問 學問文章功程. 則曰: 吾輩少日妄喜王·陸之新音, 到老看之, 考亭訓四子爲第一義, 可 自求於此矣. 章文則人人不可爲李于鱗, 先秦西京文, 漢魏古詩, 盛唐近體, 雖不可不 讀, 而蘇長公詩文, 最切近易學也, 吾亦以白傳蘇詩爲法矣."

읽은 후 이몽양, 하경명, 이반룡, 왕세정의 시를 뽑아『明四家詩選』
을 엮었는데 서문에서 허균은 왕세정을 항우, 사마상여, 사마천에 비
기며 극찬을 아끼지 않았다.36) 이외에도 허균은 1611년 무렵에 꿈속
에서 왕세정에게 시를 지도 받았던「續夢詩」와 왕세정의「靜姬賦」를
본떠서「續靜姬賦」37)등 작품을 지은 것으로 추정되는데, 허균은 최
소한『성소부부고』를 엮은 1611년 이전에 왕세정의『弇州續藁』까지
접한 상태38)였던 것으로 보인다. 주지번과의 교유를 계기로 허균은
왕세정의 저작을 본격적으로 읽으며 왕세정을 비롯한 전후칠자의 문
학론을 탐독하는 모습을 보이는데 주지번이 허균에게 상당한 영향을
끼쳤다고 판단된다.

　허균이 주지번을 만나기 전인 1593년『학산초담』을 엮을 시기에는
왕세정 등 전후칠자를 비롯한 명대문학에 대해 비판적인 태도39)를
취하고 있었다. 하지만 허균 1606년 주지번과의 교유 이후 왕세정을
비롯한 전후칠자의 문학론에 새롭게 관심을 보이며 긍정적인 평가를
내리고 있는데 이는 중국 서적 입수와 탐독을 통한 문학관의 변화로
파악할 수 있다. 이 시기 허균이 흥미를 가지고 열독했던 명대 문단의

---

36) 허균,『惺所覆瓿稿』卷4,「明四家詩選序」, “明人作詩者, 輒曰吾盛唐也. (중략) 弘正
　　之間, 光嶽氣全, 俊民蔚興. 時則北地李夢陽立幟, 信陽何景明嗣筏, 鏗鏘炳烺, 殆與李
　　唐之盛, 爭其銖累, 鉅不韙哉. 流風相尙, 天下靡然, 遂有體無完膚之誚, 是模擬者之過
　　也. 奚病於作者, 歷下生李攀龍以卓犖踔厲之才, 鵲起而振之, 吳郡王世貞逐繼以代興,
　　岳峙中原, 傲倪千古. 直與漢兩司馬爭衡於百代之下, 吁亦異哉!”
37) 허균,「續靜姬賦」,『惺所覆瓿稿』卷3.
38) 정길수,「허균 문학론의 모순과 일관–왕세정 혹은 의고문파 문학론과의 연관」,『한국
　　한문학연구』51권, 한국한문학회, 2013, 267–300쪽.
39) 허균,『鶴山樵談』, “王元美輩以明人文章比西漢, 以獻吉比太史公, 于鱗則比子雲, 自
　　托於相如, 其自詡太甚.”『학산초담』에는 108개의 기사가 실려 있는데 67화에서 71화까
　　지는 명대 문인들과 관련한 기사를 서술하고 있다.

서적40)들을 살펴보면『邊華泉集』, 『謝山人集』, 『王奉常集』, 『徐天目集』 등과 왕세정이 편찬한 「열선전」 등을 들 수 있다. 특히 "列仙贊"41)에서 진본을 얻어본 경위 및 鎭刻의 솜씨가 정묘한 것에 대해 세상에 보기 드문 보배라고 높이 평가하면서, 이채로운 것을 취하여 비단에 옮겨 채색으로 꾸며 찬사를 붙인 후 신선을 그리는 마음을 달래고 싶다고 피력하였다. 이러한 대목에서 주목해야 할 사실은 바로 허균의 관심사가 왕세정를 비롯한 명대 전후칠자의 문집에 집중되어 있다는 것이다.

　1611년『성소부부고』편찬 이후 허균이 구체적인 문학론을 피력한 글들이 별로 전하지 않기에 이 시기 이후의 허균 문학관의 실체를 구체적으로 파악하기 힘든 한계가 있다. 허균의 문학적 사유를 이해하기 위해 문집에 나타나는 기록에 의거해 단선적으로 규정하기보다, 다양성을 존중하기 위해 허균에 의해 편찬되었던 시문선집이나 독서 체험을 기록한 텍스트를 통해서도 문학적 사유의 실체를 온전히 파악할 수 있다. 허균은 중국 서적을 입수한 후 광범위한 영역에 걸쳐 탐독하였으며 한 문인 또는 한 유파의 문학론만을 일방적으로 추종했던 것이 아니라 자신에게 가장 맞는 것을 취사선택하는 적극적인 모습을 보였다.

　마지막으로, 양명좌파의 문학론이 허균의 사유에 어떤 영향을 미쳤는지 살펴본다. 후세 문인들의 평가에 의하면 허균은 노장이나 불교

---

40) 허균의『惺所覆瓿稿』卷二 「病閑雜述」 조목에는 "讀邊華泉集", "讀謝山人集", "讀王奉常集", "讀徐天目吳甑甊二集"이 수록되어 있다.

41) 허균, 『惺所覆瓿稿』卷14, 「列仙贊」, "弇州王元美所輯列仙傳, 余從獻甫許渴見眞本, 其模寫鎭刻之工, 極其精妙, 眞希代之玩也. 余旣卒業, 倩工揀其尤異者, 移于絹素, 以彩飾之, 係以贊辭, 時觀之以釋懷仙之念云."

에 심취하여 유교적 질서를 거부하고 인간의 본성을 중시하는 정욕긍
정 사상을 지닌 것으로 알려져 있다.42) 양명학을 개창한 왕수인은 이
몽양이 제창한 복고풍을 따르는 경향을 보여주다가 나중에 전칠자의
굴레에 속박되지 않으면서 기존의 사조를 버리고 자신만의 정감을 표
출하여 자연스러운 시풍을 이룩하였다. 왕양명은 중국에서 명청팔대
가의 반열에 들어갈 정도로 독특한 산문경계를 성취한 문인이었다.
허균은 문장가로서 이룩한 왕양명의 명성에 경도되어 왕양명을 높이
추종했던 것 같은데, "근세에 양명과 형천의 문장은 모두 내전에서 깨
달은 바가 있었기에 마음으로 남몰래 이를 사모하였다"43)라 평하거
나 명나라 10대 문장가의 하나로 왕양명을 꼽았던44) 대목에서 입증
할 수 있다.

　역사적 변동기를 살아가면서 문예취향이 남달랐던 허균은 중국에
서 도래한 양명학적 문학이론에 경도되는 모습을 보여주었다. 허균이
유배지 함열에서 1611년에 편찬한 『성소부부고』에 이탁오 등의 양명
좌파와 원굉도 등의 공안파 저작을 골고루 읽은 흔적45)을 남긴 것으

---

42) 이종호(「허균 문예사상의 좌파양명학 성향(1)」, 『한국사상과 문화』 11, 한국사상문화
　　학회, 2001)는 이탁오와 원굉도의 문예사상이 허균의 사상과 일치하다는 측면이 적지
　　않다고 전제하면서, 허균의 삶과 문예사상을 중심으로 허균이 보인 좌파양명학 성향을
　　알아보고 허균과 이지 두 사람이 지닌 사상을 비교함으로써 16세기 동아시아를 추동한
　　양명사상의 작용과 의의를 논의하였다.

43) 허균, 『惺所覆瓿稿』 卷14, 「送李懶翁歸恨怛山序」, "近世陽明荊川之文, 皆因內典有
　　所覺悟, 心竊艶之."

44) 허균, 『鶴山樵談』, "明人以文鳴者十大家 : 李崆峒獻吉、王陽明伯安、唐荊川應德、
　　王祭酒允寧、王按察愼中、董潯陽玢、茅鹿門坤、李滄溟攀龍、王鳳洲世貞、汪南溟
　　道昆。而崆峒專學西漢, 王、李則鉤章棘句, 欲軼先秦南溟華健, 董、茅則平熟, 王愼
　　中則富瞻。"

45) 허경진, 「녹파잡기를 통해 본 강남서적의 유입과 그 영향」, 『중국학논총』 29, 한국중
　　국문화학회, 2010, 115쪽.

로 보아 양명학과 관련된 서적을 접한 시기가 1611년 이전인 것으로 판단되는데, 이탁오 등 양명좌파 문인에게 본격적으로 경도된 계기는 북경 사신행차를 통해 이루어졌던 것 같다. 천추사행시기 허균은 금서(禁書)에 해당하는 서책을 입수하였는데 이 금서 중에는 이탁오를 비롯한 명말의 급진적인 문인의 저술이나 정통유학에 대한 비판서가 포함된다. 허균은 이지의『藏書』와『焚書』를 접하고 상당히 큰 충격을 받은 것 같다.『장서』는 1599년에 이탁오의 친구 焦竑에 의해 남경에서 각판되었다. 1602년에 장문달이 이탁오를 탄핵하고 곧이어 풍기의 상소문이 이어지자 만력제는 이탁오를 체포하고 각종 저서물과 책판들을 소각했으며 서적 유통을 금지시켰다. 허균이『장서』를 구입했을 시기가 1614년 8월인데, 이 시기에『장서』책판은 이미 소실되고 유통 금서로 지정되어 있었다.46)

『장서』의 주요 내용은 공자의 시비를 달리 해석했고, 유교주의와 정통사관에 반대하는 입장을 견지하면서 宋明의 성리학에 대해 맹렬히 비난한 것이다. 현시점에서 본다면 이탁오의 사고방식이 기존의 사고를 타파하는 진보적인 사상이라고 평가받을 수 있겠지만, 당시 사회에서는 지식인들에게 쉽게 용납되지 않았다. 허균이 어떤 경로를 통하여 이탁오의『분서』를 입수하였는지는 정확하지 않지만 1615년 사행 때 입수한 것 만은 분명하다. 1610년과 1618년 두 차례에 걸쳐 엮은『한정록』에는 명말의 필기류와 소설류가 광범위하게 수록되어 있는데, 1610년 초판본『한정록』에 이지에 대한 기록이 전혀 없고 1618년 재편본『한정록』에 이씨분서를 인용한 대목이 나타난 점으로

---

46) 박현규, 「천추 사행시기 허균의 문헌 관련 활동」, 『동방학지』 272, 연세대학교 국학연구원, 2006, 273쪽.

보아 1615년에 입수한 것이 확실해보인다.

　허균은 이탁오의『분서』를 즐겨 읽었는데, 읽고 난 후의 느낌을『을병조천록』의「讀李氏焚書」에서 극명하게 표출하였다. 총 3수로 된 이 시 가운데 제1수[47]는 주목을 요한다. 이탁오의 문장을 태워도 그 문장 속에 있는 도는 태워지지 않고 영원하다고 했다. 이탁오는 불교와 도교의 취지가 유교의 취지와 본래 하나라는 三敎歸儒說을 제창했는데,[48] 이탁오의 영향을 받아 허균은 불교, 도교와 유교의 깨우침이 하나라는 사실을 강조했다. 이탁오와 허균은 34년이란 시기를 같이 살았던 동시대인으로 허균이 이탁오 생전에 이미 알고 있으면서 이탁오의 저작이나 사상에 대하여 접촉하였을 가능성이 충분하다. 허균의 일대기를 보면 유자의 삶과 행동을 하면서 불교와 도교와의 만남이 거리낌 없이 이루어졌는데 양명좌파 문인이었던 이탁오의 영향을 받아 1615년 이후 이와 같은 사유가 형성된 것으로 추정된다. 하지만 당시 조선 문단의 분위기가 양명좌파 사상을 바탕으로 하는 공안파 문학을 적극적으로 수용할 수 있을 만큼 개방적이지 않았기에 당대 여타 문인들에게는 뚜렷한 영향을 미치지 못하였다.

　이상의 논의에서 확인할 수 있는 중요한 사실은 허균의 중국 독서가 매우 광범위한 범위에서 이루어졌으며 그의 문학적 사유가 시기에 따라 상당한 변화를 보이고 있다는 점이다. 특히 그는 일생동안 중국의 문학에 깊은 관심을 가져 중국의 서적을 수집하였는데, 이렇게 다양하고 폭넓은 지식을 기반으로 자신에게 가장 맞는 것을 취사선택하

---

47) 허균,『을병조천록』,「讀李贄焚書」, "淸朝焚却禿翁父, 其道猶存不盡焚. 彼釋此儒同一悟, 世間橫議自紛紛."
48)『續焚書』권2,「三敎歸儒說」, "儒釋道之學, 一也. 以其初皆期於聞道也."

는 석극석인 모습을 보였다는 점이다. 하기에 그가 누구의 서적에 심
취했는가를 해석할 때는 한쪽으로 편도된 경향을 주장하는 시각을 벗
어나 다각도로 조명하여야 한다.

2) 중국 서적이 조선의 문단에 미친 영향

영상이나 인터넷 등을 비롯한 새로운 매체가 발전하기 이전인 고대
중세시기에는 서적이 거의 유일한 문화 정보의 전달매체였다. 바로
이런 의미에서 허균의 중국 서적 유통이 조선의 문단에 미친 영향은
주요하게 다루어야 할 문화현상이다. 허균이 입수한 중국서적이 조선
문단에 미친 영향을 살펴보기 위하여 조선후기 장서문화의 형성에 기
여한 측면, 허균이 관심을 가지고 입수한 만명의 小品이 조선후기 산
문사의 흐름에 일으킨 역할 및 허균이 입수한『소창청기』라는 명나라
서적이 허균 이후 조선에서 어떻게 전파되고 수용되었는지 살펴보고
자 한다.

허균이 중국 사행시기 중국의 서적을 대량 구입했던 것은 하나의
역사적인 사건으로 여겨질 정도였는데 이러한 대규모의 서적 구입이
이후 계속되었던 것은 아니었던 것 같다. 왜냐 하면 임진왜란 이후 급
박한 대륙 정세의 변동으로 연행이 어려워지고 또 서적 수입에 골몰
할 한가한 분위기도 아니었기 때문에 당시 서적 수입이 상당히 위축
되었던 것으로 보인다.[49] 허균은 "오직 독서하는 것만을 기뻐하여 방
한 개를 치우고 만 권 서적을 꽂아 놓고 그 속에서 즐긴다면 옥에 갇
히고 이리저리 쫓겨다녀도 다 낙원이다."[50]고 언급할 정도로 책을 즐

---

49) 강명관, 「조선후기 서적의 수입·유통과 장서가의 출현」, 『민족문학사연구』 9권, 민
   족문학사학회, 1996.

겨 읽으면서 수집하였다. 허균은 독서를 통해 성인과 광인의 구분된
바를 고찰하고 다스림과 어지러움이 말미암는 바를 생각하며 어지러
이 한꺼번에 치닫는 백가들의 많은 이치를 모아서 하나로 꿰뚫어 보
고자 하였다.[51] 허균은 단순히 지식을 축적하기 위하여 대량의 서적
을 입수한 것이 아니라 실천으로까지 연결시키고자 하였다. 이러한
행위는 허균이 책을 公器로 인식하고 있었고, 한 걸음 더 나아가 많은
사람이 자유롭게 이용할 수 있는 공공도서 자료실인 「湖墅藏書閣」을
설치한 사례에서 잘 드러난다.

> "마침 사신으로 가게 되어, 그것으로써 六經・四子・『性理大全』・『左
> 傳』・『國語』・『史記』・『文選』, 李白・杜甫・韓愈・歐陽脩의 문집, 四六
> ・『通鑑』 등의 책을 燕市에서 구해 가지고 돌아왔는데, 이를 노새에 실어
> 그 고을 향교로 보냈다. 향교의 선비들은 의론에 참여하지 않았다 해서
> 사양하므로 나는 湖上의 별장에 나아가 누각 하나를 비우고 수장하고서,
> 고을의 여러 선비들이 만약 빌려 읽고자 하면 나아가 읽게 하고 도로
> 수장하여, 李公擇의 山房故事와 같이 하였으니, 이로써 柳侯의 학문을
> 일으키고 인재를 양성하려는 뜻을 거의 이룰 수 있을 것이며, 의관과 문필
> 을 갖춘 선비로 하여금 줄지어 늘어섬이 옛날의 흥성하던 시절과 같이
> 된다면 나도 그 공을 함께 지닐 터이니, 또한 다행한 일이 아니겠는가?"[52]

---

50) 허균, 『惺所覆瓿稿』卷3, 「和陶元亮歸去來辭幷引」, "唯喜讀書, 掃一室, 架萬卷, 而嬉
　　於其中, 則累囚遷逐, 皆是樂國."
51) 허균, 『惺所覆瓿稿』卷3, 「和陶元亮歸去來辭幷引」, "稽聖狂之所分, 想治忽之攸關,
　　百家紛其竝騖, 會衆致而一觀."
52) 허균, 『惺所覆瓿稿』卷6, 「湖墅藏書閣記」, "因朝价之行, 購得六經四子性理左國・史
　　記・文選・李杜韓歐文集・四六通鑑等書於燕市而來, 以騾駄送于府校, 校儒辭以不
　　與議, 不佞就湖上別墅, 空一閣藏之. 邑諸生若要借讀, 就讀訖還藏之, 如公擇山房故
　　事, 庶以成柳侯興學養才之意. 俾衿裾鉛槧之士, 比踵林立, 如古昔盛時, 則不佞與有
　　其功, 不亦幸歟."

위의 자료는 허균이 호서장서각을 설치하게 된 연유를 적은 記文이다. 호서장서각은 허균이 경포호수 옆 별장에 귀한 책을 보관한 조선시대 강릉의 최초 사설 도서관으로, 허균은 "과거에 급제한 후 장서 1만 권을 뽑아서 공부하던 집에다 기증하고 그 곳을 李氏山房이라 명명"했던 이공택의 영향을 받아 호서장서각을 설치하였던 것 같다. 허균은 호서장서각을 설치하여 당시 지역 향교의 교생과 유림들에게 책을 빌려 읽을 수 있도록 했다. 조선시대에는 지금처럼 도서관이라는 공공시설이 없어 책을 빌려보기 상당히 어려웠다. 허균은 중국에서 서적을 입수한 이후 혼자만의 지식을 축적하기 위하여 책을 독서하거나 개인의 소유물로 여겼던 것이 아니라, 본인이 소장한 다양한 책들을 지역의 유림들과 함께 나누며 지식을 공유하고 사상을 함께 했다. 이러한 과정을 통하여 인재를 양성하고 문필을 갖춘 선비들을 배양시켜 문예가 진작되기를 희망하였던 것 같다. 허균의 호서장서각 설치는 조선후기 장서가의 출현과 장서문화 형성에 기여하였으리라 짐작된다.

허균은 만명의 척독소품에 대해 깊은 친밀감과 관심을 보여주었다. 1600년을 전후한 시기는 고문이 한 시기를 풍미하기 시작한 시기로, 허균은 이전의 문인들이 보여준 평탄한 문풍에 반기를 들고 자신이 추구하는 문장의 모범을 직접 실현하려고 새로운 문풍의 창작에 힘을 기울였다.[53] 허균은 당시 문풍을 진작시키기 위한 일환으로 척독에

---

53) 김풍기(「조선 중기 고문의 소품문적 성향과 허균의 척독」, 『민족문화연구』35, 고려대학교 민족문화연구소, 2001, 393-418쪽)는 허균이 원굉도 등 문인을 중심으로 하는 소품체의 영향을 받았다고 주장하면서 간결함 속의 覈實 추구, 서정성과 일상성의 조화, 생동감 넘치는 구어체의 수용과 웃음의 활용, 벗을 통한 사회적 관계의 새로운 정립 등 측면에서 허균 척독의 서술 특징과 의미를 논의하였다.

관심을 가지면서 명나라 여러 사람들의 척독을 모아『明尺牘』이라는
척독집을 편찬하였다. 일반적으로 척독은 단소하면서도 서정적인 사
신(私信)을 말하는데, 만명에 이르러 문인들이 척독을 짓는 풍기가 보
편화 되었는데다 점차 수식보다 의경을 중시하게 되면서 문장 분류의
명칭으로 굳어지게 된 것이다.[54]

　　"명나라 제가들의 척독은 가장 좋은 것 만을 모아놓았다. 이를테면 릉씨,
　황씨, 서씨, 도씨 등에 의해 창작된 척독은 모두 널리 수집하여 편찬한
　것이다. 이 글들을 보면 마치 병기 창고에 창이며 투구, 갑옷 등이 삼엄하게
　벌여있는 듯하고 보물 창고에 대패 목난이 진열되어 있는 듯하며 거대한
　파도가 치솟는 모습과 같으니 참으로 장관이다. 유독 유감스러운 것은
　단사 척언으로 이치의 근원을 곧바로 깨뜨리고 인의를 折伏하여 뜻이 말
　밖에 있도록 한 것으로, 고척독에 비하여 약간의 차이가 있다는 것이다."[55]

　위의 자료에서 알 수 있다시피 허균의 명척독의 집필 목적은 단사
척언으로 이치의 근원을 깨뜨리고 사람의 뜻을 설득하여 뜻이 말 밖
에 있도록 하는 데 있다. 명척독을 편찬하기 위해 허균은 많은 분량의
척독을 읽었던 것 같다. 허균은 명나라 문인들의 글에 경도되어 당시
하나의 소품 양식으로 굳어진 척독의 문예미를 인식하고 단사척언을
취하여[56] 중국의 척독 관련 서적을 조선에 처음 소개시켰다. 허균이

---

54) 김성진, 『조선후기 소품체 산문 연구』, 부산대학교 박사학위논문, 1991, 74쪽.
55) 허균, 『惺所覆瓿稿』卷13,「明尺牘跋」, "我明諸家尺牘, 最好而彙之者, 如凌氏黃氏屠
　　氏徐氏, 皆博訪而搜極之, 裒爲大編. 覽之如入武庫, 矛戟鎧甲, 森然而環列, 如寶肆陳
　　大貝木難, 如巨浸稽天然, 信偉觀矣. 獨恨其單詞隻言, 直破理而折伏人意, 在於言外
　　者, 比古尺牘稍沮一塵. (하략)"
56) 허균, 『惺所覆瓿稿』卷13,「明尺牘跋」, "(상략) 余暇日, 塵發諸所彙, 取其單詞隻言,
　　足配於古人者, 別爲一書, 分爲四卷, 名曰明尺牘."

명나라에서 유행하였던 척독소품을 적극 선호할 수 있었던 것은, 척독소품이 주자학적 사유체계에 기본을 둔 문학과는 상당히 다른 새로운 문학으로서 유교적 질서를 거부하였던 자신의 문학적 성향에 부합된다고 판단하였을 가능성이 높다.

중국의 척독이 조선에 전파된 이래, 이와 같은 새로운 글짓기 문체에 대한 관심은 조선후기 문단에 상당한 영향을 끼쳤던 것으로 보인다. 조선후기 산문사에서 고문으로 고착되어 있던 書 양식을 확장시켜 척독을 문예적인 글쓰기와 연결시키면서 하나의 새로운 문학갈래로 인정받을 수 있도록 하였다. 허균의 영향을 받아 조선시대 산문문체의 중심인 고문에 싫증을 느낀 문인들은 새로운 문체인 소품문을 선호하였는데, 당시 小品文을 즐겨 창작하던 조선후기 문인들은 척독선집을 간행하여 당대 문단에 널리 보급시켰다. 특히 조선후기 소품문은 고문의 격식을 벗어나 새로운 문장을 구사하였는데, 이 시기 소품작가들은 전통적으로 사용되던 고문의 기본적인 형식을 대체로 유지하되 글쓰기를 현저하게 바꾸었다.57) 이러한 경향은 일반적인 서간문이 지니는 실용적인 성격에서 벗어나 문예적인 산문으로 탈바꿈하면서 편지글을 창작하는 것 자체를 문학 행위로 인식하였던 풍조와 관련된다.

허균이 중국으로부터 입수한 서적은 조선 문인의 독서행태에도 중요한 변화를 일으켰다. 과거응시에 필요한 서적과 시문의 창작을 위한 전범적 텍스트, 그리고 학문적 필요로 성리학에 관계된 서적을 골똘히 파고드는 것이 문인 지식인들의 일반적인 독서행태였다.58) 본

---

57) 안대회, 「조선후기 소품문의 성행과 글쓰기의 변모」, 『한국한문학연구』 28, 한국한문학회, 2001, 95-121쪽.

고는 허균이 『소창청기』를 조선에 입수한 이래, 조선 문단에서 어떻게 전파되고 수용되었는지 그 영향관계를 살펴보고자 한다. 『소창청기』는 오종선이 지은 청언집으로서 독자들에게 읽을거리로서 흥미가 있었을 뿐만 아니라 처세와 수양에 도움이 되는 경우가 많았다.

허균이 중국 서적을 다량 입수한 사실을 계기로 조선 문인의 학문적인 경향에 중요한 변화가 일어났다. 허균은 과거공부나 문장을 쓰는 데 필요한 전거로 활용하기 위한 조선전기 문인들의 다독 경향에서 벗어나, 자신이 처한 문단 상황을 정확히 진단하고 자신의 삶을 바꾸는 도구로 활용하였다. 허균은 중국의 서적을 수입하고 있는 데서 멈춘 것이 아니라 자기만의 방식으로 이를 수용하여 여러 서적에서 뽑아낸 자료를 일정한 편집기준 아래 『한정록』이라는 서명으로 재구성하였다. 허균은 이미 1606년에 주지번에게서 선물로 받은 『棲逸傳』, 『玉壺氷』, 『臥遊錄』의 영향을 받아 한정과 관련된 조목을 "隱遁, 閑寂, 退休, 淸事" 4개 유문으로 나누어 1610년 『한정록』초간본을 편집하였다. 그후 1614년, 1615년 중국 사행 시기 4천여권에 달하는 책을 구입하면서 이미 편집했던 초간본에 『世說新語補』등 서적을 참조하여 1618년에 16유문으로 정리된 『한정록』을 재편집하여 간행한다. 재간본 『한정록』에는 중국에서 1613년에 간행되어 인기를 얻고 있었던 『소창청기』를 103칙 인용하였는데, 허균이 새롭게 창작한 것은 아니지만 독특한 안목으로 기존의 글을 가려뽑았다는 점에서 일정한 문학적 성과가 있다.

『소창청기』는 허균에 의해 조선에서 수용된 이래 허균과 동시대를 살았던 신흠도 『소창청기』에 대해 관심을 가지고 자신의 청언집에 수

---

58) 강명관, 「조선후기 서적의 수입·유통과 장서가의 출현」, 『민족문학사연구』 9, 민족문학사학회, 1996.

록하였다. 당대 조선 문인이 독서와 저술, 출판을 통해서 상호간의 학술과 문학을 교류하였던 점을 감안하면, 신흠이 허균을 통해서『소창청기』의 존재를 알게 되었을 가능성도 배제할 수 없다. 신흠이 자신의 문집에 어떠한 책을 소장하고 읽었는가를 밝히고 있지 않아서 그가 어떠한 경로로『소창청기』를 비롯한 명대 문학을 접촉하였는지 정확히 파악하기 힘들지만 허균의『한정록』으로부터 받은 영향이 적지 않았으리라 판단된다.

신흠이 편찬하였던『野言』은 전인의 글 가운데 마음에 부합되는 부분을 취하여 자신의 뜻을 곁들인 것으로, 그중 卷之一은 淸言을 선록한 내용인데 허균의『한정록』과 더불어 17세기 조선 지식인의 중국淸言 수용의 양상을 보여준다. 이러한 측면은 허균의 중국 서적 입수가 조선 문단에 일으킨 영향으로 간주할 수 있다. 왜냐하면 허균이 중국에서 입수한 서적을 토대로『한정록』이 편찬되었고,『한정록』의 영향을 받아 청언집『野言』이 간행된 것으로 보이기 때문이다.

신흠의 청언 선록집『野言』에 수록된 내용과 허균의 청언집『한정록』의 내용을 대조해보면, 야언 卷1의 전체 52칙 가운데 도합 26칙이『한정록』과 일치59)하다. 이러한 사실은 허균이『한정록』에 인용서목으로 밝힌『소창청기』문헌을 신흠이 직접 열람했을 가능성이 상당히 높은데, 신흠은『한정록』의 영향을 받고 일부를 선록하여『야언』으로 편찬하였던 것 같다. 신흠이 편찬했던『야언』은 여러 이본으로 전해질 뿐만 아니라 당대 목판으로 판각되어 널리 유통되었다. 목판본의 존재는 이 책이 대량으로 소비되었음을 뒷받침하는데, 허균의『한정

---

59) 김은정, 「신흠의 청언 선록집 야언 연구」,『국문학연구』22권, 국문학회, 2010, 50쪽.

록』만큼 조선의 문인들 사이에 활발하게 유행하며 영향력이 컸던 책으로 짐작된다. 이는 조선조의 문예 공간에서 허균의『한정록』을 둘러싼 문인의 수용을 보여주는 하나의 사례에 불과하지만, 허균의 청언집을 다양하게 독법하고 이를 기반으로 새로운 문학 지식을 창출한 것으로도 이해할 수 있다.

4. 나오는 말

본고는 허균의 중국 서적 입수 배경과 경위 및 한중 지식인의 평가에 대해 살피고 허균의 중국 서적 수입이 지니는 역사적 의미를 전체적으로 조망해보기 위해 마련된 것이다. 논의를 통해 허균이 사신 및 원접사 활동 그리고 역관들을 통하여 중국 문인들과 교류하는 과정에 중국의 다양한 서적들을 입수할 수 있었음을 확인하였고 한중 양국의 지식인들이 허균의 서적 유통 행위에 대해 상반된 평가를 내렸음을 살펴보았다. 조선의 문인들이 전통적인 유교사관에 입각하여 난설헌의 작품을 異國에 유통시키기 위해 객관성을 상실하면서 편찬했던 허균의 선록기준에 대하여 부정적인 시선으로 바라본 반면, 중국의 문인들은 개방적인 시선으로 한중 양국의 서적 유통에 일으킨 허균의 업적을 높이 평가하였는데, 허균의 중국 서적 입수는 한중문학교류사에서 획기적인 의미를 가진다.

우선, 중국의 서적이 허균의 문학 사유에 미친 영향을 살펴보았다. 허균은 중국의 문학에 깊은 관심을 가지면서 중국 서적을 입수하였는데, 한 문인이나 한 유파의 문학론만을 일방적으로 추종한 것이 아니라 명대문학을 바라보는 시각이 시기에 따라 변화를 보이고 있음을 확인하였다. 1593년『학산초담』편찬 시기에는 전후칠자에 대해 부정적으로 평가하다가 1606년 주지번과의 만남을 계기로 왕세정을 비롯한 전후칠자에 상당히 경도되어 있었으며, 1614년 천추사행을 계기로 이탁오를 비롯한 양명좌파에 경도되어 있었다는 결론을 내렸다. 다음으로 허균이 입수한 중국 서적이 조선 문단에 미친 영향을 살펴보았다. 도서관이라는 공공시설이 없었던 시기 당대 문인들과 지식을 공유하기 위하여 호서장서각을 설치하였던 허균의 활동이 조선후기 장서문화 형성에 기여하였을 것이라는 점과, 허균에 의해 소개된 중국의 척독소품이 조선후기 고문이라는 산문양식을 해체하면서 하나의 문예적인 글쓰기 방법으로 등장하였던 점, 중국에서 입수한 서적을 기반으로 편찬한 허균의『한정록』이 신흠의 청언집『야언』에 일으켰던 영향에 대해 논의하였다.

　총적으로 허균은 중국 서적을 열심히 탐독하면서 한 문학유파에만 얽매이지 않고 독창적인 문학을 추구하였으며, 중국 서적의 영향을 받아 개성을 중시하며 시대의 요구에 부응해갔던 선각자적인 모습을 보여주었다. 향후 연구과제는 허균에 의해 중국에 전해진 조선의 시문집들이 중국의 문단에 일으킨 영향에 대해 고찰하는 것이 될 것이다. 이 방면의 연구는 후고를 기약한다.

참고문헌

● 화이론 관점에서 바라본 허봉 『조천기』의 특징 [박명숙]

김동진, 「허봉의 대명사행과 양명학 변석」, 『문화사학』 21, 한국문화사학회, 2004.
『논어』.
近藤一成, 「宋代永嘉学派叶适的华夷观」, 『史学杂志』, 1979.
刘伯骥, 『春秋会盟政治』, 中华书局, 台北, 1962.
박지훈, 『송대 화이론 연구』, 이화여자대학교 박사학위논문, 1990.
葉適, 「習學記言」, 『四庫全書』, 第849卷.
陸九淵, 『象山集』, 『四庫全書』, 第1156卷.
윤남한, 「조천기 해제」, 『국역 연행록선집』 1, 민족문화추진회, 1976.
이상익, 「주자학과 조선시대 정치사상의 정체성 문제」, 『한국철학논집』 14집, 한국철학
　　　사연구회, 2004.
이호윤, 「〈하곡선생 조천기〉와 중국인식」, 『아세아연구』 59권, 고려대학교 아세아문제
　　　연구소, 2016.
임기중, 「연행록의 전승현황과 그 문학담론」, 『한국문학논총』 31, 한국문학회, 2002.
최진경, 『허봉 「조천기」 연구』, 동국대학교 석사학위논문, 2011.
한매, 『허봉 「조천기」의 연구』, 성균관대학교 석사학위논문, 2004.
허봉, 「조천기」, 『국역 연행록선집』 1, 민족문화추친위원회, 1976.
夫马进 着, 伍跃 譯, 『朝鮮燕行使与朝鮮通信使』, 上海古籍出版社, 2010.
胡安國, 『春秋胡氏傳』.
히하라 도시쿠니, 「화이관념의 변용」, 『한대사상의 연구』, 동경, 연구출판, 1986.
　　　＿＿＿＿＿＿, 「춘추공양전의 연구」, 『동양총서』, 제13권, 동경, 창문사, 1976.

● 對明使行과 對日使行에 보이는 異端 論爭의 樣相 [구지현]

郭貞禮, 「岳麓 許篈과 에도(江戶) 儒學의 勃興」, 『語文研究』 38권 3호, 語文研究會,
　　　2010.
琴章泰, 「退溪門下의 陽明學 이해와 비판」, 『陽明學』 2, 한국양명학회, 1998.
김경호, 「양명 심즉리에 대한 16세기 조선유학자들의 응전」, 『東洋哲學研究』 50, 東洋哲
　　　學研究學會, 2007.

김영두, 「中宗代 文廟從祀 論議와 朝鮮 道統의 形成」, 『사학연구』 85, 한국사학회, 2007.

金貞信, 「16世紀末 性理學 理解와 現實認識」, 『朝鮮時代史學報』 13, 조선시대사학회, 2000.

金泰永, 『朝鮮性理學의 歷史像』, 慶熙大學校出版局, 2006.

薛錫圭, 『朝鮮中期 士林의 道學과 政治哲學』, 慶北大學校出版部, 2009.

成海俊, 「일본 주자학의 전래와 수용」, 『南冥學硏究』 15, 경상대 남명학연구소, 2003.

阿部吉雄, 『日本朱子学と朝鮮』, 東京大学出版会, 1965.

안재호, 「『불씨잡변(佛氏雜辨)』에 드러난 정도전의 불교비판 분석」, 『동서철학연구』 53호, 한국동서철학회, 2009.

吳鍾逸, 「陽明傳習錄傳來考」, 『철학연구』 4, 고려대 철학연구소, 1978.

李慶龍, 「임진왜란 전후 조선과 명조 학자들의 학술논변」, 『明淸史硏究』 30, 명청사학회, 2008.

이수환, 「16세기 전반 영남사림파의 동향과 동방오현 문묘종사」, 『한국학논집』 45, 계명대학교 한국학연구소, 2011.

이현경, 『鄭道傳의 異端論 硏究』, 연세대 석사논문, 2011.

하우봉, 「조선후기 통신사행원의 일본 고학 이해」, 『일본사상』 8, 한국일본사상사학회, 2005.

● 『하곡선생조천기(荷谷先生朝天記)』와 중국 인식 [이호윤]

『孟子』
『春秋左氏傳』
『退溪集』
『荷谷朝天記』
『海游錄』
국사편찬위원회 편, 『한국사』 9, 탐구당, 1977.
_____ 편, 『한국사』 22, 국사편찬위원회, 1995.
김동진, 「허봉의 대명사행과 양명학 변척」, 『문화사학』 21, 2004.
김용재, 「양명학의 형성과정에 관한 역사·철학적 고찰」, 『한국철학논집』 12, 2003.
윤남한, 「조천기해제」, 『국역연행록선집 I』, 민족문화추진회, 1976.
이경룡, 「임란전후 조선과 명조학자들의 학술논변」, 『명청사연구』 30, 2008.
이철성, 「통신사와 연행사의 비교연구」, 『통신사·왜관과 한일관계』, 경인문화사, 2005.

이호윤, 「근세 동아시아 사상공간과 후지와라 세이카」, 『일본근대학연구』 46, 2014.

_____, 「통신사를 통해 본 근세 동아시아의 외교와 사상」, 『한일군사문화연구』 19, 2015.

최강현, 「허하곡의 조천록을 살핌－국립중앙도서관 소장 필사본을 중심으로－」, 『한국 사상과 문화』 22, 2003.

황원구, 「연행록선집해제」, 민족문화추진회 편, 『국역연행록선집 I』, 경인문화사, 1976.

李豪潤, 「一八世紀における朝鮮王朝の自他認識―安鼎福の思想を中心に」, 『日本思想 史研究会会報』 20, 2003.

I. ウォーラーステイン 著・川北稔 譯, 『近代世界システム－農業資本主義と「ヨーロッパ 世界経済」の成立－』, 岩波現代選書, 1981.

桂島宣弘, 「「華夷」思想の解体と国学的「自己」像の生成」, 『思想史の十九世紀―「他者」 としての徳川日本』, ぺりかん社, 1999.

_____, 「華夷思想の解体と自他認識の変容――一八世紀末期～一九世紀初頭期を中 心に」, 『自他認識の思想史』, 有志舍, 2008.

高橋亨, 「朝鮮の陽明学派」, 『朝鮮学報』 4, 1953.

● 허균의 기행시집 『을병조천록』에 대하여 [심경호]

許筠, 『惺所覆瓿藁』, 民族文化推進會, 서울, 1982.

____, 『許筠全書』, 亞細亞文化社, 서울, 1983.

____, 崔康賢譯註, 『乙丙朝天錄』, 國立中央圖書館, 서울, 2005.

金中淸, 『苟全先生文集』, 苟全先生文集國譯重刊推進委員會, 奉化, 1999.

姜明官, 「허균과 명대문학: 허균문학 연구에 대한 반성적 고찰」, 『민족문학사연구』 13권 1호, 민족문학사학회, 1998.

강명관, 「조선 후기 양명좌파의 수용」, 『오늘의 동양 사상』 16, 동양사상연구원, 2007.

朴現圭, 「金中淸의 『朝天錄』과 부정적인 許筠 모습」, 『洌上古典研究』 22, 洌上古典研究 會, 2005.

_____, 「千秋 사행시기 허균의 문헌 관련 활동」, 『東方學志』 124, 延世大學校 國學研究 院, 2006.

_____, 「許筠이 도입한 李贄 저서」, 『中國語文學』 46, 嶺南中國語文學會, 2005.

_____, 「북경(北京)에서의 허균(許筠) 족적(足跡) 고찰」, 『동방한문학』 53, 동방한문학 회, 2012.

박현규, 「『乙丙朝天錄』에 드러난 許筠의 모습과 작품 세계」, 『대동한문학』 32, 대동한문학회, 2010.

신향림, 「허균(許筠)의 양명좌파(陽明左派) 수용에 대한 재론(再論) -『을병조천록(乙丙朝天錄)』을 중심으로-」, 『한국한문학연구』 68, 한국한문학회, 2017.

전염순, 「허균(許筠)과 왕세정(王世貞) 시론 비교연구」, 『어문논집』 80권, 민족어문학회, 2017.8.

정길수, 「허균(許筠) 문집(文集)번역과 한문 고전 번역의 몇 가지 문제」, 『한국시가문화연구』(구 한국고시가문화연구) 30, 한국시가문화학회(구 한국고시가문화학회), 2012.

_____, 「許筠의 사상 전환 -『을병조천록』에 담긴 허균 만년의 생각」, 『한국문화』 64, 서울대학교 규장각 한국학연구원, 2913.12.

_____, 「허균(許筠) 문학론(文學論)의 모순과 일관(一貫) -왕세정(王世貞) 혹은 의고문파(擬古文派) 문학론과의 연관-」, 『한국한문학연구』 51, 한국한문학회, 2013.

최강현, 「허하곡의 조천록을 살핌 -국립중앙도서관 소장 필사본을 중심으로-」, 『한국사상과 문화』 22, 한국사상문화학회, 2003.

● 千秋 사행시기 허균의 문헌 관련 활동 [박현규]

金中淸 저, 『荀全先生文集』, 景仁文化社, 서울, 1997.

_____ 저, 『荀全先生文集』, 國譯重刊推進會, 奉化, 1999.

許筠 저, 李離和 편, 『許筠全書』, 亞細亞文化社, 서울, 1980.

沈守慶 저, 『遣閑雜錄』(大東野乘本), 民族文化推進會, 서울, 1971.

洪大容 저, 『湛軒書』, 民族文化推進會, 서울, 1982.

朴趾源 저, 『熱河日記』, 民族文化推進會, 서울, 1966.

伍袁萃 저, 『林居漫錄』, 上海古籍出版社, 上海, 1995.

李贄 저, 『李贄文集』, 社會科學文獻出版社, 北京, 2000.

鄭曉 저, 『吾學編』(北京圖書館古籍珍本叢刊), 書目文獻出版社, 北京, 1988.

王世貞 저, 『弇山堂別集』, 學生書局, 臺北, 1965.

王圻 저, 『續文獻通考』(續修四庫全書本), 上海古籍出版社, 上海, 1995.

● 北京에서의 許筠 足跡 고찰 [박현규]

許筠 著, 李離和 編, 『許筠全書』, 亞細亞文化社, 서울, 1980.

許筠 著, 『(國譯)惺所覆瓿藁』, 民族文化推進會, 서울, 1982.

____ 著, 崔康賢譯註, 『乙丙朝天錄』, 國立中央圖書館, 서울, 2005.

____ 著, 『荷谷先生朝天記』(『(國譯)燕行錄選集』 册1), 民族文化推進會, 서울, 1976.

金中淸 著, 『苟全先生文集』(『韓國文集叢刊』 續册14), 民族文化推進會, 서울, 2006.

張爵 著, 『京師五城坊巷衚衕集』, 朱一新 著, 『京師坊巷志稿』, 北京古籍出版社, 北京, 1982.

著者未詳, 『乾隆京城全圖』, 興亞院華北連絡部政務局調査所, 北京, 1940.

● 허균의 중국 서적 입수와 역사적 의미 [곽미선]

[문집자료]

蔡美花・趙季 主編, 『韓國詩話全篇校注』, 人民文學出版社, 2012.

김중청, 『苟全先生文集』, 국회도서관 소장본.

신흠, 『상촌집』, 한국문집총간 71, 민족문화추진회.

최강현 역, 『국역 을병조천록』, 국립중앙도서관, 2005.

허균, 『성소부부고』, 민족문화추진회, 1982.

[단행본 및 논문]

이민희, 『16-19세기 서적중개상과 소설・서적 유통관계 연구』, 도서출판 역락, 2007.

진해종, 『한중관계사연구』, 일조각, 1970.

정주동, 『古代小說論』, 형설출판사, 1978.

강명관, 「조선후기 서적의 수입・유통과 장서가의 출현」, 『민족문학사연구』 9, 민족문학사학회, 1996.

_____, 「허균과 명대문학」, 『민족문학사연구』 13, 민족문학사학회, 1998.

김성진, 『조선후기 소품체 산문 연구』, 부산대학교 박사학위논문, 1991.

김은정, 「신흠의 청언 선록집 야언 연구」, 『국문학연구』 22권, 국문학회, 2010.

김풍기, 「조선 중기 고문의 소품적 성향과 허균의 척독」, 『민족문화연구』 35권, 고려대학교 민족문화연구소, 2001.

김홍대, 「주지번의 병오사행과 그의 서화 연구」, 『온지논총』 11권, 온지학회, 2001.

노경희, 「허균의 중국 문단과의 접촉과 시선집 편찬 연구」, 『한국한시연구』 14권, 한국한시학회, 2006.

박현규, 「천추 사행시기 허균의 문헌관련 활동」, 『동방학지』 134권, 연세대학교 국학연구원, 2006.

박현규, 「허균이 도입한 李贄 저서」, 『중국어문학』 46권, 영남중국어문학회, 2005.

_____, 「북경에서의 허균의 족적 고찰」, 『동방한문학』 53권, 동방한문학회, 2012.

안나미, 「17세기 초 공안파 문인과 조선 문인의 교유 – 구탄과 허균, 이정귀의 관련양상」, 『한문학보』 20권, 우리한문학회, 2009.

안대회, 「조선후기 소품문의 성행과 글쓰기의 변모」, 『한국한문학연구』 28, 한국한문학회, 2001.

이종호, 「허균 문예사상의 좌파양명학 성향(1)」, 『한국사상과 문화』 11, 한국사상문화학회, 2001.

_____, 「허균 문예사상의 좌파양명학 성향(2)」, 『한국사상과 문화』 12, 한국사상문화학회, 2002.

정길수, 「허균 문학론의 모순과 일관 – 왕세정 혹은 의고문파 문학론과의 연관」, 『한국한문학연구』 51권, 한국한문학회, 2013.

허경진, 「녹파잡기를 통해 본 강남서적의 유입과 그 영향」, 『중국학논총』 29, 한국중국문화학회, 2010.

▌집필진 소개

허경진   연세대학교 객원교수
박명숙   中國 蘇州大學校 韓國語學科 副敎授
구지현   선문대학교 인문과학연구소 조교수
이호윤   서울기독교대학교 교수
최강현   홍익대학교 명예교수
심경호   고려대학교 교수
박현규   順天鄕大 中文科 교수
곽미선   중국 연변대학교 부교수

양천허씨초당공파총서 1

초당 4부자의 조천록 연구

2020년 5월 6일 초판 1쇄 펴냄

지은이 허경진·박명숙·구지현·이호윤·최강현·심경호·박현규·곽미선
발행인 김흥국
발행처 보고사

책임편집 이경민
표지디자인 손정자

등록 1990년 12월 13일 제6-0429호
주소 경기도 파주시 회동길 337-15 보고사 2층
전화 031-955-9797(대표), 02-922-5120~1(편집), 02-922-2246(영업)
팩스 02-922-6990
메일 kanapub3@naver.com / bogosabooks@naver.com
http://www.bogosabooks.co.kr

ISBN 979-11-5516-993-3
        979-11-5516-992-6 94080 (세트)
ⓒ 허경진·박명숙·구지현·이호윤·최강현·심경호·박현규·곽미선, 2020

정가 24,000원